中国城市群研究丛书

丛书主编　张学良 肖金成

环鄱阳湖城市群研究

Study on Poyang Lake Urban Cluster

钟业喜　郭泉恩　等著

中国财经出版传媒集团
经济科学出版社
Economic Science Press

图书在版编目（CIP）数据

环鄱阳湖城市群研究/钟业喜等著．—北京：经济科学出版社，2020.6
（中国城市群研究丛书）
ISBN 978－7－5218－1653－2

Ⅰ.①环…　Ⅱ.①钟…　Ⅲ.①鄱阳湖－湖区－城市群－发展－研究　Ⅳ.①F299.275.6

中国版本图书馆 CIP 数据核字（2020）第 109235 号

责任编辑：于海汛　陈　晨
责任校对：蒋子明
责任印制：李　鹏　范　艳

环鄱阳湖城市群研究
钟业喜　郭泉恩　等著
经济科学出版社出版、发行　新华书店经销
社址：北京市海淀区阜成路甲 28 号　邮编：100142
总编部电话：010－88191217　发行部电话：010－88191522
网址：www.esp.com.cn
电子邮箱：esp@esp.com.cn
天猫网店：经济科学出版社旗舰店
网址：http：//jjkxcbs.tmall.com
北京季蜂印刷有限公司印装
787×1092　16 开　18.5 印张　370000 字
2020 年 7 月第 1 版　2020 年 7 月第 1 次印刷
ISBN 978－7－5218－1653－2　定价：75.00 元
（图书出现印装问题，本社负责调换。电话：010－88191510）

中国城市群研究丛书
学术委员会

中国城市群研究丛书
主编简介

张学良，1978年6月生，安徽安庆人，经济学博士，中国区域经济50人论坛成员，上海财经大学长三角与长江经济带发展研究院执行院长。上海财经大学讲席教授、创新团队首席专家，博士生导师，美国密歇根大学、佛罗里达大学访问学者。入选中组部国家“万人计划”哲学社会科学领军人才、中宣部文化名家暨“四个一批”人才、教育部新世纪优秀人才等多个国家级人才计划，为国家社科基金重大项目首席专家，兼任全国经济地理研究会副会长、长三角城市经济协调会专家咨询委员会专家，主持了国家社科基金重大（重点）项目、国家自然科学基金项目与各级政府委托重大课题50余项，研究方向为区域经济与城市经济。

肖金成，1955年9月生，河北邯郸人，经济学博士，研究员，享受国务院特殊津贴。现任中国宏观经济研究院研究员、中国社会科学院研究生院博士生导师、中国区域经济学会副会长、中国区域科学协会理事长。曾任国家发展和改革委员会国土开发与地区经济研究所所长、国家发展和改革委员会经济研究所财政金融研究室主任、国家原材料投资公司财务处处长、中国城市规划学会区域规划和城市经济委员会副主任委员。2011年，被中国国土经济学会评为“中国十大国土经济人物”，2012年，被中国国际城市化发展战略研究委员会评为“中国城市化贡献力人物”，被中国科学技术协会评为“全国优秀科技工作者”。

序

大力推动城市群高质量发展

城市群是城市发展的最高层次的空间组织形式。作为资源要素的主要集聚地和协同创新的最强承载体，城市群在区域和国家经济社会发展中发挥着核心支撑作用。资料显示，世界排名前40名的城市群为全球贡献了66%的经济总量和85%的科技创新成果，而城市群都是各国经济发展格局中最具活力和潜力的地区①。我国已由高速增长阶段转向高质量发展阶段，抓住世界百年未有之大变局带来的机遇，适应形势变化构建以国内大循环为主体、国内国际双循环相互促进的新发展格局，实现国家经济更高质量、更有效率、更加公平、更可持续、更为安全的发展，必须高度重视城市群发展，采取更加有力的举措推动城市群建设。

一、进一步认识推动城市群发展的重要意义

党的十八大以来，我国把城市群作为新型城镇化的主体形态予以积极部署、大力推进。在《国家新型城镇化规划（2014—2020年）》中，对优化提升东部地区城市群、培育发展中西部地区城市群和建立城市群发展协调机制作了安排。国家"十三五"规划纲要明确了城市群的具体建设任务。近些年来，19个城市群和2个城市圈的规划编制工作相继展开。党的十九大报告进一步指出，要以城市群为主体构建大中小城市和小城镇协调发展的城镇格局。十九届五中全会通过的

① 范恒山：《推动长三角城市合作联动新水平》，载于《智库时代》2017年第4期，第57页。

《中共中央关于制定国民经济和社会发展第十四个五年规划和二〇三五年远景目标的建议》强调，发挥中小城市和城市群带动作用，建设现代化都市圈。在新的发展阶段，践行新发展理念，推动形成新的发展格局，应进一步认识并充分发挥城市群建设的重要作用。

第一，有利于促进城乡区域协调发展。当前我国存在的主要问题是发展不平衡不充分，而这在城乡区域发展方面表现得尤为突出。东西部差距过大问题没有完全解决，南北地区悬差又凸显出来；近些年城镇居民与农村居民人均可支配收入比有所缩小，但综合考量城乡差别依然很大。建设城市群有利于加快缩小城乡间、地区间的发展差距。城市作为优质资源要素的主要集聚地，不仅构成了经济社会发展的主体动源，而且是带动区域发展的核心力量，而由多个城市有机组合而成的城市群，依托其网状形态和联动机制对周边地区发挥着更加广泛和更具强度的辐射带动作用，从而能大大加快欠发达地区的发展进程。不仅如此，依据东、中、西地区资源禀赋和发展潜能构造城市群功能和布局供应链价值链，则可以形成区域间联动发展、合作共赢的格局。就城市群内部看，通过城市间的合理分工及交通通信等基础设施网络连接等举措，不仅能发挥中小城镇各自的比较优势，还可以充分发挥中心城市的引领带动作用，促进域内各城市间在关键领域和重点环节的一体发展、协调发展，从而大大提升相对落后地区的发展速度与品质。

第二，有利于防止和治理“大城市病”。城镇化发展进程寓含着两个演进趋势，一个是农村生产要素向城镇的流转集聚，这更多地体现为土地城镇化的发展；另一个是产业和人口等向大城市的转移集聚，这更多地体现为人口城镇化的发展。前一种演进容易形成粗放发展，而后一种演进很容易导致“城市病”。大城市具有的综合优势吸引众多的人口和企业进入，众多人口企业的进入推动了城市产业多元扩张和功能全面拓展，大而全的产业体系和混杂的功能结构，造成城市不堪重负，从而形成了交通拥堵、环境污染、资源浪费等一系列“城市病”。因此，注重于发展单个城市，不仅大概率会使城市患上各种病灶，而且一旦患病，很难通过自己进行有效治理。发展城市群则能够较好地解决这个问题。通过功能疏解重组既能够化解中心城市面对人口多、产业杂、环境乱、服务难等难题，又能强化各适宜中小城市的主体功能，推动其产业结构和公共服务等的优化提升。借此也能有效克服各城市间基于局部利益造成的不良竞争，促进优势互补、资源并济和风险共担。

第三，有利于进一步提升资源配置效率。作为由众多不同规模等级城市组合而成的空间结构紧凑、经济联系紧密的有机体，城市群为一体发展、协同运行提供了坚实的组织体系和空间构架，而一体发展、协同运行给城市个体和城市群整体都能带来强大的发展动能。城市间的合理分工减少了不良竞争、带来了地区协作，防止了资源配置分散、带来了专业效能的提升，强化了比较优势、提供了产业衔接配套条件。与此同时，在一体化、同城化等机制下，各城市可以突破行政区划约束，在城市群范围内自由进行资源要素配置，这不仅能有效化解自身面对的“巧妇难为无米之炊”困境，还能大大降低配置成本，提高适配水平，从而大大提升发展质量与效率。

第四，有利于加快形成双循环战略格局。城市群不仅是国家和地区发展创新的主体，而且是全面承载生产、分配、流通、消费过程，衔接供给、需求体系，连接国内外市场的平台，城市群的循环不仅是国家双循环的基础与支撑，也是动能和推手。通过加强城市群各城市间跨行政区的开放合作，打破阻梗与封锁，畅通内部“小循环”，实现中心城市的引领带动作用与其他城市联动崛起效应的有机结合，全面激发各个地区的发展潜能，提升城市群整体竞争力，带动周边区域加快发展。通过深化城市群间的开放合作，形成合理的区域分工和全方位的合作联动局面，形成供给与需求的配套促进、产业链创新链的联动提升，通过发挥内需潜力，使国内市场和国际市场互相联通，持续挖掘新动能、拓展新空间。

二、不断提高城市群的建设水平

契合经济进入高质量发展新阶段的要求，服务加快推进国家现代化建设重大使命，努力在形成新发展格局中担当砥柱职责，我国城市群发展必须走内涵式的高质量发展道路。要遵循客观规律要求，着眼解决关键问题，不断提高城市群的建设水平。考虑到城市群建设所涉及领域的广泛性与关系的复杂性，在具体方略上，宜坚持从实际出发，灵活施策、多措并举。特别要围绕五个方面下功夫。

第一，强化区域战略协调互动，进一步优化城市群功能分工。围于历史基础和自然禀赋的差异，我国城市群在国土空间中总体呈现出“东高、中平、西低”的分布格局，而东部地区城市群的经济实力、可持续发展能力远远领先于中西部地区城市群。现有城市群本身发展很不平衡，既有已经较为成熟的，也有正在快速发展之中的，还有处于培育形成阶段的。这种不平衡状态要求城市群发展在总体战略上坚持分类指导、因地制宜，并根据各城市群的发展水平和比较优势，进一步明确功能定位、确立发展重点。在此前提下，应大力推动成熟型城市群与发展型城市群，培育型城市群的战略互动。长三角、粤港澳、京津冀等成熟型城市群应充分发挥辐射带动作用，将发展型城市群和培育型城市群作为产业转移和跨区域合作的主要依托，发展型城市群和培育型城市群应进一步加强与成熟型城市群的交流合作，一方面，通过移植借鉴成熟经验和科学做法，夯实经济社会运行和治理的软硬基础，建立国际一流的发展环境；另一方面，通过飞地经济、租赁经济、托管经济、共享经济、平台经济等多种组织形态和合作模式，实现优质资源要素的共享互补，进一步强化地区比较优势和特色经济体系。

第二，加快都市圈建设，完善城市群空间结构。通常意义上，都市圈是城市群内部以超大特大城市或辐射带动功能强的大城市为中心，以约 1 小时通勤圈为基本范围的城镇化空间形态，它以同城化为方向，构筑中心城市和周边城市一体化发展的运行格局。都市圈是城市群的基本支撑和主要带动力量，从根本上决定着城市群发展的能量与质量。放眼世界，城市群的发展几乎都得益于都市圈的优强发展。据2018 年美国经济分析局数据，纽约大都市区以占美国东北部大西洋沿岸城市群不到25%的总面积集聚了超过 40%的就业，创造了约 40%的国民生产总值，其集聚带动效应十分显著。因此，推动城市群发展，必须加快都市圈建设。都市圈建设仍然要坚持分类指导、因地制宜总体原则，而操作的重心，一方面应是进一步塑造和突出中心城市的主体功能，增强其核心竞争力；另一方面则是大力推动中心城市与周边城市的一体发展、协调联动，这两个方面应该有机结合、相互支撑。可以利用空间换产业、市场换技术、园区换资本等手段，在疏解中心城市非主体功能的同时，将中心城市发展中的一般功能和“臃肿”事务向周边地区进行“梯度转移”，扶助周边地区突破发展的瓶颈制约。同时，以体制机制创新为保障，以基础设施一体化为支撑，促进中心城市和周边城市市场统一建设、产业错位布局、公共服务协同共建、生态环境一体保护，在合作联动中实现互利共赢。通过促进中心城市和周边地区功能互补和同城化建设，进一步完善城市群的空间结构，形成更大的发展能量。

第三，依托经济联动规避行政区划约束，最大限度的提升城市群综合承载能力。我国京津冀、粤港澳、长三角、成渝等19个城市群承载了全国78%的人口，贡献了超过80%的地区生产总值，成为承载资源要素、引领经济发展的主要空间载体。其中的奥妙在于，城市群各城市间通过协调联动强化了资源要素的跨行政区划配置，即通过拓展经济边界提升区域资源能源、生态环境、基础设施、公共服务等对经济社会发展的承载和支撑能力，缓解单个城市因行政区划限制所受到的土地、生态、环境等的约束。推进城市群发展，应进一步通过共建经济区、深化互补性经济合作、促进体制对接与市场开放等途径，突破行政边界限制打通人员、资金、技术、土地、数据等要素的自由流动通道。土地是城市群发展的核心要素，往往受制于行政区约束和城市分割，应作为城市群改革创新的重点。就这方面而论，在加强建立全国性建设用地、补充耕地指标跨区域交易机制探索的同时，重点应加快城乡结合部农村集体土地制度改革，盘活存量建设用地，并深化农村宅基地制度改革试点，完善城乡建设用地增减挂钩政策，通过这些举措改变中心城市土地紧缺而外围地区土地闲置的不良状况。

第四，强化数字技术开发利用，夯实城市群现代化建设的智能基础。伴随全球新一轮科技和产业革命的蓬勃兴起和深入发展，以互联网、大数据、人工智能等为代表的数字技术将直接作用于经济发展，形成“数字经济+”模式，带动人类社会生产方式变革、生产关系再造和生产空间重构。如果说过去区域经济乃至整个国民经济的快速发展在很大程度上得益于各类战略的大力推动的话，那么数字技术将成为现在和未来国家高质量发展的核心支撑力量。对于城市群建设来说，数字技术不仅是高效运行、有效治理和一体联动的支撑，还是内涵拓展、品质提升、功能集聚的条件。要把握新的科技革命的机遇，立足争取未来发展的主动地位，加快推进城市群数字技术的开发利用。在这方面应当竭尽所能，能走多快就走多快。当前应当重视的是，加快5G基站、智慧高速公路、未来社区等数字基础设施或运行载体在城市群内深度布局；大力推动传统产业数字化改造，促进制造业与数字技术融合发展；结合本地比较优势，发展和壮大数字经济核心产业；加快完善相关法律法规体系，优化数字经济投资促进机制，强化保障措施。通过努力，在城市群内形成优质高端、开放包容的数字技术基础设施与经济运行体系。

第五，协调优化“三生”空间，努力提高城市群的内在品质。高质量发展的城市群应当是生产、生活和生态功能的有机结合体。回顾我国城镇化发展历程，“三生”空间布局失衡是一个突出问题。在比较长的一个时期里，对生产功能的过度重视，导致生活空间和生态空间不断被蚕食侵夺，相应影响了城市品质的提升和人民福祉的增长。随着新发展理念特别是绿色发展理念深入人心，今天城市生态和生活空间建设已受到各方面高度重视，但协调发展和优化布局仍然面临着不少难题。必须明白，城市群发展“三生”协调并不是简单强化自然景观或休闲场所建设，不是三种功能空间的物理拼凑，而是从整体规划到具体设计上全方位多层次体现三者的交融耦合。高质量发展前提下的“三生”协调，要把绿色作为全部经济社会活动的底色，融入到生产格局和生活方式之中。要站在绿色发展、经济发展与环境保护有机结合、人和自然和谐共生的基点上来考虑“三生”的建设与布局，通过“三生”的融合协调，更好地满足人民日益增长的美好生活的需要，实现城市群的高品质建设、高质量发展。

三、完善城市群一体化发展的支撑协调机制

城市群在超越单个城市的更大空间范围内承载着资源要素的集聚与配置，它不是简单的城市集合体，而是特定空间内由不同规模等级的城市在分工与协作基础上形成的具有密切联系的一体化功能区域。可以说，一体化是城市发展的基本品质所在，也是其旺盛的持续发展潜力所在，而一体化的本质和核心则是资源要素的无障碍自由流动和地区间全方位开放合作。因此，推动城市群发展，还要以促进资源要素自由流动和各城市间全方位开放合作为导向，建立健全各种支撑协调机制，尤其要重视如下一些方面的机制建设。

第一，完善规划指导协调机制。事前的统筹布局、一体规划不仅可以避免低水平重复建设，还可以促进各个城市的发展紧扣自身功能定位，充分发挥比较优势，从而促进城市群内部合理分工与协调发展，

进而提升区域的整体竞争能力。我国实施规划指导具有特殊的优势和丰富的经验，世界上一些国家和地区在城市群规划建设方面也有可资借鉴的做法。例如纽约都市区区域规划协会的工作经验表明，尺度较小、精准度较高的区域规划更能促进区域间交流合作。因此，应当进一步完善城市群规划的指导、管理与协调机制，在强化政府规划部门指导的同时，针对不同区域的城市群发展建立社会层面的规划引导和协调机制。在规划重点上，考虑到都市圈发展对城市群发展的特殊功能，应在统筹谋划城市群发展总体方向、战略布局、地区特色和发展重点的同时，把加强都市圈建设的规划指导与协调放到突出重要的位置。

第二，创新产业集群发展跨区域协调机制。产业集群的跨区域建设是城市群建设的核心内容，而形成世界级产业集群是实现城市群高质量发展的关键支撑。产业集群组织在欧盟、美国、德国、日本等发达国家世界级产业集群的建设过程中发挥了至关重要的作用。在坚持政府引导、市场决定和企业推动的基本思路与操作原则的基础上，我国推动城市群内跨区域产业集群建设，还应借助已有的区域合作机制，尝试建立包括政府、企业、高校、科研院所、行业协会、投资机构等在内的多元化集群管理组织架构，通过其更好协调各方利益，维护公平竞争秩序、优化产业结构，并不断推动产业发展政策的调整和创新，支持先进特色产业做强做大。

第三，探索公共服务优化配置机制。以医疗、教育为代表的公共服务跨地区共享是城市群高质量一体化发展重要标志，也是提升人民群众获得感和幸福感的重要途径，但在现阶段仍然是城市群建设的一个难点。解决这一难题，一个可以探寻的思路是建立教育、医疗协同发展体系、形成公共服务跨区域优化配置机制。在具体操作上，可以通过中心城市医疗、教育等公共服务部门与周边地区签署合作协议等方式，促进资源共享、研训协同；可以采取设立分院、科室合作、学校共建、专家义诊、线上云平台等办法促使中心城市优良医疗教育资源服务于周边城市居民。值得强调的是，此次新冠肺炎疫情的突然袭击，警示城市群建设必须高度重视生物安全和卫生安全。应依此进一步优化城市群空间布局和城市建设格局，完善突发公共卫生疫情联防联控机制，健全跨区域公共卫生应急管理体系，做到反应及时、应对有力，严谨有序、万无一失。

第四，建立成本共担、利益共享机制。交通基础设施互联互通、生态环境联保联治、产业发展协同协作、市场要素对接对流等跨区域事务都涉及成本分担和利益分配问题。保障城市群一体化高质量发展应进一步畅通多层次政府间沟通协商机制，按照稳定存量、改善增量的原则，建立成本共担、利益共享的分配机制，以全面调动各城市、各地区的积极性。为切实推进一体化发展进程，可以以政府资金为引导，探索设立城市群共同投资基金，相应建立科学效能的基金投资决策机制和运行监督机制。

总体来说，城市群发展是一项宏大而又艰巨的系统工程，要审时度势、统筹兼顾，并谋于高远、工于细末。特别是要基于百年未有之大变局的形势和实现高质量发展、建设现代化的要求来谋划和推进。通过持续努力，我国城市群真正成为带动国家发展的创新高地和核心增长极。

顺应新形势新使命的要求，上海财经大学张学良教授等发起的中国城市群研究联盟运用“互联网+科研”的新思维，采取“众筹、众包、众研”的项目组织方式，从2017年7月起，在深入调研的基础上，对我国城市群发展的诸多理论与现实问题进行了全面系统的研究，经过艰苦努力，编写出了《中国城市群研究丛书》。丛书在梳理京津冀城市群、长三角城市群、粤港澳大湾区、成渝城市群、长江中游城市群、中原城市群、关中平原城市群、山东半岛城市群、滇中城市群、环鄱阳湖城市群、呼包鄂城市群的地理环境、历史脉络与发展历程的基础上，对我国城市群空间结构、产业发展、交通网络、经济联系、区域合作、资源环境承载能力等进行了分析论证，揭示了当前城市群发展取得的基本成就和存在的主要问题，提出了未来实现高质量发展的方向性思路与操作性建议。这套通过各团队成员集体参与、充分沟通，可谓集百家之所长、融众人之所思的丛书，将思想性、政策性、学术性、资料性归为一体，特色鲜明、见解独到，不乏真知灼见，是了解、研究和推进我国城市群发展不可多得的工具类书籍，于理论研究者、政策制定者、实践推进者诸都适用。若据而读之，必深受其益。故此竭力推荐，希望引起关注。

范恒山

2020年11月21日

代序

城镇化战略与城市群规划

城镇化战略在中国已经达成了共识。城镇化关系到经济发展、社会发展，关系到人口素质的提高。城镇化和城市建设存在非常密切的关系，城市和城镇是城镇化的载体。城市规模的扩大和城镇数量的增加，使中国涌现出若干城市群。通过城市群规划，促进城市的分工合作与功能互补，实现大中小城市与小城镇协调发展。

一、城镇化与城镇化战略

城镇化作为农村人口从分散的乡村向城市和城镇集中的历史过程，是一种世界性现象。进入21世纪，中国开始实施城镇化战略，城镇化速度不断加快。中国“十五”计划（2000—2005年）纲要提出“要不失时机地实施城镇化战略”。中共十九大报告提出：“以城市群为主体构建大中小城市和小城镇协调发展的城镇格局，促进农业转移人口市民化”。

加快农村富余劳动力向城市和城镇转移，提高城镇化水平，是中国全面建成小康社会、实现全面现代化的必然选择。一是城镇化是解决日益严重的农村富余劳动力的根本出路。农业现代化的顺利推进，需要将滞留在农村的大量富余劳动力转移到城市和城镇的二、三产业，摆脱严重失调的人口城乡分布格局对国民经济持续健康发展的制约。根据国家统计局的数据显示，2000年，中国的城镇化水平36.22%，农村人口8.08亿人，2017年，中国的城镇化水平58.52%，农村人口仍有57688万人，还不包括2亿多的农民工。二是城镇化是提高人口素质的重要举措。城镇丰富的教育资源和高效的资源利用有利于人口科学文化素质的提高。三是城镇化有利于减轻生态脆弱地区的压力，从而改善生态环境。随着城镇化进程的不断推进和城镇化水平的不断提高，农村居民的数量不断减少，农民人均收入不断提高，对土地等自然资源的压力也随之降低，为生态退化问题的解决提供了重要条件。

统计数据表明，城镇化水平每提高1%，就可拉动当年国民生产总值的1%～2%。[①] 由此可见，城镇化已经成为决定中国经济增长的关键性因素，不加快城镇化进程，就难以实现农业现代化，中国国民经济发展就难以跃上一个新台阶。

城镇化的本质是实现人口由农村向城市和城镇的转移，城镇化的最终目的是要为人的全面发展创造条件，让进城的农民进得来、留得住、过得好。解决农业转移人口（农民工）问题是城镇化战略的重要组成部分，正确的选择是让进城的农民留下来，并且让他们的家属进城居住。解决农民工问题的基本途径就是农业转移人口市民化。

农业转移人口市民化就是让已进城的农民工不管是在大中城市，还是小城市、小城镇都能享受与城市居民同等的福利待遇、享受同等的社会保障、同等的权利与义务，不再是城市的“边缘人”。农业转移人口市民化可从解决农民工的福利与保障入手，再逐步解决其他问题。

中国改革开放以来，一批批农民脱离农业，离开农村，进入工厂，进入城市，形成了庞大的农民工群体，他们不仅为中国的工业化作出了贡献，也为城镇化作出了贡献，但时至今日，虽然在统计数据上大部分已属于城市常住人口的一部分，但身份问题没有解决，大多数人的家属没有进城，未能享受城市居民平等的待遇，所以，农民工问题受到社会各界的广泛关注。

首先应该解决的是农民工的社会保障问题。在社会保障制度方面，主要是解决流动人口社会保障的可转移问题。加快农民工输入和输出大省之间进行养老保险关系转移的对接试点工作，在取得经验的基础上推向全国。应尽快研究建立不分城乡区域的社会保障体系。其次是农民工的子女教育问题。儿童教育当然应是输入地政府的责任，不应

---

① 肖金成：《城镇化战略与城市群的发展》，载于《今日国土》2013年第9期，第15～17页。

该有任何的歧视。实质上这已不是农民工的福利而是农民工子女的权益，应追究城市政府不作为的责任。再次，在住房方面，要城市政府包下来也不现实，应多层面完善农民工的住房问题。参照城市居民住房公积金制度，制定并实行外来务工人员住房公积金制度，对建立公积金账户的外来务工人员允许其以公积金购房和支付房租；建设一批小户型的廉租房，向包括外来人口在内的无力购房的低收入群体出租。在户籍制度方面，应废除城乡分割的户籍制度，建立全国统一的以居民身份证和居住证为基本依据的人口管理体制。超大城市和特大城市可建立有序的准入制，降低门槛，允许符合具有可靠职业和稳定收入的外来人口在经常居住地落户，引导流动人口融入当地社会。城市应该宽容、主动、创造条件去接纳农民工成为城市居民。鼓励家庭移民，家庭中凡有一人在城市有固定职业者，允许其家庭成员落户。

二、城市群：城镇化的主体形态

进入21世纪，中国区域经济发展的重要特点是城市群的出现。城市群是在工业化、城镇化进程中出现的区域空间形态的高级现象，能够产生巨大的集聚经济效益，是国民经济快速发展、现代化水平不断提高的标志之一。所谓城市群是在特定的区域范围内云集相当数量的不同性质、类型和等级规模的城市，以一个或几个特大城市为核心，依托一定的自然环境和便捷的交通条件，城市之间的内在联系不断加强，共同构成一个相对完整的城市“集合体”。在城市群范围内，原来单个的城市和另外的城市形成了互补关系，大城市的功能不断升级，给小城市和小城镇带来了机遇。小城市和小城镇在城市群范围内，区位劣势在弱化，而成本优势在强化。原来一些小城市之所以发展缓慢，是因为有区位劣势，产业和人口难以集聚，始终保持很小的规模，但在城市群中，由于交通条件的改善，区位劣势被化解。小城市和小城镇要素成本很低，比如零部件产业就可以在小城市和小城镇得到发展。长三角城市群、珠三角城市群之所以有很多小城镇能够集聚那么多产业，和处于城市群之中有非常密切的关系。另外，在城市群里大中小城市和小城镇能够协调发展，而且基础设施能够共享共用。

一个区域是否形成了城市群，需具备三个条件：一是要有一定的城市数量；二是要有大都市，没有大都市，都是中小城市，各自的辐射半径就很小，城市和城市之间难以形成合理分工；三是城市之间的联系要十分密切，交通十分便捷。

根据我们的研究，中国已经形成了十大城市群，即长三角城市群、粤港澳大湾区城市群、京津冀城市群、长江中游城市群、川渝城市群、中原城市群、辽中南城市群、山东半岛城市群、海峡西岸城市群和关中城市群。这十大城市群的面积约占全国国土面积的10%多一点，承载人口占全国1/3多，GDP占全国的比重将近2/3。①

未来还会形成几大城市群，如湘东城市群、江淮城市群、北部湾城市群、哈长城市群、天山北坡城市群等。原来大家只听说过长株潭城市群，实际上这三个城市离得很近，这三个城市实际上是一个城市的三个组团，它的发展会带动周边城市的发展，如益阳、衡阳、岳阳、娄底和常德，还有江西的萍乡，会形成以长株潭为核心的湘东城市群。像长沙、合肥、长春、哈尔滨、南宁、乌鲁木齐，近年来发展非常快，随着辐射半径的扩大，和周边城市的联系不断加强，城市群就有希望形成。

总之，由于中国人口众多，适宜人类生存发展的国土空间并不大，绝大多数人集中生活在东中部平原地区，所以，中国的城市群不仅数量多，而且规模大。我们预测，中国将形成若干世界级城市群。长三角城市群已经名列世界第六大城市群，珠三角将与香港、澳门融为一体，形成比珠三角范围更大的粤港澳大湾区世界级城市群。未来，京津冀和山东半岛两大城市群将融合为一体，形成京津冀鲁世界级城市群，还有长江中游地区、川渝地区、东北地区，也有可能形成世界级城市群。这些世界级城市群将矗立在世界的东方，和美国、美加、欧洲、英国、日本的世界级城市群遥相辉映。

三、城市群规划：城市分工与功能互补

为什么要做城市群规划？因为在城市群内部，由于区位的变化，竞争比较激烈，如北京与天津、广州与深圳、沈阳与大连、济南与青

① 肖金成、申兵：《我国当前国土空间开发格局的现状、问题与政策建议》，载于《经济研究参考》2012年第31期，第15~26页。

岛、福州与厦门等，均要发展成为金融中心，出现“虹吸效应”和“寡头效应”，周边城市很难发展起来，而核心城市由于功能过度聚集，出现了比较严重的“大城市病”。因此需要国家出面进行规划，明确各自的分工，消除行政壁垒和恶性竞争，促进城市间的合作。2010年，中共中央、国务院批准的《全国新型城镇化规划》指出：科学规划城市群内各城市功能定位和产业布局，缓解特大城市的压力，强化中小城市产业功能，增强小城镇公共服务和居住功能，推进大中小城市一体化建设和网络化发展。

城市群如何规划？城市群规划与区域规划和城市规划有很大的区别。区域规划范围一般大于城市群规划，规划对象既要包括城市也要包括农村，内容比较庞杂。城市规划主要对一个城市未来一定时期扩展的部分与需要重建或改造的部分进行设计，包括交通设施、地下基础设施、空间布局、城市风貌等，一般不涉及其他城市，甚至也不涉及农村。而城市群规划的对象是城市群范围内的城市和城镇，确定各城市的功能及相互之间的关系等。

第一，科学界定城市群的范围。城市群包括多个城市，但范围并非越大越好。是否纳入城市群范围，应根据城市的辐射半径、城市之间的联系度和交通条件。城市的辐射半径最远不会超过200公里，也就是说大都市的辐射半径远一些，小城市的辐射半径会近一些。一般来说，都市有都市圈，城市有城市圈，都市圈和城市圈相互耦合，也就是各自辐射的范围连在一起，城市群的范围就清楚了。

第二，明确城市群内各城市的功能定位。城市群内的每个城市都要承担一定的功能，根据产业基础、比较优势进行分工。比如京津冀城市群，北京的功能、天津的功能、河北省各城市的功能均要在规划中明确。

第三，确定城市群的空间布局。预测城市群内大都市和其他城市发展的速度和方向，明确同等规模城市之间的关系，确定哪个城市重点发展哪些产业？各城市发展到多大规模？为各城市的规划提供依据。

第四，构建合理的城镇体系。城市群内有特大城市甚至有超大城市，也有大城市、中等城市、小城市，还有小城镇。规划主要明确大中小城市和小城镇之间的关系，构建比较合理的城市体系。我们说京津冀城市群城市体系不太合理，是因为有两个1000万以上的超大城市，经济实力很强，吸引力很强，而河北省均是300万人以下的城市，存在断崖式落差，所以，在城市群内建立合理的城镇体系非常重要。

第五，产业发展与分工协作。产业选址、产业发展一般由企业决策，但在规划中可明确负面清单，即明确哪些城市不能发展什么产业，如核心城市一般发展现代服务业，限制发展劳动力密集型制造业，禁止发展高排放产业。产业链条应向整个城市群延伸，向中小城市和小城镇延伸，促进产业分工协作。

第六，基础设施互联互通。之所以要对城市群进行统一规划，直接动因就是要解决“断头路”问题。交通一体化和建设交通网络体系是城市群规划的重要内容。

第七，生态环境共建共保。城市群中有的城市在流域的上游，有的城市在下游，流域上下游要一体化规划，规划生态走廊，划定生态红线，共同保护生态环境。

第八，基本公共服务共享。在城市群内一体化的公共服务十分必要。规划中要明确缩小公共服务差距的途径与举措。

此外，要有保障措施，上级政府应加强组织领导，强化督促检查。要推进体制机制创新，如建立市长联席会议制度，建立合作办公室、建立共同发展基金等。

在城市群丛书出版之际，我将城市群丛书组稿会上的发言作为序言，希望城市群丛书得到研究城镇化和城市群的学者的欢迎，希望社会各界的读者了解和认识城镇化和城市群。

肖金成

2020年2月14日

总前言

城市群的日益崛起是当前我国区域经济发展的一个重要特征。伴随着城镇化的快速推进，城市之间的联系日益密切，企业和要素的跨城市配置日益明显，一个城市的发展愈发受到其他地区和城市影响，传统的行政区逐渐向经济意义上的功能区转变，由地域上相近的不同规模和功能的多个城市聚合而成的城市群逐渐成为我国区域经济发展的主要空间单元，同时，以城市群为主要载体来实现大中小城市和小城镇的协调发展也已成为被普遍认可的城镇化道路。党的十九大报告指出，要以城市群为主体构建大中小城市和小城镇协调发展的城镇格局。《中共中央关于制定国民经济和社会发展第十四个五年规划和二〇三五年远景目标的建议》也进一步提出，要发挥中心城市和城市群带动作用，建设现代化都市圈。此外，国家还集中出台了多项有关城市群和经济区的专项规划，特别是近年来京津冀协同发展、粤港澳大湾区建设、长三角一体化发展、成渝双城经济圈上升为国家战略，更加凸显了城市群在区域发展中的重要作用。

城市群的崛起源于其特定的竞争优势，这种优势内生于城市群的形成和演化过程之中。城市伴随着集聚经济而发展，产生两个好处：地方化经济与城市化经济，二者推动专业化城市和综合性城市的形成。但是，当城市发展到一定规模，经济活动在单个城市的集中会带来集聚不经济问题，此时要素和产业会从中心城市以人流、资本流、信息流和商品流的形式沿着交通轴线和通信渠道向外围低梯度城市地区扩散，甚至在区域其他地方产生新的经济中心，这些新的经济中心与原来的经济中心在发展和空间上相互联系、组合，形成区域的经济中心体系。每个经济中心都会有与其规模相应的大小不一的外围地区，这样，区域中就出现了若干规模不等的“中心—外围”空间结构，大、中、小城市在地理空间上“聚集”在一起，并最终形成一个完善的由不同等级规模城市构成的城市体系，即城市群。

城市群的核心竞争力在于城市群经济效应。城市群是基于交通高度发达、社会分工深化、市场深度扩张、要素高度聚集而演化形成的空间组织形式，从城市向城市群的演进，是经济集中化的产物，体现了生产从企业聚集到产业聚集再到城市聚集的延伸，能够实现要素在更大范围城市体系内的集聚与整合。现有理论强调单一城市的集聚对城市内部市场主体形成的外部性，但城市之间彼此的空间聚集和联动发展也会形成一种互为溢出的外部性，产生“1+1>2”的更强的经济效应，提高城市群整体的资源配置效率，获得更大的规模效益和分工收益。城市群经济的发挥就在于集聚空间由城市向城市群的扩展，地理邻近、功能邻近、交流邻近能够带来城市间交易成本的降低和知识信息的溢出，使得网络外部性作用得以充分发挥，实现城市与区域间的经济边界、行政边界、地理边界与社会文化边界的耦合。所以，要真正实现地方化经济和城市化经济向城市群经济的延伸，城市群各个城市之间必须要形成联系密切、结构合理、布局优化的城市体系。只有通过整合发展，构筑合理的城市等级规模结构、产业分工结构和空间布局结构，实现各个城市在市场一体化基础上的密切联系和交流，才能优化要素配置，发挥城市群经济的优势，从而具备更强的竞争力。中国地域广阔，各大城市群的发展必然处在不同的发展阶段，资源环境所承载的人口规模和经济发展水平也均有不同，我们在前期的系列研究中，也将处于不同发展阶段的城市群划分为成熟型城市群、发展型城市群和形成型城市群，以因地制宜、分类指导，更好寻求其各自发展的侧重点。

由此看来，城市群问题是中国区域经济发展的重大综合性问题，需要综合多学科开展系统性、整体性、协同性的深化研究。为此，一直以来坚持以“组织科研”方式创新、实现“科研组织”形式变革的中国城市与区域实验室（CCRL），于2017年7月，与南开大学城市与区域经济研究所、中国人民大学区域与城市经济研究所、兰州大学经济学院、西南民族大学经济学院、东北财经大学国民经济管理研究所、中山大学城市化研究院、首都经济贸易大学特大城市经济社会发展研究院、哈尔滨工业大学（深圳）经济管理学院、哈尔滨工业大学经济管理学院、湖南师范大学资源与环境科学学院、武汉大学、中国地质大学（武汉）、中国海洋大学法政学院、山东省城乡规划设计研究院、河南工业大学、云南师范大学旅游与地理科学学院、广西大学商学院、江西师范大学江西经济发展研究院、山西财经大学资源型经济转型发展研究院、内蒙古大学经济管理学院、安徽财经大学经济学院、新疆财经大学经济学院、上海财经大学区域经济研究中心等23个研究机构共同发起成立了“中国城市群研究联盟”，并举办了系列城市群发展高端论坛。联盟旨在让一群对中国城市群有研究基础、有研究能力、有研究兴趣的学者或团队聚集在一起，运用“互联网+科研”的新思维，秉持“众包、众筹、众研”的项目组织方式，让学术回归学术，平等参与、平等讨论，充分发挥科研比较优势，分享研究成果，共享知识溢出，构建中国城市群研究的学术生态圈。

《中国城市群研究丛书》就是在联盟成员充分沟通、达成共识的基础上，共同参与、集体创作的综合性研究成果。全书结合中国城市群发展实际，坚持用数据说话，牢固树立问题导向，从理论与实践相结合的高度，对我国城市群发展作出全面考量与客观评价。各研究团队不仅梳理了京津冀城市群、长三角城市群、粤港澳大湾区城市群、山东半岛城市群、哈长城市群、鄱阳湖城市群、滇中城市群、兰州—西宁城市群、中原城市群、江淮城市群等相应城市群的地理环境、历史脉络与发展历程，研究了不同城市群的空间结构、产业结构、经济结构、区域合作方式与进程，并就不同城市群目前存在的问题与未来的可持续发展方向提出了意见与建议，具有重大的理论价值和现实意义。

展望未来，中国城市群发展的道路、模式、机制等都十分复杂，有中国改革开放空间试验场的独特故事，书中虽对全国各大城市群已经作了比较系统、独特的综合性研究，但在中国进入新发展阶段，以国内大循环为主体、国内国际双循环相互促进的新发展格局中，城市群的理论与实践还在不断发展，关于城市群空间范围科学界定、内部城市间产业分工合理测度、城市联系度量等研究的广度、深度上仍有待深入探索。比如，“大城市—都市圈—城市群”三个空间尺度紧密相连，都市圈作为突破城市行政边界、促进生产要素跨区域优化配置的更小空间尺度，在城市群建设中正发挥着放大城市群核心城市辐射力、突破行政边界束缚、实现区域融合发展的重要作用，是城市群发展不可逾越的阶段。关于此问题的深入探讨，我们会在后续都市圈系列丛书中与各位读者见面，敬请关注。

最后，丛书是在经济科学出版社领导和编辑同志支持下完成出版的，中国地质大学（武汉）区域经济与投资环境研究中心副主任白永亮教授，内蒙古大学经济管理学院院长杜凤莲教授，新疆财经大学副校长高志刚教授，兰州大学经济学院院长郭爱君教授，山西财经大学资源型经济转型发展研究院院长郭淑芬教授，南开大学城市与区域经济研究所原所长、中国城市经济学会学科建设专业委员会主任江曼琦教授，安徽财经大学经济学院院长李刚教授，广西大学商学院李红教授，中山大学地理科学与规划学院梁育填副教授，哈尔滨工业大学（深圳）经济与管理学院林芳莹助理教授，哈尔滨工业大学可持续发展与城市治理研究所所长马涛教授，中国海洋大学法政学院马学广教授，云南师范大学旅游与地理科学学院潘玉君教授，郑州大学副校长屈凌波教授，深圳市原副市长、哈尔滨工业大学（深圳）经济与管理学院唐杰教授，东北财经大学公共管理学院王雅莉教授，武汉大学经济与管理学院吴传清教授，首都经济贸易大学城市群可持续发展决策模拟北京市重点实验室常务副主任吴康副教授，西南民族大学经济学院原院长郑长德教授，江西师范大学地理与环境学院执行院长钟业喜教授，湖南师范大学资源与环境科学学院副院长周国华教授，安徽财经大学副校长周加来教授等共同参与了丛书的讨论与编写工作。此外，丛书还得到了国家发改委原副秘书长范恒山教授，中国科学院科技战略咨询研究院副院长樊杰教授，中国科学院地理资源所区域与城市规划设计研究中心主任方创琳教授，中国区域科学协会副会长、南开大学郝寿义教授，中国社科院学部委员、中国区域经济学会会长金碚教授，南开大学经济与社会发展研究院院长刘秉镰教授，中国社科院城市与竞争力研究中心主任倪鹏飞教授，华东师范大学中国现代城市研究中心原主任宁越敏教授，上海对外经贸大学原校长、上海市政府参事孙海鸣教授，中国人民大学区域与城市经济研究所原所长、全国经济地理研究会会长孙久文教授，中国社会科学院农村发展研究所所长魏后凯教授，国家发改委国土开发与地区经济研究所原所长肖金成教授，中国社科院生态经济研究所党委书记、中国区域科学协会会长杨开忠教授，清华大学中国新型城镇化研究院执行副院长尹稚教授，中国科学院赵作权教授等专家学者的关心与支持，特此深表谢意！

张学良

2020年11月于上海

前言

城市群的概念最早可追溯到1985年出版的《城市总体规划》。书中提到城市群是多经济中心的城市区域，大城市及其周围小城镇或卫星镇的结合，可视为城市群类型的变型。之后，国内外学者分别基于不同标准对城市群范围进行了界定。当前，城市群作为国家参与全球竞争与国际分工的基本地域单元，已经成为区域空间未来发展的重要生长点。城市群通过集聚和扩散作用促进区域协调发展。功能互补、联系密切的不同等级规模城市在一定空间地域范围内的集中，可以形成新的更强的集聚经济效应和正外部性即城市群经济，这是城市群的核心优势和城市群竞争力的主要来源。党的十九大报告指出，以城市群为主体构建大中小城市和小城镇协调发展的城镇格局。这一发展方针有利于促进区域平衡、城乡平衡，补齐中小城市和小城镇发展不充分短板，为解决我国不平衡不充分发展问题提供思路。

环鄱阳湖城市群位于江西省境内，因环绕中国第一大淡水湖——鄱阳湖得名而来。其地域范围与国务院批复的《长江中游城市群发展规划》中江西省相应辖区一致，包括南昌、九江、景德镇、上饶等共64个市县地区，与相邻的武汉城市圈、长株潭城市群共同构成了长江中游城市群。环鄱阳湖城市群致力于打造美丽中国的“江西样板”，区域空气质量良好，生态优势明显，生态与经济协调发展。环鄱阳湖城市群所辖城市地区历史悠久，民俗文化绚丽多彩，与众多的名胜古迹共同构成了丰富的旅游资源。

在《环鄱阳湖生态城市群规划（2015—2030）》中，环鄱阳湖城市群发展定位为联动“一带一路”的内陆开放高地、长江经济带绿色产业聚集区、国家绿色城镇化先行示范区和具有国际影响力的山水文化旅游区。环鄱阳湖城市群将坚持“创新、协调、绿色、开放、共享”的发展思想，不断提升城市环境质量、人民生活质量、城市竞争力；创新协同发展机制和重要资源类空间管理体制，推进南昌大都市区和流域上下游地区之间协同发展示范。2018 年 7 月，全国首趟环湖动车——“环鄱阳湖城际铁路”正式运行。一条高铁线将环鄱阳湖城市群中大部分城市连接起来。环湖动车的开通一方面是江西省政府以交通为抓手推进环鄱阳湖城市群发展的创新之举，另一方面也彰显了省政府将以环鄱阳湖城市群为依托，促进区域协调发展的决心。

“中国城市群研究联盟”于 2017 年 7 月份在上海发起成立。联盟致力于打造中国城市群研究的学术生态圈，讲好中国改革与开放的空间试验场故事，构建城市群研究的中国话语体系。作为中国城市群研究联盟的成员单位之一，江西师范大学课题组承担了环鄱阳湖城市群著作的编写工作。全书共分为十二章：第一章是绪论；第二到第四章是基础篇，从自然、历史和规划三个角度介绍环鄱阳湖城市群的发展历程；第五到第十章是实证篇，运用数据和方法研究城市群空间结构、产业发展、交通网络、经济联系、空间治理以及资源环境承载力；第十一和第十二章是展望篇，介绍城市群发展存在的约束、挑战与存在的问题，并提出发展前景和政策建议。本书对环鄱阳湖城市群的过去、现在和未来进行了详细研究和分析，旨在提高环鄱阳湖城市群的知名度，为城市群发展乃至江西对接融入“一带一路”提供理论和现实参考。

本书的完成是课题组共同努力的结果，钟业喜教授、郭泉恩博士对书稿进行了统筹，课题组成员参与了部分撰写和完善工作。其中，第一、第二、第五章由毛炜圣完成，第三、第六章由徐晨璐完成，第四、第九章由吕科可完成，第七章由郭泉恩和郭卫东完成，第八章由冯兴华和郭卫东完成，第十章由吴巍博士完成，第十一、第十二章由文玉钊博士完成。

需要说明的是本书因为时间紧张、能力有限等原因，对环鄱阳湖城市群的研究结果还存在不足和缺陷，敬请读者批评指正！

钟业喜

2020 年 6 月

CONTENTS 目录

第一章

绪　论

第一节　环鄱阳湖城市群规划范围及定位

一、规划范围

与国务院批复的《长江中游城市群发展规划》确定的江西省相应辖区范围一致，环鄱阳湖城市群规划范围涉及南昌、九江、景德镇、上饶、鹰潭、宜春、新余、萍乡等地级市全部行政辖区和抚州市辖区、东乡区、金溪县、崇仁县，吉安的新干县、峡江县，区域面积9.23万平方公里，人口3095.18万人。

二、规划定位

一是构筑全新的生态竞争力体系。以生态环境的持续好转作为区域发展的评判标准，将宜居环境提升到区域核心竞争力的认识高度，建立起“生态价值优越、产业功能优质、人文特色突出、高效空间组织、区域协同优良”的生态竞争力体系。

二是体现出宜居城镇空间建设。将生态优先、绿色低碳的理念扩展延伸至区域、城市和乡村等层面，延伸到交通服务体系建设中去，更加突出区域绿地、绿色交通、生态型基础设施等关键要素的作用。立足生态、生产、生活空间的统筹，建立起“生态格局保障、宜居环境优美、低碳交通通达、生态设施贯通”的宜居城镇空间布局。

第二节　环鄱阳湖城市群的发展定位

根据2015年12月江西省住房城乡建设厅发布的《环鄱阳湖生态城市群规划(2015—2030)》，环鄱阳湖城市群的发展定位如下：

一、联动“一带一路”的内陆开放高地

积极对接国家“一带一路”建设，发挥联动长珠闽和中西部地区的传导作用，建成通江达海、联动陆桥的开放发展区域。进一步加强鄱阳湖各级城市与东南部沿海港口的联系，向西加强与湖北、重庆、陕西、新疆等省区的联动。进一步提升南昌、九江、景德镇、上饶等中心城市在国际、区域方面的门户与枢纽节点作用，发挥抚州、宜春、萍乡、鹰潭、新余的外联内引作用，构建多种形式的对外开放平台。

二、长江经济带绿色产业聚集区

着力完善绿色产业体系，在战略性新兴产业、现代服务业、文化创意产业发展和传统产业绿色升级等方面做足文章；积极争取国家层面的高新技术产业优惠政策，围绕产业链部署创新链，围绕创新链配置资源链，重点在光伏新能源、生物医药、大飞机与直升机产业基地、铜产业精深加工与研发基地等方面寻求突破。

三、国家绿色城镇化先行示范区

将山水文化融入城乡发展建设，在国内率先建成生态环境品质一流的城市群。建立起城镇发展建设的绿色化机制，推动“生态、生产、生活”空间统筹布局，构筑“山水林田湖城村”融合发展格局，塑造独具鄱阳湖山水风光特色的城市景观风貌。到2030年全部地市市辖区、县（市）建成国家生态园林城市，“城市双修”走在全国前列，建成一批智慧城区、低碳社区和生态型小城镇。围绕鄱阳湖周边的小城市、小城镇实现绿色产业与生态城市联动发展，构建起生态田园城镇带。建立起“通风、清水、绿林”的生态服务空间体系，100万人口规模以上的城市建成城市绿环。

四、具有国际影响力的山水文化旅游区

挖掘鄱阳湖及周边地区丰富的生态与人文资源，积极发展生态旅游、休闲旅游与文化创意产业，建成融生态旅游、文化体验、休闲娱乐和养生健康为一体，品质一流的国际知名旅游区；拓展面向国际、对接长珠闽地区和长江中游城市群的客源市场，建成长江国际黄金旅游带上的重要旅游经济圈。按照全域景区模式推动“风景入城”，构建若干区域性风景游憩地。重点建设景德镇国际文化瓷都，庐山—柘林湖、三清山—婺源、龙虎山、武功山（明月山）等世界遗产旅游目的地，建设南昌休闲旅游城市。

第二章

环鄱阳湖城市群的自然地理

自然地理环境，也称自然条件，是指与人类社会经济活动有关的各种自然要素，包括自然地理位置、地质地貌、水文、气象气候、土壤、生物和各种自然资源等。不同的国家和地区有不同的区域自然条件。对区域自然条件进行分析和评价，揭示其特点和变化规律，既是人类合理发展社会经济的需要，也是更好地改造自然、利用自然，协调人类活动与自然地理环境关系的需要。

环鄱阳湖城市群自然地理环境主要表现为地貌格局、水热条件、水资源以及植被土壤地带性格局等。环鄱阳湖城市群地势周高中低，形成一个以鄱阳湖平原为底部的南北敞口的大盆地。环鄱阳湖城市群地处北亚热带地区，季风气候显著，水资源时空差异显著。山地丘陵和冲积平原为主的地貌格局、显著的亚热带季风气候、时空差异显著的水环境是环鄱阳湖城市群自然地理环境的主要特征。

本章首先对构成环鄱阳湖城市群自然地理环境的各种要素进行了分类描述，其次分析环鄱阳湖城市群的自然资源状况，在此基础上探讨了环鄱阳湖城市群的生态与环境特征。

第一节　自然特征

一、地貌格局

地貌是构成一个地区自然地理环境的基础，是地质时期以来长期受内外力作用的结果。它不但造就了环鄱阳湖城市群的山川大势和地表形态，还深刻影响了本区域内的气候、水文、植被、土壤等其他自然地理要素。

（一）中心—边缘地貌差异明显

环鄱阳湖城市群地表形态东部、西部是高大起伏的山地，南部是低山丘陵和平原相间，中部是地域广阔的平原，从西向东依次是低山丘陵、平原、低山丘陵。城市群整体地势周高中低，从外向内渐次向鄱阳湖倾斜，构成一个以鄱阳湖平原为底部的南北开口的巨大红色盆地。低山海拔 400～1000 米，个别高峻山峰海拔高度超过 1500 米，相对高度 200～800 米；丘陵海拔 200～500 米，相对高度低于 200 米；平原海拔均在 200 米以下。

（二）地貌类型复杂多样

环鄱阳湖城市群境内既有高峻起伏的山地，也有地平广阔的平原，波状起伏的丘陵，还有山岭环绕的盆地。在五种基本地貌类型中，除了高原，其他四种在区内均有分布。

（1）山地。环鄱阳湖城市群境内山地主要分布于境内东部和西部地区，大多数为中山和低山。主要有四大块，即东部的怀玉山与鄣公山、西部的九岭和幕埠山。

怀玉山与鄣公山蜿蜒于境内东北部。两山平行分列南北：怀玉山居东南，鄣公山列西北。怀玉山为北东—南西走向，向西南斜延入余江县境，长约 150 千米，为鄱阳湖水系和钱塘江水系的分水岭。怀玉山山势不高，多为低山丘陵，仅部分山峰海拔较高，主峰玉京峰海拔 1817 米。因山体上升，断层节理发育，形成造型奇特的锯齿状峰林地貌，从而造就了奇峰绝景，堪称“江西独步”的三清山风景区。此外，受岩浆侵入与围岩变质的相互作用，怀玉山间蕴含铜、铅、锌、金、银等矿产，尤以德兴铜矿著称。鄣公山属黄山西南延伸的支脉，山体向北东—南西向伸展。鄣公山地势较为低缓，以 800 米以下的低山地貌为主。

九岭和幕埠山绵亘于境内西部，两山呈北东向南北平行对峙：九岭山居南，为修河与锦江的分水岭；幕埠山列北，位处赣鄂之交，向西蜿蜒入湘。九岭山为北东—南西走向，分布范围较广，地势峻拔，主峰九岭尖海拔达 1794 米，其他的山峰海拔多在千米以上。幕埠山呈北东—南西走向，主峰老鸦尖（位于武宁、通山之间）海拔 1657 米，主要山峰在千米以上。此外，幕埠山的东延余脉庐山，最高峰汉阳峰海拔 1474 米，襟江带湖平地突起，集雄奇锦绣于一体，是驰誉中外的世界级名山。

（2）平原。环鄱阳湖城市群境内平原面积广阔，最主要的是鄱阳湖平原。鄱阳湖平原地处长江中下游南岸，境内中北部，大致北起长江，南达樟树、临川，东抵乐平、万年，西至安义、高安，包括 25 个县市，面积达 3.85×10^4 平方公里。该平原为江西平原之最，与江汉平原、洞庭湖平原合称为长江中游三大平原。鄱阳湖平原是以鄱阳湖为中心，由长江和江西的五大河流泥沙沉积而成的冲积淤积平原。该平原包括河谷平原和滨湖平原两大部分，以河谷平原为主，面积9603平方公里，约占整个平原面积的76%，主要包括沿江河呈条带状分布的五河（赣江、抚河、信江、饶河、修河）下游及省内长江段冲积形成的谷地平原和河心洲平原；滨湖平原包括五河入湖口三角洲平原与滨湖湖沼平原，面积为3033平方公里，仅占平原总面积的24%。滨湖平原集中分布于鄱阳湖南岸滨湖区，面积较完整，地势尤为低平（一般海拔14～16.8米），港汊河道如网，湖沼水泊密布，可谓“水乡泽国”之地。

鄱阳湖平原地势低平，草洲滩地连片，湖池稻田相间，鄱阳湖犹如一颗镶嵌其中的明珠。区内土地肥沃，气候温和，宜农、牧和渔业，历来盛产大米和鱼虾，素称“鱼米之乡”，是境内重要粮仓、全国淡水渔业基地与商品粮基地之一。

（3）丘陵。环鄱阳湖城市群境内丘陵是江南丘陵的重要组成部分，大部分为山脉的延伸部分或山地与平原的过渡地带。主要分布在鄱阳湖平原东南缘、东北部山地西部边缘和西北部山地东缘，多与山地相伴分布。燕山运动决定了全区地貌基本格局。三叠纪初期普遍海浸，三叠纪末期形成褶皱构造。白垩纪时岩浆活动强烈，南部地区有花岗岩侵入，东部浙闽一带有流纹岩喷出。白垩纪晚期发生大规模断裂活动，形成许多山地和山间断陷盆地。第三纪末和第四纪初期，低山丘陵和盆地地区仍保持温暖湿润的环境。更新世晚期气候较干燥，北部有下蜀黄土堆积。

封闭的盆地地形及急剧缩小的水面，使气候逐渐干热，沉积物由海相、海陆交替变为陆相，大量风化、侵蚀、剥蚀的物质在盆地堆积，厚度达数千米，形成红色和紫红色的砂、泥、页岩，红色岩系遍布城市群境内，故有“红色丘陵”之称。

（4）盆地。在境内的丘陵中，盆地错落分布，一般呈长条形，以北东—南西向居多。盆地规模不等，一般宽约20～50千米，长可达数百公里。两侧多为断层界线，底部为红色碎屑岩层。盆地内一般有辐合水系，稍大河流往往穿过一个或几个盆地。其中，面积较大的有清江盆地（3600千米）、宜黄盆地（2880千米）。这些盆地镶嵌于丘陵之间，并形成多列丘陵（或山地）与盆地（或谷地）呈北东向相间排列，这是环鄱阳湖城市群地貌格局的最大特点；各个盆地形态各异，大小悬殊，海拔却多在50～100米之间；盆地内水泊交错，耕地连片，历来是粮油的重要生产基地，城镇、集落和人口集中之处，也是经济较为发达的地区。

二、气候

环鄱阳湖城市群位于我国中东部的低纬度地区，受太阳辐射、东亚季风环流和地形等因素的综合影响，具有季风气候显著，气候类型复杂多样，降水季节分配不均、易涝易旱等特点。

（一）季风气候显著，四季分明

环鄱阳湖城市群季风气候显著，主要表现为：一是风向更替明显，气温变化显著；二是年降水量季节分配不均，其变化大致和夏季风的进退相吻合；三是降水的年际变化率和季节变化率都大。

环鄱阳湖城市群地处中亚热带区，气候温和，雨量丰沛，光照充足，但气候多变。四季较分明，夏冬长，春秋短。夏季受西太平洋副热带高压控制和影响，盛行偏南风；冬季受新西伯利亚和蒙古冷高压控制和影响，盛行偏北风。春、秋两季为过渡季节。冬冷、夏热、春寒、秋燥。春、夏多暴雨洪涝，秋、冬少雨多干旱。冰冻期较短，无霜期较长。与同纬度其他地区相比，气温略低于西部，台风略少于东部。

冬季（12 月至次年 2 月），年平均最低气温为 12.4℃ ~15.5℃，九江西部、宜春西北部、上饶地区东北部和乐安、资溪较低，为 12℃ ~13℃，其他地区在 14℃左右。最冷月（1 月）平均气温为 3.7℃ ~6.5℃。年极端最低气温受冷空气时间长短和强度大小的影响及地形等影响，变化较复杂，但总体上南高、北低。上饶、宜春两地区北部及九江市大部分年极端最低气温为 -13℃ ~ -10℃；吉安、抚州两地区和上饶、宜春两地区南部为 -10℃ ~ -6℃；境内多数年份的年日最低气温≤0℃日数为 15 ~45 天。历年冬季降水日数为 29.4 ~43.5 天，占年降水日数的 22%左右；降水量为 151.5 ~270.1 毫米，占年降水量的 12%左右。冬季城市群内日照时数为 232.6 ~385.1 小时，西部少，东部多。最多出现在彭泽，最少出现在萍乡，相差 152.5 小时。冬季环鄱阳湖城市群太阳高度角低，昼短夜长，到达地面的太阳辐射总量仅为年太阳辐射量的 20%左右。

春季（3 ~5 月），蒙古冷高压减弱北撤，西太平洋副热带高压西伸北抬，处于冬季风向夏季风转换的过渡季节，天气系统变化复杂，冷暖空气交换频繁。在气温迅速回升的阳春时节，有时会出现寒风料峭、乍暖乍寒的天气。春季气温变化大，白天有时风和日丽，到夜间又突然春雪纷飞，天气变化无常。境内几乎每年都会出现春寒（或倒春寒），只不过春寒的严重程度不同，但对早稻和棉花播种育秧、育苗及栽插影响较大，严重时，会造成烂种、烂秧和死苗现象。环鄱阳湖城市群春季降水日数为 48.4 ~61.5 天，占年降水日数的 33% ~35%；降水量为 491.6 ~788.3 毫米，占年降水量的 36% ~40%；春季日照时数为 264.2 ~425.9 小时，南部少，北部多。

夏季（6 ~8 月），气候总的特点是：高温多雨，暴雨频繁，多洪涝。初夏受高空切变线和西南低涡及地面冷锋的影响，降水最多，降水强度较大，多暴雨，且持续时间长，常造成洪涝灾害。盛夏，西太平洋副热带高压脊线北跳至北纬26°左右，雨带北移，境内转受副热带高压控制和影响，自南至北雨季（汛期）结束，降水锐减，蒸发量增大，天气晴热，常常出现伏旱（或夏旱）。在此期间时有台风入侵带来强降水，引发山洪，但台风带来的降水往往能起到缓解旱情的作用。境内盛夏不仅是长江中、下游高温地区之一，且与其他“三大火炉”相比，其高温之烈，持续高温期之长，也是有过之而无不及。如南昌年平均高温（日最高气温≥35℃）日数27.7天，比重庆的23.7天多4天，比武汉的21天多6.7天，比南京的15.8天多11.9天。年平均最高气温为20.9℃～22.0℃。7月平均气温为27.0℃～29.9℃，年极端最高气温为37.5℃～44.9℃。夏季受副热带高压控制，夏季降水日数为32.5～53.2天，降水量仅为439.3～689.1毫米，占年降水量的32%～37%。月最大降水量大部分地区以5月和6月为最大，4～7月大都在600～700毫米以上，多洪涝灾害。

秋季（9～11月），秋高气爽，气候宜人。初秋常有秋旱，而秋末，由于受北方冷空气影响，常出现低温阴雨天气（即寒露风），对二季晚稻抽穗扬花不利，影响晚稻结实率，严重的年份甚至造成颗粒无收。城市群内大部分地区10月平均气温为17.2℃～21.4℃；秋季降水日数为24.7～35.9天，占年降水日数的17%～19%；秋季降水量为162.7～286.9毫米，占年降水量的12%～14%；秋季城市群日照时数为395.2～559.3小时，西部少，东部多。最多出现在都昌，最少出现在铜鼓，相差164.1小时。由于夏季风已逐渐退却，冬季风尚未全盛，冷暖空气交换的机会少，故城市群秋季以晴朗天气为主，常有一段“秋高气爽”的天气。

（二）气候类型复杂多样

环鄱阳湖城市群山地、丘陵起伏，北部有全国第一大淡水湖泊——鄱阳湖。下垫面性质差异大，气候类型复杂多样。有以九岭山、庐山等为代表的山地气候；有以鄱阳湖大水域为代表的水域小气候；有以赣江流域为代表的丘陵区域气候和盆地气候；还有森林小气候等。这些不同下垫面所形成的小气候，从某种意义上讲也是一种生态气候资源优势，适宜多种植物栽培，对于农业生产的种植多样化和立体农业发展和区域资源开发利用具有重要影响。

环鄱阳湖城市群中部是广阔的平原和水域，四周是连绵的山地丘陵。起伏的地形削弱了气候的纬度地带性，加剧了气候空间分布的变化的复杂程度。从平原到丘陵山区，气候条件存在着过渡性变化，其中以温度的过渡性最为明显，如南昌市和修水县纬度相近，气温的年较差相差却高达2℃。在山地丘陵，气温的年变化较和缓，全境各月气温西北部、东部山区都是低值区，比中部同纬度平原区低很多。

（三）降水不均，易涝易旱

环鄱阳湖城市群是全国多雨地区之一，多年平均降水量为1341～1939毫米，属湿润气候区，但降水的时空差异较大。全境地形较复杂，年降水量分布形状呈马鞍形。最大中心出现在东部，最小中心出现在鄱阳湖北岸。各地降水的分布以东部1625～1939毫米、东北部1633～1861毫米和西北部1434～1744毫米较多；以鄱阳湖北岸较少。

环鄱阳湖城市群降水量的年际变化相当明显，可以达到16%～25%。降水量年变率最大中心出现在鄱阳湖平原，最小中心出现在东北地区和西北地区，说明城市群内平原和盆地的降水稳定性小，山地的降水稳定性大。如玉山县1975年降水量达2769毫米，1963年仅为1211毫米，差值达到1558毫米。1954年年降水量为1429～2736毫米，出现历史上罕见的洪涝灾害，而1978年年降水量则为868～1418毫米，出现百年少见的干旱灾害。

年内分配不均也是环鄱阳湖城市群降水的主要特点，每年4～6月基本上是雨季，降水量占全年总量的42%～53%，且多暴雨或连续性暴雨。雨季结束后，直到中秋时分，全境以晴热少雨天气为主，7～9月的降水量仅占全年总降水量的20%左右，东部大部分地区小于20%，而同期的蒸发量大，约占全年蒸发量的40%，水分的支出明显大于补充。7～9月区内不少地区常常出现旱灾，有些年还会出现伏旱连着秋旱，成灾面积大，严重的旱情明显地影响着鄱阳湖的农业生产。

三、水文

环鄱阳湖城市群河流众多，支系繁杂。境内河流具有以下几个特点：一是河网密集而均匀，这在全国其他地区中并不多见，赣江是境内最大河流，自南向北纵贯全境，与抚河、信江、饶河、修水构成五大河流；二是由于受地势影响，绝大多数河流汇集于鄱阳湖，流域面积约占全境总面积的94%，形成一个几乎遍布全境的向心状鄱阳湖水系；三是河流河床落差较大，水力资源丰富。

（一）水资源丰富，地区差异显著

环鄱阳湖城市群多年平均年降水量1341～1939毫米，东部大于西部，中部小于东西两侧。境内有两个多雨区和一个少雨区。两个多雨区：一是东北部怀玉山区，包括德兴、弋阳、玉山三站之间地带，普遍大于1800毫米，其中心地带大于1900毫米；二是西北部九岭山区，包括靖安站以西宜丰站以北，铜鼓站以东，九岭山脉东南山麓地区，普遍大于1700毫米，最大值达2023毫米；一个少雨区是鄱阳湖区，包括瑞昌、德安、都昌、彭泽等站与长江包围地带（不含庐山），都只有1400毫米左右。全境多中低山和丘陵，迎风坡总能形成一些地形雨，这也是造成区内降水的地区差异的主要原因之一。在低气压控制和蒸发强烈的地区，有时会形成对流雨，尤其在下垫面植被好、涵水多的地方形成对流雨的可能性更大，这也是山地、丘陵多雨的原因之一。

（二）水资源与热量资源不完全同期

环鄱阳湖城市群水资源虽然丰富，但水热资源分布不完全同期，在很大程度上影响了作物生长和生产潜力的发挥；每年春季和初夏（大致3月下旬至6月），由于先后受西南暖湿气流（由西风带南下与亚洲南部的西南季风北上形成）和来自太平洋的东南季风的影响，境内普遍多锋面雨，特别是6月，冷、暖气流在江南停滞，形成丰富的梅雨，这是全境降雨最多的时节。

盛夏（7~8月）由于锋带移到北方，全境普遍少雨，常造成伏旱，局部地区偶有台风雨，降水量一般仅300~350毫米，约占全年降水量的20%左右，山区较大，局部大于400毫米，鄱阳湖平原地区则小于300毫米。秋季，全境基本被副热带高气压所控制，普遍少雨，只有深秋时冬季风南下与夏季风相遇，才形成少量秋雨。7~9月为用水高峰季节，占全年用水的60%~70%，而来水只占全年的20%左右，降水和用水不完全匹配。

（三）地表径流年内、年际变化大

受季风气候的影响，境内河川径流季节分配不均匀，汛期流量集中，丰水期与枯水期水位变化悬殊。河川径流的年内变化取决于水源补给和下垫面因素的作用，降水是河水的主要来源，径流随降水而变。全境大部分地区的降水集中于夏季，多年平均连续最大4个月（3~6月）降水量占年降水量的55%~60%，致使径流的年内分配也不均匀。由于流域的调蓄作用，大部分地区多年平均径流量连续最大4个月出现在4~7月，其径流量占全年的60%~70%，且呈现自西南向东北逐渐递增的变化趋势。这说明径流的集中程度，东北部高于西南部。

环鄱阳湖城市群降水受季风环流的控制，不仅形成河川径流夏丰冬枯的特点，各年间季风的强度和来去、停留的时间不同，引起各年的径流量有很大差异，其年际变化过程基本与降水年际变化过程相似，多水年和少水年水量悬殊，年际变化显著。年径流的年际变化通常采用变差系数（Cv）来表示。全境年径流量变差系数一般在0.35~0.40之间，北部滨湖地区略大于0.40，为全境高值区；在西部的上高、修水一线以西和东部抚河、信江上游的浙闽赣边境地区略小于0.35，宜春、萍乡一带更小于0.30，为全境的最低区。各河的Cv值，以昌江、修水水系为最大，分别达0.40和0.38；Cv低值区通常与年径流量的高值区相吻合，即径流丰富的地区，其年径流的年际变化较小；相反，Cv 高值区往往与年径流量的低值区相对应，说明该地区年径流量小而年际变化大，对农业用水是不利的。

四、植被

环鄱阳湖城市群地处低纬度地区，生物种类比较丰富，群落类型多样。资源生物和珍稀濒危生物种类和数量在全国都具有相当的地位，这为环鄱阳湖城市群经济发展创造了有利条件。

（一）种类较为丰富

环鄱阳湖城市群地貌复杂，气候多样，土壤类型丰富，人类活动地域差异大，生态环境优良，为多种多样的植物提供了理想的栖息地，境内植物群落的物种十分丰富。境内森林多属天然次生林，针叶林面积比重大，杉木、马尾松、樟树为城市群主要乡土树种；油茶、板栗、柑橘为城市群主要经济林树种。

（二）区系成分复杂

在世界植物分区中，环鄱阳湖城市群植物区系主要属于泛北极植物区中国—日本植物亚区的中国南部亚热带植物区系。植物区系成分以亚热带植物区系成分为主，并渗入有热带和温带植物区系成分。

环鄱阳湖城市群植物区系起源远古，与世界各地植物区系均有不同程度的联系，无论在亚热带特有种，孑遗植物方面，还是在古热带植物区系成分上，以及与世界各植物区系的联系上均具有其独特的特色。

（三）区域差异明显

环鄱阳湖城市群的现状植被及其分布与人类经济、社会活动的关系很密切。在鄱阳湖四周及五河下游两岸为湿生、中生草甸及小片零星沙地上的蔓荆植物群落所占据；整个鄱阳湖平原及五河下游的冲积平原均被开垦，以农田植被和人工林占优势；由此向东、西、南延伸的丘陵地区被荒山灌木草丛、马尾松林、杉木林及油桐、油茶、柑橘经济林等所覆盖；在东、西、南三面山区，则保留着一定面积的常绿阔叶林。

环鄱阳湖城市群境内植被的垂直分布规律常被陡峭山势及人为频繁干扰所打乱，故未见相对完整的植被垂直带谱，但仍可见某些有规律的植被垂直分布的现象。

在北部，海拔 700 ~ 800 米以下均有常绿阔叶林分布。基带的优势植物群落为苦储林和青冈林，前者以彭泽县分布最普遍；在海拔 600～800 米以上，逐渐增加落叶阔叶树和针叶树的层片。阔叶树的主要成分有：小叶栎、白栎、袍树、短柄袍树、锐齿槲栎、锥栗、麻栋、栓皮栎、茅栗、化香树、灯台树、擦木等；马尾松林至海拔 800～1000 米则让位于台湾松林。在阔叶林中，其他针叶树种亦逐渐增多，有时可形成小面积的山地针叶林。如宜丰县官山的穗花杉林，怀玉山玉京峰海拔 600～1600 米分布的华东黄杉林及华东黄杉与阔叶树组成的混交林，武夷山海拔 700～1900 米分布的柳杉林及柳杉与南方铁杉、阔叶树组成的混交林（在海拔 1000 米以下已遭砍伐、破坏，仅零星残存柳杉大树）等。金钱松原多见于庐山，但如今只见极少单株残存于阔叶林中；在海拔 1000～1500 米以上，常见有小面积的落叶阔叶林，其主要植物组成除上述小叶栎、白栎等种类外，尚见大穗鹅耳栎、灯台树、椴树、白檀、山合欢、山樱花、盐肤木等。

五、土壤

土壤是在各种自然成土条件和人为活动综合影响下形成的。各地的自然条件和人为活动不同，土壤的种类和性质也各有差异。其中红壤分布最广，占全境土壤总面积的 70.69%；水稻土次之，占全境土壤总面积的 20.35%。

（一）土壤类型

1. 红壤

红壤是境内分布范围最广，面积最大的地带性土壤，遍布全境各市、县，是境内主要的农业自然资源。从海拔 20 米左右的鄱阳湖滨湖平原，直到海拔 800 米以下的丘陵、低山地带，均有红壤分布，而以丘陵区分布最广。母质类型多样，主要有泥质岩类风化物、酸性结晶岩类风化物、石英岩类风化物、红砂岩类风化物以及第四纪红色黏土母质。

2. 黄壤

黄壤是在山地土壤垂直带谱中位于黄红壤亚类之上、暗黄棕壤亚类之下的土壤类型，一般分布于海拔 800～1200 米左右的中低山区，以上饶等地区的黄壤面积最大。

母质类型以酸性结晶岩类风化物为主，其次是石英岩类和泥质岩类风化物。黄壤的形成特点表现为弱富铝化过程与明显的黄化和生物富集过程的共同作用。特别是黄化过程：由于相对湿度大，土层经常保持潮湿，致使土壤中的氧化铁水化，土壤剖面呈黄色或鲜黄色。

3. 黄棕壤

黄棕壤是在北亚热带生物气候条件下形成的地带性土壤。境内黄棕壤分布于山地垂直带谱的上部，一般处黄壤之上、山地草甸土之下，海拔高度1100～1800米。境内黄棕壤面积以上饶地区面积最大，其次是宜春、九江市等地区。

黄棕壤地处温凉湿润、云多雾浓的山地气候条件，年均温11.5℃～12.1℃，年降雨量1918～2840毫米，植被为常绿阔叶与落叶阔叶混交林或针阔混交林，植被茂密，地表常有枯枝落叶。成土母质主要为酸性结晶岩类风化物，其次是石英岩及泥质岩类风化物。上述生物气候条件，使黄棕壤具有黏粒淀积明显，有机质含量丰富和富铝化过程较弱的发生特征。

4. 山地草甸土

山地草甸土是指林线以内，在平缓山地顶部喜湿性草甸植被及草甸灌丛矮林下形成的一类半水成土。境内山地草甸土一般位于黄壤或黄棕壤之上，海拔1400～2200米的中山顶部平缓或山坳处。以九江市和上饶市面积最大。

山地草甸土由于地处山顶，气温低、湿度高、风大、云雾多，一般无高大乔木生长，植被以山地草甸为主，间有小灌木，植被覆盖度高。母质以花岗岩类风化物为主，其次为石英岩和泥质岩类风化物。受上述生物气候条件的影响，山地草甸土矿物风化作用很弱，主要进行表土的粗有机质化过程；同时地表大量的草根及凋落物分解甚为缓慢，腐殖质积累明显。

5. 潮土

潮土是河流沉积物在地下水影响下，并经长期旱耕而形成的一类半水成土类。境内潮土广泛分布于各大小河流沿岸及鄱阳湖滨湖地区。以九江市面积最大，其次是上饶、吉安和南昌。

境内潮土所处自然环境水热充足，植被生长繁茂，对潮土有机质来源和养分积累提供了较为丰富的物质基础，土壤表层常形成一定厚度的腐殖质层。多数潮土都是人为耕种熟化的土壤，在长期旱耕种植与农业管理过程中，潮土有机质等养分含量有所提高。人为耕作活动对土壤形成有深刻影响。

6. 紫色土

紫色土是紫色岩类风化物上发育的一类岩性土壤，广泛分布于境内的丘陵岗地，与红壤镶嵌构成复区。紫色土面积以抚州和吉安等地所占比例最大。

紫色土的成土条件主要受母质（岩）影响，由紫色岩系（包括紫色砂岩、页岩和砾岩）母质发育而成。紫色土的自然肥力较高，开垦熟化后的紫色土多为高产田地。紫色土的形成特点主要体现在两方面：一是母岩物理风化强烈，化学风化较弱，紫色土不具有脱硅富铝化特征；二是现代侵蚀作用强烈，生物积累微弱，紫色土的有机质和全氮含量一般均不高，表土没有明显的腐殖质聚积层。

7. 石灰土

石灰土是指发育在碳酸盐含量大的母质（包括石灰岩、白云岩、钙质页岩等风化物）上的岩成土，主要分布在九江，以及宜春、上饶、新余等地区的丘陵区，自然植被多为喜钙、耐钙性植物。

石灰土是随着喀斯特的发育、难溶物质的残积、植物残落物的积累和腐殖化以及营养元素的富集等成土过程逐渐发育形成，其成土特征表现为母岩的化学风化强烈，碎屑状半风化物甚少，土层与基岩界面清晰；碳酸盐的淋溶与补给交替进行，钙的迁移与富集十分频繁，以及受母质种类、地貌条件和地带性因素影响均较明显等。境内的地带性成土作用决定了其石灰土脱钙较明显，但并不很深的棕色石灰土居多。

8. 黄褐土

黄褐土是由下蜀系黄土状物质发育的一种隐域性土壤，主要分布在九江市北纬29°15′以北的各县（市、区）黄土岗地和阶地上，以九江县沙河至湖口县流芳以北地区最为集中。多已开垦利用，现状植被为稀疏马尾松及灌木草丛，或人工杉、松林。

境内黄褐土的形成深受下蜀系黄土状母质影响，土壤形成表现出下述特征：多次生植被，限制了有机层来源，土壤有机质累积量少；但在含钙的母质影响下，有机质量较高；土体内铁铝移动明显，土壤具有弱富铝化；下蜀黄土状母质的黏土矿物组成以2∶1型矿物居多，且均系母质中的残留矿物，并非成土过程所产生，故黏粒形成及黏化作用不明显。

9. 水稻土

水稻土是一类在水耕植稻熟化下的特殊人工土壤，是境内主要的耕作土壤，遍布境内各县、市。从海拔15米的平原地区至海拔600米左右的低山沟谷都有分布，以河湖平原面积最为集中。水稻土总面积占全境土壤面积的20.36%。

水稻土的形成与人为植稻生产活动直接联系。境内有着发育水稻土的优越条件。在季节性引水灌溉条件下，地表为薄层水淹没，并经水下耕翻、耕耘、平整土地使土壤内部的物质运动进入新的过程，产生新的土壤物质运动规律，致使改种水稻前的原来土壤属性逐渐发生改变，形成了与原始母质土性有明显差别的土壤类型。

（二）土壤分布地带性规律

土壤水平地带性分布是土壤发生性状与大气候、生物的水平地带分布相吻合，土壤类型在空间有规律的变化。境内属典型的中亚热带生物气候区，气温适中，日照充足，雨量丰沛，无霜期长，红壤遍布城市群各地，是境内唯一的水平地带性分布土壤类型。

土壤的地域性分布，是在土壤地带性分布的基础上，由于地形、母质、水文地质状况及人为耕作影响，使得土壤类型发生相应的变化，地带性土壤与非地带性土壤在短距离内呈镶嵌分布。境内由平原、丘陵至山地，南部分布着湿潮土、潮土、新积土、紫色土、红壤、水稻土和各种山地土壤组合；北部则在上述土壤组合中，由棕红壤取代了红壤的位置；东部和中部有小面积的火山灰土穿插其间；西部则有石灰土交织于内。

土壤的垂直分布是指土壤随山体海拔高度的升高，依次地、有规律地相应与生物气候条件的变化而变化的现象。境内海拔 1000 米以上的山地，土壤垂直分布的规律性均较为明显，且组合类型趋同。但各土类分布高度，除基带相同外，南部均高于北部，阳坡则高于阴坡，一般海拔为 400～500 米，南部山地是典型红壤亚类，北部山地为棕红壤亚类；400～800 米，南北山地都是黄红壤亚类；800～1200 米为黄壤；1200～1500 米为暗黄棕壤亚类；1500～2158 米为山地草甸土，有的山地甚至 1000 米左右的山顶都有山地草甸土。

第二节　资源特征

一、生物资源

环鄱阳湖城市群地处中亚热带东段湿润地区，山地丘陵面积广大，自然条件复杂，植物种类繁多，植被类型齐全，植被覆盖度高。多种多样的生境条件，适于各种野生动物的栖息、繁殖，全国第一大淡水湖泊——鄱阳湖更是野生鱼类洄游和繁育的天然渔场，湖区广阔的湖滩草洲以及湖滩沼泽，又是候鸟的良好越冬地。境内植物资源和野生动物资源都十分丰富。

（一）植物资源

境内植物起源古老，植物组合较复杂，植物种类繁多，植被类型齐全，植物资源丰富，提供物质原料的资源植物生产潜力很大。在境内有分布与有代表性的主要植物资源有：

（1）用材植物。主要有毛竹、马尾松、苦储、甜储、鹿角拷、拷、红楠、木荷、枫香、拟赤杨等。有些树种数量少，仅见于深山老林，十分珍贵，如阿丁枫、观光木、湘楠、福建柏、南方红豆杉、南方铁杉、白豆杉、华东黄杉等。杉木为全省最常见的用材树种，多为人工栽植。

（2）木本粮食植物。主要有钩拷、鹿角拷、罗浮拷、栗、锥栗、矛栗、白栎、短柄栎、栓皮栎、石栎、青冈、小叶青冈、大叶青冈、双季板栗、枣、柿、薜荔、野木瓜等。

（3）薪炭植物。其特点是耐干旱、耐瘠薄、耐切割、萌蘖力强、生长快、燃烧力强。主要有映山红、三叶赤楠、糙木、胡枝子、乌饭树、短尾越橘等。此外，芒其、蕨、芒等草本植物也大量被充作燃料。

（4）食用野果及维生类植物。分布较广，可在山上大量采集的种类有山楂、山莓、茅莓、粗叶悬钩子、猕猴桃、乌饭树、米饭花、野葡萄等。其中有些可作果树嫁接的亲本，如野梨、海棠等，有些还可引种栽培和驯化为高产果树，如猕猴桃等。

（5）野菜及野生饲料植物。大多为草本植物，其中较常见的有野大豆、假地兰、鸡眼草、胡枝子、葛藤、草木樨、车轴草、山绿豆、山合欢、革命菜、马兰、鼠曲草、藜篙、一年蓬、刺儿菜、蕨、紫其、野苋、荠菜、独行菜、鱼腥草、糯米团、野苎麻、藜、羊蹄、构树、车前、鸭跖草、马齿苋等。少量为水生植物，常见的有满江红、眼子菜、水葫芦、大瓢、水竹叶、浮萍、菱、芡实、水芹等。还有部分可食大型真菌，如黑木耳、银耳、松乳菇、香菇、冬菇、长根菇、毛木耳、羊肚菌等。

（6）芳香植物。主要有木兰科的深山含笑、乐昌含笑、紫花含笑、凹叶厚朴、观光木、木莲，兰科的剑兰、惠兰、春兰、寒兰、多花兰，樟科的山苍子、山胡椒、狭叶山胡椒、乌药、大叶樟、土肉桂、细叶香桂、香叶树、黄丹木姜子等。其他科分布数量较多的有紫苏、白苏、枫香、马尾松、猕猴桃等。

（7）药用植物。主要中草药有栀子、泽泻、石韦、香薷、抚芎、南山楂、枳壳、枳实、钩藤、蔓荆子、土茯苓、薄荷、荆芥等。大量分布或较为名贵的有：贯众、野菊、半夏、糙木、天南星、桔梗、前胡、白果、黄连、龙胆、千星光、金银花、苦参、百两金、千层塔、厚朴、木通、海金沙、枫荷梨、五加皮、花榈木、远志、首乌藤、益母草、金锦香、山蚂蝗、鹿蹄草、土党参、孩儿参、菟丝子、玉竹、百合、黄精枸杞子、沙参、盘龙参、商陆、五味子、草珊瑚、五倍子等。蛇伤药用植物有滴水珠、七叶一枝花、云实、竹叶椒、野花椒、斑叶兰、八角莲、九头狮子草、望江南、纤花耳草、山扁豆、杠板归等；抗癌药用植物有喜树、猕猴桃、白花蛇舌草、龙葵、白英、黄独、猪殃殃、菝葜、黄毛耳草等。

（8）纤维植物。除大量分布的竹类植物外，还有禾本科的芒、五节芒、金矛、芒苇、狼尾草、牛筋草、河五八等，草本科的灯心草、龙须草等；木本植物的拟赤杨、芫花、了哥王、椴等。常用的造纸黏合料植物有毛冬青、铁冬青、长叶冻绿、小赤麻、猕猴桃、乌蔹莓及若干锦葵科植物。

（二）动物资源

城市群境内生物资源种类多、数量大、珍稀濒危物种多。包括兽类、鸟类、两栖类、爬行类、鱼类、水生哺乳类、软体动物、浮游动物等。

全境有兽类 105 种，可提供毛皮、皮革及药用。主要包括：黄鼬、麂类（黄麂、黑麂、毛冠鹿）、鼬獾、小灵猫、华南野兔、松鼠等。

全境共有鸟类310种左右。肉、羽用经济鸟类主要以雁形目为主。冬季大量的雁类和野鸭到鄱阳湖越冬，如雁类的豆雁、灰雁、小白额雁、白额雁、鸿雁，野鸭类的绿头鸭、绿翅鸭、赤麻鸭、斑嘴鸭、琵嘴鸭、罗纹鸭、花脸鸭、针尾鸭、黄鸭、白眉鸭等；120余种越冬水鸟数量达36万只以上，其中白鹤、东方白鹳越冬种群数量均占世界总数的90%以上。列入国家一级保护的珍稀濒危物种有白鹤、白枕鹤、大鸨、黑鹳等；列入国家二级保护的珍稀濒危物种有白琵鹭、小天鹅、灰鹤等。

全境有两栖类动物40种。两栖类动物中有珍稀的大鲵（娃娃鱼），在北部山区有分布；有尾两栖类中有肥螈、东方蝾螈等；无尾两栖类中有青蛙、钱蛙、泽蛙、虎蚊蛙、中国雨蛙、无斑雨蛙、弹琴蛙、沼蛙、阔褶蛙、棘胸蛙（石鸡）、大树蛙、花姬蛙、布纹姬蛙、小弧斑姬蛙等。

全境爬行类动物主要种类有：眼镜蛇（扁头风）、银环蛇（竹节蛇）、尖吻蝮（棋盘蛇）、日本蝮、竹叶青、烙铁头、白头蝰、蛟花林蛇、眼镜王蛇、福建丽蚊蛇、中国水蛇等。境内水域面积辽阔，鱼类资源丰富，已发现的鱼类有140种，鄱阳湖是城市群境内的天然鱼库经济价值较高。列入国家一级保护的珍稀濒危物种有白鳍豚、中华鲟等；列入国家二级保护的珍稀濒危物种有江豚、胭脂鱼等。

二、矿产资源

环鄱阳湖城市群矿产资源丰富，种类较多，有金属矿产、非金属矿产、燃料矿产和地下水及矿泉水4类。环鄱阳湖城市群是矿产资源的富集区域，已发现矿种占全省的4/5。其中金、银、铜、铅、伴生硫、硅灰石等矿产资源，在江西省乃至全国占据明显优势。

（一）矿产种类多，工业配套程度高

在工业利用上，境内现探明储量的矿产分属于能源矿产、黑色金属矿产、有色金属矿产、贵金属矿产、稀有稀土及分散元素、冶金辅助原料矿产、化工原料矿产、建材及其他非金属矿产、水气矿产9大类。这种资源结构既利于资源的充分开发，又有利于各矿业的相互促进发展。如在有色金属矿产方面，铜矿的大规模开发，能带动硫酸工业的发展，为磷矿、蛇纹石等矿产的开采与就地深加工创造条件；在钢铁、建材、化工耗能大的工矿业方面，需要煤炭资源作后盾，同时这些工矿业的建设与发展，能够将原本开采不经济的薄煤层转化成为经济资源；岩盐的开采除满足食用外，可不断拓宽化学工业的发展，解决玻璃、综合化工业

用碱、用钠之缺；石灰岩的广泛分布，使大中小型水泥厂在境内各地星罗棋布，促进了县、乡工业的发展。

（二）矿产分布区域分片集中，适合大规模开发建设

从矿产、矿点的分布上看，境内几乎县县有矿藏，处处有矿挖。但是，由于受到东西向基底构造和北东向等断裂构造控制，各种矿产在地理分布上又形成各具特色的资源集中区。在北部主要有铜、硫、锡、锑、萤石和水泥灰岩等矿产；东部有银、金、铜、铅、锌、磷、蛇纹岩、高岭土、膨润土、海泡石和水泥灰岩等矿产；西部主要有煤、铁、钽、铌、岩盐、粉石英、硅灰石、石膏等矿产，为各地区的工业发展提供了前提条件。此外，有许多矿产如铜、钨、稀土、钽铌、铅锌、岩盐、磷、硅灰石等矿70% ~80%以上的储量集中在少数几个大中型矿区或在一两个矿区内，便于建成国家级或省级骨干矿山。

（三）多组分矿床多，综合开发利用及经济价值高

境内已探明的矿床，单一矿种的产地不多，尤其是金属矿产，在探明保有储量居全国第一至第十位的23种矿产中，主要以共伴生矿形式存在的就有15种。其中铜矿中共伴生的矿种有金、银、硫、镓、铟、硒、碲、砷、钴、铁、铅、锌等16种，与钨矿共伴生的矿种有锡、铋、钼、铍、稀土等14种，与钽铌矿共伴生的矿种有锂、铷、艳、高岭土、云母、长石等7种，与蛇纹石矿共伴生的矿产有镍、石棉矿等，与磷矿共伴生的有水泥灰岩等矿。这些共伴生矿产通常在开采主矿产或选冶过程中均能有效地回收，对于增加矿产品品种、数量和提高企业劳动生产率与投资经济效益十分有利。目前，境内所产的铋、钼、锂、云母、长石等矿产全部靠综合回收，铜矿每年采选顺带回收的金、银、硫副产品的产值相当可观。

（四）大宗用量的重要矿产的探明储量不足，资源的发展潜力不大

境内探明大宗用量的矿产除铜、铅、锌、硫、岩盐、高岭土等矿能满足近一段时期经济建设与发展需求外，煤、石油、铁、锰、铝土矿、磷、石膏等矿却缺乏形成超大型、大型和富矿的典型地质环境，目前探明保有储量仅分别占全国保有总储量的0.05% ~1.3%。大宗用量的矿产资源储量不足，煤、富铁矿、富锰矿、富磷矿、铝土矿等资源短缺，其中煤矿、锰矿、铝土矿和石膏等矿产探明的资源储量不足，磷矿质量较差。石油、天然气铬铁矿只掌握找矿线索和条件，均需要依靠外购或进口来维持需求。

三、水资源

水资源包含水量与水质两方面，是人类生产、生活及生命存在和发展不可替

代的自然资源。社会和经济活动都极大地依赖于水资源的供应数量和质量，水资源的开发利用和保护对提高社会生产力、改善人民生活起着十分重要的作用。环鄱阳湖城市群水资源丰富，总的补给来源主要是大气降水。

（一）地表水资源

地表水资源指河流、冰川、湖泊、沼泽等水体的动态水量。大气降水是地表水体的主要补给来源，在一定程度上反映水资源的丰枯情况。环鄱阳湖城市群是中国的多雨地区之一，多年平均降水深 1370 ~ 2140 毫米，大部分地区为 1500 ~ 1700 毫米，相应年均降水量约 2670 亿立方米。全境河川多年平均径流总量为 1385 亿立方米，平均径流深 828 毫米。全境河川径流总量虽然丰富，但季节和年际变化都较大、地区差异明显。境内 5 大河流水系的多年平均年径流量以赣江为最大，为 683. 0 亿立方米，以下依次为信江 172. 5 亿立方米、抚河 146. 7 亿立方米、饶河 132. 9 亿立方米、修水 122. 5 亿立方米。单位面积产水量最大的为信江，为 106. 7 万立方米/平方公里；赣江为 78. 8 万立方米/平方公里，为最小；抚、饶、修 3 河都在 80 万立方米/平方公里左右。

（二）地下水资源

环鄱阳湖城市群地下水天然资源为 213. 4 亿立方米/年，具有集中开采价值的为 68. 1 亿立方米/年。总体上北部富于南部，西部多于东部，平原多于山区。

境内松散岩类孔隙水分布于鄱阳湖平原及赣江、信江、抚河、修水、饶河 5 大河流中下游河谷；岩溶水较为集中地分布于宜春地区的袁河、锦江流域；基岩裂隙水区内各地均有分布。

地下热水及矿泉水：区内地热资源相对较少，分布较集中，开发水平较高。北部温泉区约有温泉 14 处，主要分布在西北部的修水、武宁、铜鼓及东北部的德兴、乐平等县。南部有温泉 24 处，由西向东主要分布在宜春、宜黄、崇仁、南城、余江、横峰等县。温泉最高水温 82℃，钻孔最高水温达 88℃。其中高温热水（80℃ ~ 100℃）有 1 处，中高温（60℃ ~ 80℃）有 36 处，低温热水（23℃ ~40℃）有 72 处。

四、气候资源

环鄱阳湖城市群属中亚热带湿润季风气候区，光能、热量和水资源较为丰富，农业气候资源潜力较大。全境年平均气温大体为 16. 2℃ ~19. 7℃，年平均日照时数 1637 小时，年无霜期平均天数 272 天。

（一）太阳光能资源

太阳光能的多少和利用率的高低与农作物产量密切相关。环鄱阳湖城市群年平均日照时数为 1473 ~ 2078 小时。境内日平均气温≥10℃持续期的日照也有 1090 ~ 1600 小时，境内日照较充足，但地区和季节分布不均匀。鄱阳湖区大部、东北部分地区的年平均日照时数超过 1900 小时，为境内的多日照区，其中彭泽、都昌、鄱阳和乐平等地的年日照时数超过 2000 小时。而萍乡、资溪等地的年日照时数不足 1700 小时，尤其以铜鼓 1496 小时为最少。其他地区为 1700 ~ 1900 小时。全境四季日照时数以夏、秋两季为最多，夏季又多于秋季；而以冬、春两季为最少，春季又多于冬季。

境内年太阳辐射总量为 4057 ~ 4794 兆焦耳/平方米，最大出现在都昌，最小出现在铜鼓，相差 737 兆焦耳/平方米。地区分布是：铜鼓、萍乡年太阳辐射总量为 4187 兆焦耳/平方米以下，湖口、星子、永修、进贤、乐平、鄱阳、都昌、德兴、铅山、上饶、玉山、资溪为 4605 兆焦耳/平方米以上。其他地区则介于 4187 ~ 4605 兆焦耳/平方米之间。

（二）热量资源

温度是影响植物生长发育和生理现象的重要因素。与农业生产关系极为密切而具有普遍意义的是某些农作物的界限温度。

在界限温度中，以≥10℃的活跃生长期界限温度最为重要。环鄱阳湖城市群日平均气温稳定通过 5℃的初日平均为 1 月 30 日至 2 月 28 日，彭泽和瑞昌为最晚，终日平均为 12 月 10 日至 1 月 9 日，修水、瑞昌和婺源为最早，日平均气温稳定通过 5℃持续期日数平均为 286. 7 ~ 345. 9 天。日平均气温稳定通过 10℃的初日平均为 3 月 8 日至 3 月 27 日，南部早于北部，终日平均为 11 月 15 日至 12 月 6 日，日平均气温≥10℃持续期日数平均为 35. 1 ~ 274. 5 天。

高于植物生物学下限、能够使植物进行生长发育的温度为活动温度。某时段或生长季节内日活动温度的总和被称为活动积温。它是衡量地区热量资源的主要指标。环鄱阳湖城市群日平均气温≥5℃的积温平均为 5571℃ ~ 7086℃，日平均气温≥10℃的积温平均为 5044℃ ~ 6339℃，日平均气温 10℃ ~ 20℃的积温为 4173℃ ~ 5000℃。总的分布格局有自北向南、自西向东递增的趋势。

（三）风能资源

环鄱阳湖城市群冬半年受蒙古高压的影响，夏半年受太平洋副热带高压和内陆热低压的控制，受季风影响显著，尤其是冬季风。境内大部分地区年最多风向为偏北风。此外，受地形影响，部分地区的年最多风向为偏南风或偏东风，如萍乡年最多风向为西南风，横峰、贵溪、铅山、弋阳为偏东风。丘陵山地的静风频率较高。境内以鄱阳湖区的风速最大，西北部、东北部等丘陵山地的年平均风速较小。除庐山因海拔高等原因达5.2米/秒外，以星子县年平均风速3.8米/秒、为全境之冠，德兴市1.0米/秒、为全境最小。由于冬、夏季地面气压系统不同，春、冬季冷空气活动频繁，气压梯度存在明显的季节差异，因而地面风速也存在较明显的季节变化特征。秋、冬两季风速小。

按照国际风能通用计算方法，风能资源的潜力大小，用有效风能密度和有效风力小时数（即3～20米/秒内风速出现的累计小时数）来衡量。鄱阳湖和处于风门的滨湖地带，风能资源为全境之冠，其年有效风能密度大于160瓦/平方米，年有效风力为3500小时以上；南昌及部分滨湖地区为风能资源较丰富区，常年可以利用，年有效风能密度为135～162瓦/平方米，年有效风力为3000～3500小时；九江、永修、安义、新建、进贤、鄱阳、都昌、湖口和彭泽等地属风能资源季节利用区，有一定利用价值，年有效风能密度为100～135瓦/平方米，年有效风力为2000～3000小时；其他地区年有效风能密度小于100瓦/平方米，年有效风力少于2000小时，无利用价值。

五、土地资源

土地是地球陆地的表面部分，是由地质、地貌、气候、水文、植被、土壤等自然要素长期相互作用，以及人类活动影响所形成的综合体。它是一个有着自己的发生、发展过程，彼此既可以独立存在，又可以相互从属的自然综合系统。土地是一种最基本的自然资源，是农、林、牧、渔各业生产最重要的物质基础。环鄱阳湖城市群国土面积9.23万平方公里，耕地面积205万公顷，占全省耕地面积的66%。土地类型主要可以分为：常绿阔叶林红、黄壤山地，林、农混作红壤丘陵，农作平地等。

（一）常绿阔叶林红、黄壤山地

常绿阔叶林红、黄壤山地主要分布在东、西部山区，包括海拔高度1000～2000米、相对高度大于500米的中山，以及海拔高度500～1000米、相对高度200～500米的低山。随着地势的升高，气温降低、日照减弱、降雨量增加、大风日数和强度也增多增大；一般山顶多为山地草甸土，自山顶至海拔1400米处多为黄棕壤，稍下至800米高度层内为黄壤，800～500米为黄红壤亚类，600～500米处有部分红壤延伸；在谷盆地有水稻土分布；山地森林植被多样，种类繁多，随着海拔高度增大，其植被顺次为常绿、落叶阔叶混交林、落叶阔叶林、山地夏绿叶、箭竹林。山地针叶林则多散布于山地中，马尾松、杉木有逐步取代阔叶林之势。

（二）林、农混作红壤丘陵

林、农混作红壤丘陵广泛分布于南部，包括海拔300~500米、相对高度200~300米的高丘和海拔高度100~300米、相对高度50~200米的低丘。由于受地形、气候、水文和土壤等要素的影响，该土地类型具有微域分布的多样性和不连续性、稳定性较弱、土地利用方式多样等特征。人们综合利用土地的经验丰富，农业利用较多。目前，在开发利用该类型土地资源时，存在着重农轻林、轻牧等不合理利用方式，给森林、土地造成一定程度的破坏，使土地类型在个别区域有向不良生态循环方向发展的现象。

（三）农作平地

农作平地包括散布于山地丘陵之间的河谷及盆地内的冲积平原和鄱阳湖的湖积、冲积平原。区内较大的盆地有：渣津盆地、武宁盆地、安义盆地、高安盆地、清江盆地、抚州—永丰盆地等。鄱阳湖湖积、冲积平原处于全境盆地状地势的底部，面积约1万平方公里，其中圩区约3283平方公里。以鄱阳湖为核心由内向外，依次为鄱阳湖平原、五河下游河谷平原、岗地，呈不规则环状地貌结构。

第三节　生态与环境特征

依托鄱阳湖生态经济区建设，按照打造美丽中国“江西样板”的重要指示，环鄱阳湖城市群生态文明建设取得积极成效。城市群生态优势进一步巩固，2014年森林覆盖率56.1%，居全国前列，湿地保有量保持91万公顷；环境质量进一步提升，设区市城区空气质量优良率86.2%，主要河流监测断面水质达标率88.6%，均远高于全国平均水平；资源利用效率进一步提高，万元国内生产总值（GDP）能耗同比下降4.9%左右；生态文明制度体系进一步健全，河长制、全流域生态补偿等制度取得重要突破，走在全国前列；在全国生态文明建设格局中的地位进一步提升，生态文明先行示范区上升为国家生态文明试验区。在保持生态环境质量巩固提升的同时，经济发展实现量质双升，主要经济指标增速保持在全国“第一方阵”，生态与经济发展更加协调。

一、空气质量良好

城市环境空气质量总体稳定，2016年，境内设区市优良（达标）天数比例均值为86.4%（执行GB 3095－2012标准）。其中，2016年南昌市空气质量优良天数318天，优良率为86.9%，在中部省会城市排名第一，抚州、景德镇和上饶空气质量优良率均超过90%。二氧化硫在9个设区市的年均值除南昌、景德镇和抚州市达到一级标准外，其余县市均达到二级标准。二氧化氮的年均值全部达到一级标准。可吸入颗粒物的年均值除南昌、萍乡、九江、新余和宜春市超二级标准外，其余均达到一级标准。

二、水环境质量稳定

2016年，境内地表水水质良好，重要河段水质稳定改善。Ⅰ～Ⅲ类水质断面（点位）比例为88.6%。其中，长江、抚河、修河水质总体为优。赣江、信江、饶河、袁水、萍水河和环鄱阳湖区河流水质总体为良好。其中，南昌市集中式饮用水水源地和赣江、抚河14个监测断面水质达标率均为100%，在中部省会城市均排第一。

三、林业生态建设成效显著

据江西省"十一五"期间森林资源二类调查统计，城市群内天然林资源丰富，与人工林面积比为66∶34，区域活立木蓄积量、森林面积与蓄积量均位居全国前列，活立木总蓄积24370.2万立方米，森林面积592.5万公顷，森林蓄积20840.62万立方米，天然林面积363.21万公顷，天然林蓄积19718.74万立方米；人工林面积138.60万公顷，人工林蓄积5121.88万立方米。森林覆盖率南昌市21.96%，景德镇市65.07%，萍乡市66.02%，九江市54.92%，新余市56.49%，鹰潭市57.38%，赣州市76.24%，宜春市56.97%，上饶市61.67%，抚州市64.54%。

四、生物多样性保护扎实推进

区内自然条件优越、森林资源丰富，是我国生物物种资源最丰富的地区之一，共有自然保护区35个，总面积263846公顷。野生动植物物种丰富，脊椎动物有845种（亚种占全国种数的13.4%；高等植物5115种，占全国种数的16.35%，野生植物种类约占全国种类的17%，珍稀树种种类占全国种数的19.7%，珍稀植物种类占全国种数的19.2%；珍稀陆生动物种类占全国种数的24.8%，珍稀动物有梅花鹿、穿山甲等，植物有木莲、蓟木等；有4500余种昆虫。特别是东乡野生稻，世界最大的白鹤、白枕鹤、东方白鹳、鸿雁越冬地，亚洲最大的候鸟越冬地等一批物种和栖息地为环鄱阳湖城市群所特有。鄱阳湖候鸟自然保护区有越冬候鸟126种，其中白鹤840只，天鹅3000余只，占世界首位，被外国专家誉为中国的“第二长城”。

五、土地资源利用较为合理

建立和完善了基本农田保护和耕地占补平衡机制，保证重点项目建设用地，严格控制城镇建设和各类非农业用地规模，保持了耕地总量动态平衡。区内山地丘陵多、平原盆地少。土地利用类型中以农用地为主，区内土地利用率达到90.59%，高于全国平均水平近18.02个百分点，土地利用率较高。耕地、林地及未利用地减少，园地、牧草地、其他农用地、居民点及工矿用地、交通运输用地及水利设施用地增加，土地利用结构变化不是很大。

第三章

环鄱阳湖城市群的历史地理

环鄱阳湖城市群范围内的人类开发历史悠久，最早可追溯到 4 ~ 5 万年前。商朝时就拥有了可与中原地区相抗衡的一个青铜时代的部落，但到西汉才真正产生行政区划。从秦汉的豫章郡、鄱阳郡、彭泽郡，经历南北朝至隋唐的江南西道，再到元明清时期的江西行省，再到近代民国时期的江西省和苏区的变化，到新中国成立后这一地区的范围没有太大变化。封建时期人口发展缓慢，在社会环境的治乱兴衰中起伏升降，呈波浪式发展。鄱阳湖区是环鄱阳湖城市群的中心，这里是中国乃至世界的稻作起源中心区，具有悠久的历史，孕育了丰富的赣鄱文化，产生了一系列具有地方特色的民俗习惯。本章主要介绍环鄱阳湖城市群范围内的历史地理，包括行政区划的历史沿革，城市群发展的历史演变以及丰富多彩的历史文化脉络。

第一节　行政区划的历史沿革

一、夏商周时期

环鄱阳湖城市群范围内的开发有着悠久历史，最早可上溯到 4 万 ~ 5 万年之前。鄱阳湖地处长江中下游的南岸，既非边沿地区，又不是中心区域；境内的生产环境优良，但是早期的社会进步缓慢，行政区出现的时间比中原地区更晚，夏商周时代还是一片“空白”。现有的考古成果已经证明，商周时代江西地区的农耕生产、青铜文化比较发达，具有和中原地区接近的水平，但是没有发现设置行政区的记录。对境内万年仙人洞考古遗址出土陶器进行了年代研究，结果显示遗址出土最早的陶片年代为距今 19000 ~ 20000 年，说明陶器在农业出现以前一万年甚至更早就被制造和使用了。距今约3500年左右的吴城、新干等商周遗存表明，赣江中游地区此时已经具有了较为发达的农业和手工业，形成了早期的国家权力和中心聚落。商朝时期，境内有干越国，已进入青铜器时代，与中原地区的经济文化发展水平一致。春秋战国时期，吴、越、楚三国纷争此地。

二、秦汉晋时期

秦设三十六郡，江西属九江郡，置庐陵县、新淦县、南壄县，其中庐陵县、新淦县的范围与今天环鄱阳湖城市群范围大致相当。

春秋战国时代，鄱阳湖地区成为吴、楚、越争雄之区。设有行政区番邑、艾邑。秦灭六国之后，江西成为统一的封建国家的重要组成部分，大部分地区隶属于治所在今安徽寿县的九江郡。西汉初年，境内设豫章郡，属扬州刺史部，郡治南昌县，下辖18个县，管辖范围大体上与现今江西相当。到东汉时期，鄱阳湖地区经济已有相当水平，是农产品自给有余、渐有输出的地区。

西汉初年开始，设立豫章郡，由于历史久远，资料缺乏，其界线无法准确划出。当时实行郡县二级制，郡就是最高的地方行政区，所以汉代的豫章郡是江西最早的全省性行政单位，下辖18县，与后来的江西省区大致相当。汉武帝划分13个监察地区，称部州，简称“州”，严格监督郡县的统治状况，各部州设1名刺史，定期巡视地方，掌握吏治民情，上达朝廷。各部州有特定名称，豫章郡所隶称扬州。

东汉后期，刺史州演化成最高地方行政区，郡县二级制成为州郡县三级制。东汉以后，江西社会发展加快。由于国家政治局面的变化，南北力量趋于平衡。

汉武帝时划全国为13个监察区，称13部州，鄱阳湖流域属扬州刺史部。献帝建安五年（200年）时，孙策分庐陵、雩都等县置庐陵郡。建安十五年（210年），孙权厘置彭泽郡（旋废）、鄱阳郡。嘉禾五年（236年），孙权庐陵南部都尉，隶扬州。

公元291年，设江州，治所南昌，后迁至浔阳郡（九江市），其主体为江西地区原有郡县。

三国两晋南北朝时期，由于北方战乱频发，南方相对稳定，大批北方移民进入赣江流域，环鄱阳湖城市群范围内开发的深度与广度得到加强。农业生产力有了明显的提高，鄱阳湖流域成为东晋、南朝的重要产粮区。

西晋设置江州，确认了环鄱阳湖城市群地区政治上的战略地位。西晋统一以后，境内郡县大部分属扬州，小部分属荆州。惠帝元康元年（291年），以“荆、扬二州疆土广远，统理尤难”，分出10郡组建江州，江西地区的6郡全在江州治下。南北朝时期，州级行政区空前增多，而辖境普遍缩小，与众多的郡县并存，共同构成民少官多，区划太滥的弊病。

三、唐宋时期

隋唐时期，环鄱阳湖城市群范围内经济文化的发展大大加快。隋朝，江西全省保留下7郡24县。唐太宗时，全国分10道，江西地区属江南道。唐玄宗时，将江南道拆分为东、西两道，该区大部分属江南西道。江南西道简称江西道，后来的“江西”省名即源于此。江西道下辖8州37县，包括现在江西全境。由秦始皇时期开凿的大庾岭古干道，经唐开元初年张九龄大规模拓修，形成长江—鄱阳湖—赣江—大庾岭—广东南北交通干道，进一步提升了鄱阳湖流域在全国范围内南北通衢的地位和在中外的影响力。鄱阳湖成为国内外人流、物流的要道之一。交通的便利，促成了经济、社会和文化的发展，从唐代开始日益走向繁荣。隋唐时期，文化发展主要表现在禅宗的广泛传播、对外来文化的吸收和积极加强与中原文化的交流。

隋朝时期时曾作行政区划调整，州的级别降与郡同，裁闲并小，改行郡县二级制，诸郡直属朝廷，经过这样的调整，江西地区剩下7郡23县。隋唐以后，州县区划稳定发展，环鄱阳湖城市群辖区成为江南西道的核心部分，南昌成为镇南军节度使镇守之地。

五代时期，环鄱阳湖城市群辖区先辖于吴后辖于南唐。在这个时期出现了相当于下等州的新的行政区划6州、4军、55县。交泰元年（958年），南唐中主决定建南都于洪州，并因此升洪州为南昌府。江西地区境内，州县的数量不断在发生变化。经过唐朝前期100多年的停滞，然后转为恢复发展，并且普遍稳定，不再出现下降现象。

唐朝承继隋制，又有新的改革，各郡都改称为州，州之上划分为“道”，太宗时期分10道，玄宗开元二十一年（733年）改为15道，江南道分为东西2道，江西地区的8州全在江南西道。

两宋时期，全国的经济重心移往江南，赣江航道是南北交通系统中的主干区段，航道的南北两端和中腰各增设了一个“军”，以加强统辖。鄱阳湖地区的州县，分隶于江南西路和江南东路。江西地区被置9州、4军、68县，其大部分隶属于江南西路，另有一部分隶属于江南东路。江南西路辖10州军，9个为今江西地区，1个（兴国军）在今湖北境内。江南东路所辖10州军之中，饶州、信州、江州、南康军为今江西辖地。南宋以后，江州改隶于江南西路。

两宋时期，鄱阳湖周边地区的发展进入了第一个高峰时期，社会和文化发展居于全国的领先地位。当时江西全省共设有 13 州（军）68 县。粮食主产区的地位进一步加强，南宋时江西输送给国家的赋粮占全国总额的 1/3。茶叶、桑麻、纺织、渔业生产国内有名。以矿冶、陶瓷、造船为代表的手工业十分发达。景德镇、吉州的制瓷业名闻遐迩，景德镇成为久享盛誉的千年瓷都。造纸、刻书等行业，已达到较高的工艺水平。人口到北宋崇宁元年（1102 年），已达千万人。

北宋崇宁元年（1102 年）全江西地区有 13 州军，共计 200 余万户，南宁嘉定十六年（1223 年）增至 240 余万户。而在唐元和年间（806 ~ 820 年），整个江西总共 29 万余户，只及北宋的 1/7。人口众多，村落密集，生产开发区扩大，必然使行政区数量上升。万安县原是南唐设的市镇，于熙宁四年（1071 年）升万安镇为县。永丰县原属吉州吉水县，由于生产开发迅猛，在至和元年从吉水县 11 个乡中，划出 5 个乡计 3.5 万户居民，组建新县，就近治理。所辖的 3.5 万户，只比唐玄宗时期吉州总户数（3.7 万户）少 2000。凭借优越的经济条件，宋代新增建的州县都稳定地维持了下来。

四、元明清时期

元朝开始确立行中书省制度（简称“行省”）。元朝对行政区进行了新的改革，一是将路降格为州级，宋时的州统改称为路。二是实行“行中书省”制度，全国共设 11 个行中书省。行省之下为路、县，二级制再变为三级制。江西行省于至元十九年最终确立以后，下分两个肃政廉访司，共辖 18 路、9 州。由于属下有广东的 15 路州，所以全称“江西等处行中书省”。江西行省下辖的建昌、江州、南安、瑞州、袁州、面江、抚州等路均在现今环鄱阳湖城市群范围内。但是江西行省没有包含环鄱阳湖城市群全境，江西地区的信州路、饶州路及铅山州隶属于江浙行省。由此可见，在元朝及其以前的漫长历史时期，环鄱阳湖城市群辖区范围内的郡（州）县，多数时候不属一个大行政区单元。

明清时期，东南沿海和西部地区发展都在加快，全国的政区划分趋向稳定，江南诸省的界域无大变动，环鄱阳湖城市群内各县范围已经和今天基本一致，兼辖与分属邻境的情况不复出现，区划已成网布状态。明朝虽然基本上保留了元朝的省区建制，但改行中书省为承宣布政使司（习惯上仍然称省），改路为府和改州为县，江西承宣布政使司辖府和县，地域基本等同今天的环鄱阳湖城市群。明朝省与府之间划分为道，分片督责办理各项行政、按察事务。江西布政使司辖南昌、瑞州、饶州、南康、九江、广信、抚州、建昌、吉安、袁州、面江、赣州、南安13府，下辖78县，地域基本等同今天的江西省区。从明中期开始，陆续增设万年、东乡、安义、崇义、峡江、兴安、定南、长宁、泸溪9县。南丰、铅山2个直辖州仍降为县。江西省的境域与隶属统辖关系，在明朝以后稳定了下来，与现今一致。

清朝因袭明制，清承明制，行省之上设总督、巡抚，独揽军政大权。江西省与江南行省同在两江总督统治下。后江南行省分为江苏、安徽2省，而总督仍是一个。并在78县的基础上再增加莲花厅、虔南厅、铜鼓厅，又将宁都县改为省直隶州，把定南县改为厅，进一步加强对边远山区的统治力量。清代改江西布政使司为江西省，行政区域基本承袭明建制。巡抚成为全省最高行政长官，下设承宣布政使司和提刑按察使司，分管民政、财政与司法监察。

这些厅都是与县同级的行政区，但是不称县，不派遣知县在任，而是由府的“同知”前去驻守。至此，清朝的江西省有14个府级政区（13府，1直辖州）、80个县级政区（75县、1县、4厅），达到饱和状态。

五、近代

民国时期，清朝的府、州、厅一律改为县。江西省共辖81县。民国时期开始时废除府、州、道、县、厅多种层次，实行省县两级制，隶属关系简明划一。1934年从安徽划婺源县入江西省，1947年划回安徽省，1949年再次划归江西省。

民国时期隶属于环鄱阳湖城市群范围内的县如表3-1所示。

表3-1　民国时期隶属于环鄱阳湖城市群辖区的县

等级	县名
一等县	临川县、上饶县、玉山县、南昌县、贵溪县、吉安县、新建县、清江县、丰城县、萍乡县、高安县、九江县、鄱阳县、乐平县、浮梁县、修水县
二等县	进贤县、崇仁县、东乡县、余江县、弋阳县、铅山县、广丰县、宜春县、湖口县、彭泽县、都昌县、永修县、余干县、万年县、奉新县、靖安县
三等县	横峰县、莲花县、新淦县、峡江县、分宜县、德安县、瑞昌县、星子县、安义县、德兴县、武宁县、铜鼓县

国民政府对于行政区划进行了因时而异的改革。江西省共辖81县（宁都州恢复为县）全都由省直辖，将会力量分散，管理难于周遍。几年后，在省之下划分监督区，分别统辖各县。先是沿用旧名称设“道”，全省划为豫章道、九江道、庐陵道、南赣道。后来废道，划10个左右的“行政区”。“行政区”是省政府的派出机构，实际的权限很大，在省县二级之间起着重要的连接作用。从管理效果上看，“行政区”介于明清时代的道、府之间，代表省政府对各县实行分片管辖。

第二次国内革命战争时期，中国共产党领导人民群众先后在江西建立了大片革命根据地。其中，著名的有赣西井冈山革命根据地（包括宁冈、永新、莲花3县和吉安、安福、遂川与湖南都县的一部分）、湘赣革命根据地、赣东北革命根据地（包括飞阳、横峰、贵溪、德兴、余江、万年、上饶、铅山等县，后发展为闽浙赣革命根据地）以及包括铜鼓、修水、万载、宜丰等县的湘鄂赣革命根据地。1931年冬，赣南、闽西根据地连成一片，形成为中央根据地拥有人口300多万，县级苏维埃政区25个。1933年春第四次反“围剿”胜利后，江西各苏区进入全盛时期。这时中央苏区下辖江西、福建、闽赣、粤赣、赣南5个省级苏维埃政区，辖区在江西境内者达70个县。1934年10月红军反“围剿”失败，实行战略大转移，苏区逐一被摧残而消失。苏维埃政区受历史条件限制，没有走上正常的发展轨道。和苏区对立并存的行政区域，除原来的诸县之外，还有新建立的特区。1931～1935年，先后设过东固、慈化、藤田等9个县级特别区。这些特区维持到工农红军长征之后。

民国时期，江西是国民政府统治的重心地区、大革命的风云际会之地，是全国土地革命战争的中心和东南抗日战争的重点地区。中国共产党在江西及周边省份相继创建了井冈山和中央、赣东北、湘赣、湘鄂赣等革命根据地，并将革命的大本营放在如今的环鄱阳湖城市群地区。

六、新中国成立后

新中国成立后，环鄱阳湖城市群所在区域的行政区划建设进入新的历史阶段。主要表现在三个方面：一是崛起了一批新型工业城市，根本改变了其隶属关系。萍乡县因煤炭工业著称，景德镇以陶瓷业闻名于世，他们发扬传统行业优势，工业水平迅速提高，经济和私立空前增强，于是，萍乡改县为省辖市，景德镇则从浮梁县辖的镇跃为省辖市，浮梁县为其下属。鹰潭镇从1958年以后成了华东铁路交通枢纽、赣东北物资集散和商品贸易基地。新余县从20世纪五六十年代起建设成为新型的钢城，由钢铁工业引发而兴的电力、化工也蓬勃兴起，因而鹰潭镇、新余县都改成省辖市，贵溪县从鹰潭的上级变为其属下。襟江带湖的九江，因水路交通便捷，成长为贸易、旅游和工业生产综合发展的港口城市，由县改为省辖市。二是由于乡镇企业勃兴，经济结构大幅度调整，一批农业县的城镇人口迅速增加，工业产值比重明显上升，陆续改制为县级市，如乐平、瑞昌、贵溪、德兴、丰城、樟树、高安等。宜春、上饶、抚州、吉安4市，兼具行政、文化中心和工商业发达诸种优势，分别从所在县分离出来，提升为县级市，显示出较强的辐射能力。三是实施以市带县的行政区隶属体制。为了发挥中心城市的辐射功能，促进工农业全面发展，并保证城市的工业原料供应，提供工业产品销售市场，各省辖市都领导了附近几个县。九江市兼领10县，取代了原有的九江地区。在缩小城乡差别，加快城镇发展的大潮流推动下，以市带县的体制将普遍实行开来。

中华人民共和国成立后，江西省的行政区划曾有过多次调整和变动。

1949年6月，江西省人民政府成立，省会南昌，辖南昌市和南昌、袁州、九江、抚州、上饶、乐平6专区及赣西南行署区（辖吉安、赣州、瑞金3专区），共1行署区1地级市9专区3县级市82县。

20世纪50~60年代，庐山管理局、抚州专区、鹰潭专区等都先后经历了撤销、恢复、合并等过程。

1970年3月，萍乡市升格为地级市，九江、上饶、抚州、宜春等专区分别更名为地区。

1979年井冈山地区更名为吉安地区，10月设立县级宜春市。

1980年3月，撤销庐山行政建制并入九江市，九江市升格为地级市。

1983年7月，撤销新余县，恢复地级新余市；抚州地区的进贤县和宜春地区的安义县划归南昌市；上饶地区的乐平县划归景德镇市；鹰潭市升格为地级市，上饶地区的贵溪、余江2县划归鹰潭市；宜春地区的分宜县划归新余市；撤销九江地区并入九江市。1984年至1996年，先后设立了井冈山市、宜春市、临川市、丰城市、樟树市、瑞昌市、德兴市、乐平市、高安市、贵溪市（县级市）。

2000年5月，撤销吉安地区和县级吉安市，设立地级吉安市，吉安市设立吉州区和青原区；撤销宜春地区和县级宜春市，设立地级宜春市，宜春市设立袁州区；6月，撤销抚州地区和县级临川市，设立地级抚州市，抚州市设立临川区；撤销上饶地区和县级上饶市，设立地级上饶市，上饶市设立信州区。2004年9月7日，国务院批准调整南昌市市辖区部分行政区划。2010年9月，共青城设县级市。

鄱阳湖区域作为江西省发展重点区域也经历了一系列的发展演变，许多国家级、省级发展规划中都提到了鄱阳湖地区的发展。

2009 年 12 月，国家发展改革委下发《鄱阳湖生态经济区规划》。

2012 年 7 月、2013 年 6 月，南昌先后与九江、抚州签订战略合作协议。南昌、九江、抚州、宜春还就打造南昌一小时经济圈、昌九一体化、昌抚一体化的“一圈两化”大南昌都市圈达成了《前湖共识》。

2013 年，实施昌抚经济一体化战略规划纲要。

2013 年 4 月，《江西省城镇体系规划（2012—2030 年）》向社会公告。

2013 年 9 月，《上饶市“1 +5”信江河谷城镇群规划》。

2014 年 3 月，赣闽粤原中央苏区振兴发展规划。

2014 年 6 月，《江西省新型城镇化规划（2014—2020 年）》。

2014 年 9 月，国务院印发《关于依托黄金水道推动长江经济带发展的指导意见》。

2014 年 9 月 23 日，江西省发展改革委印发《昌九一体化发展规划（2013—2020 年）》。

2015 年 4 月，《中共中央国务院关于加快推进生态文明建设的意见》。

2015 年 4 月，《长江中游城市群发展规划》。

2015 年 4 月，《江西省人民政府关于贯彻〈国务院关于依托黄金水道推动长江经济带发展的指导意见〉的实施意见》。

2015 年 11 月，《南昌大都市区规划（2015—2030）》。

2015 年 12 月，《环鄱阳湖生态城市群规划（2015—2030）》。

2015 年 12 月，《中共江西省委　江西省人民政府关于建设生态文明先行示范区的实施意见》。

2015 年 12 月，江西省政府编制的《江西省城镇体系规划（2015—2030 年）》对外公布，规划范围为江西省全部行政辖区，包括南昌市、上饶市、九江市、景德镇市、萍乡市、新余市、鹰潭市、赣州市、宜春市、吉安市、抚州市 11 个地市，总面积为 16.69 万平方公里。

2016 年 6 月，《江西赣江新区总体方案》正式批复。

2016 年 9 月 12 日，《长江经济带发展规划纲要》正式印发。

2016 年 10 月 8 日，《江西向莆铁路经济带“十三五”发展规划》。

2016 年 11 月，江西省城乡规划设计研究院《新宜萍城镇群发展战略规划（2015—2030）》。

第二节　城市发展的历史演变

一、人口发展情况

（一）人口源流

1. 古代人口（1840 年以前）

在旧石器时代，鄱阳湖地区就有人类生息。而人口的正式统计是在西汉时期才有。西汉元始二年第一次统计，江西有 6 万余户，35 万余人。鄱阳湖地区人口在社会环境的治乱兴衰中起伏升降，呈波浪式发展。在 2000 多年的封建社会里，江西省人口主要出现三次高峰。第一次高峰是在东汉永和五年（140 年），人口达到 166 万余人，接着三国时期的人口急剧减少。第二次人口高峰是北宋崇宁（1102 年）开始，持续时间长 190 年左右，到公元 1290 年，人口达到 1225 万余人，接着连续下降。第三次人口高峰是乾隆年间开始，延续至清道光二十年（1840 年），江西人口达到 2250 万人，为古代江西人口的最高峰，而江西人口大多集中在土壤肥沃、气候适宜的鄱阳湖平原附近。此后 20 多年人口缓慢下降，进入了滞缓时期。

2. 近代人口（1840～1949 年）

辛亥革命以后，江西是各派政治、军事势力激烈争斗的重点区域，二次革命、军阀混战、土地革命相继进行，沉重的赋税劳役，使鄱阳湖区人口出生率下降，死亡率上升，大量人口逃亡。1912～1929 年，江西人口总量一直在 2200 万～2700 万之间变化。1930～1936 年，人口急剧下降；1929 年江西人口为 2226. 70 万人，1930 年降到 2232. 28 万人，至 1936 年降为 1539. 15 万人。这 7 年间人口减少了 907. 55 万人。民国前期（1912～1936 年）的锐减，民国后期（1929～1937 年）的进一步下降。在第二次国内革命战争中，江西牺牲的革命烈士，有名有姓的就有 25 万余人，其余死亡或逃亡的群众更是不计其数。江西人口由 1840 年的 2229. 80 万人减少到 1949 年的 1312. 02 万人，减少了 1135. 76 万人，平均每年减少 10. 33 万人。

3. 当代人口（1949 年至今）

新中国成立后，鄱阳湖地区的人口数量、人口素质和人口结构都发生了诸多变化。安定、和平的生活环境和人口自然生育状态，人口在 20 世纪 50 年代初至

70年代中期迅速增长，其速度超过任何一个历史时期。从80年代开始，尤其是国家实行计划生育政策后，总人口增长速度明显趋缓。但由于人口基数较大，每年净增的人口仍然相当多。到2015年，环鄱阳湖城市群各县市地区的人口总数达到3.3千万，具体分布如表3－2所示。

表3－2　　2015年环鄱阳湖城市群各县（市、区）人口数据

县（市、区）	总人口（万人）	排名	县（市、区）	总人口（万人）	排名	县（市、区）	总人口（万人）	排名
鄱阳县	159	1	东乡县	47	23	金溪县	31	45
丰城市	139	2	铅山县	47	24	珠山区	31	46
临川区	119	3	安源区	46	25	湖口县	30	47
袁州区	109	4	瑞昌市	46	26	芦溪县	30	48
余干县	106	5	西湖区	44	27	安义县	29	49
南昌县	101	6	万年县	41	28	浮梁县	29	50
广丰区	92	7	湘东区	41	29	浔阳区	29	51
乐平市	91	8	信州区	41	30	宜丰县	29	52
渝水区	87	9	弋阳县	41	31	莲花县	27	53
高安市	85	10	武宁县	39	32	青云谱区	27	54
修水县	85	11	永修县	39	33	星子县	27	55
进贤县	84	12	余江县	39	34	德安县	24	56
都昌县	83	13	彭泽县	38	35	月湖区	23	57
上饶县	80	14	崇仁县	37	36	横峰县	22	58
青山湖区	79	15	上高县	37	37	共青城市	19	59
新建县	71	16	庐山区	36	38	峡江县	18	60
东湖区	64	17	婺源县	36	39	昌江区	17	61
贵溪市	62	18	德兴市	33	40	铜鼓县	14	62
玉山县	62	19	分宜县	33	41	资溪县	11	63
樟树市	60	20	九江县	33	42	湾里区	8	64
万载县	53	21	新干县	33	43			
上栗县	49	22	奉新县	32	44			

资料来源：《中国城市统计年鉴2016》。

（二）人口分布

很早以前，鄱阳湖地区就有古人聚居，到距今5000年左右的新石器时代晚期，人口大量增多，主要分布在樟树、万年、修水、九江、南昌等地，过着以农耕为主的生活。秦汉至南北朝时期，江西人口主要分布在当时经济水平较高的鄱阳湖周边地区，以南昌为最。宋代以来，由于丘陵地区开发，人口分布由过分集中转为相对集中。明清时期，人口重心从北部南移中部，当时临江府（现樟树市临江镇）人口密度为328人/平方公里。

在历史上曾有四次大规模人口迁徙与鄱阳湖地区有关：第一次，被称为“衣冠南渡”。东汉末年到魏晋南北朝时期，北方的游牧民族迁入内地，与汉族混杂而居。到西晋末年北方大乱，北方的汉族先后南下，迁移到长江中下游一带。据史学家考证，当时迁居到南方的中原人有70多万。第二次，发生在公元8世纪的安史之乱时，大批北方居民南下逃避战乱。第三次，是公元12世纪，北宋末年到南宋时期，随着女真民族建立的金国占据中国大陆中北部，大批人口随着败退的统治者，迁居偏安江南。第四次，明末清初农民起义此起彼伏，以及张献忠称帝、吴三桂反清，战争不断，致使四川人口大减，田园荒芜，清政府建议“江西填湖广，湖广填四川”，鄱阳湖区部分人口向南向西迁出。

在生育处于完全自发状态，子女数量不受限制，社会崇尚多子多孙的封建时代，人口数量也不是始终上升，仍然时常下降。其基本原因是封建剥削制度，而兵灾战乱，极其腐败的政治统治，繁苛的赋役等。大致上说，凡是阻碍物质生产的诸因素，对人的生产起同样的作用。东汉以后，至唐朝初年，是约四百年的大分裂大动乱，反复不断的战争屠杀，全国人口急剧减少，鄱阳湖区人民也难幸免。刘宋时期，人口数量比西汉还少，幸存者们也过着十分艰苦的生活。

（三）人口变动

新中国成立以来，鄱阳湖地区人口总量的变化，受人口结构及各种社会经济因素的影响，呈现出阶段性特点，大体分为七个阶段。

第一阶段（1949～1952年）。此时为国民经济恢复时期，社会日益安定，人民生活得到改善。由于政权建设和经济建设的需要，大批人员进入江西，鄱阳湖地区的总人口出现不寻常的大幅度增长。

第二阶段（1953～1959年）。这是实施第一个五年计划，开展大规模生产建设的时期，户籍管理、人口统计工作已规范化，前后计7年，环鄱阳湖城市群地区人口增势突出，形成1953年后的人口第一次增长高峰。

第三阶段（1960～1962年）。此为三年困难时期，人口发展出现了生育率下降，死亡率上升的现象。人口增长速度急剧减慢，3年中净增人口数大幅下跌，与前一个阶段人口快速增长相比，成为历年人口变化过程中的一个低谷。

第四个阶段（1963～1977年）。1962年国家由于经济好转，生活改善，出现了人口补偿性生育高峰。1966年“文化大革命”开始后，人口生育陷入无政府状态。到1969年，人口年增长率达到了1953年以来最高值，形成了第二次人口增长高峰。1976年后，各方面工作逐步恢复工作，人口自然增长也恢复到正常状态。

第五阶段（1978～1990年）。1978年以后，我国实行改革开放，社会经济发展进入新的历史时期，计划生育被确定为基本国策。与全国一样，该时期人口增长速度明显下降，但由于人口基数较高，前后12年环鄱阳湖城市群的总人口仍然有所增加。1979～1983年，人口增长速度下降显著。1982年以后，第一次人口增长高峰期出生的人口已到婚育年龄，同时国家颁布新婚法，平均初婚年龄有所降低，人口增长率有所回升。

第六阶段（1991～2014年）。这是1929年以来人口增长最慢的时期，计划生育作为基本国策得到了显著的效果，社会经济发展越来越好，人口出生率在逐年下降。但由于人口基数大，人口总数仍然很多，并且环鄱阳湖城市群范围内人口总数占江西省人口总数近7成。

第七阶段（2015年至今）。2015年起，全面放开“二孩政策”在全国都得到了贯彻落实，人口出生率下降的情况得到初步扭转，环鄱阳湖城市群的人口增长速率也比之前有所增长。

二、城市群内部的竞合关系

各个城市，在生命周期的不同阶段，其生命力不同，因而其竞争力也不同。分析影响各个城市内在竞争力的因子，描述处于勃勃生机、具有旺盛生命力和强大竞争力的城市形态，这就是竞争城市。而城市之间的合作是与分工相伴产生的，因为，在分工的深化过程中，各城市经济发展的专业化倾向日益突出，伴随着城市之间竞争的加剧也出现了城市之间相互依赖程度的加深。出于各自发展利益的需要，城市之间在分工的基础上就必然要开始寻求合作。城市之间存在产品、技术、服务等方面的关联而形成互补关系和相互依赖，因而需要通过相互合作才能满足各自的多方面需求，使经济发展获得一定的稳定性。在环鄱阳湖城市群中也存在着这种城市与城市之间的竞争与合作关系。

（一）茶产业

鄱阳湖地区在历史上就是一个产茶重要区域，茶农、茶商历史悠久，可以追溯到几千年前。早在东汉时期，庐山东林寺就有茶叶种植的遗迹。唐代陆羽在

《茶经》中早已记载“茶生婺源山谷”“洪洲窑生产茶俱”，白居易在《琵琶行》中著名诗句：“商人重利轻别离，前月浮梁买茶去”，声情并茂，栩栩如生，所有这一切都是在盛唐以前，赣北的庐山、婺源、浮梁等地的茶叶生产的知名度和茶商繁华的最好佐证。江西的北大门户——九江还是全国三大茶叶市场（湖北汉口、福建福州）之一，江西茶叶著称“唐载茶经、宋称绝品、明清入贡、中外驰名”。据记载，南宋绍熙末年，即公元1162年，当时全国合计产茶1781万余斤，其中仅江西一省便达463万余斤，占总数的26.4%，位居全国第一，1915年我省茶叶输出量达1.645万吨，名列全国前茅。另外，遂川的“狗牯脑”、修水“宁红”、浮梁的“祁红”三大茶类于1915年获得过美国巴拿马博览会金奖；婺源“协和昌”珠兰精茶、“益方”绿茶同年双双获得一等奖。修水“宁红”茶，1905年就有“宁红不到庄，茶叶不开箱”“茶盖中华，价甲天下”的美誉。据统计，江西茶叶获得国际、国内品牌大奖的达上百个。环鄱阳湖城市群地区家喻户晓的知名茶品牌有：庐山的“云雾”，婺源的“婺绿”，修水的“宁红”“双井绿”，景德镇的“浮梁”等，都享有盛名。

（二）运输业

史料记载，明朝年间是内河航运作为黄金水道的年代，运河长江—赣江—珠江水系是全国物资运输生命线。这条总长3000多公里的黄金水道，江西独占1000余公里。

1. 吴城

吴城地处江西五大水系交汇处。赣江、修河、饶河穿境而过，水陆十分畅通。沿内河直达全省各地，经鄱阳入长江，可抵皖、浙、苏、沪、鄂、湘、川、渝等省市。自汉晋以来，一直在中原南北官道（鄱湖—赣江—大庾岭—北江）的水运码头。宋代以后，由于经济的发展，客货运量迅猛增加，使其成为江西盐业、纸、麻、糖、木材、海产进出口贸易的主要商埠和交通纽带。史称为“西江巨镇，拔起中流，蜿蜒数里，大江环其三面。民萃族而居，日中为市，商艘趋之。”乾隆到咸丰百余年间，吴城进入鼎盛期，口岸转输的经济功能已超过省府南昌，享有“装不尽的吴城，卸不完的汉口”之赞誉。

2. 九江

九江位于江西省最北部，赣、鄂、皖、湘四省交界处，号称“三江之口、七省通衢”与“天下眉目之地”，有“江西北大门”之称。九江是“三大茶市”和“四大米市”之一，是江南地区的“鱼米之乡”。地处长江、鄱阳湖、京九铁路三大经济开发带交叉点。九江是中国首批5个沿江对外开放城市之一。九江港是长江水运第四大港口，江西省第一大港口，国家一类口岸，年通过能力5000万吨。九江是昌九一体化的双核之一、环鄱阳湖城市群城市，也是江西将建设的3

个省域副中心城市之一、长江中游城市群的重要节点城市、中部地区的重要物流枢纽和先进制造业基地、现代化港口旅游城市。

（三）水产业

鄱阳湖及其周围的青山湖、象湖、军山湖等数十个大小湖泊湖水温暖，水草丰美，有利于水生生物繁殖。产鱼类100余种，以鲤鱼为主，其次为青鱼、草鱼、鲢鱼、鳙鱼，贝、螺产量也较丰。滨湖平原盛产水稻、黄麻、大豆、小麦，是江西省主要农业区。

1. 鄱阳

截至2017年6月，鄱阳县有234万亩山地，141万亩水域。鄱阳拥有鄱阳湖捕捞面积111万亩，内陆可养水面30万亩，可渔低洼农田34万亩，是全国水产百强县、重点县。鄱阳县的鱼类品种，以珠湖银鱼、鄱阳湖虾蟹、鄱阳湖水生植物藜蒿、白莲等为主产。鄱阳有耕地面积110万亩，山地面积34万亩，是中国粮、棉、油、猪重点生产区。鄱阳县湖滨地区养殖甲鱼、银鱼、鳜鱼、青虾、河蟹等。2017年，水产品总量17万吨，完成各类高标准农田建设2.6万亩。推进了现代农业示范园区建设，整合投入涉农资金1000多万元，基本形成了由花卉苗木基地、艺术农庄、渔光互补光伏发电站、养殖基地、优质农产品加工产业园组成的“五个一”的格局。

2. 余干

余干可养殖水面34.9万亩，已养殖面积16万亩，这些水域水草丛生，浮游生物丰富，是发展水产生产的良好基地，余干县现共有鱼类25科113种，有鲤、鲫、鳊、鲶、青、草、鲢、鳗鲡、河豚等种类，还有甲鱼、湖虾、湖螺、天鹅、白鹤、大雁、银鱼、象形珍珠等珍贵的水生动物。水生植物有莲藕、菱角、芡实等，可充分发挥水面优势，采取多品种，多层次，高密度养殖。鄱阳湖银鱼：余干产银鱼历史悠久，明朝时列为地方贡品。鄱阳湖银鱼透明，头平偏，口大，牙锐，背鳍和脂鳍各1个，晒干后似雪白银条，故名“银鱼”。鄱阳湖银鱼肉美味鲜，营养丰富，有益脾、润肺、补肾、去虚、增阳、滋阴等功效，属上等滋养补品。黑蚬：鄱阳湖特产，淡水蚌类，体积小、介壳圆形或心脏形，表面有轮状纹。肉鲜美，营养价值高，属低脂肪、高蛋白食品，产品远销上海、浙江、北京、广东、福建等省，还出口日本及东南亚地区。

3. 南昌县

南昌县境内水产资源丰富，属全国渔业重点县之一。淡水鱼类主要有草鱼、鲢鱼、鳙鱼、鲤鱼、鲫鱼、黄颡鱼、鳝鱼、泥鳅等120多种，有甲鱼、乌龟、淡水白鲳、罗非鲫鱼、吴郭鱼、桂鱼、银鱼、团头鲂等名贵鱼类；虾类有沼虾、溪蟹、中华毛蟹、青虾等10多种；贝类有中国肩蚌、江西楔蚌（河蚬）、淡水壳莱、湖蛤、田螺、推实螺等50多种。

（四）采矿业

江西已探明有资源储量的矿藏139种，居全国前十位的有71种。钽、铀、重稀土、铷、伴生硫、化工用白云岩、粉石英、麦饭石8种居全国首位；钨、铜、银、金、锂、铯、碲、电气石、光学萤石、滑石、陶瓷土、玻璃用脉石英、水泥用辉绿岩等13种居全国第2位；铍等14种居全国第3位。江西有色金属、贵金属和稀有金属矿产在全国占有重要地位，铜、钨、铀、钽、重稀土、金和银矿被称为“七朵金花”。江西已建成亚洲最大的铜矿和全国最大的铜冶炼基地。

1. 德兴

德兴境内探明金属矿藏有铜、金、银、铅、锌、钼、钨、铬、铁、锰、锡、镍、钒、铌、钽、镓、铟、镉、铀19种。铜资源尤丰。有德兴铜矿铜矿床（铜厂铜矿床）、富家坞铜矿床、朱砂红铜矿床、银山铜矿床等铜矿床多处。截至2006年，探明铜金属量总计1067.49万吨，保有铜金属量总计810万吨。德兴铜矿铜矿床是世界上为数不多的特大型斑岩铜矿之一，探明铜金属量515.8万吨，保有铜金属量315万吨。黄金矿藏类型多、储量可观。有岩金、伴生金和沙金3种类型金矿床；保有金金属量总计379.25吨，其中岩金矿床保有金金属量115.37吨、伴生金金属量262.3吨、沙金1.58吨。其他主要金属矿藏还有银，探明金属储量5409吨，保有金属量3881吨；钼，探明金属储量45.56万吨，保有资源储量26.42万吨；钨，保有储量1438吨；锡，保有储量1678吨。金属矿床伴（共）生组丰富，其中与铜矿床伴生的有用组分有金、银、硫、镓、铟等15种。

2. 萍乡

萍乡主要矿产资源有煤、铁、锰、铜、钼、钨、铝、石灰石、高岭土、花岗岩、矿泉水等36种，各种非金属矿产资源具有十分广阔的开发潜力。萍乡市已探明的矿藏有煤、铁、锰、铜、石灰石、高岭土、粉石英、瓷土等矿产资源丰富，煤炭远景储量达8.52亿吨，铁矿储量6760万吨，优质石灰石67亿吨。萍乡以煤立市，1898年清邮政大臣盛宣怀在安源创办萍乡煤矿，1908年又创办了当时中国第一个股份合资企业——汉冶萍公司，修筑了株萍铁路（至安源），萍乡煤矿为该公司重要组成部分，是江南最早采用西法机器生产、运输、洗煤、炼焦的煤矿，1916年就产原煤95万吨、焦炭25万吨，被誉为“江南煤都”。

3. 贵溪

现发现的金属矿主要有金、银、铅、锌、铜、铁、稀土等，非金属矿主要有石膏、瓷土（石）、黏土、硅石、石灰石、花岗岩、透辉石、钾长石、石英、石墨、粉石英、片石、红石等，能源矿产有铀、煤、石油等，还有矿泉水等 30 多种矿产。

4. 丰城

据 2017 年 2 月丰城市人民政府网站信息显示，丰城蕴藏有煤、钨、铁、金、铀、硫磺、石灰、耐火泥等 30 多种，其中，储煤量达 7 亿吨，有“江南煤田”之誉，为全国重点产煤县市。另外，丰城境内共探明地下天然气储量达 12 亿 ~ 14 亿立方米。

（五）旅游业

鄱阳湖地区山清水秀，人文荟萃，名胜众多，文化遗产非常丰富。集雄、险、奇、秀于一身的庐山，是夏季避暑的绝佳选择；三清山、井冈山、仙女湖、鄱阳湖更是风景秀丽；而素以瓷器闻名于世的景德镇，更是诉说着千年来对瓷器的忠贞与狂热。除此之外，南昌八一起义纪念馆、上饶集中营、井冈山革命遗址等重点保护景区，也是我们缅怀革命先烈，忆苦思甜的革命纪念地。

1. 南昌

南昌城始建于公元前 202 年，寓意“昌大南疆、南方昌盛”，是国家历史文化名城。初唐四杰王勃在《滕王阁序》中称其为“物华天宝、人杰地灵”之地，南唐时期南昌府为“南都”。1927 年 8 月 1 日，“南昌起义”宣告党领导下的解放军从此诞生了。2000 多年的建城史，留下海昏侯国国家考古遗址公园、滕王阁、八大山人纪念馆、百花洲、八一起义旧址群等名胜古迹。

2. 上饶

上饶市位于江西省东北部，迄今已有 1700 多年的历史，有丰富的矿产资源。上饶山水秀丽景色宜人，还有丰富的红色革命遗址和古色文化遗存，旅游资源非常丰富。上饶先后获得“中国优秀旅游城市”“中国最具幸福感城市”“中国最佳浙商投资城市”“中国最佳粤商投资城市”“中国最佳闽商投资城市”等称号。上饶著名的旅游景点有三清山、婺源、江湾、龟峰、文公山、上饶集中营旧址等。

3. 九江

九江是一个具有 2200 多年历史的江南文化名城和旅游城市，是中国首批 5 个沿江对外开放城市之一。九江先后获得“中国优秀旅游城市”“中国十大魅力城市”“中国十佳宜居城市”“国家森林城市”“最具国际影响力旅游城市”等称号。九江著名的旅游景点有庐山、鄱阳湖、白鹿洞书院、石钟山、龙宫洞、富华山风景区等。

第三节　城市群的历史文化脉络

一、文化与风俗

（一）文化

鄱阳湖地区是江西建制后最早的开发地区，尤其是南昌地区开发甚早。环鄱阳湖城市群地区在赣文化中绽放的光彩尤为夺目，物质及非物质文化遗产多彩纷呈。

随着鄱阳湖生态经济区上升为国家战略，用“赣鄱文化”指代整个江西地域文化的提法应运而生，用“赣鄱文化”来指代整个江西的文化，这意味着原先代表江西文化的赣文化要缩小内涵，其范围只限于赣江流域，而其他地区则统统归入“鄱文化”名下。“赣鄱文化”比“赣文化”更具地域代表性，因为其有利于红土地人民产生一致的身份认同，有利于他们选择共同的文化归宿。由此，江西的文化形态，其内部明显存在两个不同的文化系统，即鄱文化系统与赣文化系统。鄱文化是赣文化的母体，赣文化的勃兴与辉煌，有赖于鄱阳湖的浸染与滋润。赣鄱文化的融合，体现了这个文化过程中的整合过程。在环鄱阳湖城市群中也蕴藏着丰富的红色文化、山水文化、宗教文化、书院文化、名人文化、青铜文化等资源。

1. 红色文化

江西被誉为“红土地”，既指全省以红壤土为主体的地形地貌，更指江西为最重要、最著名的革命老区。全省红色旅游四个基点在环鄱阳湖城市群区域包含以下三个：南昌红色旅游区，包括南昌市区八一起义系列、革命历史博物馆、革命烈士纪念堂、烈士陵园、新建望城岗等地的红色旅游景区景点；萍乡红色旅游区，包括赣西北的萍乡安源工人运动系列和秋收起义萍乡纪念馆、铜鼓纪念馆、修水纪念馆以及新余、万载等地的红色旅游景区景点；上饶红色旅游区，包括赣东北的上饶集中营旧址、革命烈士纪念馆及陵园和弋阳、横峰、余江等地的红色旅游景区景点。

2. 书院文化与理学文化

自唐代以来，江西北部逐渐成为中国封建教育与文化传播的中心，成为中国古代书院的起源地。江西有我国最早的私家书院——唐代后期的浔阳陈氏院学和东佳书院，有闻名全国的白鹿洞、濂溪、白鹭、象山、鹅湖、怀玉、东湖书院，官学、私学林立，书院的数量、质量、规模、影响均为全国之首，成为研究中国文化不可忽视的奇景。宋代白鹿洞书院名列中国四大书院之一，华林书院延四方讲席，鹅湖书院首创学术自由争辩之风，白鹭洲书院以人才辈出、延续办学800年而著称。

儒学进入赣鄱地区最早可追溯到先秦春秋时期，孔丘弟子澹台灭明的到来，成为当时还处于儒学空白的赣文化中不可或缺的重要一环，也是春秋战国时期赣文化在沉寂中的一个亮点。

宋代江西哲学，大哲叠起，学术风气极盛。朱熹、程颐、程灏、陆九渊等，是中国封建社会后期影响极大的思想家。理学发源于江西，定型于江西，中国儒家思想的哲学化、体系化，在江西这块土地上最后完成。这是中国思想史上极有影响的大事，它对中华民族性格、思维模式的形成，具有重要的作用。

承认人的本性存在“良知”，是王守仁思想的核心理念。但良知在外物的诱惑下往往使本性昏蔽，于是王守仁提出“致”，就是说，要推行和达到这种“致良知”，必须采用存养和省察的方法。王守仁（阳明）虽然籍里浙江，但他重大的学术活动却几乎都在江西进行，以致形成风靡天下的“江右王门”学派。黄宗羲说：姚江之学，惟江右为得其传。

“二程”的学术思想，对于后世理学的发展产生了不可估量的影响。“程朱理学”和“陆王心学”，这是一种“和而不同”的个性化的学术思想的充分展示，它们无论怎样辨难，但在追求“道”的过程中那种以生命为代价去努力实践作为人生的价值，却是高度一致的。儒学极其重视“道德”培养，文天祥即是其中的典型范例。

3. 青铜文化

中华文明是以完全成熟和精妙绝伦的青铜器为其发端的。因此，中华文明的起点极高，而且夏、商、周“三代”承续，绵延不断。在人类文明史上，青铜器的出现，对社会的进步有着巨大深远的影响。江西的冶铜业源远流长，远在商周时期，江西的先民们就创造出灿烂的青铜文化。20世纪70年代初中期，位于赣江中游的樟树市吴城乡吴城村，发现了商代遗址，这是一项重大的考古发现。李伯谦在《试论吴城文化》中，依据考古学文化命名的一般原理，将吴城遗址为代表的这一类型文化定名为“吴城文化”，从此，吴城文化便成了先秦时期赣鄱地区江南青铜文化的重要代表。瑞昌市铜岭发现的颇具规模的殷周铜矿开采冶炼遗址，是目前我国发现的开采历史最早、延续时间最长、出土文物最全的矿冶遗址。新干大洋洲商代大墓的惊人考古发现，更是震惊世界。大墓出土的文物千余件，其中青铜器275件，其数量之大、品类之多、造型之奇特、纹饰之精美、铸工之精巧令世人瞩目，尤其是系列的各类青铜器物的发现，填补了吴城遗址青铜器物无序之不足，成为吴城青铜文化一个有机的最重要组成部分。大洋洲商代遗址的发现，证明了江西堪称“长江中游古代青铜王国”，是青铜时代又一重要文化中心。

（二）风俗

1. 垂钓

环鄱阳湖城市群靠近鄱阳湖，位于赣江流域，水网发达，因此多有垂钓的风俗。春钓鳊鱼、夏钓草鱼、秋钓鳞鱼、冬钓鲫鱼，四季钓鱼寓意四季得鲜。据传家家有网，户户有钩，老少皆喜欢在垂柳掩映的湖中垂钓。有言道“万家灯火舞，渔船钓不收”，“钓鱼之乐不在鱼，而在治心遣兴也”。

2. 采茶

垂钓亦不忘品茶。因此处盛产茶叶，居民多有饮茶的习俗。婺源的婺源茗眉、庐山的庐山云雾、上饶的上饶白眉、修水的双井绿、宁红工夫茶等都是该城市群内具有代表性的优质茶。江西省婺源县是江西省主要绿茶产区之一，这里峰峦起伏，地势高峻，雨量充沛，气候温和，四季云雾不绝，具有栽培茶树的优越自然条件。

采茶之时，人们收获喜庆，有感而发，信口引吭，经过长期发展和不断改进，形成了独特的采茶戏。采茶戏是经国务院批准列入第一批国家级非物质文化遗产名录。高安采茶戏语言通俗质朴、唱腔淳婉清越、表演风格亦庄亦谐因而成为在全国颇有影响的江西四大地方剧种之一。采茶戏语言生动诙谐、通俗易懂、唱做朴实、亦歌亦舞、活泼风趣，其表演源于生活而高于生活，却又不失浓厚的地方风格和生活气息。

3. 戏曲

弋阳腔，传统戏曲声腔之一。简称“弋腔”，是中国古老的传统戏曲声腔，它源于南戏，产生于信州弋阳，形成于元末明初，是宋元南戏在信州弋阳后与当地赣语、传统民间音乐结合，并吸收北曲演变而成。它至迟在元代后期已经出现。明、清两代，弋阳腔在南北各地繁衍发展，成为活跃于民间的主要声腔之一。清李调元《剧话》说：“弋腔始弋阳，即今‘高腔’”。故弋阳腔又通称赣语高腔。2006 年列入国家级非物质文化遗产名录。

弋阳腔继承了南戏固有的民间创作的传统，同时也继承了北宋汴梁目连戏的表演技艺与表现形式，使其与生俱来地具备了一种适应性和灵活性等特质。弋阳腔的形成，经历了一个复杂的过程，它是由地理位置、人文环境和宗教、艺术等因素聚合融会而成的产物。早期弋阳腔的演剧形态有武术杂技、民歌入腔、角色行当、滚调形式等。鄱阳湖地区长期的自给自足的半封闭农耕文化形态，到了明代，发生了明显变化，就是说，在保留自给消费型农耕文化的同时，而转向产品交换型的商业文化形态，从而出现一支庞大的活跃在全国各地的江西商人，人们称之为“江右商帮”。一般而言，社会流动性最大的有两种人：一是商贾；二是戏班。俗谚“商路即戏路”，弋阳腔正是沿着赣商们的足迹而走遍天下的。明初永乐年间（1203～1222年），弋阳腔不仅盛于江西，还流行于安徽、福建，甚至远播于石南及贵州。到了明中叶，弋阳腔又流行于北京和南京，湖南、福建、广东也都留下了它的足迹。弋阳腔在不同历史阶段的流动扩散，是那样的神速，几乎到了“令人咳叹”的地步。弋阳腔形成后百余年，弋阳腔又将目连戏等历史连台本戏回流到河洛地区，从某种意义上说，实在具有一种“根性文化”回归的意味。

4. 制瓷

景德镇瓷业习俗是景德镇制瓷历史的重要组成部分。景德镇手工制瓷工艺在汇集全国各地名窑技艺的基础上形成自己的特色，并自成体系。景德镇手工制瓷分工之细，专业化强度之高是其他手工行业所无法比拟的。景德镇陶瓷历史博览区由古窑和陶瓷历史博物馆两大景区组成，是景德镇最重要的陶瓷文化旅游区之一，也是公认的“活的陶瓷博物馆”。

陶瓷被誉为“中国新四大文明”之一，对世界文化和人类文明产生了深刻影响。陶瓷烧造是江西最具特色的传统手工业之一，从新石器时代的印纹陶器，到商周时期的原始青瓷器，完成了从陶到瓷的转变，至秦汉时期已能制造较为成熟的瓷器。江西陶瓷业历经千百年，在青山绿水间成长、发展并进而形成博大精深的陶瓷文化，景德镇陶瓷成为中国陶瓷的杰出代表。

20世纪以来考古界震动全国的多项重大考古发现，几乎都与陶瓷有关。万年仙人洞出土了中国最早的陶片；吴城遗址中发现中国目前年代最早的原始瓷器和已粗备瓷器烧造条件的六座龙窑；鹰潭角山窑址分布面积达3万余平方米，是至今我国最大的商代窑炉；丰城洪州窑，从东汉延烧至晚唐，是唐代六大青瓷名窑之一，其生产的青瓷器型种类繁多、饰纹样新颖、装饰技法丰富、瓷釉玻璃质感强，是全国研究青瓷起源和发展的主要窑场之一，是江西青瓷成熟并发展到鼎盛时的窑场，为宋以后江西陶瓷精品的发展奠定了优良的工艺基础；吉州窑（也称永和窑）是宋代著名的兼收南北名窑制瓷技艺的综合性大瓷窑，其生产的黑釉瓷和彩绘瓷独具风格，尤其是彩绘技术对景德镇元青花瓷的产生和发展产生了承前启后的作用。江西省境内，从先秦两汉开始，陶瓷的制作和生产从未间断。除了上述各窑外，全省还遍布大大小小的古窑址，并且不断有新的发现。景德镇的制瓷业最终能够成为中国瓷器的集大成者，景德镇享有“中国瓷都”的盛誉而历久不衰，除了其自身得天独厚的自然、社会条件，以及兼收并蓄、海纳百川，善于传承创新的文化精神，实与江西深厚的制瓷传统分不开。

二、民族、宗教、方言

（一）民族

鄱阳湖地区是个多民族混合杂居的区域，少数民族人口虽不多，但民族成分多，分布范围广。在商周时期主要是百越民族，秦代除少部分南迁的越人外，大多数越人与南迁的中原人融合成为汉族的一部分。秦汉以后，南渡的中原人与当地人逐渐融合，汉族逐渐成为居民主体。南朝时，境内的少数民族有蛮族、僚族、溪族等。该城市群所含地区共38个民族，其中汉族人口占总人口的99%以上。少数民族有畲族、回族、壮族、满族、苗族、瑶族、蒙古族等37个，其中畲族人口最多。少数民族中畲族聚居；瑶族部分聚居；其他各少数民族均为散居。少数民族人口高度分散，遍布各地城乡，无较大聚居群落。全江西省除有30多个畲族村，7个畲族乡外，另有1个民族乡以及82个少数民族行政村。其他少数民族均散居在全省各地。全省11个地（市），1990年拥有少数民族数均在20个以上，畲族、满族、壮族、苗族、蒙古族、瑶族、土家族、侗族、彝族、布依族、水族人口，全省各地（市）均有分布。其中最多的是南昌市，有37个民族。全省少数民族人口城乡分布情况总体上是乡村大于城市，但各个少数民族则存在着差异。

（二）宗教

环鄱阳湖城市群的宗教信仰复杂多样，多信仰佛教、道教、基督教及伊斯兰教。以庐山为例，庐山自古以来名道、高僧纷至沓来，集佛教、道教、基督教及伊斯兰教于一山。因此庐山得称“宗教名山”，庐山也在中国宗教史上居于独特的地位。其他宗教也有信仰，如儒教、天主教。

1. 佛教

据史志记载，佛教传入江西，至迟为东汉末年。两晋、南北朝时期，佛教在江西始得较大发展，并逐渐形成一个以庐山为中心区域的鄱阳湖环形传播圈。这里佛教资源分布面广，丰密度好；祖庭名山多，资源品位高。

隋唐时期，鄱阳湖地区是佛教传播弘扬之要地，时有“求官到长安，求佛到江西”之说。智凯数度驻锡庐山，弘扬天台宗教义。禅宗三祖僧璨、四祖道信、五祖弘忍、六祖慧能等先后入赣弘法。青原行思在六祖慧能座下承法后，回住庐陵安隐寺（今吉安青原山净居寺），光大南宗宗风，史称“匕祖”。天宝年间，马祖道一入赣，至钟陵开元寺（今南昌佑民寺），弘扬南宗禅法，创立丛林，门下徒嗣甚众，代相传承，形成“洪州宗”。其徒怀海，驻锡新吴城百丈山（今属奉新县)，实践农禅，制定丛林清规（人称“百丈清规”），风行天下。唐代末年，慧寂承师说，创伪仰宗于袁州仰山（今属宜春）。良价和本寂，开法新昌洞山（在今宜丰）与抚州曹山（今属宜黄），创立曹洞宗风。义玄在新昌黄桑山承法后，至河北镇州（今正定）开创临济宗风。石门宗师文堰、法眼宗师文益相继到赣参访弘法，鉴真和尚等也曾过化江西，与此同时，江西禅风也传至海东（今韩国）和交趾（今属越南）等地。

入宋以后，禅宗在江西的弘传尤为兴盛。临济门下有方会在杨岐山（在今萍乡）创立杨岐宗派，惠南在黄龙山（在今修水）创立黄龙派。杨岐、黄龙两支对于临济宗的弘传，建树不凡。净土、律宗、贤首诸宗在江西也有传承。元代统治时间虽然不长，但藏传佛教在江西的影响也不小，就连有曹洞宗祖庭之尊的建昌石居山真如禅寺（今属永修），也一度改弘藏传佛教。到了明代，禅宗临济宗流传不衰，良价禅师在江西省宜春市宜丰县的洞山创宗，其弟子曹山本寂在宜黄吉水（今江西省抚州市宜黄县曹山）的曹山寺传禅，故后世称为曹洞宗，后道场在江西省九江市永修县云居山的真如禅寺，曹洞宗在此区域得以中兴。明代曹洞宗僧常忠法承嵩山少林寺（今属河南），返赣后开法新城（今黎川）寿昌寺与信州博山能仁禅寺（今属广丰），代相传承，形成曹洞宗门下寿昌法系。明亡后，一大批宦官名士，遁入空门，聚集于江西。庐陵青原山与安福武功山便成了佛法兴盛之地。而戒显则入石居山真如禅寺，所著《禅门锻炼十三篇》，至今仍有“禅门兵法”之誉。

2. 道教

江西是道教的源流之地，龙虎山是公认的道教祖庭。此外，南昌西山、樟树阁皂山、上饶三清山、萍乡武功山等都是著名的道教圣地。

道教是中国本土产生的宗教。江西龙虎山是道教正一派的发源地，创始人为汉代张道陵及其曾孙张盛。张道陵被张盛尊为掌教、正一天师，因而又称天师道或正一道，为中国道教的鼻祖。金、元以后，正一派与全真派南北对峙，在中国南方、港澳台地区及东南亚诸国有着广泛的影响。灵宝派背皂宗的祖庭在樟树背皂山，开创于三国东吴时的葛玄。刘宋时路修静刊定了《灵宝经》35 卷，编成灵宝科仪多种，于是灵宝派更为盛行，直至元代才归入正一派之中。晋代许逊是位治水专家，受到江西老百姓的爱戴，各处建万寿宫祭祀，祈求风调雨顺，五谷丰登。凡有江西人到的地方，就有万寿宫的存在，尤其是明清时期，随着江西移民和江西商人的足迹所至，万寿宫遍布全国及东南亚，几乎成为江西的象征。许逊（许真君）也被奉为“净明”道的师祖，其在江西的影响历久不衰。

3. 基督教

1886 年英国肯特郡的循道卫理公会传教士李德立牧师有一次在庐山看中了这里的凉爽气候，决定在牯牛岭长冲租地建别墅，招徕外国侨民上山避暑。1895

年，李德立牧师从中国官府那里得到租契，开始把庐山逐步开发成为避暑胜地。由此，将基督教传至江西境内。

4. 伊斯兰教

伊斯兰教是随着西北回族穆斯林信徒内徙而进入江西的，与佛教、道教、基督教相比，伊斯兰教传入江西的时间较晚，影响面较小。南昌教门巷是著名的回民聚集的地方，庐山、景德镇等地都有伊斯兰教活动并建立清真寺。

（三）方言

此处的方言多为赣方言，但是赣方言的分片比较多，因此可以说方言的种类也是十分复杂多样的。南昌话是赣语昌都片的一种方言。作为赣语的代表，南昌片，或称之为昌靖片、南昌都昌片，主要分布在江西赣江下游及鄱阳湖的北部和西北部地区。九江市区以及瑞昌大部所讲方言属于官话中的江淮官话黄孝片，是一种北方方言，其余的县市属于赣方言。景德镇城区通用景德镇话，属赣语鹰弋片。在景德镇郊区及浮梁县，通用浮梁话，属徽语祁婺片。乐平市通用乐平话，属赣语鹰弋片等等。

其他方言如客家话、吴语，也在城市群内有所分布。上饶方言主要有吴语、赣语和徽语三种。其中上饶市区、上饶县、玉山、广丰属吴语语系，铅山、横峰、弋阳、余干、鄱阳、万年属赣语语系，婺源、德兴属徽语语系等。

三、名胜古迹

环鄱阳湖城市群内名胜众多，集名山、名川、名湖、名楼于一身。

（一）名山

有“匡庐奇秀甲天下山”之称的庐山是世界文化、自然遗产。它雄奇险秀，刚柔并济，形成了世所罕见的壮丽景观。“春如梦、夏如滴、秋如醉、冬如玉”，更构成一幅充满魅力的立体天然山水画。历史造就此山，文化孕育此山，名人喜爱此山，世人赞美此山。中华民族源远流长的历史和数千年博大精深的文化孕育了庐山无比丰厚的内涵，使她不仅风光秀丽，更集教育名山、文化名山、宗教名山、政治名山于一身。李白名句“飞流直下三千尺，疑是银河落九天”所吟咏的正是这里的三叠泉。

三清山又名少华山、丫山，位于中国江西省上饶市玉山县与德兴市交界处。因玉京、玉虚、玉华三峰宛如道教玉清、上清、太清三位尊神列坐山巅而得名。其中玉京峰为最高，海拔 1819.9 米，是江西第五高峰和怀玉山脉的最高峰，也是信江的源头。三清山是道教名山，世界自然遗产地、世界地质公园、国家自然遗产、国家地质公园。

龙虎山，位于江西省鹰潭市西南 20 公里处。东汉中叶，正一道创始人张道陵曾在此炼丹，传说“丹成而龙虎现”，山因得名。其中天门山最高，海拔 1300 米。龙虎山是中国第八处世界自然遗产，世界地质公园、国家自然文化双遗产地、国家 AAAAA 级旅游景区、全国重点文物保护单位。龙虎山是中国典型的丹霞地貌风景，是中国道教发祥地，2007 年加入世界地质公园网络。龙虎山的丹霞地貌，是二座发育在中国东南部信江盆地中段南缘由晚白垩世陆相山麓洪—冲积扇块状红色砂砾岩组成的丹霞山体。

明月山，国家级风景名胜区、国家 AAAAA 级旅游景区、国家森林公园、国家地质公园、国家自然遗产、中国温泉之乡，江西省新赣鄱十景之一明月山，位于全国第一个生态城市宜春市城西南 15 公里处，规划面积 104 平方公里，属武功山东北端的山麓部分，是以“奇峰险壑、温泉飞瀑、珍稀动植物和禅宗文化”为主要特色，集“生态游览、休闲度假、科普教育和宗教旅游”为一体的山岳型风景名胜区。

（二）名川

赣江，贡水蜿蜒，章江浩瀚。滔滔汇九曲之渊，熠熠挥三春之练。灵源继武夷之秀，玉岸滋荣；幽涧开庾岭之奇，烟波漾暖。至若奔流远域，拥怀千古之名；润泽遐苍，育孕一方之善。霞川锦绣，众口传馨；园囿芬芳，俪辞推赞。诗人左河水在词《满江红·望赣江》曰：“急浪滔滔，汇远海，浩然不息。观流水、是非功过，论今评昔。旧日时逢梅雨季，堤伤坝破群情急。筑人墙、难斗水凶神，山川泣。悲往事，成梦迹。千里坝，钢石织。看潮来浪去、岸安田绿。奔眼南川新镇起，顺风北野歌声脆。赣平原、天地与人和，江从驭。”

抚河，水名，位于江西省东部。是鄱阳湖水系主要河流之一，发源于武夷山脉西麓广昌县驿前乡的血木岭，全长 312 公里，流域面积 1.5811 万平方公里。一般称主支盱江为上游，其间自南城至抚州有疏山、廖坊两处火成岩坝段，以下为逐步开展的平原或丘陵；抚州以下为下游，两岸为冲积台地，田畴广阔。过柴埠口，抚河进入赣抚平原。至箭江口分为东、西两支，东支为主流，经梁家渡下泄，由青岚湖注入鄱阳湖。

信江，鄱阳湖水系五大河流之一。又名上饶江，古名余水，唐代以流经信州而名信河，清代称信江。发源于浙赣两省交界的怀玉山南的玉山水和武夷山北麓的丰溪，在上饶汇合后始称信江。干流自东向西流向，流经上饶、铅山、弋阳、贵溪、鹰潭、余江、余干等县市，在余干县境分为两支注入鄱阳湖，沿途汇纳了石溪水、铅山水、陈坊水、葛溪、罗塘河、白塔河等主要支流。全长 313 公里，流域面积 17600 平方公里。

修河是江西省五大水系之一，也是江西省九江市境内最大的河流，属鄱阳湖流域的重要组成部分，鄱阳湖的较大支流。是长江中下游重要的水源涵养地和沿岸居民的生产、生活用水取水地。修河水系流域面积共 10967 平方公里。包括德安、星子两县全部，修水、武宁、永修三县的大部，九江县及庐山区的一部分，瑞昌市的一小部分主要河流为修河水系。

饶河发源于皖赣交界的莲花顶西侧。昌江发源于安徽黄山脚下的祁门县境，流经江西的景德镇市和鄱阳县，全长 253 公里，流域面积 6000 平方公里；乐安河发源于婺源县北部的黄山余脉郭公山，流经婺源、德兴、乐平、万年、鄱阳五县，全长 279 公里，流域面积 8367 平方公里。两河在鄱阳县境内的姚公渡附近汇合，经鄱阳县城后在莲湖乡龙口注入鄱阳湖。

（三）名湖

鄱阳湖上承赣、抚、信、饶、修五河之水，下接长江。丰水季节浪涌波腾，浩瀚万顷，水天相连；枯水季节水落滩出，枯水一线，野草丰茂，芦苇丛丛；湖畔峰岭绵延，沙山起伏，沃野千里，候鸟翩飞，牛羊徜徉。美丽富饶的鄱阳湖养育了世代生长居息湖畔的万物生灵。鄱阳湖有 2/3 在九江境内。湖口有石钟山、大孤山、小孤山胜景，并曾是朱元璋大败陈友谅、太平天国军大败曾国藩湘军的古战场。

仙女湖位于江西省新余市西南郊 16 公里处；是闻名遐迩的湖泊型国家重点风景名胜区、国家 AAAA 级旅游景区；属亚洲最大的亚热带树种基因库；也是东晋文学家干宝所著古籍《搜神记》中记述的“七仙女下凡”传说和“中国七夕情人节”的发源地，以“情爱圣地、群岛峡谷曲水、千年水下古城、亚热带植物基因库”四大绝景著称；198 平方公里的景区，50 平方公里的湖面，岛屿星罗棋布，湖水清澈见底，原始森林神秘诱人；仙女湖自然风光秀美朴实，具有“幽、秀、奇、雄”之特点，景区兼具湖泊型和山岳型两大类型。

柘林湖风景名胜区，位于江西永修县和武宁县境内，总面积 308 平方公里。永修县辖区内 72 平方公里湖区，有 331 个岛屿，是集游览观光、休闲度假于一体的湖泊型省级重点风景名胜区。柘林湖水库拦河大坝雄伟壮观，是亚洲第一大土坝，近坝 14 平方公里的开阔湖面万顷碧波。因亚洲第一大土坝将修河拦腰截断，而形成了目前江西省面积最大的人工湖，更造就了这鬼斧神工般的秀美风光。沿湖地貌各异，有千仞壁立的悬崖、傍湖而坐的村落、湖滨坦荡的田畴、直泄入湖的飞瀑、日出水量 60 立方米的易家河温泉。人文景观主要有明朝兵部尚书魏源墓、乾隆皇帝游江南留下的石刻等。

鸳鸯湖，位于婺源县西部赋春镇，景（德镇）白（沙关）公路西侧。离县城紫阳镇 43 公里；西接瓷都景德镇 41 公里；南距风景名胜区三清山 201 公里；

北离旅游胜地黄山 179 公里。20 世纪 80 年代初，因水库周围生态环境良好，吸引了众多的鸳鸯来此越冬，故 1986 年后逐渐被改称为“鸳鸯湖”，1997 年被定为“省级自然保护区”。

庐山如琴湖，坐落于牯岭街的街心公园。建于 1961 年，面积约 11 万平方米，蓄水量约 100 万立方米。因湖面形如小提琴，故得名。如琴湖坐落西谷，峰岭围抱，森林蓊蔚，环境幽雅。湖心立岛，岛内有许多人工饲养的孔雀，所以名为孔雀岛，曲桥连接，上缀水榭，形成绿水青山，相映成趣，林立岛上纵览四周妙趣横生。

瑶湖是南昌地区最大的内陆天然湖泊，现有水面 2. 2 万余亩，是南昌地区最大的天然湖泊。坐落于南昌市东郊，与江西师范大学相邻，与南昌市已开发的青山湖，艾溪湖连成一线，昌万公路贯穿湖心而过，福银高速（G70）沿湖东侧而过，与昌万公路相交处有麻丘入口，距南昌市进贤县军山湖（大闸蟹）仅 26 公里，距市中心八一广场仅 9 公里。

（四）名楼

滕王阁，位于江西省南昌市西北部沿江路赣江东岸，它与湖北黄鹤楼、湖南岳阳楼为并称为“江南三大名楼”，因初唐才子王勃作《滕王阁序》让其在三楼中最早天下扬名，故又被誉为“江南三大名楼”之首。始建于唐永徽四年（653 年），为唐高祖李渊之子李元婴任洪州都督时所创建。李元婴出生于帝王之家，受到宫廷生活熏陶，“工书画，妙音律，喜蝴蝶，选芳渚游，乘青雀舸，极亭榭歌舞之盛”。（明陈文烛《重修滕王阁记》）据史书记载，永徽三年（652 年），李元婴迁苏州刺史，调任洪州都督时，从苏州带来一班歌舞乐伎，终日在都督府里盛宴歌舞。后来又临江建此楼阁为别居，实乃歌舞之地。因李元婴在贞观年间曾被封于山东省滕州故为滕王，且于滕州筑一阁楼名以“滕王阁”，后滕王李元婴调任江南洪州，又筑豪阁仍冠名“滕王阁”，此阁便是后来人所熟知的滕王阁。

浔阳楼，因九江古称浔阳而得名。楼始建年代虽不可考，但据唐代诗人、德宗贞元年间江州刺史韦应物的《登郡寄京师诸季、淮南子弟》一诗中说的“始罢永阳守，复卧浔阳楼”；唐代诗人、宪宗元和年间江州司马白居易，清代诗人、唐熙年间兵部侍郎佟法海等所咏的浔阳楼诗，可以看出，浔阳楼自唐代至清代沿存，且颇具规模。浔阳楼位于江西九江市区九华门外的长江之滨。浔阳楼之名最早见之于唐代江州刺史韦应物的诗中。随后，白居易在《题浔阳楼》诗中又描写了它周围的景色，而真正使浔阳楼出名的是古典名著《水浒传》。小说中的宋江题反诗、李逵劫法场等故事使浔阳楼名噪天下。

聚远楼距今已有千年历史，是德兴历史文化瑰宝之一，它始建于宋熙宁二年（1069），由德兴人余仕隆集资兴建，坐落在城北学官后的枕山之巅，当时德兴县令单锡与苏东坡是同科进士，才华横溢。余仕隆尊单锡才华，请为楼定名，单锡登楼远眺，全城尽收眼底，故取楼名为聚远楼。元丰七年（1084）苏东坡送长子苏迈到德兴任县尉时登上聚远楼写下了“云山烟水苦难亲，野草幽花各自春。赖有高楼能聚远，一时收拾与闲人”的诗句。建炎年（1127）宋高宗高度赞赏苏东坡诗，特赐聚远楼金匾，有了皇帝的御墨，一些名士：黄庭坚、马廷鸾、赵孟頫等来德兴登楼赋诗，由此，聚远楼闻名遐迩，被世人誉为江南名楼。

拟岘台，位于江西省临川（抚州）市抚河畔，历来为江南名胜，古与河北幽州台、山西鹳雀楼、赣州郁孤台等齐名；有诗云“占断江西景，临川拟岘台”；拟岘台始建于北宋嘉祐二年（1057），现台为第七次重新修复，主体高度为49.9米，为宋代风格建筑。由当时抚州知州裴材主持兴筑。故址在抚州城东高丘盐埠岭，下临汝水。为何以“拟岘”名台？曾巩在应裴材之请所作《拟岘台记》中是这样说的，“尚书司门员外郎晋国裴君，治抚之二年，因城之东隅，作台以游而命之曰拟岘台。谓其山溪之形拟乎岘山也”。因此地山水形胜酷似岘山。据史载：岘山，在湖北襄阳城南九里，风光秀美。拟岘台历来为抚州郡城第一胜景，曾与河北幽州台、山西鹳雀楼、赣州郁孤台等齐名，文化积淀很深。兴建当年，曾子固曾作《拟岘台记》，此为台记之权舆也。王荆公亦应邀为此台赋诗；陆游多次登台吟唱，留下名句多多……历代文人墨客为拟岘台所作题记诗赋，难以悉数。

第四章

环鄱阳湖城市群的相关规划

2015 年 12 月，中国城市规划设计研究院、江西省城乡规划设计研究院共同完成了《环鄱阳湖生态城市群规划（2015—2030）》（下称《规划》），并于 2016 年 8 月进行了公示，这标志着我国长江中游城市群重要组成、江西省经济发展核心区域环鄱阳湖城市群建设翻开了崭新的一页。

城市群的产生是一个历史过程，是生产力发展、生产要素逐步优化组合的产物，是我国城镇化建设的必然结果。环鄱阳湖城市群形成的过程中受益于我国多年来多级别多层次的规划引导，上至国家层面的规划战略，下至县市层面的规划完善与发展，诸多合理有序的规划有效促进了城市群的形成、建设与发展。同时，城市群的发展应紧紧围绕国际发展形势与国家宏观发展战略，如此才能有不竭的发展动力，推动城市群更好发展。环鄱阳湖城市群与我国“一带一路”、长江经济带建设等诸多国家重大发展战略相关，在国家推动与江西各级政府努力推动下，城市群发展与各国家战略深度融合，为推动地区乃至国家发展做出了卓越贡献。

本章介绍《规划》相关内容，并以时间序列为基准回顾《规划》公示前后相关国家与江西省各级政府为推动环鄱阳湖城市群形成与发展出台的各级规划及相关文件，并探讨了它们对环鄱阳湖城市群形成与发展的作用。同时介绍了国家与江西省各界为环鄱阳湖城市群融入各国家战略推出的各项规划与政策措施，讨论了它们在城市群发展中的作用。

第一节　城市群的起步与孕育

以 2016 年 8 月《规划》公示为重要标志，在环鄱阳湖城市群的形成进程中，得到了来自国家、江西省的相关发展战略、规划、政策乃至来自学术界在内的社会各界的智慧的支持。其中，以中部崛起、长江中游城市群为代表的诸多国家级战略推动了江西省与环鄱阳湖城市群相关地区的经济发展，为城市群发展创造了良好的宏观发展环境；而以南昌大都市区、昌抚一体化等江西省内重大发展战略则有效推动了城市群相关地区经济发展与联系，为城市群建设奠定了物质、交通、政策等的基础，使得城市群建设成为可能。

以城市群建设推动地区发展成为中部地区共识应从“中部崛起”战略提出开始。早在2004年3月，时任国务院总理温家宝在政府工作报告中首次明确提出“促进中部地区崛起”，不久“中部崛起”首次被写入了党的文件，表明了党和国家对中部地区发展的高度重视。自“中部崛起”正式成为国家战略以来，在相互合作竞争、共谋发展的过程中，中部六省都将地区发展重心放到了城市群发展上，谋求通过城市群建设带动全省经济的迅猛提升，进而在中部地区实现率先崛起。

中部六省的四个城市群相继诞生，湖北以中部地区最大城市武汉为圆心，100公里为半径，囊括黄石、鄂州、黄冈、咸宁、孝感、天门等其他8市，提出“武汉城市圈”建设；河南以省会郑州为中心，以500公里为半径，包含洛阳、开封、新乡等9市，提出构建“中原城市群”；湖南则以长沙、株洲、湘潭为“铁三角”，以期实现“长株潭城市群”发展；安徽的“皖江城市带”则包含合肥、芜湖、黄山、马鞍山等城市，以“一线两点”形式建设城市群。

在中部各省纷纷推出自己的城市群建设方案，确立自己的发展目标与思路的大背景下，江西省以规划为主要手段，逐步形成了自己的城市群发展战略，即环鄱阳湖城市群发展战略，以我国最大的淡水湖——鄱阳湖为中心，由环湖城市南昌、九江、上饶等城市构建环湖城市群，希望通过逐步建立高度完善的城市网络体系，形成人流、物流、信息流的通道，对外发挥连接东西、贯通南北、连接内陆地区的巨大作用，打造世界级都会圈，将江西省经济更好地融入世界经济之中，促进区域经济分工，有效整合资源，带动全省经济繁荣。

环鄱阳湖城市群从构想到相关规划正式公示历经了近九年时间，环鄱阳湖城市群的快速发展与诸多国家级、江西省级及其地级市级规划密切相关，其孕育过程见证了江西省乃至周边省市、国家与国际的社会经济发展的巨大进步，这也为环鄱阳湖城市群的初步形成与相关规划文件的最终出台奠定了坚实基础。

本节主要以时间序列分层介绍《规划》公示前与环鄱阳湖城市群规划相关的诸多规划文件和政策文件及其对该城市群形成起到的作用，并介绍相关规划文件和政策文件及对环鄱阳湖城市群融入各国家发展战略的作用。

一、“环鄱阳湖城市群”构想的提出

“环鄱阳湖城市群”这一命题，或者说构想的提出最早并非来自政府的战略或者规划，而是来自对江西省发展有着深刻认识与见解的学者们，他们从对环鄱阳湖地区的深入研究出发，从该地区资源禀赋、经济发展现状、区域联系等角度入手，结合地区发展的需求，提出了建设环湖经济圈（城市群）的构想，并论证了该构想的可行性。而随着江西省政府逐渐认识到推动环鄱阳湖地区经济建设的必要性与重要性，有关环鄱阳湖地区一体化（经济圈、城市群等）的建设越来越多地出现在各级政府的战略考量中，这一城市群设想才从构想逐步转变成为江西省发展乃至全国发展版图的重要部分。

2004 年，江西财经大学李林茂先生与邹永军先生发表文章《构筑环鄱阳湖经济圈的战略思考》，研究环鄱阳湖区域得知围绕鄱阳湖城市包括南昌市、九江市、景德镇市及下辖城镇、鹰潭市及其下辖大部分城镇，以及上饶市部分城镇，这些地区基本囊括了江西北部重要城镇，在江西发展中具有重要地位，并从区域化、城市化角度提出以构筑环鄱阳湖经济圈的构想，并对经济圈区域范围、形成动力与战略措施作了系统论述，这是环鄱阳湖地区经济一体化研究的重要理论性探索。

2006 年 3 月，时任江西省社会科学院经济研究所所长麻智辉撰文《环鄱阳湖城市群发展战略构想》，他认为江西要在中部崛起，必须构建以南昌为中心，九江、景德镇、鹰潭为次中心，涵盖 22 个县（市）的环鄱阳湖城市群，并从城市群架构、一体化构想与对策建议等论述了城市群建设的必要性与可行性。

2006 年 12 月，中国共产党江西省第十二次代表大会报告首次提出在发展沿京九线城市带和沿浙赣线城市带的基础上，进一步打破行政区划，建立城际间协调发展的机制，大力促进城市间的合作与联系，积极创造条件，构建以南昌为核心的环鄱阳湖城市群。同月，江西省发改委颁发《环鄱阳湖经济圈规划（2006—2010)》，环鄱阳湖城市群建设成为江西省重大发展战略。

至此，环鄱阳湖城市群相关理论、规划与建设实践发展进入快车道。

二、国家相关规划政策的支持与引导

一个城市群的建设是国家发展战略的具体体现，环鄱阳湖城市群的出现不仅是适应江西经济社会发展的产物，也是诸多国家级相关规划与政策的引导下，适应国家发展背景与需求而产生的。至 2008 年，借鉴国内外关于城市群发展阶段的划分和判定标准，环鄱阳湖城市群的发展已经处于快速发育阶段，但仍处于快速发育阶段的初期阶段，整体发育水平较低。自 2009 年“环鄱阳湖城市群”首次写入国家发展战略文件——《促进中部地区崛起规划》，多年来在国家诸多规划政策的引导下，逐步调整、引导与落实环鄱阳湖城市群区域范围、发展方向、建设重点等内容，城市群建设与发展步入正轨。

（一）中部崛起战略

2006年4月，中共中央、国务院发出《关于促进中部地区崛起的若干意见》，要求把中部地区建设成为全国重要的粮食生产基地、能源原材料基地、现代装备制造及高技术产业基地以及综合交通运输枢纽。中部崛起成为继东部沿海开放、西部大开发和振兴东北等老工业基地之后的又一重要的国家经济发展战略。

2009年9月，国家发展和改革委员会印发的《促进中部地区崛起规划》是第一个正式写入"环鄱阳湖城市群"字样的国家层面规划文件。《促进中部地区崛起规划》是国家层面针对中部地区发展的纲领性规划文件，它明确提出建设环鄱阳湖城市群要"以建设鄱阳湖生态经济区为目标，明确功能分区，优化空间布局，建设环鄱阳湖高效便捷的综合运输通道，实现与国家综合运输大通道和周边省交通主通道相连通。加强分工协作，创建生态工业园区，加快发展资源节约环境友好的特色生态产业，保护好'一湖清水'，建设生态城镇、绿色家园，努力把鄱阳湖地区建设成为全国大湖流域综合开发示范区、长江中下游水生态安全保障区和国际生态经济合作重要平台。"

建设环鄱阳湖城市群以提升环鄱阳湖地区乃至江西省综合实力时，由于环鄱阳湖地区对长江流域乃至全国有着巨大的生态价值，这些生态价值为环鄱阳湖城市群建设奠定了"生态经济"建设的基调；同时环鄱阳湖地区地处长三角、珠三角、闽东南三大经济发达地区的核心位置，是连接沿海与内陆沟通的枢纽，也直接面向东亚及迅速崛起的亚太经济圈，因此发展交通也是一大主题。

"中部崛起"战略是国家区域发展重心从东部沿海向内地延伸的重大举措，这一国家战略将中部地区发展提高到前所未有的高度，更是首次在国家战略文件中提出建设环鄱阳湖城市群，为城市群建设提供了战略性、方向性指导。

（二）鄱阳湖生态经济区规划

2009年12月，国务院正式批复环鄱阳湖城市群《鄱阳湖生态经济区规划》，规划范围包括南昌、景德镇、鹰潭3市，以及九江、新余、抚州、宜春、上饶、吉安的部分县（市、区），共38个县（市、区），国土面积5.12万平方公里。这标志着鄱阳湖生态经济区正式上升为国家战略，明确提出以省会城市（南昌）为核心，区域其他5个中心城市（九江、景德镇、鹰潭、新余、抚州）为重点，加快构建鄱阳湖城市群，形成以点带轴、以轴促面的城镇集群发展模式。鄱阳湖生态经济区是以江西省鄱阳湖为核心，以鄱阳湖城市圈为依托，以保护生态、发展经济为重要战略构想的经济特区。该规划确定鄱阳湖生态经济区的定位为"全国大湖流域综合开发示范区、长江中下游水生态安全保障区、加快中部崛起重要带动区、国际生态经济合作重要平台、连接长三角和珠三角的重要经济增长极、世界级生态经济协调发展示范区”，同时指出“鄱阳湖承担着重要的生态功能，又是我国中部地区正在加速形成的增长极之一，因而在我国区域发展和生态保护具有重要意义，建设鄱阳湖生态经济区，对促进区域协调发展、实现人与自然和谐可持续发展具有重大意义”。

值得注意的是，鄱阳湖生态经济区是国家层面发展战略，脱胎自江西省委、省政府与2008年提出的鄱阳湖生态经济区战略，这与环鄱阳湖城市群有极大的不同。2008年，时任江西省社科院院长傅修延先生对环鄱阳湖城市群与鄱阳湖生态经济区之间的关系做了解读，他说：“环鄱阳湖生态经济区是一个根据国家目前正在进行的国土主体功能区划分的一项工作而推出的项目。环鄱阳湖生态经济区的范围是以鄱阳湖为核心，以环鄱阳湖的城市群或者经济带为周边，在生态经济区里实行生态保护和经济发展的目标，主要是要实现落实科学发展观，保护好鄱阳湖这一湖水，同时促进江西的经济快速发展。我认为环鄱阳湖生态经济区是比较大的概念，这个概念里可以把过去我们提出的环鄱阳湖城市群放在里面，因为城市群是环鄱阳湖生态经济区的组成部分。”由此可见，环鄱阳湖城市群建设应该依托于鄱阳湖生态经济区建设，在生态鄱阳湖的基础上发展城市群经济，因此协调城市群经济建设与生态环境保护成为环鄱阳湖地区发展的重要课题。

尽管两者内涵大有不同，但在很多情况下，鄱阳湖生态经济区依旧被认为是环鄱阳湖城市群的“前身”，《规划》中的“生态”基调也或多或少受到了生态经济区建设的影响，社会经济发展与生态环境保护并重成为城市群建设的主体。

（三）全国主体功能区规划

2010年12月，国务院印发《全国主体功能区规划》，旨在构建高效、协调、可持续的国土空间开发格局，指出鄱阳湖生态经济区功能定位是：全国大湖流域综合开发示范区，长江中下游水生态安全保障区，国际生态经济合作重要平台，区域性的优质农产品、生态旅游、光电、新能源、生物、航空和铜产业基地。

《全国主体功能区规划》指出鄱阳湖生态经济区要构建以鄱阳湖为“绿心”，以南昌为中心，以九江、景德镇、鹰潭、新余和抚州等城市为主要支撑，以环鄱阳湖交通走廊为环状的空间开发格局；强化南昌科技创新、文化和综合服务功能，推进形成“一小时经济圈”，建设区域性的先进制造业基地和商贸物流中心；强化九江临港产业和商贸、旅游功能，建成港口城市和旅游城市、区域性的物流枢纽，培育形成区域副中心。发展壮大景德镇、鹰潭、新余和抚州等城市的特色优势产业；巩固和加强粮食主产区地位，加强农业综合生产能力建设，重视农业生态环境保护，建成畜禽水产养殖主产区和生态农业示范区；以鄱阳湖水体和湿地为核心保护区，以沿湖岸线邻水区域为控制开发带，以赣江、抚河、信江、饶河、修河五大河流沿线和交通干线沿线为生态廊道，构建以水域、湿地、林地等为主体的生态格局。

正如上文傅修延先生所提到的，鄱阳湖生态经济区很大程度上是国家主体功能区规划的产物，为环鄱阳湖地区的发展做了宏观的功能协调，在经济、文化、产业、生态等方面为生态经济区建设乃至后续的城市化建设做出了指导。

（四）中央苏区振兴发展战略

2014 年 3 月，国务院批复《赣闽粤原中央苏区振兴发展规划》，指出包括江西省赣州市、吉安市、新余市全境及抚州市、上饶市、宜春市、萍乡市、鹰潭市的部分地区等原中央苏区，打造革命老区扶贫攻坚示范区，全国有色金属产业基地、先进制造业基地和特色农产品深加工基地，重要的区域性综合交通枢纽，我国南方地区重要的生态屏障以及红色文化传承创新区、著名生态和文化旅游目的地。由于存在原中央苏区发展相对滞后的现状，这对环鄱阳湖城市群建设提出新的要求，要在发展城市群同时推动相对落后地区的发展。

（五）长江经济带建设

作为长江经济带沿线重要省份，长江经济带的发展直接推动了江西省，特别是环鄱阳湖地区的发展。江西省作为长江航道中部的重要省份，依托九江、南昌的港口优势，能够有效联通长江沿线各地，对于深度对接长三角、中部地区发展等有着重大意义。而长江经济带是我国城镇化水平最高的地区之一，沿线出现了诸多颇具规模的城市群，使得地区在参与区际竞争中获得了优势，因此在参与长江经济带建设中，建设具备一定规模的城市群成为重要的发展手段。

2014 年 9 月，长株潭下发《国务院关于依托黄金水道推动长江经济带发展的指导意见》（下称《指导意见》），《指导意见》明确指出长江经济带覆盖上海、江苏、浙江、安徽、江西、湖北、湖南、重庆、四川、云南、贵州 11 省市，面积约 205 万平方公里，人口和生产总值均超过全国的 40%。长江是货运量位居全球内河第一的黄金水道，长江通道是我国国土空间开发最重要的东西轴线，在区域发展总体格局中具有重要战略地位，其战略定位为建设具有全球影响力的内河经济带、东中西互动合作的协调发展带、沿海沿江沿边全面推进的对内对外开放带、生态文明建设的先行示范带。

《指导意见》指出国家将从综合交通、产业转型、新型城镇化、对外开放、生态廊道和体制机制创新六个方面升级、再造长江经济带。长江经济带的建设有利于沿线省市发挥能源资源优势，实施优势互补，实现互利共赢、共同发展，也有利于打造区域利益共同体和命运共同体，促进沿线省市和谐稳定。江西作为长江之“腰”和中部区域发展的重要一极，将面临新的发展机遇。

《指导意见》同时对长江中游城市群建设提出总体要求：增强武汉、长沙、南昌中心城市功能，促进三大城市组团之间的资源优势互补、产业分工协作、城市互动合作，把长江中游城市群建设成为引领中部地区崛起的核心增长极和资源节约型、环境友好型社会示范区。

《指导意见》明确提出培育壮大环鄱阳湖城市群，增强南昌中心城市功能，促进南昌、九江一体化和赣西城镇带发展，建设鄱阳湖生态经济区。同时提出加强鄱阳湖水质监测与综合治理，加强鄱阳湖演变与治理研究，论证鄱阳湖水系整治工程，加强鄱阳湖水系水土流失治理与地质灾害防治，并研究鄱阳湖支线航道建设。

（六）生态文明建设

2014 年 11 月，国家六部委正式批复的《江西省生态文明先行示范区建设实施方案》（下称《方案》），标志着江西省建设生态文明先行示范区上升为国家战略，《方案》指出加快推进鄱阳湖生态经济区建设，积极探索大湖流域生态、经济、社会协调发展新模式，走出一条生态良好、生产发展、生活富裕的文明发展之路。该方案以战略和全局的高度，启动生态文明先行示范区建设，将在生态文明建设评价考核、健全生态补偿机制等多个方面开展先行先试，为江西省在新起点上深入推进生态和经济协调发展指明了方向和路径。江西省在遵循绿色发展、循环发展、低碳发展的基本路径基础上，依据《方案》重点建设好三个区：

1. 中部地区绿色崛起先行区

依托长江黄金水道和沪昆、京九等交通大动脉，深化与长三角、珠三角、海西经济区等沿海发达地区的分工协作，建设全国重要的节能环保、新材料、新能源、装备制造等产业基地，建设全国知名的绿色食品原料基地和生态旅游休闲度假区，率先走出一条绿色循环低碳发展的新路子，成为中部地区绿色崛起的排头兵和示范区。

2. 大湖流域生态保护与科学开发典范区

加强河湖管理与保护，保护和修复江河湖泊生态系统，加快推进鄱阳湖生态经济区建设，积极探索大湖流域生态、经济、社会协调发展新模式，走出一条生态良好、生产发展、生活富裕的文明发展之路。

3. 生态文明体制机制创新区

深入推进自然资源资产产权管理和用途管制制度、资源有偿使用制度等体制机制创新，积极探索东江源、鄱阳湖等重点生态功能区跨流域、跨省生态补偿机制，推动建立地区间横向生态补偿制度，不断健全体现生态文明要求的考核评价机制，形成有利于生态文明建设的制度保障和长效机制。

（七）“一带一路”

2013 年 9 月和 10 月，中国国家主席习近平在分别访问哈萨克斯坦和东盟国家期间，先后提出共建“丝绸之路经济带”和“21 世纪海上丝绸之路”，“一带一路”倡议不仅仅是世界和中国发展的重大机遇，也是江西省环鄱阳湖地区加快发展的重要契机。2015 年 3 月 28 日，中国国家发展改革委、外交部、商务部联合发布了《推动共建丝绸之路经济带和 21 世纪海上丝绸之路的愿景与行动》，明确指出“一带一路”建设要依托长江中游城市群，推动区域互动合作和产业集聚发展，打造南昌作为内陆开放型经济高地之一。

（八）长江中游城市群

2012 年 8 月，国务院颁布《关于大力实施促进中部地区崛起战略的若干意见》，提出“鼓励和支持武汉都市圈、长株潭城市群和环鄱阳湖城市群开展战略合作，促进长江中游城市集群一体化发展”。

2014 年 9 月，《国务院关于依托黄金水道推动长江经济带发展的指导意见》出台，明确提出长江经济带将重点打造长江三角洲、长江中游和成渝三大跨区域城市群。长江中游城市群（即“中三角”）是以武汉、长沙、南昌为中心的城市群；成渝城市群则以成都和重庆为中心。该指导意见的出台标志着在国家战略层面武汉都市圈、环长株潭城市群、环鄱阳湖城市群共同组成的“中三角”格局最终正式定型。

2015 年 4 月，国家发展和改革委员会印发《长江中游城市群发展规划》，明确提出长江中游城市群是以武汉城市圈、长株潭城市群、环鄱阳湖城市群为主体形成的特大型城市群。提出将南昌提升为长江中游中心城市地位，将环鄱阳湖城市群作为核心城市群之一，提出城市群建设应优化南昌要素集聚、科技创新、文化引领和综合交通功能，辐射带动周边地区发展，打造重要的先进制造业基地、中部地区综合交通枢纽和现代服务业集聚区；加快（南）昌九（江）一体化、（南）昌抚（州）一体化发展，推进鄱阳湖生态经济区建设；加强与新（余）宜（春）萍（乡）城镇密集带、信江河谷城镇群的联系，促进与赣南等原中央苏区联动发展；把环鄱阳湖城市群建设成为大湖流域生态人居环境建设示范区和低碳经济创新发展示范区。

（九）赣江新区

“赣江新区”作为国家级新区，是推动环鄱阳湖城市群建设，增强城市群整体实力的重要支点，有助于城市群在交通、产业、科技等方面的突破，并以此为枢纽，推动环湖地区产业的不断升级。

2016年3月全国“两会”期间，江西省代表团在北京驻地举行全体会议，根据国家发改委的意见，“昌九新区”改名为“赣江新区”申报，这是江西省首提“赣江新区”。赣江新区是江西省推动昌九一体化发展，积极融入“一带一路”、长江经济带、长江中游城市群建设发展的重要决策。2016年6月，国家发展改革委印发《江西赣江新区总体方案》，正式批复同意设立江西赣江新区，赣江新区新晋为第18个“国家级新区”。这是国家为构建长江经济带发展的重要支点，加快中部地区崛起步伐的重要部署。赣江新区位于南昌市北部的赣江之滨，包括南昌市青山湖区、新建区和共青城市、永修县的部分区域。

该方案指出赣江新区建设将推进“两廊一带”建设，即昌九产业走廊、滨湖生态廊道、昌九新型城镇带；打造“四组团”，昌北组团、临空组团、永修组团、共青组团。加快新区建设，有利于促进昌九一体化发展，提升环鄱阳湖城市群整体实力，共同建设长江中游城市群；有利于进一步提升南昌全国性综合交通枢纽地位，发挥江西在产业梯度转移中的纽带作用，推动我国经济增长空间从沿海向沿江内陆延伸，促进区域协调发展。

（十）总结

总体来说，诸多国家层面的文件与相关规划着眼于统筹全国发展需求，从长江经济带建设、“一带一路”发展、生态文明建设、长江中游城市群建设、中部地区崛起、中央苏区振兴发展等方面建设提出对环鄱阳湖城市群发展的要求与建议，并通过一系列规划政策促进环鄱阳湖城市群的形成与发展，总的来说包含以下三个方面：

1. 规划范围

《促进中部地区崛起规划》并未提到环鄱阳湖城市群的相关规划范围，《鄱阳湖生态经济区规划》提出的规划范围包括南昌、景德镇、鹰潭3市，以及九江、新余、抚州、宜春、上饶、吉安的部分县（市、区），共38个县（市、区），国土面积5.12万平方公里。《长江中游城市群发展规划》中江西省以环鄱阳湖城市群为主体，包括南昌市、九江市、景德镇市、鹰潭市、新余市、宜春市、萍乡市、上饶市及抚州市、吉安市的部分县（区），这为城市群扩容奠定了基础。

2. 规划定位

总的来说，环鄱阳湖城市群建设要兼顾生态保护与发展经济。以南昌为中心的城市群建设能够有效促进各要素有效利用，提高区域经济发展效率；协调城乡发展，有效促进中央苏区振兴；优化特色产业建设，在全国产业专业中承担纽带作用；发挥交通枢纽作用，积极对外开放，积极融入长江中游城市群一体化建设，打造我国中部内陆开放的增长极；加快绿色化新型城镇化建设，有效保护鄱阳湖生态环境，打造全国生态文明示范区。

3. 重点内容

从前面诸多国家战略可见，环鄱阳湖城市群的发展将承担与发挥经济发展与环境保护的双重任务与功能。鄱阳湖地区是我国中部重要组成部分，是我国中部崛起战略的核心地区之一，又是长江经济带建设、长江中游城市群建设的重要组成部分，但同时由于鄱阳湖与长江流域是我国重要的生态屏障，对控制国土有序利用与生态文明建设又极为关键，保护该地区生态是城市群建设过程中无法回避的重中之重。

三、江西省各级政府相关规划与政策引导

在国家不断出台相关规划与政策推动环鄱阳湖城市群起步孕育的背景下，江西省各级政府也陆续出台各项相关措施与政策以落实国家战略与规划政策，在江西各界共同推动与努力下，环鄱阳湖城市群逐渐发展并走向成熟。

（一）萌芽与“十一五”

江西省政府首先将环鄱阳湖城市群建设从构想提升为全省战略，并通过多年的努力推动，使得城市群逐步趋于形成。

环鄱阳湖城市群建设的设想出现在江西省政府层面萌芽于“十一五”规划期间，2006 年 12 月，江西省政府于江西省第十二届党代会中首次提出“建设环鄱阳湖城市群”这一命题，要求“倾全省之力”致力于该城市群的成型，并于同月出台环鄱阳湖地区（城市群/经济圈）最早的规划文件——《环鄱阳湖经济圈规划（2006—2010）》（或称《环鄱阳湖地区经济发展规划》），其规划范围涉及南昌、九江、上饶、鹰潭、抚州和景德镇 6 个设区市，具体包括南昌市 9 县（区）、九江市 12 县（市、区）、上饶市 12 县（市、区）、景德镇市 4 县（市、区）、鹰潭市 3 县（市、区）、抚州 2 县区共 42 个县（市、区）。

从 2007 年开始，江西省领导在多个场合表示要加快环鄱阳湖城市群的一体化进程，2007 年 6 月，环鄱阳湖六市（南昌、九江、鹰潭、景德镇、上饶、抚州）“一把手”聚首南昌，商讨六市之间的旅游、信息、交通、产业等领域的一体化问题。江西原省委书记孟建柱就曾强调，“无论从区位优势，还是从经济基础来说，打造环鄱阳湖城市群正当其时”。

2008 年 2 月，时任江西省省长吴新雄主持召开专题会议研究建立鄱阳湖生态经济区有关问题。2008 年 3 月十一届全国人大一次会议，江西代表团在北京人民大会堂新闻发布厅首次向世界表明了江西“关于建立环鄱阳湖生态经济区构想”。随后，经过一年多的上报审批、调研与修改，环鄱阳湖生态经济区于 2009 年上

升为国家战略。

（二）南昌大都市区

南昌大都市区是环鄱阳湖城市群的核心，建设“大南昌”事关城市群根本，是建设好城市群的头等大事。

2011 年 10 月，江西省第十三次党代会提出“鼓励支持省会南昌成为带动全省发展的核心增长极”，以南昌为核心构建一小时交通圈范围的南昌大都市区，环鄱阳湖城市群核心区南昌大都市区建设正式出现在省发展日程上。

2012 年江西省政府于《政府工作报告》中提出构筑“龙头昂起、两翼齐飞、苏区振兴、绿色崛起”的国土开发总体战略格局。所谓“龙头昂起”，就是以鄱阳湖生态经济区建设为龙头，加快打造南昌核心增长极、推进九江沿江开放开发、建设昌九工业走廊，带动全省科学发展、绿色崛起。江西省委、省政府表示江西的发展关键靠以南昌、九江为龙头的环鄱阳湖城市群经济圈，江西经济社会发展的强大动力要靠“龙头”。

2012 年 6 月，江西省政府正式出台《关于进一步推进城镇化发展的实施意见》，提出到“十二五”末期，全省城镇化率达 53% 以上，并按照“龙头昂起、两翼齐飞、苏区振兴、绿色崛起”的区域发展格局，以鄱阳湖生态经济区为依托，以沿沪昆线和京九线为主线，着力培育和发展以南昌为核心的南昌大都市区。

（三）昌抚一体化

实施昌抚一体化既是推动南昌大都市区建设的重要举措，也是推动环鄱阳湖地区扩容发展，对外延伸，扩大区域影响力的重要一步。

2012 年 6 月，江西省抚州市人民政府启动编制《实施昌抚经济一体化战略规划纲要》，推动实现昌抚经济一体化。昌抚一体化是实施“大南昌都市圈”构想的实质性一步，对于进一步提升南昌、抚州的城市竞争力，加速两地通信、金融等方面同城化，完善江西省区域发展格局具有十分重大的意义。

2012 年 7 月、2013 年 6 月，南昌先后与九江、抚州签订战略合作协议。南昌、九江、抚州、宜春还就打造南昌一小时经济圈、昌九一体化、昌抚一体化的“一圈两化”达成了《前湖共识》。

2013 年 6 月，南昌与抚州两市签订了《关于加快推进昌抚一体化战略合作框架协议》。实现昌抚一体化，有助于提升南昌、抚州城市竞争力，建设环鄱阳湖城市群核心区。

2014 年 9 月，江西省政府正式出台了《关于支持抚州深化区域合作加快发展的若干意见》，明确提出抚州要加快融入南昌都市区，促进昌抚联动发展：“建设昌抚合作示范区。依托福银（昌抚）高速、316 国道，以临川区云山镇为中心，建设昌抚合作示范区，打造与南昌合作的战略支点。合理划定功能分区，重点建设创业孵化园、汽车及零部件产业园、文化创意产业基地、休闲度假基地、现代农业区、城镇集聚区等板块，主动接受南昌经济辐射，强化与抚州市中心城区的联系，促进新型工业化、信息化、城镇化和农业现代化协调发展，努力建设跨行政区域合作的典范。”

2015 年 9 月，昌抚一体化对接交流会在抚州市举行，会上南昌、抚州两地签下《关于进一步推进昌抚联动发展合作协议》，并在宣传、文化交流、合作示范区、医疗卫生、旅游、农业、教育、公交客运等八大方面签下子协议。这标志着，南昌和抚州的深度合作正式拉开帷幕。“1 + 8” 合作协议的签署标志着昌抚一体化进入了深度合作阶段。其主要内容有：昌抚联动发展，在城际交通等基础设施、户籍管理、金融、电信通信资费、医疗社保、对外招商平台等方面加快同城化进程；合作示范区，加强基础设施建设合作和产业发展合作；教育合作，推动“昌抚十校”合作；旅游合作，打造无障碍旅游区；文化合作，加强文化戏剧艺术交流，举办各类会展，共同拓展演艺市场；宣传合作，媒体统一开设“昌抚一体化”专栏；城际公交合作，共同出资成立昌抚公交公司；卫生合作，开通两地医院转诊绿色通道；农业合作，实施农产品无障碍流通。

2017 年 7 月，江西省发展改革委印发《昌抚合作示范区（南昌）总体规划（2016—2025）》，昌抚合作示范区（南昌）规划范围为南昌市进贤县域，规划面积约 1971 平方公里，以打造昌抚合作重要增长极、生态文明创新试验区、昌东南特色城镇群为目标，有利于打造南昌大都市区、促进昌抚一体化发展。

（四）江西省新型城镇化规划

江西省新型城镇化建设为鄱阳湖生态经济区（环鄱阳湖城市群）建设提供了更高的出发点，目的在于建设更加符合江西省需要的，更具有科学规划的城市群，为后续的城市群建设提供了更为严谨的政策依据。

2014 年 6 月，江西省发展和改革委员会印发《江西省新型城镇化规划（2014—2020 年）》，指出江西省城镇化建设初步形成了“一群两带三区”的城镇布局主骨架，即鄱阳湖生态城市群，沪昆沿线城镇发展带、京九沿线城镇发展带，以及南昌都市区、九江都市区、赣州都市区。同时指出未来将按照区域主体功能定位，以鄱阳湖生态经济区为依托，以沿沪昆线和京九线为主轴，优化城镇化空间布局和规模结构，构筑“一群两带三区四组团”（即鄱阳湖生态城市群、沪昆沿线城镇发展带、京九沿线城镇发展带、南昌都市区、九江都市区、赣州都市区、景德镇城镇组团、抚州城镇组团、瑞金城镇组团、三南城镇组团）为主骨架的省域城镇体系，促进大中小城市和小城镇协调发展，提出南昌、九江、景德镇、鹰潭、抚州、新余、宜春、萍乡等城市的建设目标。

其中关于环鄱阳湖城市群建设，“一群”明确提出：以鄱阳湖和赣、抚、信、饶、修五条水系廊道组成的自然生态网络为本底，以网络化、开放式交通体系为骨架，以昌九一体化为重点，以景德镇、鹰潭、新余和抚州等区域性中心城市为支撑，以滨湖田园风光城镇为补充，强化中心城市集聚和辐射功能，统筹协调区内的资源配置、城市功能和规模、产业结构和布局，统筹规划城市群内各城市的基础设施和公共服务设施，提高基础设施网络化、公共服务均等化水平，强化城市间联系与协作，努力将鄱阳湖生态城市群建设成为中国大湖流域生态人居环境建设的示范区、全国低碳经济创新发展的示范区和全省开放崛起的引领示范区。

（五）信江河谷城镇群

信江河谷城镇群是环鄱阳湖城市群的重要子城镇群，对于完善城市群空间结构、功能承载等有着重要意义。

《长江中游城市群发展规划》明确提出“推进鄱阳湖生态经济区建设，加强与信江河谷城镇群的联系”。在该规划中，信江河谷城镇群则成为环鄱阳湖城市群的重要组成部分。2013 年 9 月，作为环鄱阳湖区域重要城市的上饶市完成《上饶市“1 +5”信江河谷城镇群规划》的编制，指出以枢纽引领、跨越提升，融合策动、绿色崛起的核心理念建设具有示范意义的森林城镇簇群、四省通衢通江达海的战略枢纽门户、具备竞争力与辐射力的区域营运中心、国际知名的旅游休闲胜地。将通过快速通道将信州区、上饶县、广丰县、玉山县、铅山县、横峰县和弋阳县有机相连，实现同城化，同时以不同定位和产业分工让六个城市良性互动，实现组团发展。

（六）昌九一体化

作为江西省最大的两个城市，南昌与九江联动发展意义重大，有着“1 +1 > 2”的效果，其重要性对于提高城市群核心竞争力不言而喻，这在环鄱阳湖地区整体经济实力不强的背景下更是如此，只有昌九联动发展，城市群才能在激烈的竞争中获得更多发展机会。

南昌大学经济管理学院教授傅春曾指出：“环鄱阳湖城市群的原型，其实来自昌（南昌）九（九江）一体化”。早在 20 世纪 90 年代初，江西省最大、最发达的两座城市南昌和九江就提出了建设“昌九工业走廊”，但由于县市支点没有发展起来，昌九之间缺少一个中心城市，随后便停滞不前。直到 2008 年，江西省提出“昌九一体化”的概念，两大城市的全面融合重新启动。昌九一体化的尝试为环鄱阳湖城市群建设打下了一定基础，对环鄱阳湖城市群建设的意义重大。

面对周边武汉城市圈、长株潭城市群、皖江城市带的强劲发展态势，江西只有昌九联动、一体发展，形成区域集合效应，才能在激烈的长江中游城市群竞争中赢得应有地位，实现更大作为，鄱阳湖生态经济区38个县（市、区），南昌、九江占20个，环湖且发展基础较好，推进昌九一体化，有利于加快两市资源整合、要素互补，赋予鄱阳湖生态经济区建设经济发展方面的更大平台，发挥国家战略的最大效应。

2013年7月，在江西省委十三届七次全体（扩大）会议上，时任江西省委书记强卫明确提出实现“龙头昂起”，重中之重是集中力量加快推进昌九一体化。

2014年9月，江西省发展改革委印发《昌九一体化发展规划（2013—2020年）》，提出将地缘相接的全省行政中心城市，集政治、经济、文化于一体的南昌与另一个重要的门户城市九江相联系，提出“做强南昌、做大九江、昌九一体、龙头昂起”的要求。

（七）参与长江经济带建设

江西省向来重视参与长江经济带建设，并以环湖地区为依托深度融入长江经济带，这很大程度上推动了环湖地区经济社会的发展与一体化进程。

2015年4月，江西省政府下发《江西省人民政府关于贯彻〈国务院关于依托黄金水道推动长江经济带发展的指导意见〉的实施意见》，提出充分发挥长江黄金水道、京九和沪昆通道功能，以昌九一体化为核心，以沿线城镇为依托，加强环鄱阳湖城市群与武汉城市圈、长株潭城市群协作融合，共同推进长江中游城市群建设，拓展与长三角及周边城市群的互动发展，提升城镇化发展质量和水平。

（八）推进生态文明建设

鄱阳湖是我国最大的淡水湖，有着极为重要的生态价值，建设城市群不能忽视生态文明建设。

2015年4月，江西省发布《中共江西省委　江西省人民政府关于建设生态文明先行示范区的实施意见》落实国家生态文明建设要求，提出围绕国土空间开发体系、环境友好的绿色产业体系、节约集约的资源能源利用体系、安全可靠的生态环保体系、崇尚自然的生态文化体系、科学长效的生态文明制度体系等方面加强体制机制创新，促进城乡空间的可持续发展。

（九）江西省城镇体系规划

2013年4月，江西省住建厅编制的《江西省城镇体系规划（2012—2030年）》向社会公告，征求意见。2015年11月，经国务院同意，住房和城乡建设部复函江西省政府，正式批复《江西省城镇体系规划（2015—2030年）》，提出：

落实新时期江西省“发展升级、小康提速、绿色崛起、实干兴赣”的发展战略，利用江西省近邻长珠闽和长江中上游地区的开放区位，发挥江西省生态环境优良和文化资源丰富的突出优势，推动鄱阳湖生态经济区的绿色崛起，加快赣南等原中央苏区和其他革命老区的振兴发展，促进沪昆（浙赣）、京九等交通走廊地区的统筹协调发展，到规划期末建立起以鄱阳湖生态城市群为龙头，以都市区和其他城镇群为城镇化主要载体，一批综合承载力强的县（市）域中心城市和重点镇为支撑，村镇联动一体的城镇化发展新格局；建成生态宜居指标全国领先，城乡安居乐业、山水特色突出和文化繁荣的城乡发展新格局，将江西省建设成为“富裕、和谐、秀美”的新江西。

（十）新宜萍城镇群（赣西三市区域合作）

赣西三市是环鄱阳湖城市群的“左翼”，具备一定的经济产业基础，同时受历史条件影响，区际联系紧密。推动新宜萍城镇群发展，是促进环鄱阳湖城市群健康发展的重要组成。

赣西新余、宜春、萍乡三市，历史同源，文化同根，山水相连，唇齿相依，是江西“龙头昂起、两翼齐飞、苏区振兴、绿色崛起”区域发展战略格局的重要组成部分。赣西三市作为江西“西翼”，与赣东北互为犄角，嵌入鄱阳湖生态经济区，列入中央苏区振兴发展规划，毗邻长株潭城市群和昌九城市圈，衔接“中三角”城市群，策应长江经济带，对接长珠闽腹地发展。推进赣西经济转型升级、新宜萍协同发展，对促进全省发展升级、小康提速、绿色崛起、实干兴赣，打造江西经济新的增长板块具有重要意义。

2013 年 12 月，江西省出台了《关于支持赣西经济转型加快发展的意见》，明确了赣西“产业转型升级示范区、新型城镇化先行区、‘两型’社会综合改革试验区”的发展定位。江西省政府先后在新余、宜春、萍乡召开了支持赣西经济转型加快发展工作推进会，希望把赣西打造成江西经济的重要增长板块。

2014 年 3 月，新余、宜春、萍乡三市签署赣西区域合作框架协议，发表《赣西区域合作宣言》，首批共推 9 个合作项目，赣西区域合作经济转型正式启程。

2016 年 9 月，江西省人民政府印发《赣西经济转型“十三五”发展规划》，指出赣西经济转型发展战略定位为建设“产业转型发展样板区、新型城镇化建设先行区、生态文明建设精品区、内陆开放合作示范区”。

2016 年 12 月，由江西省住建厅组织、省城乡规划设计研究院编制，新余、宜春、萍乡三市参加编制的《新宜萍城镇群战略规划（2015—2030）》正式印发。新宜萍城镇群的打造将强化赣西地区与南昌大都市区、长株潭城市群合作对接，满足构建长江中游城市群整体区域格局的现实需要。

第二节 城市群的形成与发展

自江西提出建设环鄱阳湖城市群建设以来，经过多年来国家各部门、江西省各级政府与全社会共同努力建设下，环鄱阳湖城市群从无到有、从不受认可到逐步走向成熟，环鄱阳湖城市群发展正式走向成熟以其本位规划的正式公示为重要标志。

一、相关规划的出台

《环鄱阳湖生态城市群规划（2015—2030）》是环鄱阳湖城市群本位规划，其正式公示意味着城市群建设正式步入正轨，具有深远的指导与建设意义，鉴于第一章，即绪论部分已介绍了该规划的规划范围及规划定位等内容，本节不再赘述。

（一）规划意义

经过长期的在国家发展战略与江西地方发展战略的支持下，环鄱阳湖生态城市群建设不断推进，在国家与江西省的共同支持下，城市群相关规划进入了最后的编制与公示阶段。2015 年 12 月，中国城市规划设计研究院、江西省城乡规划设计研究院共同完成了《环鄱阳湖生态城市群规划（2015—2030）》（下称《规划》）的编纂工作，《规划》于 2016 年 8 月进行了公示。

环鄱阳湖城市群的形成是国家宏观政策引导下的江西长期发展和面向未来发展的产物，是在适应国家发展战略和江西省加快发展的愿望的背景下提出的，是在诸多前期国家级政策与规划引导和江西省地方发展战略规划的铺垫下形成的，特别是江西省与各地级市的前期规划与长期良好的社会经济发展为环鄱阳湖城市群的孕育与环鄱阳湖生态城市群的出台奠定了良好的发展基础，也是环鄱阳湖诸多县市区域经济社会发展与联系不断加强，区域经济一体化建设取得初步成果的结果。

具体来说，《规划》是国务院批复的《长江中游城市群发展规划》的江西省实施规划，是江西落实国家“一带一路”倡议、长江经济带战略，促进昌九一体化发展的重要载体，是实施《江西省城镇体系规划（2014—2030）》的重要区域性规划。

（二）规划分区

《规划》指出构筑“多元活力、聚集高效、生态宜居”的六大功能区。作为全国唯一以“生态”命名的城市群，《规划》紧紧围绕生态，对于城市群的产业发布、城镇布局以及赣江新区进行了详细阐述，在纳入已有（或正在出台）相关规划的南昌大都市区、九江都市区、信江河谷城镇群、新宜萍城镇群的基础上，更首次提出建设景德镇国际风景游憩地（景德镇国际陶瓷文化与生态景观游憩地）和幕阜山—九岭山风景游憩地，具体包括：

1. 南昌大都市区

以南昌为核心覆盖周边80公里左右的县市，并联动新干、峡江、崇仁等县，加快推动区域交通一体化，促进产业园区沿交通走廊合理聚集，共同构筑长江中游城市群的增长极，共建区域性综合交通枢纽。

2. 九江都市区

立足九江沿江港口与临港产业区分工协作，引导昌九走廊城镇聚点开发，建成长江中游重要的区域性中心城市和综合交通枢纽，现代化工贸港口城市，国际著名的旅游目的地。

3. 信江河谷城镇群

立足沪昆走廊与长三角无缝对接，加强与福建省的产业协作，建设江西省东部重要门户，重要的产业转移承接基地，形成具有一定国际影响力的山水人文风光旅游区。

4. 新宜萍城镇群

立足沪昆走廊加强与长株潭城市群的紧密合作，建设先进装备制造业走廊，工贸一体、创业宜居示范区，具有全国示范的森林环绕的城镇群地区。

5. 景德镇国际风景游憩地

深入挖掘景德镇的历史文化，加强周边山体林地保护，借力景德镇申请世界文化遗产，与周边50~100公里范围风景旅游区加强联动与协同，建成世界知名的陶瓷文化名城和艺术博览之都，国际知名的美丽乡村旅游区，电商产业聚集区。以景德镇为核心，联合婺源县共同构成撬动区域文化旅游发展的战略支点，建设面向国际的旅游集散中心。

6. 幕阜山—九岭山风景游憩地

发挥区域独特的生态资源优势，建成长江中游城市群的“绿肺”和休闲后花园，特色农林产品加工基地。《规划》以省级工业园区为主，重点发展绿色、低碳、环保产业。

二、《规划》相关配套规划

《规划》指出环鄱阳湖城市群由六大功能区组成，南昌大都市区、九江都市区、信江河谷城镇群、新宜萍城镇群、景德镇国际风景游憩地、幕阜山—九岭山风景游憩地，除信江河谷城镇群相关规划已经出台，景德镇国际风景游憩地与幕阜山—九岭山风景游憩地尚未进入编制程序外，其他分区规划均于《规划》公示同期及不久后编制完成或进入公示阶段。

（一）南昌大都市区规划

上面已经提到，南昌大都市区是环鄱阳湖城市群的发展核心，江西省明确指出城市群发展首先应推动该区域发展壮大。2014 年，江西省住房与城乡建设厅和南昌市城乡规划局委托上海同济城市规划设计研究院与南昌市城市规划设计研究总院联合编制《南昌大都市区规划（2015—2030）》，2015 年 11 月编制完成。2016 年 8 月，《南昌大都市区规划（2015—2030）》与《规划》同期对外公示。规划建设江西省核心增长极、长江中游区域中心、中部地区开放发展新高地和具有国际知名度的生态人文都市，总体发展目标为打造核心增长极、率先全面建成小康社会、形成具有全国影响力的特色城镇群，把南昌建设成为全国重要的综合交通枢纽、先进制造业基地、商贸物流中心、开放节点城市和现代宜居都市，打造“实力南昌、创新南昌、开放南昌、智慧南昌、美丽南昌和文明南昌”。

《南昌大都市区规划（2015—2030）》落实国务院批复《长江中游城市群发展规划》中“强化南昌中心城市地位”的重要综合性空间规划，是江西落实国家“一带一路”建设、长江经济带战略的重要载体；是落实完善《江西省城镇体系规划（2012—2030）》建设“南昌都市区”的跨区域空间协调规划；是贯彻落实中共江西省委省政府打造“南昌核心增长极”的重大战略抓手；是指导南昌都市区发展建设的全局性、综合性、战略性、协调性的规划；按照“发展升级、小康提速、绿色崛起、实干兴赣”十六字方针，科学谋划南昌大都市区发展，全面加快南昌核心增长极建设，积极融入国家“一带一路”建设和长江中游城市群建设体系。

（二）新宜萍城镇群战略规划

2016 年 12 月，为加快赣西地区城镇密集带建设，由江西省住建厅组织、江西省城乡规划设计研究院编制，新余、宜春、萍乡三市参加编制的《新宜萍城镇群战略规划（2015—2030）》正式印发。

《新宜萍城镇群战略规划（2015—2030）》的出台目的在于加快赣西地区城镇密集带建设，提高区域整体竞争力以及协调和促进三市城市发展。以转变发展方式、加强区域协调、重塑空间体系、构建网络型空间为指导思想，扬长补短，着力将赣西三市打造成为环鄱阳湖生态城市群与长株潭城市群之间的新兴城镇成长地带。在主动参与长江中游城市群与江西省“一群两带三区”的区域分工，在突出新宜萍核心地区一体化协调发展的同时，促进新宜萍城镇群有序发展和资源整合，建立生态型城镇群。有助于改变赣西地区被三市行政区划所割裂局面，搭建新宜萍三市协同发展平台，为实现城际合作、区域共赢提供了总体蓝图，并为各类建设项目提供了空间依据。

（三）九江都市区总体规划

2017 年 6 月，作为环鄱阳湖城市群重要组成部分的九江都市区相关规划，由九江市规划局委托中国城市规划设计研究院编制的《九江都市区总体规划(2016—2030)》进入批前公示阶段，力争将九江建设成为江西省绿色崛起的双核之一、长江经济带重要中心城市、世界知名的山水文化名城和旅游度假胜地，这是九江深入推进沿江开放开发和昌九一体化的重要规划依据，标志着环鄱阳湖城市群建设正迈出关键的又一大步。

第三节　城市群的对接与融入

环鄱阳湖城市群的建设与发展只有与国家发展目标乃至国际发展背景相契合才能具有长久的发展生命力、获得蓬勃的发展推动力、形成强劲的发展竞争力，因此环鄱阳湖城市群发展理应与长江经济带、长江中游城市群等国家战略和国际合作相对接，而在融入相关战略的过程中，诸多国家与地方规划与政策起到了至关重要的作用。

2015 年 4 月，江西省委党校江西经济战略研究所所长黄世贤认为，江西环鄱阳湖城市群的优势就在于“承东启西”，在融合“长江经济带”等战略规划时，这样的承接作用方显关键。环鄱阳湖城市群在经济总量、产业等方面与中部其他地区相比不占优势，在国家战略与省政府支撑的基础上，于长江经济带、长江中游城市群、“一带一路”建设等重大发展机遇中为取得长足发展，必须明确定位，发挥特色，主动融入国家经济社会发展大局。

从国家政策来看，包括“长江中游城市群规划”在内，江西拥有 4 个国家战略（其他分别为鄱阳湖生态经济区、全国生态文明示范区、振兴原中央苏区规划）。尽管江西并未进入我国“一带一路”建设的 18 个省份中，但南昌作为我国内陆开放型经济高地之一被写入了“一带一路”规划愿景中。

在环鄱阳湖城市群融入国家战略与国际合作过程中，昌九一体化发挥了重要作用，国家以其为基础设立赣江新区在成为长江经济带发展重要支点的同时，也将加快环鄱阳湖地区对接与融入“一带一路”发展。

一、环鄱阳湖城市群对接融入长江中游城市群

国家发展改革委2015年4月发布了《长江中游城市群发展规划》，明确指出了“长江中游城市群是以武汉城市圈、环长株潭城市群、环鄱阳湖城市群为主体形成的特大型城市群”，而环鄱阳湖城市群在人口数量、GDP总量、产业结构等方面均处于落后位置，中心城市南昌、九江与武汉、长株潭相比也差距极大，因此在较长时间内南昌无法成为长江中游地区的主导性增长极，但可以发挥其地理优势，承东启西。

（一）打造核心增长极

核心增长极是城市群的核心竞争力，只有做大南昌，做好昌九、昌抚，环鄱阳湖城市群才能在长江中游城市群发展中获得更多机会。

2015年12月，江西师范大学区域发展与规划研究中心提出核心增长极的缺失是造成江西省在长江中游地区被边缘化的重要原因之一，为环鄱阳湖城市群融入长江中游城市群，必须改变南昌市经济规模较小形成的“小马拉大车”局面。同时进一步提出了持续推进昌九一体化和昌抚一体化战略，做大城市经济总体规模，把南昌都市圈打造成为引领全省发展的排头兵和领头雁的战略设想。

（二）湘鄂赣三省合作框架

湘鄂赣作为我国中部相邻的三个省份，有着合作发展的需求与动力，湖北与湖南在城市群建设上处于领先，江西省参与推动三省合作能够在构建长江中游城市群中为环鄱阳湖城市群建设获得更大的战略机遇。

2012年1月，湖北、湖南、江西三省政府共同签订了《加快构建长江中游城市集群战略合作框架协议》，指出位于长江中游的武汉城市圈、长株潭城市群、环鄱阳湖生态经济区正在逐步成为国家促进中部崛起战略和湘鄂赣三省区域经济发展的重要支撑和核心引擎。在经济全球化和区域经济一体化的背景下，特别是在我国区域经济竞相发展和城市集群带动作用日益显著的客观趋势下，有必要统筹谋划长江中游地区城市群的发展，共同加快构建我国内陆地区开放开发的新高地、重大生产力布局的新平台、扩大内需的新市场和促进全国区域经济协调发展的新纽带。以武汉、长沙、南昌为核心，组合沿长江、环洞庭湖、环鄱阳湖的若干城市，通过整体规划和集成，形成跨省域的经济一体化城市集群，将是未来很长一个时期中国经济新的重要增长极。

（三）咸（宁）岳（阳）九（江）“小三角”

咸岳九“小三角”是湘鄂赣三省区际合作的重要组成，更是武汉城市圈、长株潭城市群、环鄱阳湖城市群合作发展的重要桥梁与纽带。

2012 年 4 月，岳阳市、九江市、咸宁市三市市长在岳阳签署了《湖南省岳阳市、江西省九江市、湖北省咸宁市区域合作框架协议》，三市旅游局局长签署了《湖南省岳阳市、江西省九江市、湖北省咸宁市区域旅游合作协议》。同年 5 月，岳阳市、九江市与咸宁市三市交通运输局签署《湖南省岳阳市、江西省九江市、湖北省咸宁市交通运输发展框架协议》。同年 7 月，岳阳市、九江市与咸宁市三市商务局签署《关于共同促进区域商务事业发展加快“小三角”城市区域市场一体化进程战略合作协议书》。咸岳九“小三角”是湖南、江西、湖北三省促进“中三角”融合进程中的先行区和示范区，对于促进相关地区融入长江中游城市发展具有重要示范与借鉴意义。

（四）《武汉共识》

通过长江中游城市群核心省会城市的合作，能够有效推动城市群发展进程中的相互沟通，《武汉共识》区域战略协作、在推动产业分工等方面做出了重要贡献，有效扩大了环鄱阳湖城市群发展的“生态位”。

2013 年 2 月，在武汉召开的“长江中游城市群四省会城市首届会商会”上，长沙、合肥、南昌、武汉四省会城市签下《长江中游城市群暨长沙、合肥、南昌、武汉战略合作框架协议》（即《武汉共识》），《武汉共识》提出将联手打造以长江中游城市群为依托的中国经济增长“第四极”。按照《武汉共识》，四省会城市将在九个层面深入开展协作，包括共同谋划区域发展战略；推动自主创新、转型发展合作；推进工业分工合作；共同推进内需发展和区域开放市场体系建设；共同推进交通基础设施建设；推进生态文明建设；共同建设文化旅游强区；共建公共服务共享区，以及共建共享社会保险平台。

（五）《长沙宣言》

《长沙宣言》在《武汉共识》的基础上，进一步突出了四市在产业、交通、城镇化等方面的沟通，为环鄱阳湖城市群扩大对外联系发展，实现更好更快发展奠定了基础，为城市群发展营造了更好的周边环境。

2014 年 2 月，长沙、合肥、南昌、武汉四城市发表《长沙宣言》，四省合作从共识走向行动，抱团发展。《长沙宣言》提出整合四省会城市两型社会建设试验区、承接产业转移示范区、生态经济区等发展战略；争取城际快速通道、跨长江通道、高速公路、重要客运枢纽设施等重大基础设施布点；争取重大示范试点政策，努力将四省会城市及其重点县市纳入国家新型城镇化试点范围；合作争取重大产业专项布局：依托高端装备制造、电信信息、生物、新材料、新能源等新兴产业优势，争取项目倾斜布局；合作争取重大环保项目布局。

此外，《长沙宣言》还提出加快推进区域营商环境、要素市场、创新网络的建设，并以《武汉共识》为指导，大力推动宣传、工业等 11 个专项领域合作纵深发展，谋划制定区域合作三年行动计划。

（六）萍乡对外合作

萍乡是江西省对外开放发展的“尖兵”，对于实现湘赣合作，推动长株潭城市群与环鄱阳湖城市群联动发展意义重大。

2014 年 5 月，江西萍乡与湖南省株洲市签订《湘赣开放合作试验区战略合作框架协议》后，2015 年 7 月 17 日，又在湖南长沙与长沙市签订《赣湘开放合作试验区战略合作框架协议》，以实现新宜萍城镇群与长株潭城市群全面对接与合作。

（七）南昌大都市区

南昌大都市区建设不仅仅是增强环鄱阳湖核心竞争力的显示需求，更是增强城市群对外开放、合作、辐射能力的重要举措。

2016 年 8 月，《南昌大都市区规划（2015—2030）》提出推动长江中游城市群协调发展，推动赣鄂湘三省建立健全长江中游城市群发展协调机制，着力提升南昌大都市区与武汉城市圈、长沙都市区基础设施互联、产业发展协调、生态文明共建以及公共服务共享水平，提升长江中游城市群一体化发展水平。

加强南昌与武汉、长沙互动合作，推进交通互联互通、产业协作配套、市场一体化建设，加快建设南昌—武汉—长沙“中三角”核心城市群，进一步增强核心城市辐射带动作用，引领沿江（沪汉蓉）、京九、沪昆和向莆走廊联动发展。

（八）城际铁路网对接

交通是地区发展的重要基石，城际铁路网建设对于环鄱阳湖城市群意义重大，有助于增强与长江中游城市群其他地区的双向沟通。

2016 年 12 月，江西省城际铁路网规划范围确定为鄱阳湖生态城市群、沿沪昆和京九两条城市发展带上的城市、南昌都市区、九江都市区和赣州都市区的城市，包括南昌、赣州、九江、吉安、宜春、新余、鹰潭、抚州、萍乡 9 个城市。

二、环鄱阳湖城市群对接融入长江经济带

建设长江经济带，是国家由“沿海发展”向“沿海与沿江比翼发展”的重

大战略转变，更是打造中国经济转型升级“新增长极”的重要举措，其战略意义重大而深远。主动融入长江经济带，是发挥江西（环鄱阳湖城市群）“承东启西、连接南北”独特的区位优势，拓展发展空间，纵深推进昌九一体化，推动江西实现发展升级、小康提速、绿色崛起的重要机遇。

江西作为长江流域省份之一，相对长江中部沿江的其他省市（湖北、湖南、江西、安徽）来说，江西在沿长江区域范围的拓展上受到一定限制，仅有九江市152千米的沿江岸线。但作为一个地理单元，江西省（环鄱阳湖城市群）全境都在长江流域和长江经济带当中。

融入长江经济带建设是环鄱阳湖城市群建设的重要内容之一，能够借此融入长江中游城市群发展，并获得长三角地区的发展辐射，推动地区的产业升级等，通过依托九江、南昌的港口航运物流的巨大优势，推动以昌九为核心融入长江经济带发展，环鄱阳湖城市群将获得更好的发展前景。

《规划》提出城市群建设将“立足区域的生态资源与宜居环境优势，对接国家长江经济带‘生态优先、绿色发展’的重大战略部署，推动绿色循环低碳发展，形成节约能源资源和保护生态环境的产业结构、增长方式、消费模式。着力完善绿色产业体系，在战略性新兴产业、现代服务业、文化创意产业发展和传统产业绿色升级等方面做足文章。”

（一）指导意见

近年来，江西省委省政府对环鄱阳湖城市群乃至江西整体融入长江经济带非常重视，2015年4月，江西省政府下发《江西省人民政府关于贯彻〈国务院关于依托黄金水道推动长江经济带发展的指导意见〉的实施意见》，提出充分发挥长江黄金水道、京九和沪昆通道功能，以昌九一体化为核心，以沿线城镇为依托，加强环鄱阳湖城市群与武汉城市圈、长株潭城市群协作融合，共同推进长江中游城市群建设，拓展与长三角及周边城市群的互动发展，提升城镇化发展质量和水平。

（二）九江对外开放

九江市作为长江中游的关键节点和重要支点，是环鄱阳湖城市群融入长江经济带建设的主阵地、主平台和主抓手。九江通过充分发挥沿江临港的独特优势，大力推进新型工业化，主动融入长江经济带建设，着力打造长江经济带重要节点城市和省域门户城市。

九江沿江开放战略分别于2009年与2012年出台《九江市沿江开发总体规划》《九江沿江四大板块产业园区规划》，推动建设九江、黄冈、安庆三市赣鄂皖沿江经济协作区，深入对接长江经济带与长三角，促进地区发展。

2012年12月，江西九江与湖北黄冈跨江合作开发迈出实质性一步。两市市长在黄冈签订框架协议，就携手“一江两岸”建设达成共识，“一江两岸”经济协作区是相关地区融入长江经济带的跨区协作新模式。

（三）昌九一体化

《昌九一体化发展规划（2013—2020）》明确提出昌九一体化发展战略定位之一为建设长江经济带开放开发重要支点，实施昌九一体化将为环鄱阳湖城市群融入长江经济带提供重要窗口。

建设昌九一体化，目标是通过发挥昌九连接长江上下游的区位优势，全面融入长江经济带建设，提升基础设施互联互通水平，主动参与国内国际分工，打造开放型经济新优势，建设长江经济带开放合作重大平台。深化与武汉城市圈、长株潭城市群的融合互动，坚持走以人为本、四化同步、生态文明、文化传承的新型城镇化道路，打造长江中游城市群重要一极。

（四）南昌大都市区

南昌大都市区既是环鄱阳湖城市群的经济中心，也是城市群对外开放的核心。《南昌大都市区规划（2015—2030）》指出南昌大都市区建设要“全面对接长江经济带、融入长江中游城市群，加强与长三角、珠三角和港澳地区、海西经济区所在省市的对接合作，形成承东启西、连南接北、多向合作、错位发展、互利共赢的区域开放新格局。”

同时指出通过沪昆、京九、昌景黄等区域高速铁路网络的建设，构建南昌与武汉、长沙等长江中游城市群核心城市之间的“2小时交通圈”以及南昌与上海、南京、杭州等长三角主要城市之间的“一日通勤圈”，提升南昌在区域城市网络中的地位。加快赣江高等级航道建设，通过昌九组合式交通枢纽统筹推进各类交通设施建设和多式联运，构建现代化立体综合交通运输体系。

（五）融入途径

鉴于环鄱阳湖城市群规划尚且公示不久，政府层面还尚且缺乏系统的、针对城市群整体融入长江经济带建设的政策措施，九江学院王万山教授在谈到江西省融入长江经济带建设时便提出城市群融入等多种途径，同样也可延用于环鄱阳湖城市群，要融入长江经济带主要应通过五大政策措施加以推动，主要包括：

1. 产业融入

着力点有优化发展沿江临港产业集聚带；错位发展，培育特色产业基地；创新发展新兴成长型产业；促进服务业大发展，引领发展生态产业。

2. 城市群融入

着力点是“携手共建长江中游城市群，构建联动发展新型城镇化格局”，力求充分发挥长江黄金水道、京九和沪昆通道功能，以昌九一体化为核心，以沿线城镇为依托，加强与武汉城市圈、长株潭城市群协作融合，共同推进长江中游城市群建设，拓展与长三角及周边城市群的互动发展，提升城镇化发展质量和水平。

3. 物流融入

着力点是加快水运建设构建多式联运体系对接融入长江经济带发展，以“打通战略通道，构建联江通海综合交通格局”，对接国家规划建设中的长江沿江综合运输通道，以高等级航道和快速铁路建设为重点，统筹推进航运、铁路、公路、航空、能源通道及综合枢纽工程建设。

4. 生态融入

着力点是：“加强长江中下游生态屏障建设，构建江湖和谐生态安全格局”。统筹推进长江九江段、鄱阳湖、江河源头和重点生态功能区的生态保护，积极探索大湖流域综合开发治理新模式，构筑长江中下游生态安全屏障，进一步巩固提升江西生态优势，打造生态文明建设江西样板。

5. 开放融入

着力点是：“积极参与沿江跨区域合作，构建全方位多层次开放合作格局”。充分发挥江西承东启西的区位优势，主动对接长三角和沿江开放型经济发展，在更大范围更高层面参与国际国内竞争与合作，着力提升南昌、九江等中心城市国际化水平，建设内陆沿江开放合作高地，打造开放型经济升级版。

三、环鄱阳湖城市群对接融入“一带一路”

“一带一路”建设作为我国三大区域发展战略之一，具备无可估量的发展前景，依托广阔的贸易与区际合作前景，环鄱阳湖城市群融入“一带一路”建设能够发挥地区交通优势，推动地区产业的进一步发展等，是城市发展不可错过的重大机遇。

（一）昌抚一体化的重要作用

江西从 2012 年实施昌抚一体化战略，这是城市群融入“一带一路”的重要途径与窗口。抚州是江西省唯一同时享受鄱阳湖生态经济区国家战略、海峡西区国家发展战略、振兴原中央苏区战略三大国家重大发展战略政策的设区市。抚州属于海西经济区规划区内，是江西连接海西经济区的桥梁和纽带，通过昌抚一体化建设，可实现南昌乃至江西省无缝对接海西经济区，享受国家支持海西经济区建设的政策溢出效应，对接 21 世纪海上丝绸之路的“一带一路”优惠政策。

（二）江西发布《措施与意见》

2015 年 2 月，江西省商务厅出台了《关于积极参与“一带一路”战略的措施和意见》（下称《措施和意见》），旨在深入贯彻落实中央“一带一路”建设和省委、省政府关于主动对接“一带一路”建设的决策部署。该《措施和意见》是我省第一份专题部署参与“一带一路”建设的落实文件。《措施和意见》提出要拓宽陆上、海上、空中、数字四大通道，将江西打造成为“丝绸之路经济带”和“21 世纪海上丝绸之路”的战略连接点和内陆开放型经济战略高地。到 2020 年初步构建全省宽领域、多层次、全方位对外开放新格局，为全省“五年决战同步全面小康”提供强大支撑。

（三）南昌写入“一带一路”《愿景与行动》

2015 年 3 月，备受国内外关注的国家“一带一路”建设顶层设计规划终于亮相。经国务院授权，国家发展改革委、外交部、商务部联合发布了《推动共建丝绸之路经济带和 21 世纪海上丝绸之路的愿景与行动》，正式公布“一路一带”终极版图。在此次出台的设计规划中，江西南昌与成都、武汉、长沙、郑州、合肥等城市一起，被列为“一带一路”重要节点城市。南昌大学公共管理学院院长彭迪云说：“我认为，江西对接参与国家‘一带一路’建设，有着良好的经济基础和比较优势，并在‘一带一路’建设实施进程中处于‘内陆腹地的重要战略支撑点’地位。”

（四）江西印发《实施方案》

2015 年 5 月，江西省人民政府印发《江西省参与丝绸之路经济带和 21 世纪海上丝绸之路建设实施方案》（下称《实施方案》），《实施方案》指出江西参与“一带一路”建设应明确战略走向、突出重点区域、体现江西特色、发挥地方优势、加强示范引导，并围绕通道、产业、经贸、交流、平台五个方面，提出了一系列具体任务措施，目标是将江西建设成为连接“一带一路”的内陆通道、内陆开放合作高地、生态文明国际合作重要平台。江西省以环鄱阳湖城市群为依托实施了一大批项目措施以推进江西省融入“一带一路”建设。

（五）重要节点——赣江新区

以昌九一体化与昌九新区为前身的赣江新区是环鄱阳湖城市群融入“一带一路”的另一重要节点与窗口。2016 年 6 月，国家发展改革委印发《江西赣江新区总体方案》提出的具体的融入策略主要是通过以下三种途径：

1. 积极承接产业转移

抢抓“一带一路”建设和长江经济带发展新机遇，全面对接上海等自由贸易试验区，进一步深化与长江三角洲、珠江三角洲和海峡西岸经济区合作；加强与国内外著名企业的战略合作，重点承接先进制造业、战略性新兴产业和现代服务业，着力提升产业承接层次和水平；创新承接产业转移模式，鼓励东部地区政府、园区或战略投资机构采取直管、托管或一区多园等模式与新区合作共建产业园区，支持发展“飞地经济”，推动产业链整体转移和组团式转移；推进南昌综合保税区建设，支持九江出口加工区在条件成熟时整合优化为综合保税区。

2. 建设内陆地区重要开放高地

依托新区承东启西、连接南北的优越条件，积极融入“一带一路”建设，全面参与长江经济带分工协作，大力发展外向型产业集群，加快对外贸易优化升级，扩大开放领域，推动对内对外开放相互促进、“引进来”和“走出去”更好结合，培育国际经济竞争合作新优势，促进内陆地区更高水平开放。

3. 构建现代物流体系

积极推进昌北国际机场航空物流中心、共青物流园等建设，提升航运码头、港口和铁路货运场集疏运能力，促进多种运输方式有机衔接，建立连接长江黄金水道以及东中部地区的快捷物流网络。加强与东部沿江沿海口岸及西北西南边境口岸合作，开通至上海、宁波、厦门、深圳等铁海联运班列以及连接亚欧铁路、西南泛亚铁路的快运班列，畅通连接“一带一路”的物流大通道。大力发展江海联运及铁水、陆航等多式联运。

（六）赣闽合作与向莆铁路经济带

福建省作为我国“一带一路”建设的核心区，21 世纪海上丝绸之路的起点，在“一带一路”建设发展中具有重要地位。推动以城市群为核心的赣闽合作意义重大，有助于环鄱阳湖城市群融入“一带一路”建设，也能进一步推进向泛珠合作、海西经济区的融入，推动市场、产业、交通等方面的开放合作。

江西和福建山水相连、文脉相通、人缘相亲、商缘相通，发展各具优势和特色，互补性强，合作潜力大。当前，赣闽合作深入推进，各层级沟通机制已经建立起来。赣闽产业合作示范区落户抚州，在港口合作、交通合作、商务合作等方面推进速度较快。

交通合作是赣闽合作的重要组成部分。2016 年 9 月，由江西经济发展研究院钟业喜教授主持的江西向莆铁路经济带战略相关规划《江西向莆铁路经济带“十三五”发展规划》正式印发，向莆经济带战略是江西省做出的对接“一带一路”建设和长江经济带国家战略，探索跨省合作、推进区域一体化、实现苏区振兴发展的重要举措。向莆铁路经济带建设将成为环鄱阳湖城市群经济发展重要支撑台，成为连接我国福建、台湾的便捷通道，成为闽台产业转移的集聚带，对城市群发展将起到重要作用。

（七）以融入泛珠三角为跳板

泛珠三角“9+2”模式的提出，与江西省制定的对接“长珠闽”发展战略不谋而合。江西与环鄱阳湖城市群通过制度安排、资源整合、产业对接以及构建合理的城市体系，主动融入泛珠三角，成为区域经济合作组织中的一员，推动区域经济一体化进程，江西在中部地区崛起指日可待。

江西更能够通过参与泛珠三角合作深入对接“一带一路”建设。2016年9月，江西省政府印发《江西省深化泛珠三角区域合作实施方案》，提出通过推动产业协同发展、促进统一市场建设、加快基础设施互联互通、推进创新驱动发展、加强社会事业领域合作、培育对外开放新优势、推进生态文明建设、深化与港澳合作等措施积极融入泛珠三角区域发展，完善与广东、福建等“一带一路”核心省份的对外通道和平台对接，共享在东盟、中亚、俄罗斯、马来西亚等“一带一路”沿线国家和地区的深水港、产业园区等，进一步参与国家“一带一路”建设。

（八）实施参与“一带一路”建设内容

2015年3月10日，省政府与中国工商银行在北京签署战略合作协议，进一步提升中国工商银行服务江西企业“走出去”的水平，共同融入参与“一带一路”建设。截至2015年12月，江西省以环鄱阳湖城市群为主体，在“一带一路”沿线国家直接投资，累计超过15亿美元，设立企业或机构340多家；对外承包工程营业额超过100亿美元。

2015~2017年，江西省实施与计划实施的相关措施包括：

1. 推动基础设施互联互通，打造连接“一带一路”内陆通道

基础设施互联互通工程、对接“一带一路”货运通道工程、港口基地建设工程、空中通道建设工程建设，主要包括多条专客、铁路的基础设施互联互通，包括诸如赣欧国际铁路货运通道、赣闽“五定班列”、赣粤铁海联运在内的货运通道，另外还有港口、空中的通道项目陆续实施。以构建全省通江达海、联通内外的对外开放通道，进一步加快江西省铁路、航空、能源、铁海联运项目建设进展，完善连接“一带一路”陆、海、空网络。

2. 加强产业合作，建设具有国际影响力的特色产业

实施推进农业投资合作项目、优势产业合作工程、产能“走出去”工程、出口产业基地建设工程，产业建设与合作方面包括江西有关企业向非洲国家投资农业合作项目，打造具有国际影响力的诸如景德镇瓷都、鹰潭铜都、宜春锂都、新余新能源科技示范城、萍乡资源型城市转型示范区、吉安电子信息产业基地等产业特色城市。

3. 深化经贸往来，大力开拓沿线国际市场

计划持续实施“千家企业闯国际市场”工程、境外经贸合作项目、外贸转型示范项目、对外工程承包项目、能源矿产资源开发工程等，支持有实力的江西企业拓展对外贸易业务，建设境外产业园区等。如深化与东南亚国家的双边经贸合作，谋划一批重点产能合作项目，拓展双边科技领域合作，促进进出口贸易和产能转移。积极推动与埃塞俄比亚、肯尼亚、赞比亚、赤道几内亚等国家开展基础设施、经贸投资、人文交流等合作。统筹推进各项援非工作，实施好科技、医疗、产业等援非项目，打造“江西援外”名片。

4. 加强人文交流，促进丝绸之路友好合作

以人文交流为契机，传递江西友好合作意向，计划持续实施“江西风景独好”旅游推介工程、文化交流工程、世界文化遗产申报工程、生态合作交流工程、教育合作工程、科技合作工程、医疗卫生合作工程、中医药国际交流项目等。如通过打造一批“一带一路”主题旅游景点和旅游线路，实施梅关古道等一批旅游项目建设向世界推出江西旅游；推进与“一带一路”沿线国家建立双边科技合作机制，加大资金支持力度，研究建立海外技术转移中心，开展引才引智创业创新基地建设试点，吸引海外人才来赣创业；在高校合作方面，加快我省海外孔子学院建设，加大外国留学生专项奖学金对“一带一路”支持力度，深入推进我省高校与俄罗斯等有关高校的合作交流，扩大学生互换、互访交流规模。

5. 搭建合作平台，拓展“一带一路”交流渠道

计划持续实施口岸平台建设工程、建设经贸投资促进平台、跨境合作产业园建设、友好省州建设、支持平台建设。如加强与上海、福建等周边省市国际贸易“单一窗口”合作，强化口岸通关效率，加快南昌综合保税区封关运行；支持南昌国家开放型经济新体制综合试点城市建设，加快南昌综合保税区、南昌向塘铁路物流基地等建设，为“一带一路”交流提供更好的合作平台。

第五章

环鄱阳湖城市群的空间结构

空间结构，是指用来组织空间并涉及社会和自然过程运行和结构的模式。城市群空间结构研究是建立在对各城市经济结构、社会结构、规模结构、职能结构多层面的结构和人流、物流、资金流、信息流的相互作用的充分认识的基础上，对城市结构、相互作用与形成机制三者结合的研究，旨在分析形成这种结构与相互作用的主导机制或组织原理。研究环鄱阳湖城市群空间结构不仅是实施国家分区域基本实现现代化战略的需要，也是充分发挥增长极综合优势对全省经济带动的需要，更是提高江西经济竞争力的需要，对江西省区域发展具有重大的理论和实践意义。

环鄱阳湖城市群人口分布不均衡，城市群人口比较分散，中小城市比较发育，首位度较低。城市群城镇化水平高于江西平均水平，经济发展水平较低，尤其是鄱阳湖东岸成为经济发展“阴影区”。城市群网络联系仍不健全，南昌的经济辐射作用不强。

本章主要从人口空间、城镇空间、经济空间分布以及城际空间联系等角度解析环鄱阳湖城市群空间结构现状，对城市群空间结构形成的影响因素进行了剖析，明确了城市群空间结构优化与发展方向。

第一节　空间结构现状解析

一、人口空间结构解析

环鄱阳湖城市群是江西省人口分布最密集的区域，2015 年末总人口达到 3319.05 万人。人口密度达到 360 人/平方公里，是江西省人口密度的 1.31 倍。但同中部武汉城市圈的 516 人/平方公里，东部长三角城市群的 899 人/平方公里相比，人口密度数值相差很大，表明人口空间集聚水平仍然较低。

从区域空间分布来看，人口空间分布呈现不均衡状态。人口密度以上饶市为最高，达到3756人/平方公里，其次鹰潭市为1764人/平方公里，共青城为1093人/平方公里，最小值铜鼓县仅90人/平方公里。通过对环鄱阳湖城市群区域人口密度分级，可见区域差异大，呈现出区域东西疏、中间密，人口分布不均衡的特征。

目前人口规模等级结构的划分标准是按城市行政范围内实际建成区所涉及的村级行政单元（常住）人口分类：超大城市人口（1000万人以上）、特大城市人口（500万~1000万）、Ⅰ型大城市（300万~500万人）、Ⅱ型大城市（100万~300万人）、中等城市（50万~100万人）、Ⅰ型小城市（20万~50万人）、Ⅱ型小城市（<20万人），共五类七档。鉴于研究需要，拟将环鄱阳湖城市群的人口规模等级划分为特大城市（300万~500万人）、大城市（100万~300万人）、中等城市（50万~100万人）、小城市（<50万人）（表5-1）。应用城市首位律、城市位序—规模律、基尼系数模型、城市金字塔等方法对环鄱阳湖城市群的人口规模结构分布及其变化特征进行更加深入的分析。

表5-1　2015年环鄱阳湖城市群城市人口规模等级结构

等级	等级分类	数量	城市名称
特大城市	300万~500万人	1	南昌市
大城市	100万~300万人	7	鄱阳县、丰城市、上饶市、抚州市、宜春市、余干县、南昌县
中等城市	50万~100万人	14	乐平市、新余市、萍乡市、修水县、高安市、进贤县、上饶县、都昌县、九江市、贵溪市、玉山县、樟树市、万载县、上栗县
小城市	<50万人	33	铅山县、东乡县、瑞昌市、景德镇市、万年县、弋阳县、武宁县、永修县、余江县、彭泽县、崇仁县、上高县、婺源县、新干县、分宜县、奉新县、德兴市、九江县、金溪县、芦溪县、安义县、湖口县、宜丰县、浮梁县、莲花县、星子县、鹰潭市、横峰县、峡江县、德安县、靖安县、铜鼓县、共青城市

资料来源：环鄱阳湖城市群内各县（市）年国民经济和社会发展公报。

注：地级市指市辖区数据，下同。

（一）城市首位律分析

城市首位律（Law of the Primate City）是由杰弗逊（M. Jefferson）于1939年提出的，它是对国家城市规模分布规律的一种概括。他指出各个国家的首位城市与其他城市相比普遍具有压倒优势的人口数量，即符合首位分布规律。而城市首位度往往用二城市指数表示，数值通常在2左右。随后学者提出了四城市指数和十一城市指数，计算公式如下：

二城市指数：

$$S_2 = P_1 / P_2 \tag{5-1}$$

四城市指数：

$$S_4 = P_1 / (P_2 + P_3 + P_4) \tag{5-2}$$

十一城市指数：

$$S_{11} = 2P_1 / (P_2 + P_3 + \cdots + P_{11}) \tag{5-3}$$

式中，S_2、S_4、S_{11}分别为二城市指数、四城市指数、十一城市指数；P_1为首位城市的人口数；$P_2 \sim P_{11}$为第二位至第十一位城市的人口数。

环鄱阳湖城市群的二城市指数为1.93（<2），四城市指数为0.68（<1），十一城市指数为0.25（<1）。按照位序－规模律原理，正常的二城市指数应该为2，四城市指数和十一城市指数正常值都应该是1。从二城市指数、四城市指数与十一城市指数来看，南昌市首位度偏低，南昌市辖区人口不到500万人，还远未达到特大城市级，城市辐射带动能力有待发挥。上饶、抚州、宜春和一些县域如鄱阳、丰城得到了相应的发展，集聚了相当的人口规模。

（二）城市位序－规模律分析

城市位序－规模律（rank size rule）是一个城市的规模及该城市在一国所有城市按人口规模排序中的位序关系之间的规律，解释了城市位序与城市人口之间的关联。城市人口符合下面公式所示关系：

$$P_i = P_1 \times R_i^{-q} \tag{5-4}$$

其中，R_i表示城市i的位序，P_i为位序为R_i的城市规模，P_1为首位城市的规模，参数q即是Zipf指数。当$q=1$，规模等级结构呈帕累托分布，当$q<1$时，规模等级结构的差异相对较小，中间位序的区域单元增多，空间分布模式向对数正态分布转化；当$q>1$时，表明城市规模差异较大，结构体系分布相对分散，首位度较高。通常，对上式做对数变换可得：

$$\ln P_i = \ln P_1 - q\ln R_i \tag{5-5}$$

以位序的对数为自变量，以人口数的对数为因变量，进行线性回归分析，回归方程如式（5－6）所示：

$$y = -0.71x + 6.04 \quad (5-6)$$

线性回归方程通过了置信度为0.01的显著性检验且拟合优度 $R^2 = 0.86$，认为回归模型具有较好解释力，即城市规模符合Zipf法则。Zipf指数（q）为0.71，小于1，说明城市首位度较低，城市规模差异较小。

（三）基尼系数模型分析

基尼系数模型最早是用于研究社会财富分配状况的一个经济学模型。1995年著名城市研究学者科威（Cowell）通过大量实证研究表明，衡量收入不平等的基尼系数也是衡量城市规模分布较为有效的方法。基尼系数是用来衡量一个国家或区域的居民贫富差距的指标，在市场竞争机制下，优胜劣汰，很难实现社会的完全平等，由于人们的天赋不同、机遇不同，竞争必然使强者日益富裕，而弱者更加贫穷；同样一个国家或区域的城市因为历史基础、区位优势、经济发展水平等条件的影响，区域内所有城市不可能同步发展，也可以用衡量一个国家或区域的贫富差距的指标来衡量区域城市规模的集中或分散程度。因此，基尼系数是继城市首位度指数、位序-规模法则之后另一个很重要的衡量区域城市人口规模分布指标。

本章采取的方法是由加拿大学者马歇尔（J. U Marshall）提出的用来衡量城市人口规模分布的基尼系数（Gini Index）。具体的公式如下：

$$G = \sum_i \sum_j |P_i - P_j| / 2S(n-1) \quad (5-7)$$

式（5-7）中，n为一个城市体系城市数目，各个城市的人口规模之间关系如下：$P_1 \geqslant P_2 \geqslant P_3 \geqslant \cdots \geqslant P_n$，S是这n城市的人口总和或整个城市体系的总人口。基尼系数在0至1取值。当所有的城市人口规模一样时，G=0，这时城市体系中城市人口的规模分布达到了最大的分散程度；当城市体系的总人口都集中于一个城市，而其他城却无人居住时，G=1。一般来讲，基尼系数越接近1，城市规模分布越集中，基尼系数越小，则城市规模分布越分散。由于城市基尼指数是由常数式基尼模型来拟合求解的，因此较好地弥补了位序-规模律在城市规模差距较大时回归拟合有所欠缺的不足。

环鄱阳湖城市群人口规模分布的基尼系数为0.38，表明城市规模分布相对分散。

二、城镇空间结构解析

（一）城镇化水平分布特征

2015年，环鄱阳湖城市群城镇化水平（52.5%）高于江西平均水平

(51.6%)，但低于全国平均水平（56.1%），分布特征同样也不均匀。南昌市城镇化水平为71.56%，其次新余市为68.45%，萍乡市为65.88%，宜春、上饶均不足50%，而最低金溪县则仅为35.8%，远低于江西省平均水平（51.6%）。

鄱阳湖流域所在地区，特别是赣鄱平原地区为江西省的传统农业经济区。农业区、湖区面积较大是环鄱阳湖生态城市群推进城镇化发展必须面对的两大基本特征，处理好城镇化与工业化、农业现代化之间的关系是环鄱阳湖生态城市群必须解决的重大发展任务。总体上环鄱阳湖城市群地区经济发展对非农就业的吸引能力仍然偏弱，除南昌的人口与产业聚集显现出同步互动效应外，其他地市和县市由于经济增长动力过于偏重工业，吸纳非农就业人口能力依然偏弱，制约了区域城镇化的整体进程。

根据六普数据，武汉都市圈、环鄱阳湖城市群、江淮都市圈都呈现出连片式、大规模的县外人口迁入态势，显示出城镇群整体聚集效能较强态势。武汉都市圈中，不仅武汉市的县外人口迁入量超过了100万人，周边县市的县外迁入人口占本地户籍的比重也较高。相比而言，环鄱阳湖地区只有南昌市、九江市和景德镇市吸引外来人口较多，其他城市对人口的吸纳能力有限，尚未形成人口较快增长的连片发展地区。城乡空间相对密集的区域主要集中在南昌及其周边60公里范围区域与其他中心城市周边20公里区域的范围内。

（二）城镇空间分布特征

2015年，环鄱阳湖城市群的行政区土地面积为9.23万平方公里，城镇总数为672个，占江西省55.86%，其中地级市9个、县级市8个、市辖区18个、县城38个、一般建制镇504个。环鄱阳湖城市群城镇密度为54.6个/万平方公里，略高于江西省城镇密度49.13个/万平方公里，但远远低于长三角城市群城镇密度110.72个/万平方公里。

在区域尺度上，把每个城市分别抽象为单个节点，而点状要素有均匀、随机和凝聚三种空间分布类型，可用最邻近距离和最邻近点指数进行判别。

测定出每个点与其最邻近点之间的距离 r_i，取这些距离的平均值 $\overline{r_1}$，即为表征邻近程度的平均最邻近距离（简称为最邻近距离）。当区域中的点状分布为随机型分布型（Poisson分布型）时，其理论上的最邻近距离可用公式表示为：

$$\overline{r_E} = \frac{1}{2\sqrt{n/A}} = \frac{1}{2\sqrt{D}} \quad (5-8)$$

式（5-8）中：$\overline{r_E}$ 为理论最邻近距离；A为区域面积；n为点数；D为点密度。在均匀分布、随机分布和凝聚分布三种点状分布类型中，均匀分布的最邻近距离最大，随机分布次之，凝聚分布最小。

最邻近点指数 R 定义为实际最邻近距离与理论最邻近距离之比：

$$R = \overline{r_1}/\overline{r_E} = 2\sqrt{Dr} \tag{5-9}$$

当 $R=1$ 时，$\overline{r_1}=\overline{r_E}$，说明点状分布为随机型；当 $R>1$ 时，$\overline{r_1}>\overline{r_E}$，点状要素区域均匀分布；当 $R<1$ 时，$\overline{r_1}<\overline{r_E}$，点状要素区域凝聚分布。

利用配准好的城市及边界数据，将城市抽象为节点，通过 ArcGIS 空间分析中的最邻近距离工具进行运算得出：环鄱阳湖城市群城市空间分布$\overline{r_E}$（实际最邻近距离）=25.64；$\overline{r_1}$（理论最邻近距离）=21.08；R（最邻近指数）=1.22。由于 $R>1$，由此可见环鄱阳湖城市群城市的空间分布属于均匀分布。

三、经济空间结构解析

（一）经济发展水平测度

为了更好地研究环鄱阳湖城市群各县市经济水平空间分布，采用人均 GDP 单个指标测度往往不够，更为科学客观的是建立一系列指标形成指标体系来测度。由于经济指标的复杂性和多样性，根据系统性、可比性、可取性等原则，在综合分析和专家咨询的基础上，评价指标体系分为经济发展与社会生活两方面共 8 项指标以评价经济发展水平。其中经济发展指标主要包括非农产值比重、人均 GDP、人均财政收入、人均居民储蓄存款余额 4 项指标；社会生活指标主要包括万人在校中小学生数、万人拥有床位数、城镇化水平 3 项指标。

上述分析在 SPSS 22.0 软件中进行，先进行 KMO 检验，2000 年检验值为 0.84，2015 年检验值为 0.81，适合做主成分分析。根据选取主成分的原则（累计贡献率≥80%），2000 年选取前 2 个主成分（累计贡献率为 83.65%），2015 年选取前 3 个主成分（累计贡献率为 84.72%）。

根据主因子旋转载荷矩阵和贡献率，得出 2000 年与 2015 年综合评价模型。

2000 年综合评价模型为：

$$Y = 0.325X_1 + 0.393X_2 + 0.392X_3 + 0.377X_4 - 0.127X_5 + 0.358X_6 - 0.038X_7$$

2015 年综合评价模型为：

$$Y = 0.271X_1 + 0.307X_2 + 0.307X_3 + 0.329X_4 - 0.315X_5 + 0.332X_6 + 0.214X_7$$

根据各研究单元综合得分模型，得到两个年份各城市总因子得分，如表 5-2 和表 5-3 所示。总因子得分是一个反映城市经济发展水平的指标，本文定义为经济发展指数。

表 5-2 2000 年环鄱阳湖城市群城市经济发展指数

城市	得分	排序	城市	得分	排序	城市	得分	排序
南昌市	7.235	1	芦溪县	-0.285	20	宜丰县	-0.734	39
九江市	7.200	2	崇仁县	-0.308	21	湖口县	-0.768	40
景德镇市	5.158	3	婺源县	-0.372	22	玉山县	-0.857	41
鹰潭市	3.454	4	上高县	-0.379	23	武宁县	-0.867	42
萍乡市	1.447	5	德安县	-0.396	24	都昌县	-0.886	43
广丰县	1.167	6	东乡县	-0.398	25	高安市	-0.910	44
德兴市	1.115	7	浮梁县	-0.460	26	彭泽县	-0.931	45
上饶市	1.085	8	奉新县	-0.512	27	万载县	-0.942	46
贵溪市	0.716	9	进贤县	-0.517	28	丰城市	-0.942	47
横峰县	0.533	10	铜鼓县	-0.518	29	弋阳县	-0.998	48
新余市	0.328	11	星子县	-0.542	30	余江县	-1.007	49
安义县	0.302	12	靖安县	-0.570	31	九江县	-1.013	50
乐平市	0.143	13	上栗县	-0.632	32	修水县	-1.049	51
新干县	0.037	14	万年县	-0.667	33	铅山县	-1.052	52
莲花县	-0.023	15	瑞昌市	-0.670	34	余干县	-1.102	53
新建县	-0.106	16	分宜县	-0.686	35	抚州市	-1.382	54
樟树市	-0.110	17	上饶县	-0.708	36	鄱阳县	-1.480	55
南昌县	-0.273	18	永修县	-0.721	37	宜春市	-2.139	56
峡江县	-0.279	19	金溪县	-0.732	38			

资料来源：环鄱阳湖城市群内各县（市）2000 年国民经济和社会发展公报在 SPSS 中计算得到。

表 5-3　　2015 年环鄱阳湖城市群城市经济发展指数

城市	得分	排序	城市	得分	排序	城市	得分	排序
南昌市	7.660	1	上高县	0.075	20	高安市	-0.553	39
九江市	4.166	2	抚州市	-0.016	21	永修县	-0.676	40
景德镇市	3.397	3	芦溪县	-0.021	22	弋阳县	-0.710	41
鹰潭市	2.699	4	上栗县	-0.047	23	彭泽县	-0.726	42
萍乡市	1.865	5	横峰县	-0.076	24	玉山县	-0.771	43
樟树市	1.317	6	新余市	-0.109	25	进贤县	-0.923	44
共青城市	1.304	7	分宜县	-0.182	26	浮梁县	-0.934	45
星子县	1.202	8	靖安县	-0.199	27	余江县	-1.205	46
上饶市	1.088	9	峡江县	-0.206	28	万载县	-1.233	47
德安县	0.564	10	武宁县	-0.282	29	莲花县	-1.504	48
宜春市	0.554	11	上饶县	-0.287	30	铅山县	-1.522	49
德兴市	0.538	12	宜丰县	-0.293	31	乐平市	-1.698	50
安义县	0.500	13	金溪县	-0.297	32	修水县	-1.768	51
东乡县	0.400	14	九江县	-0.344	33	鄱阳县	-2.067	52
瑞昌市	0.332	15	南昌县	-0.396	34	都昌县	-2.159	53
贵溪市	0.254	16	万年县	-0.412	35	崇仁县	-2.368	54
丰城市	0.247	17	新干县	-0.428	36	余干县	-3.052	55
湖口县	0.196	18	奉新县	-0.526	37			
婺源县	0.176	19	铜鼓县	-0.543	38			

资料来源：环鄱阳湖城市群内各县（市）2015 年国民经济和社会发展公报在 SPSS 中计算得到。

（二）经济空间分布特征演变

将 2000 年和 2015 年环鄱阳湖城市群经济发展指数在 ArcGIS 10.2 中利用 Natural Breaks（Jenks）将其分为 5 类进行空间分析，研究其空间格局。

1. 绝大多数的空间单元仍属低水平

研究在 2000 年及 2015 年环鄱阳湖城市群 55 个城市经济发展指数基础上，通过 K 型聚类，将其分为 4 类，构成城市规模等级体系，如表 5-4 所示。在

2000年和2015年南昌市始终处于城市等级金字塔的顶端且经济发展指数遥遥领先于其他城市。从实际情况来看，南昌市不仅作为城市群最高等级的中心地而在区域内发挥控制与协调作用，并且在城市群内部与区域外建立广泛联系的过程中扮演着重要的中间媒介角色，是中部地区城市体系中的“核心城市”；在二级城市中，九江市、景德镇市、鹰潭市和萍乡市的领先优势也十分明显，这些城市作为区域内的政治、经济和文化中心，在区域联动发展中发挥出明显的辐射和带动作用；三级城市具有一定的经济、人口以及市场规模，是各市域较为重要的城市；四级城市以县城为主，经济、人口规模较小，城市辐射作用不明显。

表5-4 基于经济发展指数的环鄱阳湖城市群城市体系

等级	2000年	2015年
一级	南昌市	南昌市
二级	九江市、景德镇市、鹰潭市、萍乡市	九江市、景德镇市、鹰潭市、萍乡市、樟树市、共青城市
三级	广丰县、德兴市、上饶市、贵溪市、横峰县、新余市、安义县、乐平市、新干县、莲花县、新建县、樟树市、南昌县、峡江县、芦溪县、崇仁县、婺源县、上高县、德安县、东乡县	星子县、上饶市、德安县、宜春市、德兴市、安义县、东乡县、瑞昌市、贵溪市、丰城市、湖口县、婺源县、上栗县、横峰县、新余市、分宜县
四级	浮梁县、奉新县、进贤县、铜鼓县、星子县、靖安县、上栗县、万年县、瑞昌市、分宜县、上饶县、永修县、金溪县、宜丰县、湖口县、玉山县、武宁县、都昌县、高安市、彭泽县、万载县、丰城市、弋阳县、余江县、九江县、修水县、铅山县、余干县、抚州市、鄱阳县、宜春市	靖安县、峡江县、武宁县、上饶县、宜丰县、金溪县、九江县、南昌县、万年县、新干县、奉新县、铜鼓县、彭泽县、玉山县、进贤县、浮梁县、余江县、万载县、莲花县、铅山县、乐平市、修水县、鄱阳县、都昌县、崇仁县、余干县

2000年城市群经济发展指数得分最高的为南昌市（7.66），得分最低的为宜春市（-2.139）。2015年经济发展指数得分最高的为南昌市（7.66），得分最低的为余干县（-3.052）。负得分城市占绝大多数，区域经济发展指数极差从9.374上升至10.712，表明2000年到2015年绝大多数城市经济落后，社会经济综合发展水平不高。要素持续向南昌及区域中心城市集聚，表现出从低水平均衡到非均衡发展趋势。

2. 鄱阳湖东岸成为经济发展“阴影区”

鄱阳湖东岸的都昌县、鄱阳县、余干县经济发展水平均处于下游，鄱阳县是一个人口大县，至2015年末已有人口159万，但是与之不匹配的经济总量不光是鄱阳县也是整个环鄱阳湖城市群东部地区城市发展亟待解决的问题。发达的交通通信网络是支撑城市群发展的必要基础，虽然经过较长时期的投入和改善，环鄱阳湖城市群的交通、通讯状况有了很大的改善，但区域内各城市基础设施方面还存在较大问题。鄱阳湖过湖通道不足，鄱阳湖东岸与西岸各城市之间“一小时经济圈”效应尚未形成，一体化的公路、铁路网络还有待改善。

3. 昌九双核集聚作用明显

核心增长极是区域发展的龙头，是区域生产力要素的集聚和扩散中心，在区域的发展中起到难以替代的引领和示范作用。20世纪90年代，昌九走廊成为城市群经济最发达地区乃至江西省发展的龙头。地理位置上，昌九双核既沿长江黄金水道，又沿京九铁路大动脉，处在国家沿长江开放开发和京九经济带这两大战略部署区域的重要区段。同时，作为长珠闽三个三角洲的共同腹地，具有承东启西、连南接北的重要纽带作用，是环鄱阳城市群最有条件承接劳动密集型和资本密集型产业转移的地区。2015年，南昌、九江两市共实现生产总值5902.68亿元，占全省的35.30%，除财政收入外，其他消费、投资等主要经济指标占全省的比重均超过1/3，是全省经济发展实力最强的区域。南昌、九江产业发展阶段成熟，工业化中期阶段产业结构特征比较明显，重化工业、电子信息制造业、装备制造业带动力、竞争力较强，产业配套能力和体系较为完整。昌九地区既是城市群内工业的优势地区，也是城市群制造业基地，更是江西省高新技术产业发展的集中地区。

四、城际空间经济联系分析

引力模型是空间相互作用理论的基础模型。根据该模型，城市间相互作用与城市质量成正比，与城市间的距离成反比。随着地理学计量与理论革命的开展以及区域科学的兴起，引力模型被广泛应用于“空间相互作用”的经验研究中。在万有引力模型的基础上，通过优化模型中的相关参数，得到城市间空间联系强度模型：

$$T_{ij} = G \times (\sqrt{P_i V_i} \times \sqrt{P_j V_j}) / D_{ij}^b \tag{5-10}$$

式（5－10）中：T_{ij}为i，j城市之间的相互作用强度；P_i，P_j分别为i，j城市的人口指标，这里为城市的非农业人口数；V_i，V_j分别是i，j城市的经济指标；D_{ij}是i，j城市间的时间距离；b为距离摩擦系数，这里取值为2；G为引力系数，也称为介质系数，表示两城市之间的交通便捷程度。

城市人口规模数据主要来源于《中国县域经济统计年鉴（县市卷）2016》，城市经济规模数据选取上文中环鄱阳湖城市群各县市经济发展指数，选取最小—最大规范化进行对原始数据进行变换，同时选取与原数据列区间长度相同的映射区间［1，8.152］。

城市间距离选用城市之间时间距离最小的公路里程，并且同时考虑公路的便捷程度采取不同的介质系数，这比直接采用空间直线距离更接近城市空间经济联系的实际情况。介质系数取值如下：确定直接以高速公路连接的两城市介质系数为1，确定完全以国（省）道连接的两城市介质系数为0.6～0.8，确定以国（省）道以及高速公路两者连接的城市介质系数为0.8～0.9，在这个基础上，还需综合考虑城市之间的空间距离、路面质量、地形、时间花费等因素。

根据上述公式和相关数据计算环鄱阳湖城市群内各城市经济联系强度，本章认为联系强度大于50的地区间存在联系，进一步依据联系强度值划分为四个等级：一级网络联系（1000～10000），二级网络联系（500～1000），三级网络联系（100～500），四级网络联系（50～100）。从而绘制环鄱阳湖城市群城市经济联系强度。

综上所述可以看出：第一，南昌是环鄱阳湖城市群的经济联系中心。各个城市都与南昌有着较强经济联系。随着空间距离的增加，南昌的经济辐射作用减弱，外围区城市相对核心区联系较弱。第二，外围区的中心城市（萍乡、景德镇、九江、上饶、抚州）之间联系较弱，导致整个城市群网络联系不健全，它们只和核心圈层中的邻近城市发生一定的经济联系，除了益阳与常德、娄底与衡阳因空间距离较近，相互之间有较强的经济联系外，其他城市间的经济联系强度较弱。第三，主要联系通道轴带指向性特征显著。环鄱阳湖城市群城市经济联系呈现出明显的轴带指向性特征：南昌—九江、南昌—萍乡、南昌—上饶三个方向呈放射状发散，与沪昆铁路和昌九城际—京九铁路以及分别与之大体平行的干线高速公路“人”字形发展纽带相契合。第四，城市群东部大片区域社会经济发育水平低。环鄱阳湖城市群包含了整个赣东北的上饶和景德镇地区，致使城市群内部几何中心出现在万年、鄱阳、余干三县交界地带，广阔的鄱阳湖水域阻隔了东部城市与中心城市南昌的联系，使城市群内部交流需要较高的物流与时间成本。同时，城市群经济中心南昌的居中性较差，势必影响其集聚效应与带动作用的发挥。

第二节 空间结构的影响因素

随着经济的发展，区域的经济结构不断发生变化，经济活动的空间结构以及经济要素空间格局都会相应的发生变化，进而推动整个区域的空间演化。“克鲁格曼假说”认为经济发展将导致地区专业化水平提高和经济活动更加集中从而影响区域经济的空间格局，代表了新经济地理学派对城市群空间形成机理的解释，强调特定地域空间产业活动集聚扩散形成的核心边缘结构的演化升级过程。

然而，单纯考虑市场机制对城市群空间演化的影响很难解释我国城市群发展演化的动力，城市群的发展演化是在其所处的世情、国情等多种时代背景和制度特色下，在经济发展的基本规律的推动下逐渐发展演变形成新的空间组织的过程。接下来拟借鉴空间系统理论对城市群的空间演化机理进行综合剖析，融合产业状况、交通设施、政府政策、自然生态环境等方面，试图解释环鄱阳湖城市群空间结构的影响因素。

一、产业状况

产业是经济发展的最主要内容。正是产业的发展和推动，才使区域经济由不均衡发展走向均衡发展，由竞争走向竞合关系。城市群城市之间的分工与合作，其实质是各个产业的分工与合作。在城市群发展初期，各地区产业发展较慢，各个城市之间联系很弱。伴随着经济进一步发展，依靠区域资源开发、基础设施建设、生产设施及其配套设施建设，受产业集聚的推动，不同等级规模的生产相同或类似产品的企业在某一区域大量集聚形成产业集群。产业集群发展通过产业空间的分化与扩张影响城市节点由“地方空间”向“流动空间”转变，城市体系规模等级与关系结构也将经历逐渐优化的过程，城市化速度明显加快，进而推动集群经济从点状、面状等低级空间形态向网络化的高级形态演进。

城市群产业结构不合理，布局仍是“二、三、一”型格局。2015 年环鄱阳湖城市群三次产业结构比例为9∶54∶37，落后于全国三次产业结构比例的11∶49∶40，并且明显落后于沿海发达省份广东的5∶52∶43，这些均反映环鄱阳湖城市群的一产比重较高，二产比重适中，三产比重偏低，其产业结构仍不合理。根据钱纳里的人均生产总值水平法（见表5－5）界定了环鄱阳湖城市群整体处于发达经济初期阶段。环鄱阳湖城市群内部城市发展差异显著，南昌市、南昌县、景德镇市、萍乡市、九江市、共青城市、新余市、分宜县、鹰潭市处于发达经济后期，其他城市为工业化后期或发达经济初期修水县、都昌县、余干县、鄱阳县仍处于工业化中期（见表5－6）。除南昌以外，其他城市的第三产业的产值较低，所占比重不足，第三产业的发展无论规模还是质量均存在问题，与沿海发达城市比，存在一定差距。

表 5-5 钱纳里的人均生产总值水平法

时期	人均 GDP（美元）	发展阶段
Ⅰ	364 ~ 728	初级产品生产时期
Ⅱ	728 ~ 1456	工业化初期
Ⅲ	1456 ~ 2912	工业化中期
Ⅳ	2912 ~ 5460	工业化后期
Ⅴ	5460 ~ 8736	发达经济初期
Ⅵ	8736 ~ 13104	发达经济后期

表 5-6 2015 年环鄱阳湖城市群各城市经济发展阶段判断

时期	城市
初级产品生产时期	—
工业化初期	—
工业化中期	修水县、都昌县、鄱阳县、余干县
工业化后期	德兴市、上栗县、奉新县、瑞昌市、进贤县、宜丰县、峡江县、横峰县、永修县、安义县、新干县、九江县、抚州市、乐平市、东乡县、丰城市、余江县、万年县、铜鼓县、崇仁县、武宁县、靖安县、星子县、金溪县、婺源县、彭泽县、高安市、玉山县、铅山县、弋阳县、上饶县、宜春市、莲花县、万载县
发达经济初期	贵溪市、樟树市、德安县、芦溪县、湖口县、浮梁县、上高县、上饶市
发达经济后期	九江市、共青城市、南昌县、南昌市、景德镇市、新余市、鹰潭市、萍乡市、分宜县

资料来源：《2016 年中国县域经济统计年鉴》、环鄱阳湖城市群内各县（市）年国民经济和社会发展。

环鄱阳湖城市群相对滞后的产业结构，导致区域整体吸纳人口能力偏弱，制约了区域城镇化的整体进程。与此同时，城市群人口和产业向中心城市和大城市群集聚的特征明显，南昌目前集聚了一大批大企业、大产业，区域内已有 39 家世界 500 强企业、37 家国内 200 强企业落户，至 2015 年末累计利用外资 94.7 亿美元，累计引进境内资金近 3000 亿元，初步形成了汽车航空、光伏光电、生物医药、软件与服务外包等一批主导产业集群。同样，九江、萍乡、景德镇、新余等中心城市依托推动型产业（推动性产业是指规模较大、增长速度较快、与其他部门的相互关联效应较强的产业），导致资本与技术在中心城市高度集中，容易形成规模经济和相关的外部经济。部分开发条件好、民营经济发达、特色产业鲜明、生态环境优良的中小城市和特色小镇如共青城、樟树、丰城等发展较快，但城市群内广大县城特别是资源枯竭、结构单一、创新能力弱的城市产业衰退、同构化问题较突出。具有自身特色的城镇不多，县级城镇之间缺乏明确的分工和协作关系，造成许多同构性浪费和低水平的恶性竞争局面，未能依托新兴产业形成先进的现代产业和较强的区域经济竞争力。城市群经济水平地域差异，形成不平衡的区域经济格局，对整体推进城市群网络化进程带来很大压力。

二、交通建设

城市之间沿相应的交通轴线进行产业布局又可以开展分工合作，增强区域城镇之间的相互联系从而形成等级有序，密切分工合作的城市群。交通建设通过促进"流体"要素转换的"频度"及"速度"实现城市组织体系的优化与拓展，因此，交通基础设施布局及其完善程度直接影响着城市等级、规模体系及城市空间结构的变化。

近代以来，传统交通运输（水运、海运）时代促使了赣江与长江水系周边地区城镇的发展。处于长江沿岸的九江，长期以来发展成为城市群外向发展的门户城市，与南昌一起构成"昌九双核"发展结构。但随着 1949 年后以铁路、国道为主的交通通道偏离江西，对外交通基础设施投入明显落后于周边城镇密集地区，使得鄱阳湖地区的经济发展暂时落后。虽然"十一五""十二五"以来鄱阳湖地区的对外高速公路瓶颈和内河航运条件有了明显改善，但除了浙赣线以外，其他跨区域的国家级交通运输通道均绕经江西，使得鄱阳湖地区偏离市场中心、国家门户地区的区位劣势长期存在。同时，由于长期受周边武汉、长沙、义乌等中心城市的腹地挤压，使得鄱阳湖地区的交通边缘化始终没有得到根本改变，制约了产业经济的进一步发展。

随着高等级公路、铁路及新型交通工具的广泛应用，以南昌为核心的浙赣线发展轴沿线城市规模迅速提升，城市体系也逐步拓展至城市群东部和西部地区，鹰潭市、萍乡市、樟树市等城市迅速崛起，玉山、广丰、横峰、东乡、分宜等地也迎来了较大发展。而东北部和西北部地区仍以低等级交通路网为主、且路网密度较低，一定程度上阻碍了东北部和西北部城市对外联系水平的提升。但随着九景衢铁路、昌景黄铁路的逐步完善，区内城市体系将得到一定程度的拓展，环鄱阳湖城市群逐步优化。

航空方面，昌北机场虽然地处昌九走廊，但昌九城际铁路却未在机场设站，南昌、九江两大都市区作为昌北机场核心腹地的优势难以发挥。另外，城市群支线机场线路较少，城市间联系仍有较大提升空间。

三、政策导向

政府对城市群空间结构的影响主要表现为政策的宏观调控，以行政力量干预城市群发展。政府通过对区位环境和政策环境，如相关政策制定、基础设施建设、开放市场打造等投资软硬环境的改革和完善对城市群发展施加影响。通过产业政策或者其他相关政策引导企业的区位选择，共同制定相应的协调机制以协调城市之间产业的布局、城市的发展与布局、城市交通运输电力通信等线状网络组织的建设等活动，从而促使城市群的空间结构演化。

2009 年 12 月 12 日，国务院批准《鄱阳湖生态经济区规划》，鄱阳湖生态经济区建设正式上升为国家战略。该规划中指出，“以省会城市为核心，区域其他 5 个中心城市（九江、景德镇、鹰潭、新余、抚州）为重点，加快构建鄱阳湖城市群，形成以点带轴、以轴促面的城镇集群发展模式”。2011 年《中华人民共和国国民经济和社会发展第十二个五年规划纲要》要求，加快构建“沿长江中游经济带”，加强与周边城市群的对接和联系，重点推进鄱阳湖生态经济区、武汉城市圈、环长株潭城市群等区域发展。2012 年，江西省人民政府办公厅关于建设鄱阳湖生态经济区先导示范区的指导意见指出，加快鄱阳湖生态经济区先导示范区建设，进一步发挥鄱阳湖生态经济区建设的龙头引领作用，推进富裕和谐秀美江西建设。2013 年江西省人民政府办公厅印发《深入推进鄱阳湖生态经济区建设方案》，方案指出重点培育壮大 4 大平台：推进昌九一体化、建设南昌先导区、建设共青先导区、推进昌抚一体化引领带动区域升级。这一系列区域政策进一步促使区内的资源向南昌、九江、抚州等地集聚、推动了城市群城市经济发展水平的提升，使其成为长江中游经济发展的核心增长极之一。

四、自然生态环境

自然生态环境是一切人类活动的前提与基础，优越的自然生态环境条件对区域社会经济和人口的发展具有积极而强大的推动力。自然生态环境作为一种客观存在的因素，对城市群的形成起着不可忽视的作用。自然生态环境不仅是城市群产业空间分布形成的基础和载体，也是其实现可持续发展的重要支撑。自然环境包括地质与地形条件、水资源条件、矿产资源条件等自然条件，不仅是人们聚集居住的基本条件，还直接影响着工农业的生产和交通运输的布局，从而影响到人口密度和城镇规模，进而影响到城市群城市用地的选择及空间的布局。随着人类活动强度的加强，自然环境也会发生相应的明显变化，如城市群生态环境容量改变，从而影响到城市群经济社会环境是否可持续发展。

资源禀赋的不均衡分布，是造成环鄱阳湖城市群现有空间结构现状的原因之一，主要体现在对人口空间布局与城市职能两个方面上。城市群内人口空间布局明显呈现近水远山的态势，主要表现在区域东西部的山地区域的人口密度较低，如婺源县、德兴市、铜鼓县，而中部地势平坦的平原区域或湖泊众多的地带的人口密度较高，如南昌县。同时，自然资源对城市职能有着密切关系，如湖滨地区土地肥沃、灌溉条件好，是国家粮食生产基地，其中有四县市进入全国粮、棉、猪生产百强县行列；又如德兴地区丰富的铜矿资源为其有色金属工业的发展奠定了坚实的基础。

第三节 经济空间结构的优化

如何实现区域整体统筹发展，实现两型社会，加强区域整体合作从而实现共赢，是实现环鄱阳湖城市群空间结构优化的落脚点和关键所在。本章提出可以通过城市群空间结构优化整合以及产业整合、基础设施建设、生态环境建设、协调制度构建等措施优化环鄱阳湖城市群空间结构。

一、城市群等级规模结构优化

根据环鄱阳湖城市群规模分布的分形模型，目前环鄱阳湖城市群等级规模结构表现为：首位城市南昌具有高度集聚性；整个城市群缺乏大城市，城市体系出现断层；中等城市力量薄弱，对小城市辐射带动作用不强。这种不合理的等级规模结构势必会影响城市体系内城市的可持续发展，使城市体系的整体功能发挥受阻。目前环鄱阳湖城市群城市化率已达到30.23%，按照城市化的一般规律，整个区域已迈入城市化中期的发展阶段，调整城市规模分布，以形成合理而有效的等级规模结构显得尤为必要。可以从以下几个方面来优化环鄱阳湖城市群等级规模结构。

（一）重点发展首位城市南昌，形成特大城市，提升其核心和辐射作用

城市作为区域经济和社会活动的中心，对区域发展具有辐射和拉动作用。首位城市南昌在环鄱阳湖城市群中虽然具有较强的垄断地位，但是和区外的一些超大城市如武汉、西安、成都等相比，在经济实力、产业规模等方面仍有较大的差距，其对周围区域发展的辐射、拉动作用较弱。因此，需要进一步加强首位城市

南昌的建设，努力将其建设成特大城市，以增强其在城市群中的引领、示范、调控和辐射带动作用，使产品及生产要素在区域范围内得到合理流动和有效配置，从而实现区域内经济的集聚、辐射、互补和联动效应，城市群的综合竞争力就能大大提升。充分发挥昌北经济开发区和昌东高新技术开发区的带动作用，重点发展电子信息产业、家电汽车制造业、中医药制造业，形成资金技术密集型和劳动密集型产业协调发展的格局；其次着力培育现代服务业，充分发挥南昌交通、信息枢纽的区位优势，建设全国重要的现代物流中心；最后加快金融开放步伐，大力发展投融资、建筑和咨询等商务中介服务业，加快高等院校和科研院所建设，构筑人才高地。

（二）积极发展大城市，优化城市等级规模结构

环鄱阳湖城市群存在中间断层，这在一定程度上割裂了不同级别城市之间的联系，使不同级别城市之间的产业、技术、文化、信息等均不能通畅地流动，造成了中小城市不能有效地分担首位城市的部分职能，而首位城市也不能有效地拉动周围中小城市的发展。为此，在对环鄱阳湖城市群等级规模结构进行优化时，应结合实际情况，选择一些区位优势明显、基础设施健全、经济基础较好、发展潜力大的城市如九江、抚州、上饶、景德镇等作为大城市的培育对象并给予政策扶持，促使它们快速成长，成为联系首位城市和中小城市的重要桥梁。

（三）大力整合小城镇，弥补中等城市过少、辐射能力不强的缺陷

环鄱阳湖城市群小城镇数量多，而且大多数小城镇存在基础设施落后、经济基础薄弱等问题。这些因素严重制约了环鄱阳湖城市群的整体发展，对于该地区城镇体系的优化极为不利。因此，可以适当整合归并一些小城市，使其成为20万~50万人口的中等城市，弥补环鄱阳湖城市群中等城市过少的缺陷，以便于在今后的区域发展中能起到增长极的作用。

目前环鄱阳湖城市群存在较严重的区域内经济发展不平衡的问题：特大城市南昌和第一大中等城市九江均位于鄱阳湖西岸，其工业基础较强，科研和文化事业发达，可以较好地发挥中心城市的扩散效应，带动鄱阳湖西岸周边小城镇的开发。但东岸广大地区的经济发展却非常落后，经济基础薄弱，非农业人口仅20.75万人，刚达到中等城市的门槛，其对本地区的经济辐射能力不强，这在一定程度上造成滨湖诸县的经济发展边缘化。东岸地区位于鄱阳湖平原，处于南昌、九江、景德镇“金三角”的交汇地带，具有重要的战略地位，其经济振兴与否很大程度上决定了环鄱阳湖城市群建设的成败，因此可以适当整合归并鄱阳县等一批有潜力的滨湖县，改善其发展环境，使其成为人口20万~50万人口的中等城市，以有效带动其他东岸小城镇的发展。

二、城市群空间结构优化

空间结构优化整合一般是从空间的视角来考虑城市群发展的问题，在对现状空间结构特征充分认识的基础上，分析空间发展的潜力及其局限性，明确空间发展的演变趋势，整合空间布局的总体架构。

（一）城镇空间格局

构筑“一核四群、两带多廊”的城镇空间格局。加快环鄱阳湖城市群形成城镇组团聚集发展格局，建设都市区、城镇群（城镇密集区）作为城市群内集聚城镇人口、产业、服务的重点地区。都市区、城镇群外的县市主要位于山区、湖区或远离交通枢纽及中心城市的地区，作为一定范围内城镇化发展的集聚中心及公共服务中心，应在不突破生态保护要求的前提下，适度发展县域经济以集聚城镇人口，更注重“县—镇—村”联动，促进本县农民脱贫致富。“一核”为南昌大都市区，是全省人口与区域性服务功能的核心聚集区。“四群”分别为九江都市区、信江河谷城镇群、新宜萍城镇群、景婺城镇密集区，是各具特色的城镇化集中发展地区，其中九江、景德镇、上饶分别为对接区域的专业化门户，宜春、鹰潭、抚州、新余为联动南昌与门户城市之间的重要节点城市。“两带”分别为横向的沪昆城镇发展走廊、京九城镇发展走廊（含向莆城镇发展走廊），是江西省的重要城镇发展走廊；“多廊”分别为沿江交通廊道、昌景黄交通廊道、景鹰交通廊道、西部山区交通廊道和其他重要的交通廊道、旅游廊道，其中景鹰交通廊道、西部山区交通廊道是实现东西两翼融入区域互联互通的重要通道。

（二）城镇空间组织

（1）南昌大都市区。以南昌都市核心区（南昌主城区、新建、南昌县）为核心，以向外放射状城镇交通走廊为骨架，联动抚州中心城区、丰城—樟树组团、昌北新区（临空经济区、永修—桑海）、进贤、高安、安义、奉新、靖安、万年等城镇组团，共同形成“中心＋廊道、节点”的城镇空间组织。

（2）九江都市区。以九江都市核心区（九江主城区、瑞昌、湖口、星子）为核心，依托沿江交通走廊、京九交通走廊、九景衢交通走廊联动彭泽、德安—共青、瑞昌，形成“中心—外围”式城镇空间组织。

（3）信江河谷城镇群。包括以上饶中心城区（含上饶县）为中心，联动玉山县、横峰县、铅山县、弋阳县的城镇密集地区；以鹰潭中心城区为中心联动贵溪市、余江县的城镇密集地区，共同形成走廊式城镇空间组织。

（4）新宜萍城镇群。包括以新余中心城区为中心联动周边小城镇的城镇密集地区；以宜春中心城区为中心，联动万载及沪昆走廊地带小城镇的城镇密集地区；以萍乡中心城区为中心，联动上栗县、芦溪县的城镇密集地区，共同形成走廊式城镇空间组织。

（5）景婺城镇密集区。以景德镇中心城区为中心（含浮梁县城），联动乐平、婺源的城镇及其城市周边的传统村落，共同形成点轴发展式城镇空间组织。

第六章

环鄱阳湖城市群的产业结构

环鄱阳湖城市群雄踞长三角、珠三角、闽东南三大经济发达地区的核心位置，是连接沿海与内陆的枢纽，直接面向东亚和迅速崛起的亚太经济圈，置身于世界经济的整体之中，拥有无限的发展机遇。是国内外公认的发展现代化工业的理想区域。城市群商品经济发达，农副产品丰富，工业基础雄厚，外向型经济发达。

本章主要介绍环鄱阳湖城市群及城市群所含各市的产业扩散、产业集聚以及产业结构演进情况，分析城市群内产业关联和协同集聚情况，分析城市群所含各市的产业结构趋同情况，研判城市群产业结构的合理化、高级化发展趋势。环鄱阳湖城市群内各县市2000年至2015年的综合经济实力持续攀升，第二产业的主导作用不断增强，工业化进程不断加快。城市群内各市的产业结构差异不是很大，并且都出现了产业结构由"二、三、一"向"三、二、一"的结构转型。城市群的建筑业在全国具有较明显的优势，而住宿和餐饮行业、房地产行业、租赁和商业服务行业、科研技术服务行业以及居民服务等行业在全国没有优势。环鄱阳湖城市群内各市三次产业从业人员的基本情况是第三产业从业人员比重大于第二产业从业人员比重大于第一产业从业人员比重，并且第一产业从业人员比重越来越小而第二、第三产业从业人员比重越来越多。城市群内各市的产业结构相似系数随时间在不断增大，越来越多的城市之间出现了显著的产业结构趋同现象。2000～2015年环鄱阳湖城市群内各功能分区之间的克鲁格曼指数在减小，说明整体上环鄱阳湖城市群内部产业结构的同构度在逐渐增强。

环鄱阳湖城市群在构建城市群的战略中把做大做强中心城市摆到突出位置，以中心城市的崛起带动整体崛起。为此，环鄱阳湖城市群将大力支持省会南昌加快发展，全面提高产业、人口、资源的集聚和辐射能力，强化核心增长极的作用，在构建城市群的战略中把做大做强中心城市摆到突出位置，以中心城市的崛起带动整体崛起。

第一节　基本产业构成

一、研究区域总体概况

在中部四大城市群纷纷确立自己的发展目标与思路的大背景下，江西省不失时机地提出了国家战略——环鄱阳湖城市群的发展战略，希望通过逐步建立高度完善的城市网络体系，形成人流、物流、信息流的通道，对外发挥连接东西、贯通南北（毗邻长三角、珠三角、闽东南经济发达地区）连接内陆地区的巨大作用，打造世界级都会圈，将江西省经济更好地融入世界经济之中；对内促进区域经济分工，有效整合资源，带动全省经济繁荣。

环鄱阳湖城市群，是以中国第一大淡水湖（鄱阳湖）为核心，由环绕鄱阳湖的城市组成。环鄱阳湖城市群位于江西省内部，包括南昌、九江、景德镇、上饶、鹰潭、宜春、新余、萍乡等地级市全部行政辖区和抚州市辖区、东乡区、金溪县、崇仁县，吉安的新干县、峡江县。城市群区域面积 9.23 万平方公里，将成为联动“一带一路”的内陆开放高地、长江经济带绿色产业聚集区、国家绿色城镇化先行示范区、具有国际影响力的山水文化旅游区。环鄱阳湖城市群是江西省最发达的区域、长江中游城市群之一、中国经济最有活力、城市化率最高的地区之一，是全国城市群建设的先行者，致力打造成为中部崛起的核心增长极。

江西省的支柱产业大多集中在南昌、九江、景德镇、上饶、鹰潭、宜春、新余、萍乡这 8 个城市。8 个城市的产业结构各具特色，经济外向度较高，产业分工与合作更加紧密，经济互补性较强。除了 8 个地级市外，还有 8 个县级城市：樟树、丰城、高安、贵溪、德兴等，县域经济发展势头良好，后发优势强劲，将会成为“环鄱阳湖城市圈”战略的梯次城市群。这些都有利于推进区域经济一体化进程，必将成为江西省规模最大，经济活力、发展潜力和创新能力最为突出的经济核心区。在旅游资源上，环鄱阳湖城市群地区旅游资源都十分丰富，可以形成绿色生态、宗教文化、红色旅游经济圈，有利于推进“线路互通、客源互送、资源互享”，打造“环鄱阳湖城市圈”旅游品牌和精品线路，实现旅游经济的快速发展。

环鄱阳湖城市群具有面向鄱阳湖，依托长江、内陆交通发达的区位优势，山水优美度居于所有城市群之首；城市劳动力数量同样令其他城市群难以望其项背。此外，在城市水资源供给、交通通信等方面的优势也使该城市群成为投资热点。该城市群商品经济发达，农副产品丰富，工业基础雄厚，外向型经济发达。

二、各功能分区产业概况

根据2015年12月发布的《环鄱阳湖生态城市群规划（2015—2030）》，环鄱阳湖城市群由南昌大都市区、九江都市区、景德镇国际陶瓷文化与生态景观游憩地、信江河谷城镇群、幕阜山—九岭山风景游憩地以及新宜萍城镇群六个功能分区组成，每个功能分区的产业结构以及规划中的产业发展目标也是不尽相同的。

（一）南昌大都市区

南昌大都市区面积2.3万平方公里。南昌大都市区包括南昌市域，抚州市的临川区、东乡县，宜春市的高安市、丰城市、樟树市、奉新县、靖安县，上饶市的余干县和九江市的永修县，总面积约2.3万平方公里。南昌大都市区核心区范围包括南昌市辖区和南昌县以及安义县的万埠、长埠、石鼻和长均等乡镇，总面积约5090平方公里。南昌大都市区定位是江西省核心增长极、长江中游区域中心、中部地区开放发展新高地、具有国际知名度的生态人文都市。

南昌大都市区产业形成核心+廊道的布局方式，即以大都市区核心区为核心，向外沿昌九、昌鹰、昌宜、昌赣、向莆形成五条产业廊道。其中，大都市区核心区为大都市区核心增长极，包括南昌市区、南昌县城、向塘、昌北等。重点发展金融商务、总部、服务外包、商贸物流、文化创意等服务经济和光电、航空、汽车、医药、材料等创新经济，实现产业动能转换。积极培育智能装备、互联网经济新业态、新型消费、创新创业等新经济增长点。

（二）九江都市区

以九江市中心城区为核心，沿江联动瑞昌市、九江县、湖口县、彭泽县，向南联动德安县、共青城市、庐山市，强化城镇发展和资源要素集聚，推进沿江开放开发，带动修水县、武宁县、都昌县发展，打造鄱阳湖生态经济区建设新引擎、中部地区先进制造业基地、长江中游航运枢纽和国际化门户、全省区域合作创新示范区。江西省以水陆空联运为特色的现代物流中心和外贸口岸，重要的临港产业基地、先进制造业基地、科技与教育基地和文化创意产业基地，以商贸会展、特色金融、电子商务、信息服务为重点的生产性服务中心。

以国家建设长江经济带为契机，按照“做强南昌、做大九江、昌九一体、龙头昂起”的总体要求，明确各自功能定位、城市布局和设施配套，统筹产业布局、公共服务和基础设施建设，发挥比较优势，改造提升传统优势产业，大力发展战略性新兴产业，培育壮大现代服务业，不断增强综合经济实力，发挥集聚效应、辐射效应和带动效应，推动错位互补、联动发展、合作共赢，加快昌九一体化进程，充分发挥南昌和九江在全省经济社会发展中的龙头带动和核心引领作用，提升江西在全国区域发展格局中的地位。

（三）景德镇国际陶瓷文化与生态景观游憩地

以景德镇城区为中心（含浮梁县城），紧密联动乐平，带动婺源、鄱阳县及其城市周边的传统村落，融合赣东北风景游憩地、三清山—灵山风景游憩地，共同构建“城景一体”城镇群。

重点、优势在景德镇陶瓷文化旅游产业集群，以及浮梁、婺源、鄱阳特色旅游产业集群，并建设了一批生态旅游小城镇。依托赣东北风景游憩地的建设，以景德镇市和婺源县为中心组织区域绿道网，向西对接九江市和南昌市，向东对接黄山市，向南对接上饶市。这里是全国最大最完整的陶瓷科研、教育、生产与出口基地。景德镇已确定陶瓷发展的总体规划，把发展高技术陶瓷为核心竞争力的大陶瓷产业格局。继续做好重大产业项目的对接和引进，重点抓好太阳能电站项目、绿色环保家电项目以及光电电子项目等，同时，推进祥太制药、新立信药业、锂电池等在建项目建设，抓好多晶硅二期、单晶硅二期等增能扩建项目，努力实现产业项目的做大做强。

（四）信江河谷城镇群

信江河谷城镇群以上饶市中心城区为核心，包括周边的广丰、玉山、横峰、弋阳、铅山5个县，面积达1万多平方公里，人口和GDP均约占到全市的六成，区域内市场大、交通便利、资源富集、产业基础好，具备建设城镇群的优良条件。以上饶（含上饶县）为中心，联动玉山县、横峰县、铅山县、弋阳县，同时融合三清山—灵山、武夷山等风景游憩地；以鹰潭城区为中心联动贵溪市、余江县，融合龙虎山—龟峰、武夷山等风景游憩地，共同构建沿信江河谷分布的“城景一体”城镇群。

信江河谷城镇群大力推进产业兴城，促进工业化与城镇化互动。壮大产业承接园区，国字号的上饶经济技术开发区和各县的省级开发区加速产业向城镇集聚，产业园区融合成城市新区；统筹城镇群内的产业发展，中心城市形成综合性产业集群，铅山、弋阳、横峰形成特色轻工、有色金属、机械制造特色产业集群，广丰、玉山构建高新技术产业集群；壮大现代服务业和文化旅游产业，将区内三清山、龟峰、灵山、铜钹山等王牌景区与周边知名旅游品牌串联，建精品文化旅游线路，增强城镇群核心竞争力。发展生态旅游与文化创意产业，建设三清山、月湖都市、龟峰、龙虎山、铅山旅游产业集群。依托龙虎山—龟峰风景游憩地和三清山—灵山风景游憩地，以龙虎山风景名胜区、龟峰景区和三清山风景名胜区为核心分别组织区域绿道网，并联动武夷山、景德镇等地区。

（五）幕阜山—九岭山风景游憩地

以生态保育、生态农林业、生态旅游功能为主，建设昌铜高速公路生态经济带和修水沿线生态经济带，串联沿线的生态小城镇、风景旅游区及生态农林经济区。

以云居山—柘林湖风景名胜区为重点，沿幕阜山山脉组织区域绿道网，向西对接湖南、湖北，向东联系九江和南昌。建设串联武宁县的武陵岩景区、九岭山国家森林公园、庐山西海景区，靖安县的三爪仑国家森林公园、修水县的黄龙山景区、宜丰县的九天旅游度假区、奉新县百丈山—萝卜潭风景名胜区的区域绿道。

（六）新宜萍城镇群

以新余城区为中心联动周边的小城镇，以宜春城区为中心联动万载、上高及沪昆走廊地带小城镇，以萍乡城区为中心，联动上栗县、芦溪县等小城镇，共同融合武功山（明月山）—仙女湖风景游憩地，共同构建“城景一体”城镇群。

新宜萍城镇群是优势产茶区茶叶及深加工产业带；新余着力打造千亿元级钢铁及钢材深加工产业集群，成为全省钢铁产业转型升级重点区域；萍乡积极发展金属新材料和粉末冶金新材料，构建粉末冶金先进制造产业链，成为全省金属新材料重点发展区域；宜春重点发展新型纱线、产业用纺织品和苎麻系列产品；新余重点发展麻艺家纺、布艺家纺和高档缝纫线。宜春以国家锂电新能源高新技术产业化基地为平台，重点发展原材料及锂电池材料、锂电池；新余重点发展碳酸锂和锂电池正负极材料。以宜春为旅游集散中心城市，推动三地的旅游业联动发展，重点建设仙女湖、明月山、武功山萍乡、安源红色文化旅游产业集群。依托武功山（明月山）—仙女湖风景游憩地的建设，以武功山风景名胜区为重点，沿河流和武功山组织区域绿道网，并向西对接湖南，沿武功山向东延伸。

第二节　产业结构及协同集聚分析

通过查询中国城市统计年鉴，中国县域统计年鉴，中国县域经济统计年鉴以及在江西省统计局网站查阅环鄱阳湖城市群内各市国民经济和社会发展统计公报，利用2000年、2005年、2010年及2015年4个年份的相关数据，进行统计分析研究环鄱阳湖城市群内部产业结构和协同集聚情况。

一、各产业概况及产业结构演进

（一）基于县域数据的一、二产业增加值

产业增加值是指某产业企业在报告期内以货币形式表现的产业生产活动的最终成果；是产业企业全部生产活动的总成果扣除了在生产过程中消耗或转移的物质产品和劳务价值后的余额；是产业企业生产过程中新增加的价值。产业增加值是国民经济核算的一项基础指标。各产业部门增加值之和即国内生产总值，它反映的是一个国家（地区）在一定期时期内所生产的和提供的全部最终产品和服务的市场价值的总和，同时也反映了生产单位或部门对国内生产总值的贡献。

三次产业结构，是国民经济中产业结构问题的第一位的重要关系。一、二、三次产业，是根据社会生产活动的顺序对产业结构的划分。第一产业的属性是取自于自然界；第二产业是加工取自于自然的生产物；其余的全部经济活动统归第三产业。第一产业，又称第一次产业，是按“三次产业分类法”划分的国民经济中的一个产业部门，指以利用自然力为主，生产不必经过深度加工就可消费的产品或工业原料的部门，其范围各国不尽相同。一般包括农业、林业、渔业、畜牧业和采集业。第二产业是传统产业经济理论中对产业划分中的一个产业部门，指以对第一产业和本产业提供的产品（原料）进行加工的产业部门。按“三次产业分类法”划分为采矿业，制造业，电力、燃气及水的生产和供应业、建筑业。第一产业和第二产业共同构成了提供生产物质资料以及进行加工的过程，是国民经济的主要组成部分，是国民经济的基础和核心，第一产业和第二产业的增加值比较可以比较某地经济生产的变化和及产业结构。

从总体上看，环鄱阳湖城市群内各县市无论是第一产业增加值还是第二产业增加值从 2000 年至 2015 年都有较大幅度的增加，并且第二产业增加值随年份变大的幅度要远远大于第一产业增加值随年份变大的幅度，这说明环鄱阳湖城市群内各县市的综合经济实力在持续攀升，并且第二产业的主导作用不断增强，工业化进程不断加快。

2000 年环鄱阳湖城市群内各县市第一产业增加值最小的是横峰县 16827 万元，最大的是南昌县 199043 万元，极差为 182216 万元；第二产业增加值最小的为都昌县 12882 万元，最大的是南昌市辖区 1719359 万元。这说明 2000 年环鄱阳湖城市群内部各县市经济发展水平差异很大。2000 年环鄱阳湖城市群内部各县市第二产业增加值占一、二产业增加值之和的比重最小的是余干县，仅 25. 99%；第二产业增加值占一、二产业增加值之和的比重最大的是南昌市辖区，达 96. 46%之多；共 48 个县市有 2000 年相关数据，其中 30 个县市第一产业比重

大于第二产业比重，仅 18 个县市第二产业比重超过第一产业比重。2000 年环鄱阳湖城市群内部大多数县市主要以第一产业为主，少部分以第二产业为主，比重超过 70% 的仅乐平市、贵溪市、德兴市、南昌市辖区四县（市）。

2005 年环鄱阳湖城市群内各县市第一产业增加值最小的依然是横峰县 23934 万元，比 2000 年的最小值增加了 7107 万元，最大的依然是南昌县 251058 万元，两者之间的极差为 1224 万元，相比 2000 年缩小了很多；第二产业增加值最小的为靖安县 37496 万元，最小值较 2000 年增加了 15848 万元，最大的是南昌市辖区 3762253 万元，较 2000 年增加了 2042894 万元。这说明环鄱阳湖城市群内各县市经济水平在不断提高，区域之间的差距在逐渐缩小。2005 年环鄱阳湖城市群内部各县市第二产业增加值占一、二产业增加值之和的比重最小的是鄱阳县，仅 39.21%；第二产业增加值占一、二产业增加值之和的比重最大的是南昌市辖区，达 97.62% 之多；这两个数值较 2000 年均有上升。共 53 个县市有 2005 年相关数据，其中仅有 8 个县市第一产业比重大于第二产业比重，其余 45 个县市第二产业比重超过第一产业比重。2005 年环鄱阳湖城市群内各县市的产业结构较 2000 年发生了较大的改变，大多数县市以第二产业为主，一小部分县市仍旧以第一产业为主，第二产业占比最小的 3 个县为鄱阳县 39.21%、余干县 39.46%、都昌县 42.90%，这 3 个县均为鄱阳湖区主要农业基地。第二产业比重超过 90% 的有萍乡市辖区 90.04%、九江市辖区 90.73%、景德镇市辖区 96.17%、南昌市辖区 97.62%。

2010 年环鄱阳湖城市群内各县市第一产业增加值最小的县是鄱阳县 8967 万元，最大的依然是南昌县 251058 万元，两者之间的极差为 242091 万元，差距相当大；第二产业增加值最小的为余江县 81608 万元，最小值较 2005 年增加了 44112 万元，最大的是万年县 8389282 万元，较 2005 年增加了 4627029 万元。这说明环鄱阳湖城市群内各县市经济水平在不断提高且提高速度在加快，区域之间的差距在逐渐缩小。2010 年环鄱阳湖城市群内部各县市第二产业增加值占一、二产业增加值之和的比重最小的是德兴市 52.22%，第二产业增加值占一、二产业增加值之和的比重最大的是万年县，达 98.82% 之多；2010 年有 53 个县市有相关数据，所有县市第一产业比重大于第二产业比重即比重大于 50%。2010 年环鄱阳湖城市群内各县市的产业结构转型到了一个全新的阶段，城市群内全部县市均以第二产业为主。鄱阳县的第一产业增加值首次成为城市群内最低，但第二产业增加值增大了很多，第二产业的比重占一、二产业之和的 96.6%；德兴市的第二产业占一、二产业的比重也首次成为城市群内各县市中最低的，并非农业主产区而是资源型城市的德兴在多种产业蓬勃发展的 2010 年及之后，仅依靠单一产业显然无法带动自身发展，也逐渐跟不上整个城市群发展的脚步。

2015 年环鄱阳湖城市群内各县市第一产业增加值最小的县区是南昌市辖区

24691 万元，最大的则是萍乡市辖区 603510 万元，两者之间的极差为 578819 万元；第二产业增加值最小的为铅山县 153838 万元，最小值较 2010 年增加了 72230 万元，最大的是德安县 9515704 万元，较 2010 年增加了 1126422 万元。这说明环鄱阳湖城市群内各县市经济水平在进一步提高且提高速度在加快，区域之间的差距在进一步减小。2015 年环鄱阳湖城市群内部各县市第二产业增加值占一、二产业增加值之和的比重最小的是修水县 54.38%，第二产业增加值占一、二产业增加值之和的比重最大的是德安县，达 99.37% 之多；2015 年有 54 个县市的相关数据，所有县市第一产业比重大于第二产业比重即比重大于 50%。2015 年环鄱阳湖城市群内各县市的产业结构转型到了一个全新的阶段，城市群内全部县市均以第二产业为主，具体情况如表 6－1 所示。

表 6－1　　环鄱阳湖城市群各县一、二产业增加值　　单位：万元

指标	2000 年		2005 年		2010 年		2015 年	
	第一产业增加值	第二产业增加值	第一产业增加值	第二产业增加值	第一产业增加值	第二产业增加值	第一产业增加值	第二产业增加值
南昌县	199043	184124	251058	724283	373886	2045978	537816	7690319
新建县	81103	118200	168068	352260	341517	884629	517086	2755956
安义县	33150	22695	49910	81151	73217	273859	105445	456164
进贤县	97955	91622	173057	401353	317005	926652	491948	1381457
南昌市辖区	63149	1719359	91807	3762253	99975	8389282	60305	9515704
浮梁县	33277	45000	58725	80249	106578	302495	161351	538741
乐平市	59579	166397	105552	303902	229593	852731	343131	1488225
景德镇市辖区			25223	632549	42929	1649874	67718	2348834
莲花县	21725	23911	44938	44534	57120	127588	84180	248511
上栗县	38792	46000	63690	225158	104725	654189	161768	1020838
芦溪县	29602	44360	52687	167003	100937	468797	156168	701971
萍乡市辖区			97185	878605				
九江县	40593	18577	52502	70213	74357	294729	125820	555802
武宁县	63406	35000	79845	89300	101492	259158	144675	485059

续表

指标	2000年		2005年		2010年		2015年	
	第一产业增加值	第二产业增加值	第一产业增加值	第二产业增加值	第一产业增加值	第二产业增加值	第一产业增加值	第二产业增加值
修水县	76925	39500	95044	112295	122568	269650	173896	636599
永修县	52900	40700	68528	94706	100861	393251	143883	780682
德安县	17755	31665	24785	79011	35193	248542	55183	574660
星子县（庐山市）	17265	19470	29660	42880	40820	130045	62790	295804
都昌县	33608	12882	67948	51043	129011	195000	190187	454179
湖口县	32982	16025	47211	57030	68284	496943	112961	776021
彭泽县	44386	15663	58456	55375	88356	204417	163364	465088
瑞昌市	27960	47620	57296	133218	88145	418139	136888	1015416
共青城市	—	—	—	—	8967	255050	24691	602001
九江市辖区			139325	1363229			73162	3504589
分宜县	43810	50632	67936	138048	117494	662870	218997	1106691
余江县	42200	23500	62316	50065	142718	203117	295384	523595
新余市辖区								
贵溪市	56962	166801	94627	524863	155431	1512166	186254	2432317
鹰潭市辖区								
峡江县	29194	15580	42016	37922	81014	144808	119966	295868
新干县	45966	35105	72761	68447	122808	285418	194128	539826
万载县	53584	41884	75834	111682	111490	320894	142145	626858
上高县	75634	50347	87890	135610	125869	391401	195837	703991
奉新县	54420	35935	72020	142004	108738	408823	170965	613936
宜丰县	44100	39000	70400	92700	115000	259603	196757	477656
靖安县	24022	21648	26588	37496	43409	109723	61796	177840

续表

指标	2000 年		2005 年		2010 年		2015 年	
	第一产业增加值	第二产业增加值	第一产业增加值	第二产业增加值	第一产业增加值	第二产业增加值	第一产业增加值	第二产业增加值
铜鼓县	23400	22150	28200	42170	41305	81608	56179	153838
丰城市	154000	104790	228620	352660	433922	1273100	603510	2058518
樟树市	75312	61755	120084	237513	221211	845815	310048	1771620
高安市	86594	80782	131636	202193	213387	551353	337913	966200
宜春市辖区			138728	208972	212169	679880	285250	935543
上饶县	45971	53660	58982	159086	92428	611304	160255	1309463
广丰县（区）	64984	127667	99274	366750	160731	801374	208936	1630518
玉山县	43639	30578	51262	116284	105384	340849	148331	690376
铅山县	46160	44210	64650	86212	115458	215431	164624	450452
横峰县	16827	17273	23934	38116	49056	294320	67446	421953
弋阳县	35455	29407	54432	69639	92031	200346	141969	400898
余干县	60406	21210	136537	88988	220628	268749	360239	429481
鄱阳县	104197	43527	156555	100998	257989	281929	564430	770242
万年县	49811	34770	56173	80922	86347	285984	129586	632962
婺源县	35986	40491	43258	94173	72958	194225	113351	269828
德兴市	30671	134103	45703	242360	72378	545871	102514	471610
上饶市辖区			55740	203572	191612	553618	435510	3496198
金溪县	29330	17923	41920	47762	71829	163863	115980	330611
东乡县	49271	68601	64815	124869	116213	404355	202426	794422
崇仁县	44839	42505	65851	89771	147953	285620	230929	464180
抚州市辖区					315769	1261527	506075	1984210

资料来源：根据2000 年、2005 年、2010 年、2015 年4 个年份的《中国县域经济统计年鉴（江西卷）》中关于江西省内各县域第一产业增加值与第二产业增加值数据进行统计，找出环鄱阳湖城市群范围内包括南昌、九江、景德镇、上饶、鹰潭、宜春、新余、萍乡 8 个地级市和吉安、抚州部分县市共 57 个县的相关数据整理得到。

（二）各市产业结构高度化水平

1. 产业结构高度化

产业结构高度化也称产业结构高级化，是指一国经济发展重点或产业结构重心由第一产业向第二产业和第三产业逐次转移的过程，标志着一国经济发展水平的高低和发展阶段、方向。产业结构高度化反映在各产业部门之间产值、就业人员、国民收入比例变动的过程上。结构调度化概念，主要包括两个方面的内容：产业结构比例高度化和产业结构水平高度化。后者包括三个阶段，重工业化、高加工化和知识技术集约化。产业结构高度化以产业结构合理化为基础，脱离合理化的高度化只能是一种“虚高度化”。产业结构合理化的过程，使结构效益不断提高，进而推动产业结构向高度化发展。可见，合理化和高度化是构成产业结构优化的两个基点。

从产业结构的结构比例看，高度化有三个方面的内容：第一，在整个产业结构中，由第一次产业占优势比重逐级向第二次、第三次产业占优势比重演进，即产业重点依次转移；第二，产业结构中由劳动密集型产业占优势比重逐步向资金密集型、技术知识密集型占优势比重演进，即向各种要素密集度依次转移；第三，产业结构中由制造初级产品的产业占优势比重逐步向制造中间产品、最终产品的产业占优势比重演进，即向产品形态依次转移。

从产业结构高度化的程度看，高度化有四个方面的内容：第一，产业高附加值化，即产品价值中所含剩余价值比例大，具有较高的绝对剩余价值率和超额利润，是企业技术密集程度不断提高的过程；第二，产业高技术化，即在产业中普遍应用高技术（包括新技术与传统技术复合）；第三，产业高集约化，即产业组织合理化，有较高的规模经济效益；第四，产业高加工度化，即加工深度化，有较高的劳动生产率。

2. 产业结构高度化水平指数

假设三次产业值 a'、b'、c'，通过统计已知（$a'>0$，$b'>0$，$c'>0$）。通过 $c=c'/a'$，$b=b'/a'$，$a'/a'=1$，把 a'、b'、c'转化为 b、c（即 b 为第二产业值与第一产业值的比例关系，c 为第三产业值与第一产业值的比例关系）。通过函数性质的分析和反复试错，构造出函数 D 为 $D=c/[(P-b)^2+0.5](b>0, c>0)$。

经反复运算，P 可视为一分段函数，随着经济的发展和产业结构的不断高级化，P 值是不断增大的，在不同国家的同一时期和同一国家的不同时期可规定不同的 P 值，在同一国家或地区 P 可随时间的推移分阶段赋予不断增大的值。例如利用 D 函数结合国内生产总值三次产业构成值，可知环鄱阳湖城市群产业结构高度化水平定量测定模型中 P 分段赋值较为合理即：

$$D_1 = c/[(2-b)^2+0.5]\ (b>0,\ c>0,\ 2000\text{年});$$
$$D_2 = c/[(4-b)^2+0.5]\ (b>0,\ c>0,\ 2005\text{年});$$
$$D_3 = c/[(6-b)^2+0.5]\ (b>0,\ c>0,\ 2010\text{年});$$
$$D_4 = c/[(8-b)^2+0.5]\ (b>0,\ c>0,\ 2015\text{年}) \quad (6-1)$$

产业结构高度化水平指数代表了在产业转型升级的过程中第二产业及第三产业的变化。环鄱阳湖城市群内产业结构高度化水平指数随时间持续增加的城市有南昌、景德镇、萍乡以及九江，说明这几个城市的产业结构逐渐向更高级的阶段迈进，第二产业成为主导产业之后第三产业的比重在不断增强，且第三产业增加的幅度要大于第二产业增加的幅度，产业结构在第二产业为主向第三产业为主的转型阶段；环鄱阳湖城市群内产业结构高度化水平指数随时间波动起伏的城市有新余、鹰潭，这两个城市是环鄱阳湖城市群内最小的两个城市，高度化水平指数的波动起伏反映了这两个城市第二产业比重增加的幅度还没有达到城市群内的平均水平，又因为新余、鹰潭两个城市的第一产业比重本身就比较小，式（6－1）中 b 和 c 的值变化就更加明显了，鹰潭和新余本就是环鄱阳湖城市群中的两个工业城市，第二产业占比最大，第一和第三产业份额则不相上下；环鄱阳湖城市群内产业结构高度化水平指数随时间逐渐减少的城市有宜春和上饶两个城市，宜春和上饶均为环鄱阳湖城市群各市中区县较多、面积较大的两个城市，产业结构高度化水平指数的减少反映了宜春和上饶第二产业在不断增强，产业结构在第一产业为主向第二产业为主的转型阶段。

产业结构高度化水平指数在一定程度上可以反映某地区产业结构的现状水平，该指数越高则水平越高，反之则水平越低。2000 年产业结构高度化水平最高的城市是上饶，最低的是萍乡；2005 年产业结构高度化水平最高的城市是新余，最低的是宜春；2010 年产业结构高度化水平最高的城市是景德镇，最低的是宜春；2015 年产业结构高度化水平最高的城市是萍乡，最低的依然是宜春。

环鄱阳湖城市群内各城市产业结构高度化水平指数如表 6－2 所示。

表 6－2 环鄱阳湖城市群内各城市产业结构高度化水平指数

城市	2000 年	2005 年	2010 年	2015 年
南昌	0.3074	0.4780	0.6331	0.4204
景德镇	0.5694	1.7874	5.9552	7.7773
萍乡	0.0367	1.5536	2.1076	9.5658
九江	0.7127	1.2821	1.6566	4.6917

续表

城市	2000 年	2005 年	2010 年	2015 年
新余	0.2156	3.5258	0.7264	2.5346
鹰潭	1.6957	3.3798	1.5099	7.0785
宜春	0.2001	0.1917	0.1007	0.1050
上饶	6.9847	0.3812	0.1475	0.0827

资料来源：根据环鄱阳湖城市群内主要8个城市的三次产业占GDP比重的相关数据，根据式（6-1）进行运算处理后可得表6-2，即环鄱阳湖城市群内各市产业结构高度化水平指数。

根据2000年环鄱阳湖城市群内各市三次产业占GDP比重的数值分析可知：景德镇的第一产业大于第二产业大于第三产业，新余和宜春的第一产业大于第三产业大于第二产业，景德镇、新余和宜春这三个城市均是以第一产业为主导的城市；南昌、萍乡、九江、鹰潭和上饶的产业结构均为第三产业大于第二产业大于第一产业。鹰潭、上饶、萍乡和南昌第三产业占GDP的比重超过了50%。

根据2005年环鄱阳湖城市群内各市三次产业占GDP比重的数值分析可知：环鄱阳湖城市群内8个主要城市主导产业都不是第一产业，并且这8个城市三次产业占GDP的比重均为第二产业大于第三产业大于第一产业。第三产业占比最高的城市是南昌，同时南昌也是第一产业占比最低的城市。

根据2010年环鄱阳湖城市群内各市三次产业占GDP比重的数值分析可知：环鄱阳湖城市群内8个主要城市主导产业均为第二产业，且三次产业占GDP的比重依然是第二产业大于第一产业大于第三产业。南昌、景德镇、萍乡和新余的第一产业占比下降到了10%以下，并且萍乡的第二产业占比首次突破60%，达到61.6%。各第三产业占比均低于40%。

根据2015年环鄱阳湖城市群内各市三次产业占GDP比重的数值分析可知：环鄱阳湖城市群内8个主要城市主导产业依然是第二产业，且三次产业占GDP的比重仍然为第二产业大于第一产业大于第三产业这样的结构。环鄱阳湖城市群的8个城市中只有宜春和上饶的第一产业占GDP的比重超过10%；同样得，8个城市中也只有宜春和上饶的第二产业占GDP的比重低于50%。在第三产业占GDP比重这一栏中，超过40%的只有南昌41.22%和宜春40.93%两个城市。

总体，环鄱阳湖城市群内各城市的产业结构差异不大，第一产业占GDP的比重在逐渐减少，第二产业与第三产业占GDP的比重在逐渐增大，并且都出现了产业结构由“二、三、一”向“三、二、一”的结构转型。

环鄱阳湖城市群内各城市三次产业占GDP的比重如图6-1所示。

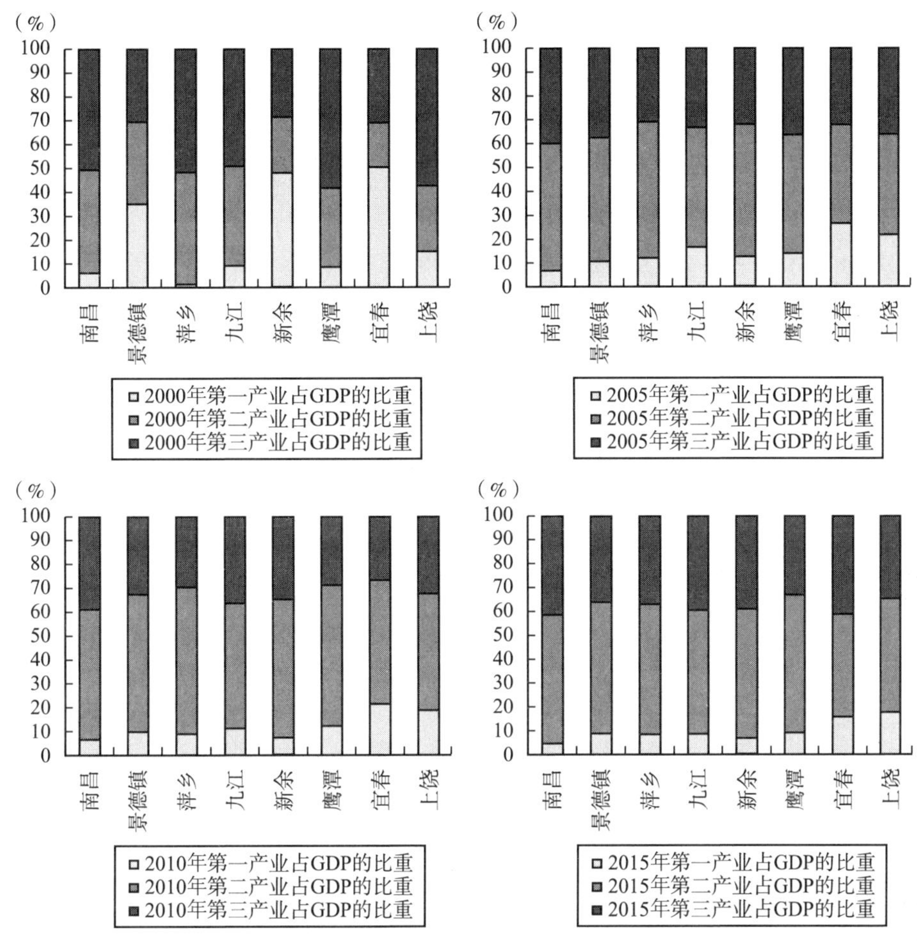

图 6－1　环鄱阳湖城市群内各城市三次产业占 GDP 的比重

资料来源：根据环鄱阳湖城市群内 8 个城市 2000 年、2005 年、2010 年以及 2015 年三次产业占 GDP 比重的相关数据绘制。

二、各市产业集聚现状分析

（一）城市区位熵

所谓熵，就是比率的比率。它是由哈盖特所提出的概念，其反映某一产业部门的专业化程度，以及某一区域在高层次区域的地位和作用。区位熵在衡量某一区域要素的空间分布情况，反映某一产业部门的专业化程度，以及某一区域在高层次区域的地位和作用等方面，是一个很有意义的指标。在产业结构研究中，运用区位熵指标主要是分析区域主导专业化部门的状况。

区位熵的计算公式为：

$$LQ_{ij} = (q_{ij}/q_j)/(q_j/q) \quad (6-2)$$

在式（6－2）中，LQ_{ij}就是 j 地区的 i 产业在全国的区位熵，q_{ij}为 j 地区的 i 产业的相关指标（例如产值、就业人数等）；q_j 为 j 地区所有产业的相关指标；q_i 指在全国范围内 i 产业的相关指标；q 为全国所有产业的相关指标。LQ_{ij}的值越高，地区产业集聚水平就越高，一般来说：当 $LQ_{ij}>1$ 时，我们认为 j 地区的区域经济在全国来说具有优势；当 $LQ_{ij}<1$ 时我们认为 j 地区的区域经济在全国来说具有劣势。区位熵方法简便易行，可在一定程度上反映出地区层面的产业集聚水平。

区位熵可以反映某区域某行业在全国该行业中的“地位”，区位熵越高，该地区该行业在全国的“地位”就越高。根据表 6－3，环鄱阳湖城市群中的 8 个城市在建筑业这一行业在全国具有优势的有南昌、抚州、鹰潭、上饶，其中南昌建筑业的区位熵突破了 2，是环鄱阳湖城市群各市在 16 个行业中区位熵的最高值。制造业在全国占优势的城市有九江、景德镇、鹰潭、新余、宜春、萍乡和吉安。交通运输等在全国相对占优势的城市只有鹰潭、宜春和吉安三个，而信息传输计算机服务等的区位熵大于 1 的只有南昌市。批发和零售行业以及文化体育娱乐行业在全国占有相对优势的城市都是南昌和景德镇。金融业的区位熵大于 1 的有宜春和萍乡。南昌、九江、景德镇、鹰潭、宜春和吉安在水利环境等行业的区位熵大于 1。在教育行业，九江、宜春、萍乡、上饶、抚州和吉安均高于全国平均水平。九江、景德镇、宜春、萍乡、上饶和吉安在卫生社保等行业中具有较大优势。在公共管理和社会组织行业中，环鄱阳湖城市群范围内除南昌以外的 7 个城市均在全国有优势。环鄱阳湖城市群的各市在住宿和餐饮行业、房地产行业、租赁和商业服务行业、科研技术服务行业以及居民服务等的区位熵均没有大于 1，在全国没有优势。

表 6－3　环鄱阳湖城市群内各市各行业区位熵

行业	南昌	九江	景德镇	鹰潭	新余	宜春	萍乡	上饶	抚州	吉安
建筑业	2.1005	0.9310	0.6777	1.4158	0.7217	0.5290	0.7680	1.0768	1.9608	0.5601
制造业	0.9069	1.1196	1.2109	1.1817	1.6588	1.2297	1.1875	0.8475	0.7608	1.1812
交通运输等	0.6094	0.8258	0.9405	1.2314	0.6168	1.0035	0.5624	0.4282	0.8280	1.1959

续表

行业	南昌	九江	景德镇	鹰潭	新余	宜春	萍乡	上饶	抚州	吉安
信息传输计算机服务等	1.3464	0.5471	0.6571	0.5295	0.4113	0.4596	0.3941	0.6157	0.3701	0.5953
批发和零售	1.0834	0.5193	1.1337	0.3247	0.3467	0.6616	0.3160	0.7157	0.4892	0.4703
住宿和餐饮	0.5744	0.5125	0.6057	0.5887	0.5135	0.2880	0.0928	0.4135	0.2438	0.3791
金融业	0.8163	0.8802	0.6865	0.8608	0.9219	1.0695	1.2097	0.9587	0.7191	0.8077
房地产	0.6518	0.5793	0.4415	0.5717	0.4396	0.4024	0.3469	0.5667	0.6233	0.4678
租赁和商业服务	0.6355	0.7287	0.2162	0.1971	0.2784	0.1534	0.0134	0.5630	0.1097	0.3961
科研、技术服务	0.8767	0.6882	0.8558	0.5239	0.4208	0.2019	0.5013	0.1277	0.2411	0.5814
水利、环境等	1.2932	1.1852	1.2122	1.1858	0.5097	1.1225	0.8497	0.7059	0.9057	1.6223
居民服务等	0.1250	0.2433	0.3336	0.0076	0.1497	0.1043	0.1460	0.1276	0.5151	0.2152
教育	0.6893	1.2724	0.9469	0.9398	0.9531	1.3192	1.2310	1.8975	1.4709	1.4837
卫生社保等	0.6952	1.2409	1.0998	0.7684	0.8947	1.2991	1.1174	1.3029	0.9318	1.3666
文化体育娱乐	1.0569	0.9998	1.4291	0.5399	0.7116	0.4524	0.5280	0.6275	0.5668	0.9409
公共管理和社会组织	0.7205	1.4913	1.3574	1.3447	1.2142	1.5528	1.6787	1.9427	1.4846	1.5892

资料来源：根据环鄱阳湖城市群内各市 2015 年建筑业，制造业，交通运输等，信息传输计算机服务等，批发和零售，住宿和餐饮，金融业，房地产，租赁和商业服务，科研、技术服务，水利、环境等，居民服务等，教育，卫生社保等，文化体育娱乐，公共管理和社会组织 16 个行业的就业人数相关数据以及这 16 个行业在全国的就业人数，通过分析计算得到环鄱阳湖城市群内各市各行业的区位熵值。

另外，区位熵也可以用来反映某地区产业集聚的情况，根据表 6－3 可知：南昌的产业主要集中在建筑业、信息传输计算机服务等行业、批发和零售业、水利环境等行业以及文化体育娱乐等行业；九江的产业主要集中在制造业、水利环境等工业、教育行业、卫生社保等行业以及公共管理和社会组织行业；景德镇的行业主要集中在制造业、批发和零售业、水利环境等工业、卫生社保等行业、文化体育娱乐等行业以及公共管理和社会组织行业；鹰潭的产业主要集中在建筑业，制造业，交通运输等行业，水利、环境等行业、公共管理和社会组织等行业；新余的产业主要集中在制造业、公共管理和社会组织等行业；宜春的行业主要集中在制造业、交通运输等行业、金融业、水利行业，教育行业、卫生社保等行业、文化体育娱乐行业、公共管理和社会组织等行业；萍乡的产业主要集中在制造业、金融业、教育行业、卫生社保等行业、公共管理和社会组织等行业；上饶的产业主要集中在建筑业、教育行业、卫生社保等行业、公共管理和社会组织等行业；抚州的产业集中在建筑业、教育含义、卫生社保等行业、公共管理和社会组织行业；吉安的产业集中在制造业，交通运输等行业，水利、环境等行业、教育行业、卫生社保等行业、公共管理和社会组织的行业。

环鄱阳湖城市群内各市各行业的区位熵值如表 6 - 3 所示。

（二）产业从业人数分析

在 1940 年出版的《经济发展条件》一书中，英国经济学家科林·克拉克通过对 40 多个国家和地区不同时期三次产业劳动投入和总产出的资料的整理和比较，总结了劳动力在三次产业中的结构变化与人均国民收入的提高存在着一定的规律性，即所谓克拉克法则：由于对三次产业产品与服务的收入需求弹性，以及对三次产业生产投资的报酬存在差异，劳动人口从农业向制造业，进而从制造业向商业及服务业移动。

环鄱阳湖城市群内各市三次产业从业人员的基本情况是第三产业从业人员比重大于第二产业从人人员比重大于第一产业从业人员比重，并且第一产业从业人员比重越来越小而第二、三产业从业人员比重越来越多，但并非环鄱阳湖城市群内各市都符合这一规律。

2000 年，南昌、萍乡、九江、鹰潭、上饶的第三产业从业人员比重大于第二产业从业人员比重大于第一产业从业人员比重；而景德镇、新余和宜春的第一产业从业人员比重大于第二产业从业人员比重大于大三产业从业人员比重。

2005 年，南昌、萍乡、九江、鹰潭、宜春和上饶的第三产业从业人员比重大于第二产业从业人员比重大于第一产业从业人员比重；景德镇和新余的第二产业从业人员比重大于第一产业从业人员比重大于第三产业从业人员比重。

2010 年，南昌、萍乡、九江、宜春和上饶的第三产业从业人员比重大于第二产业从业人员比重大于第一产业从业人员比重；景德镇、鹰潭和新余的第二产业从业人员大比重于第一产业从业人员比重大于第三产业从业人员比重。并且新余的第一产业从业人员比重仅为 0.5%。

2015 年，景德镇和上饶的第三产业从业人员比重大于第二产业从业人员比重大于第一产业从业人员比重；南昌、萍乡、九江、宜春、鹰潭和新余的第二产业从业人员大比重于第一产业从业人员比重大于第三产业从业人员比重。南昌、萍乡、新余和鹰潭的第一产业从业人员比重均小于 0.4%，而第二产业从业人员比重却超过55%。

环鄱阳湖城市群内各市三次产业从业人员数占总从业人员数的比重如表6-4所示。

表6-4　　环鄱阳湖城市群内各市三次产业从业人员比重　　单位：%

年份	产业	南昌	景德镇	萍乡	九江	新余	鹰潭	宜春	上饶
2000	第一产业	6	35	1.4	8.9	47.7	8.4	49.9	15.2
	第二产业	43.2	34.3	47.1	41.8	22.8	32.8	18.8	27.3
	第三产业	50.8	30.7	51.5	49.3	28.4	58.8	31.3	57.5
2005	第一产业	3.96	6.12	1.93	4.16	33.05	15.39	3.63	11.95
	第二产业	42.49	52.87	45.29	42.96	36.32	40.09	34.04	28.41
	第三产业	53.56	41.01	52.78	52.88	30.63	44.52	62.33	59.64
2010	第一产业	2.55	5.85	0.50	2.62	0.89	14.17	2.78	9.85
	第二产业	47.34	50.46	48.55	45.48	57.50	43.21	38.51	24.43
	第三产业	50.11	43.69	50.96	51.90	41.61	42.62	58.71	65.72
2015	第一产业	0.35	3.25	0.31	1.42	0.36	0.23	1.12	1.16
	第二产业	62.01	47.49	55.88	49.38	64.24	61.47	51.77	43.4
	第三产业	37.64	49.26	43.82	49.19	35.4	38.3	47.11	55.44

资料来源：某区域三次产业的从业人员数在一定程度上可以反映该区域的产业结构以及产业集聚程度。根据环鄱阳湖城市群内各市2000年、2005年、2010年和2015年四个年份的三次产业从业人数的相关数据，统计环鄱阳湖城市群内各市三次产业从业人员数占总从业人员数的比重得到。

第三节　产业结构趋同研判与合理优化

一、产业结构趋同情况

对产业结构趋同的测度目前有多种方法。本章采用相似系数和克鲁格曼指数两种研究方法，其指标值直接反映了产业结构的同构性，而其随时间的变化则反映了区域产业结构趋同或趋异的整体走势。

（一）产业结构相似系数

产业结构相似系数测度研究对象（区域）之间两两相似系数的大小，并制作出“区域—区域”相似系数矩阵，该矩阵是一个对称矩阵，若进一步考察产业趋同性，则选取若干代表性年份分别计算相似系数矩阵，比较各个相似系数的总体变化趋势。

相似系数计算表达式如下：

$$S_{ij} = \frac{\sum_n X_{in} X_{jn}}{\sqrt{\sum_n X_{in}^2 \sum_n X_{jn}^2}} \qquad (6-3)$$

式（6－3）中：S_{ij}是 i 区域和 j 区域的结构相似系数；i 和 j 是两个相比较的区域；X_{in}是 i 产业占整个产业的比重；X_{jn}是 j 区域 n 产业占整个产业的比重。S_{ij}的值在 0 和 1 之间变动。如果其值为 0，表示两个相比较地区的产业结构完全不同；如果其值为 1，说明两地区间产业结构完全相同。也就是说 S_{ij}的值越大，说明两个相比较地区间产业结构趋同程度越大；反之表明趋同构程度越小。联合国工业组织认为两个相比较地区间的结构相似系数大于 0.9，即为产业结构趋同。

产业结构相似系数可以反映某地区与另一地区两两之间的产业结构相似度，产业结构相似系数越接近 1 说明这两地区产业结构趋同，产业结构相似系数越接近 0 说明这两地区产业结构趋异，并且产业结构相似系数大于 0.995 即可认为两地之间的产业结构趋同明显。

根据表 6－5，2000 年环鄱阳湖城市群内部各城市之间产业结构相似系数最接近 1 的是南昌和九江，说明南昌和九江的产业结构非常相似。此外，南昌和萍乡，南昌和新余、南昌和鹰潭、景德镇和鹰潭、景德镇和上饶、萍乡和新余、九江和萍乡、九江和新余、九江和鹰潭、新余和宜春、鹰潭和上饶的产业结构趋同。2005 年环鄱阳湖城市群内部各城市之间产业结构相似系数最接近 1 的是南昌和上饶、景德镇和鹰潭以及萍乡和新余，说明 2005 年南昌和上饶、景德镇和鹰潭以及萍乡和新余的产业结构非常相似。此外，数据表明 2005 年开始环鄱阳湖城市群内各城市均表现出产业结构趋同。南昌和景德镇、南昌和鹰潭、南昌和上饶、景德镇和鹰潭、景德镇和上饶、萍乡和九江、萍乡和宜春、九江和新余、鹰潭和上饶在 0.005 的置信水平上显著相关，即产业结构的显著趋同。2010 年环鄱阳湖城市群内部各城市之间产业结构相似系数最接近 1 的是景德镇和上饶，此外，南昌和九江、景德镇和萍乡，景德镇和新余、萍乡和鹰潭、萍乡和上饶、萍乡和新余、九江和新余、上饶和鹰潭、新余和上饶的产业结构趋同，并在 0.005 的置信水平上显著相关。2015 年环鄱阳湖城市群内部各城市之间产业结构相似系数最接近 1 的是景德镇和萍乡。此外，南昌和九江，南昌和新余、景德镇和新余、景德镇和上饶、萍乡和新余、九江和新余、萍乡和上饶、鹰潭和上饶的产业结构趋同，并在 0.005 的置信水平上显著相关。

表 6－5　　环鄱阳湖城市群内各城市产业结构相似系数

2000 年环鄱阳湖城市群内各城市产业结构相似系数

南昌	景德镇	萍乡	九江	新余	鹰潭	宜春	上饶
1							
0.741	1						
0.997	0.685	1					
1	0.752	0.995	1				
0.943	0.474	0.966	0.937	1			
0.928	0.938	0.895	0.934	0.750	1		
0.842	0.262	0.882	0.833	0.974	0.579	1	
0.822	0.992	0.774	0.831	0.584	0.975	0.384	1

2005 年环鄱阳湖城市群内各城市产业结构相似系数

南昌	景德镇	萍乡	九江	新余	鹰潭	宜春	上饶
1							
0.996	1						
0.945	0.969	1					
0.967	0.985	0.997	1				
0.953	0.976	1	0.999	1			
0.995	1	0.972	0.987	0.978	1		
0.910	0.952	0.996	0.986	0.993	0.946	1	
1	0.997	0.947	0.968	0.955	0.996	0.913	1

2010 年环鄱阳湖城市群内各城市产业结构相似系数

南昌	景德镇	萍乡	九江	新余	鹰潭	宜春	上饶
1							
0.978	1						
0.954	0.996	1					
0.997	0.991	0.975	1				
0.990	0.997	0.986	0.998	1			
0.941	0.991	0.999	0.965	0.979	1		
0.852	0.943	0.970	0.891	0.917	0.979	1	
0.971	1	0.998	0.987	0.995	0.995	0.953	1

2015 年环鄱阳湖城市群内各城市产业结构相似系数

南昌	景德镇	萍乡	九江	新余	鹰潭	宜春	上饶
1							
0.985	1						
0.987	1	1					
0.999	0.992	0.994	1				
0.996	0.997	0.998	0.999	1			
0.961	0.994	0.993	0.972	0.983	1		
0.987	0.945	0.950	0.979	0.968	0.905	1	
0.975	0.999	0.998	0.984	0.992	0.998	0.928	1

资料来源：根据 2000 年、2005 年、2010 年以及 2015 年四个年份的环鄱阳湖城市群内部各城市各产业占整个城市群该产业的比重，运用式（6－3）分别计算环鄱阳湖城市群内各个城市两两之间的产业结构相似系数得到。

总体上，环鄱阳湖城市群内各城市的产业结构相似系数随时间在不断增大，越来越多的城市之间出现了显著的产业结构趋同现象。

2000 年、2005 年、2010 年、2015 年环鄱阳湖城市群内各城市的产业结构相似系数由表 6－5 可见。

（二）克鲁格曼指数

克鲁格曼指数，最早由保罗·克鲁格曼（Paul Krugman）在研究地方化和贸易问题时提出，也被称为行业分工指数或产业专业化系数，现这个指数常被用来衡量地区间产业结构整体差异度。计算式为：

$$KI_{ij} = \sum_{k=1}^{n} |X_{ik} - X_{jk}| \quad (6-4)$$

其中，X_{ik}表示 i 区域内 k 产业占整个产业的比重，X_{jk}表示 j 区域内 k 产业占整个产业的比重。KI_{ij}表示克鲁格曼指数，当区域 i 和区域 j 有完全相同的产业结构时，克鲁格曼指数为 0。当区域 i 和区域 j 的产业结构完全不同时，克鲁格曼指数为区域 i 与区域 j 所有产业份额之和，即为 2。克鲁格曼后又进一步指出，这个指数也可大致衡量区域间的行业分工程度。一般而言，指数值越小，区域之间的产业同构度越强，两地区的分工程度越小；反之，同构度越弱，分工程度越大。

根据 2015 年 12 月发布的《环鄱阳湖生态城市群规划（2015—2030）》，环鄱阳湖城市群由南昌大都市区、九江都市区、景德镇国际陶瓷文化与生态景观游憩地、信江河谷城镇群、幕阜山—九岭山风景游憩地以及新宜萍城镇群 6 个功能分区组成。南昌大都市区（表中简称南昌区）包括南昌县、新建县、安义县、进贤县、南昌市辖区、余干县、永修县、峡江县、新干县、丰城市、樟树市、高安市、金溪县、东乡县、崇仁县、抚州市辖区；九江都市区（表中简称九江区）包括九江县、德安县、（庐山市）星子县、都昌县、湖口县、彭泽县、瑞昌市、共青城市、九江市辖区；景德镇国际陶瓷文化与生态景观游憩地（表中简称景德镇区）包括婺源县、鄱阳县、浮梁县、乐平市、景德镇市辖区；信江河谷城镇群（表中简称信江区）包括余江县、贵溪市、鹰潭市辖区、上饶县、广丰县（区）、玉山县、铅山县、横峰县、弋阳县、德兴市、上饶市辖区、万年县；幕阜山—九岭山风景游憩地（表中简称幕九区）包括宜丰县、靖安县、铜鼓县、奉新县、武宁县、修水县；新宜萍城镇群（表中简称新宜萍）包括分宜县、新余市辖区、万载县、上高县、宜春市辖区、莲花县、上栗县、芦溪县、萍乡市辖区。

通过克鲁格曼指数定量研究环鄱阳湖城市群内部 6 个功能分区之间的产业结构异同，分析城市群内部产业合理化程度。

环鄱阳湖城市群各分区之间克鲁格曼指数如表 6－6 所示。

表 6-6　　环鄱阳湖城市群各分区之间克鲁格曼指数

各分区	2000 年	2005 年	2010 年	2015 年
南昌区—九江区	0.548	0.002	0.084	0.055
九江区—景德镇区	0.258	0.077	0.028	0.169
景德镇区—信江区	0.091	0.026	0.014	0.094
信江区—幕九区	0.403	0.326	0.184	0.199
幕九区—新宜萍	0.182	0.343	0.153	0.103
南昌区—景德镇区	0.291	0.079	0.055	0.114
九江区—信江区	0.349	0.102	0.014	0.076
景德镇区—幕九区	0.312	0.352	0.199	0.105
信江区—新宜萍	0.221	0.017	0.031	0.096
南昌区—信江区	0.199	0.105	0.070	0.020
九江区—幕九区	0.054	0.428	0.170	0.275
景德镇区—新宜萍	0.130	0.009	0.046	0.003
南昌区—幕九区	0.603	0.430	0.254	0.219
九江区—新宜萍	0.128	0.086	0.017	0.172
南昌区—新宜萍	0.420	0.088	0.101	0.117

资料来源：根据环鄱阳湖城市群中各县市区的各产业的产值，计算环鄱阳湖城市群各功能分区的各产业占总产业的比重，利用式（6-4）进行计算可以得到环鄱阳湖城市群各功能分区之间的克鲁格曼指数，并由此判断各分区之间的产业同构度的强弱程度。

总体上从 2000～2015 年环鄱阳湖城市群内各功能分区之间的克鲁格曼指数在减小，说明整体上环鄱阳湖城市群内部产业结构的同构度在逐渐增强。信江河谷城镇群和景德镇国际陶瓷文化与生态景观游憩地之间、景德镇国际陶瓷文化与生态景观游憩地和新宜萍城镇群之间以及九江都市区和新宜萍城镇群之间的产业同构度较低；信江河谷城镇群和幕阜山—九岭山风景游憩地之间、景德镇国际陶瓷文化与生态景观游憩地和幕阜山—九岭山风景游憩地之间以及南昌大都市区和幕阜山—九岭山风景游憩地之间的产业同构度较高；产业同构度升高最显著的是南昌大都市区和九江都市区以及南昌大都市区和新宜萍城镇群之间。

克鲁格曼指数是区域间各行业差异度的加总结果，据此可以通过分行业分解环鄱阳湖城市群内部各个功能分区的克鲁格曼指数以研究同构性动态变化的部门原因。总体而言，克鲁格曼指数减小，产业同构度增大，分析结果如图 6 - 2 所示。

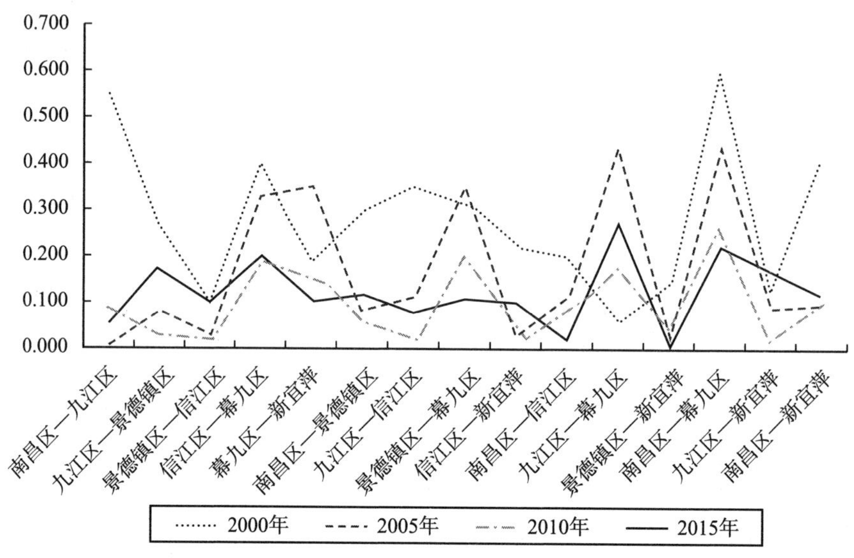

图 6 - 2　环鄱阳湖城市群内各区克鲁格曼指数变化

二、产业结构的合理化、高级化发展趋势

由于外资、传统制造业和地方特色产业集群等城镇群发展机制的推进，南昌的国际性城市职能日益凸显，九江和赣州以生产性服务业为代表的现代中心城市职能日益加强，上饶、新余、萍乡、宜春等以先进制造业为主，抚州、景德镇、吉安、鹰潭等以传统制造业和地方特色产品加工工业为主的制造业基地基本形成。尽管如此，该城市群分工程度上还略显不足。

南昌：全面提升中心城区的高端要素集聚、科技创新、文化引领和综合服务功能。强化昌北经济开发区、高新技术开发区和出口加工区的引领作用，重点发展汽车、航空、医药食品、电子信息、新型材料等产业，全面提升先进制造业基地水平；加快发展金融、商贸、物流、会展、旅游、服务外包等现代服务业，建设区域性商贸物流、金融、旅游集散中心，全国重要的服务外包示范基地。加快形成南昌“一小时经济圈”，联动发展新建、安义、进贤、余干、南昌县城和丰城、樟树、高安市区。

九江：进一步发挥通江达海的区位优势，加快临港产业开发，积极发展商贸旅游业，建成江西省省域副中心城市、昌九一体化双核城市、长江中游城市群发展规划城市、长江中游区域中心港口城市、沿江对外开放城市、鄱阳湖生态经济区建设新引擎、中部地区先进制造业基地、长江中游航运枢纽和国际化门户、区域性综合交通枢纽、江西省区域合作创新示范区、国际旅游城市、区域性物流枢纽和长江沿岸重要工业基地。以九江城区为中心，联动发展瑞昌、沙河、湖口、彭泽沿江城镇板块以及德安、共青城、永修、庐山、都昌南部城镇板块。

景德镇：依托千年瓷都的产业基础和品牌优势，积极推进资源枯竭城市转型，大力发展功能陶瓷、结构陶瓷、生物陶瓷、工艺陶瓷和精品建筑陶瓷，培育陶瓷文化创意产业，建设世界瓷都、赣东北工业重镇和文化生态旅游城市。以景德镇城区为中心，联动发展浮梁、鄱阳、万年县城和乐平市区，形成以景德镇为中心的赣东北城镇群。

上饶：筛选一批年主营业务销售收入 10 亿元以上有规模、有潜力、有核心竞争力的成长型企业，集中政策、项目、资金资源重点扶持，做大做强，打造“龙头”企业；重点培育一批百亿元以上的产业集群，带动产业集聚；做大做强优势产业，对有望成长为千亿元主营收入的有色、光伏、汽车产业加大支持力度，通过产业链招商，形成产业发展优势。在未来的 3～5 年将把“十百千亿”工程作为工业翻番的重要切入口，实施“快增”计划，通过产业转型升级做大做强优势企业、产业。

鹰潭：发挥铜产业基础、交通枢纽、旅游资源优势，建设世界铜都、赣东北物流中心和道教文化旅游城市；依托中心城区，向东逐步与贵溪城区连接成片，向南逐步建成宝山片区，进一步建设余江县城。

宜春：宜春有国家级宜春经济技术开发区，国家级宜春国家锂电新能源高新技术产业化基地、高安市的中国建筑陶瓷产业基地、奉新县的中国新兴纺织产业基地和中国竹产业示范基地、樟树市的国家金属家具产业基地、宜丰县的中国竹产业基地。各县市区根据自身特色大力发展县域经济，全力建设 10 个省级工业园区和医药、机电、竹木深加工、有机食品、盐化工、鞋革、硬质合金工具和绿色照明等 23 个省级特色产业基地，已经成为承接沿海及发达地区产业转移的优越平台。全市锂电、建材、机电、食品、电力能源、医药、化工和纺织服装鞋革“1 +7”支柱产业初具规模，已经进驻了一批在全国乃至全球有一定地位和影响的企业，具备了较好的产业配套能力。

新余：着力发展光伏、钢铁和旅游产业，建设光伏产业基地、特种钢材制造基地和赣西区域中心城市；以主城区为依托，重点建设下村、罗坊工业基地。

萍乡：萍乡工业以“黑（煤炭）、白（陶瓷）、灰（建材）、红（烟花爆竹）、金（冶金）”五色闻名，五色产业带给萍乡工业繁荣的同时，也带来资源、环境、安全等多方面的沉重压力。萍乡市以推进供给侧结构性改革为主线，积极推进结构调整和新旧动能转换，让传统优势产业焕发新春，让新兴产业枝繁叶茂。坚持化解产能过剩与延伸产业链相结合、与“上大压小”淘汰落后产能相结合、与科技创新相结合、与对接央企相结合，对5大传统产业全面改造升级。湘东工业陶瓷产业集群已成为我国工业陶瓷的重要生产基地，以化工填料为主的化工陶瓷产品占全国同类产品的70%。上栗粉末冶金产业集群形成了集原料、生产、加工于一体的较完整产业链。烟花爆竹产业从高危行业向安全行业、文化创意产业转型升级，以生产、机械设备制造和仓储物流为核心的花炮产业配套产业集群。

抚州（抚州市辖区、东乡区、金溪县、崇仁县）：大力发展特色农产品加工、医药轻纺和文化产业，创建工业新城和文化生态旅游名城；以新城区为依托，联动建设东乡县城，加快融入南昌“一小时经济圈”。

吉安（吉安的新干县、峡江县）：新干县虽然是农业县，近年来工业发展势头强劲，涌现了一批龙头企业和一些在市场上叫得响的产品，但产业集聚和企业集群仍然没有形成“羊群效应”；结合本地自然、技术和人力资源，经过多次精心筛选、实践检验，由原来的多种工业共同发展转为集中优势兵力、攥紧拳头主攻盐卤药化、机械机电两大强县产业和箱包皮具、灯饰照明两大富民产业。峡江县引导农民立足本地资源优势，采取“村级集体经济组织+合作社+农户”的运作模式，将绿色蔬菜、精品果业、特色中药材等作为扶贫主导产业集中连片打造，形成“一村一品”的发展格局；发挥生物医药和金属制造两大主导产业优势，大力发展旅游、金融保险、电子商务等服务业，新引进江西银行、洪都村镇银行入驻，玉峡湖、玉笥山、梅花坪、现代农业示范园等旅游景点不断提升。

随着外向型经济发展，通过积极融入全球产业链，该城市群以全球制造业基地为特征的全球区域正在形成。鄱阳湖城市群国际地位由此得到极大的强化。南昌国际性城市的带动，使得鄱阳湖城镇群积极融入全球城市分工体系，全球化巨型城市网络雏形已经显现。常住人口增长与移民人口增长优势不明显，GDP增长率逐渐放缓，但在科技水平、医疗质量、文化设施、环境治理、港口交通等方面排名靠前，该城市群正逐渐转向内部发展环境的优化。

特大中心城市是城市群崛起的脊梁，环鄱阳湖城市群在构建城市群的战略中把做大做强中心城市摆到突出位置，以中心城市的崛起带动整体崛起。为此，环鄱阳湖城市群将大力支持省会南昌加快发展，全面提高产业、人口、资源的集聚和辐射能力，强化核心增长极的作用，建成世界级重要的先进制造业基地和区域物流商贸中心、金融中心。九江、上饶、抚州要发挥独特的区位优势，加快产业发展，加大建设力度，分别建成对接珠三角、长三角、闽东南三角区的“桥头堡”和具有较强辐射带动功能的区域中心城市。景德镇、鹰潭要充分发挥自身优势，明确城市定位，加快人口和生产要素集聚，力争用5年左右的时间，使大多数设区市城区人口达到或超过50万人，形成以更多中心城市为核心的增长板块。

第七章

环鄱阳湖城市群的交通网络结构

交通网络是由各种交通线路组成的相互连接、形成网状分布的道路系统，是城市群内节点相互联系的重要载体，交通运输是国民经济的基础产业，也是促进社会发展和提升人民生活水平的基本条件，交通网络的发展完善对城市群一体化进程具有重要的促进作用。

历史上江西拥有极为发达的内河运输条件，曾经是经济核心区、政治核心区与岭南门户地区的空间链接区，具备显著的宏观交通区位优势。九江是“三江之口，七省通衢”的水运枢纽，南昌等一批城市也是水陆中转枢纽；近代以来，随着经济格局的演变，湖南等省铁路交通的兴起，加上江西交通网络发展的滞后，江西优势的交通区位逐渐丧失。21 世纪以来，江西加快了发展的步伐，逐渐完善了交通网络，提出了环鄱阳湖城市群发展战略，带动了区域经济发展。

本章对环鄱阳湖城市群交通网络的发展历程、现状和未来规划进行了梳理，并进一步分析了交通网络的空间结构，针对不同交通网络下环鄱阳湖城市群的空间路网结构及其演变进行了分析，探讨了不同交通网络下的可达性及其耦合关系。

第一节　交通网络基本情况

一、公路网络发展历程

环鄱阳湖城市群第一条公路——九（江）莲（花洞）公路始建于清宣统元年（1909 年）。当时，九江已被开辟为通商口岸，外轮侵入了江西内河，南浔铁路也已开工兴建，九江城内有外国租界，庐山牯岭有洋人别墅、教堂和游乐场所，进出九江、上下庐山避暑和游览的旅客日益增多。因此，两江总督张人骏、江西巡抚冯汝骙决定拨库银 5 万两，修建九江至庐山公路（当时称浔牯马路），委派江苏候补道陶森甲负责办理。翌年，完成自九江至莲花洞一段，长 13 公里。嗣因革命军兴，清廷岌岌可危，九庐公路修建遂戛然中止。

1912 年（民国元年）10 月，孙中山到江西视察，曾向江西主政者提出："交通之法、铁路为急务，然马路尤不可少"。但主政者仍无行动，直到 1925 年 10 月，在周边各省公路发展的影响下，江西民众倡修公路的呼声日高，江西主政者才着手组建省道局，开始修建第二条公路——南（昌）莲（塘）公路。

1927 年，国共两党分裂，国民党采取了"交通清共"、强制筑路的政策，抢修军事"围剿"公路，以利其军队调运的政策。1932 ~ 1937 年的 6 年中，共修筑公路 6167. 5 公里，每年平均修路 1027 公里，最高一年（1934 年）修路 2332 公里。1949 年春夏之交，中国人民解放军挺进江西，国民党军队向南溃逃，大肆炸路毁桥。江西公路遭此浩劫，到南昌解放时，可通车里程仅剩 647 公里。后经人民解放军、广大公路职工和人民奋力抢修，到 1949 年通车里程才达到 3102 公里。

新中国成立后，城市群公路建设进入快速发展时期。到"一五"期末，全省公路通车里程达到 6607. 37 公里，不仅民国时期所修建的公路全部恢复通车，还重点整修了上饶至分水关的支前公路，新建了庐山北山的登山公路。这两项工程标准较高，桥涵均为永久式，路面线型也作了改善。1958 年，江西交通部门在交通部"依靠地方、依靠群众，普及与提高相结合，以普及为主"的交通建设方针指导下，掀起了一个公路建设的高潮。一年内，就修筑公路 6240 公里。到 1965 年，全省公路总里程达到 20858 公里，实现了县县通公路，大大地改变了原来交通闭塞的状况。从 1963 年起，公路部门在南（昌）小（梅关）线和南（昌）张（王庙）线试铺了沥青路面 33. 5 公里，揭开了江西公路向高级、次高级路面发展的序幕。

中共十一届三中全会以来，在改革、开放、搞活方针指引下，省交通部门积极集中资金和力量对干线公路进行技术改造，使之向高等级发展，并对城市群以及全省道路按高标准进行改造。截至 2016 年底，环鄱阳湖城市群公路总里程为 109869 公里，公路密度每百平方公里约 107 公里；高速公路总里程约 4400 公里，拥有 18 个对外出省大通道，并且实现了环鄱阳湖城市群县县通高速的目标，全面实现了县县通高速、县城半小时上高速，构建了南昌到设区市省内 3 小时、到周边省会省际 5 小时的经济圈，高速公路规划网基本建成，形成了"纵贯南北、横跨东西、覆盖全省、连接周边"的高速公路网络。环鄱阳湖城市群一级公路 2041 公里、二级公路 7197 公里、三级公路 9816 公里、四级公路 65495 公里。普通国道约 6000 公里，二级及以上公路比例达 85. 9%；普通省道约 8000 公里，二级及以上公路比例达 50%。普通国省道覆盖了城市群内 90% 以上的乡镇。农村公路里程约 10 万公里，其中县道约 15000 公里，乡道达 30000 公里，村道达 53000 公里，县道三级及以上比例 33.8%，乡道四级及以上比例 80.9%，100% 的乡镇和 100% 的行政村通了水泥（柏油）路。

（一）国道

环鄱阳湖城市群交通便利，公路交通发展较快，主要以城市群内地级市为中心向外辐射，拥有 105 国道、206 国道、316 国道、319 国道和 320 国道等多条对外连接通道如表 7－1 所示。105 国道北接北京、天津、河北、山东、河南、安徽以及湖北，南通广东，纵贯南北，是环鄱阳湖城市群重要的南北交通要道；206 国道是城市群内南北向的国家一级公路，连接山东、江苏、安徽和广东的通道，是城市群通往长三角和京津冀的一条重要通道；316 国道是城市群内部一条由东南至西北的国道，起点为福建省长乐市，终点为青海省同仁县，依托 316 国道可东至福建，西同湖北，直达陕甘青；319 国道起点为台湾高雄，终点为四川成都，途经长沙、重庆、成都等重要城市，通过 319 国道，环鄱阳湖城市群可以到达台湾，西通四川，是著名的抗战生命线，具有一定的战略意义；320 国道途经上海、浙江、江西、湖南、贵州、云南，是环鄱阳湖城市群通往长三角和大西南的重要通道。

表 7－1　环鄱阳湖城市群境内国道及途经城市

国道	起讫点	途经城市
105 国道	北京市—珠海市	九江、德安、南昌、丰城、樟树、新干
206 国道	威海市—汕头市	景德镇、乐平、鹰潭、金溪、南城、南丰、广昌
316 国道	福州市—同仁县	资溪、金溪、抚州、南昌、永修
319 国道	高雄市—成都市	上栗、萍乡
320 国道	上海市—瑞丽市	鹰潭、余江、东乡、进贤、南昌县、南昌、新建、高安、上高、万载、宜春、芦溪、萍乡

（二）省道

省道是综合交通运输体系的重要组成部分，是环鄱阳湖城市群经济社会发展的重要基础设施保障。城市群内部近 50% 的省道已纳入国家公路网，省道网的功能和网络形态等发生了较大变化。到 2011 年，全省已形成十纵十横的普通干线公路网，环鄱阳湖城市群路网更为发达。目前环鄱阳湖城市群内部的省道主要分为放射线、东西横线、南北纵线和横向联络线以及纵向联络线。其中，放射线6条，东西横线12条，南北纵线23条以及近百条联络线，基本上形成了以南昌为核心，主要城市为主要控制点、连接所有县城的省道交通网络，如表7－2所示。

表7－2 环鄱阳湖城市群省道情况

编号	类型	起讫点	编号	类型	起讫点
S101	放射线	乐化—恒湖农场	S218	纵线	宋溪—店下
S102	放射线	扬子洲—南新	S219	纵线	华林山—祁禄山
S103	放射线	蒋巷—南矶	S221	纵线	港口—东山
S104	放射线	莲塘—黄金埠	S222	纵线	棋坪—河东
S105	放射线	流湖—石岗	S223	纵线	黄茅—禾埠
S106	放射线	蛟桥—万埠	S224	纵线	桐木—严田
S201	纵线	紫湖—岭底	S225	纵线	上栗—路口
S202	纵线	白沙关—东阳	S227	纵线	鳌溪—盱江
S203	纵线	郑坊—五府山	S301	横线	赛阳—肇陈
S204	纵线	李宅—太源	S302	横线	紫阳—曲阿里
S205	纵线	瑶里—鹅湖	S303	横线	浙源—临港
S206	纵线	中畈—樟坪	S304	横线	甘露—邹桥
S207	纵线	蛟潭—洵口	S305	横线	江上—义宁
S208	纵线	谢家滩—岗上积	S306	横线	仙岩—莲湖
S209	纵线	彭泽—都昌	S307	横线	尚庄—黄岗
S211	纵线	康山—云山	S308	横线	万载—东桥
S212	纵线	前坊—德胜	S309	横线	抚州—长平
S213	纵线	航埠—太和	S311	横线	建山—排上
S214	纵线	马垱—都昌	S312	横线	黎圩—欧里
S215	纵线	共青城—南新	S313	横线	巴山—文峰
S216	纵线	厚田—潭丘			

（三）高速公路

环鄱阳湖城市群第一条高速公路——昌九高速于1989年开工建设，拉开了环鄱阳湖城市群高速公路建设的序幕。昌九高速公路是一条全封闭、全立交、高等级、多功能的现代化高速公路主干道、拥有世界领先信息科技化水平高速公路。昌九高速将（南昌—九江）两座江西大型城市距离拉近。对加速昌九地区一体化进程，促进环鄱阳湖城市群经济的快速协调发展起到促进作用。目前环鄱阳湖城市群高速公路系统发达，已排在全国前列。城市群内线路密集，纵横交错，里程约4400公里，以省会城市南昌为核心、北往九江外出安徽省、湖北省；南至吉安、赣州，直接广东省、福建省；西至萍乡，可至湖南省、重庆市；东至抚州、上饶，临近浙江省、上海市的高速公路已建成通车，可通往全国各地，如表7－3所示。

表7－3　　环鄱阳湖城市群地方高速公路路线命名和编号

序号	全称	简称	编号	类别
1	德兴—上饶高速公路	德上高速	S19	纵线
2	祁门—浮梁高速公路	祁浮高速	S29	纵线
3	刘家大屋—雷家湾高速公路	刘雷高速	S39	纵线
4	枫林—生米高速公路	枫生高速	S49	纵现
5	生米—厚田高速公路	生厚高速	S59	纵线
6	樟树—吉安高速公路	樟吉高速	S69	纵线
7	武穴—瑞昌高速公路	武瑞高速	S79	纵线
8	上栗—莲花高速公路	上莲高速	S89	纵线
9	彭泽—湖口高速公路	彭湖高速	S20	横线
10	德兴—婺源高速公路	德婺高速	S26	横线
11	永修—武宁高速公路	永武高速	S30	横线
12	德兴—南昌高速公路	德昌高速	S36	横线
13	南昌—铜鼓高速公路	昌铜高速	S40	横线
14	抚州—吉安高速公路	抚吉高速	S46	横线

续表

序号	全称	简称	编号	类别
15	南康—大余高速公路	康大高速	S66	横线
16	寻乌—信丰高速公路	寻信高速	S80	横线
17	景德镇绕城高速公路	景德镇绕城高速	S3501	环线

二、铁路网络发展历程

（一）铁路

环鄱阳湖城市群最早的铁路始于1899年修建的萍乡—安源铁路，仅7公里长；1900年安源建成城市群最早的火车站，经过100多年的发展，目前环鄱阳湖城市群铁路获得了巨大的发展，环鄱阳湖城市群拥有铁路约3000公里，铁路货运量近3000万吨，铁路客运量近6000万人次，形成了以京九线和沪昆线为骨架，以皖赣铁路、鹰厦铁路、武九铁路、向蒲铁路、九景衢铁路为补充的铁路网络。全省铁路网密度223.7公里/万平方公里，是全国平均水平的2倍；每万人拥有铁路0.83公里，高于安徽、湖南、浙江、福建、广东等周边省份。并计划于2020年底突破5000公里，形成“五纵五横”路网骨架，覆盖超过85%的县级以上经济据点，全面构建对接长三角、珠三角、海西经济区、长株潭、武汉都市圈、皖江经济带等周边经济区的快速通道，全面构建大能力出海通道和能源运输通道，实现南昌至设区市1~2小时、至周边主要城市3小时、进京6小时的高品质快捷铁路客运服务目标。

（二）高铁

2008年以来，南昌铁路局掀起大规模铁路建设高潮，环鄱阳湖城市群也因此进入高铁时代，城市群内高速铁路实现零的突破。2009年9月28日，时速250公里的温福铁路开通运营。2010年4月26日，时速250公里的福厦铁路开通运营，与温福铁路贯通为海峡西岸快速客运通道。2010年9月20日，我国第二条城际铁路、时速250公里的昌九城际铁路开通运营。2011年“7·23”事故之后，温福、福厦和昌九城际铁路运行时速调整为200公里，沪昆线动车组运行时速调整为160公里。2012年6月29日，时速200公里的龙厦铁路开通运营。2013年9月26日，时速200公里的向莆铁路开通运营。2013年12月28日，时速200公里的厦深铁路开通运营，杭深线全线贯通；2014年12月10日，江西第一条时速350公里的高铁——杭长客专全线建成通车。合福高铁于2015年6月

28 日开通运营。根据《铁路“十三五”发展规划》未来将建成南昌至赣州高速铁路，建设合肥至安庆至九江高铁、长沙至赣州高铁、赣州至深圳高铁、南昌至景德镇至黄山高铁，江西的高铁网络将全面发展升级。

（三）城际铁路

2016 年江西省发布《江西省城际铁路网规划》共规划 12 条城际铁路线路。本次共规划 12 条城际铁路线路，其形态为以南昌为核心的“三联三射三通”总体格局。其中，“三联”：规划九江—鄱阳—鹰潭—抚州城际，加强九江都市区、信江河谷城镇群以及抚州城镇组团之间的联系；规划萍乡—宜春—新余—吉安城际，加强新宜萍城镇群内部及与吉泰城镇群的联系；规划南丰—瑞金城际，加强昌抚一体化地区与瑞（金）兴（国）于（都）经济振兴试验区的联系。“三射”：规划南昌—进贤—抚州城际、南昌—丰城城际、南昌—高安城际，增强省会南昌对周边城镇组团的向心作用。“三通”：规划萍乡—浏阳城际、南昌—修水—咸宁城际、九江—池州城际，分别对接联系长株潭城市群、武汉都市圈、皖江城市带，积极融入长江中游城市群。规划区内规模 1330 公里。其中近期建设南昌—抚州城际、南昌—修水城际、新余—吉安城际和南丰—瑞金城际 4 条线路，线路总长为 530. 0 公里，投资 478 亿元。

铁路运输已成为客货流动的重要交通工具和影响城镇体系的重要因素，由铁路站点和铁路运输线构成的铁路网络在很大程度上影响着城市体系等级结构和空间格局特征。从江西的主要城市始发列车数量来看（见表 7－4），南昌铁路客运较为发达，其他地级市始发列车数量较少，高铁网络发展薄弱，高铁始发数量极少。鄱阳湖城市群内部，铁路网络较为发达，但除南昌外，其他城市的始发列车数量极少，这说明环鄱阳湖城市群还缺乏具有带动力的大城市。

表 7－4　　江西地级市列车情况

城市	始发列车数量	高铁数量	普通列车数量
南昌	89	25	64
九江	22	0	22
景德镇	5	0	5
鹰潭	3	0	3
萍乡	2	0	2
新余	2	0	2

续表

城市	始发列车数量	高铁数量	普通列车数量
宜春	0	0	0
抚州	0	0	0
上饶	3	2	1
吉安	3	0	3
赣州	8	0	8

注：数据来源于 2015 年列车时刻表。

三、航空网络发展历程

环鄱阳湖城市群早在民国时期就修建了向塘机场作为军用航空港。1952 年，中国人民解放军空军在向塘镇修建军用机场，该机场位于南昌市区以南 29 公里，向塘站以东 4 公里，4 年后向塘机场被批准军民合用。1957 年 1 月 1 日，环鄱阳湖城市群 1949 年后第一个民用航班抵达向塘机场，当时的路线为上海—杭州—南昌—广州。该年度南昌航空站的旅客吞吐量为 102 人。1988 年，中国民航开通向塘机场至香港启德机场的包机航线，次年向塘机场的旅客吞吐量更超过 10 万人次。向塘机场在 1982 年后经过多次扩建，停机坪可停放 10 架安 -24 和一架波音 737。机场运输能力和规模大大增加。世纪之交，城市群内航空发展较为迅速，1996 年修建了九江庐山机场、1996 年 9 月景德镇机场通航、1999 年南昌昌北机场投入使用，2005 年，机场旅客流量达到 230 万人次，远远超过当初设计的 200 万人次标准。作为环鄱阳湖城市群对外开放以及加强对外经贸合作交流的重要窗口，南昌昌北机场为促进经济社会发展做出了重要贡献。进入 21 世纪以来，受益于江西经济的快速发展，昌北国际机场的业务量年均都以 20% 以上的速度增长。2013 年宜春明月山机场通航，这标志着城市群航空网络的进一步完善。

目前城市群核心城市南昌的航空网络相对较为发达，通过航空对外联系的城市有 34 个，初步形成了覆盖全国主要地区的航空网络。从南昌航空网络的发展来看，2000 年，与南昌存在航空联系的城市仅为广州、北京、上海、深圳、厦门、成都、福州 7 个城市，且联系量较小，客运联系量总和仅为 707488 人次；2015 年，南昌航空取得了较为显著的发展，客运联系总量达到 4468835 人次，为 2000 年的 6.3 倍，联系的省会城市也增加到 9 个。在 2015 年南昌新增联系城市当中，西部地区增加最为明显，与全国次级中心均有航班联系，如表 7 -5 所示。

表 7-5　　2015 年南昌市对外航空联系表

始发城市	到达城市	航次	始发城市	到达城市	航次
南昌	北京	62	南昌	哈尔滨	10
南昌	深圳	61	南昌	济南	9
南昌	广州	50	南昌	南宁	8
南昌	昆明	36	南昌	南京	6
南昌	上海	36	南昌	太原	6
南昌	成都	36	南昌	银川	6
南昌	青岛	32	南昌	贵阳	6
南昌	西安	31	南昌	呼和浩特	5
南昌	重庆	26	南昌	长春	4
南昌	海口	25	南昌	郑州	4
南昌	珠海	24	南昌	三亚	3
南昌	厦门	19	南昌	乌鲁木齐	3
南昌	大连	18	南昌	天津	2
南昌	沈阳	18	南昌	合肥	1
南昌	赣州	12	南昌	井冈山	1
南昌	宁波	11			

第二节　交通网络空间结构

一、公路网络空间结构

2000 年，环鄱阳湖城市群的公路网络总体形成了省道、国道和高速公路的多层次立体结构。省道网络的空间结构形成了以环鄱阳湖城市群东部和西部为高密度的网状结构，中部地区由于鄱阳湖的阻隔，省道较为稀疏。总体而言，当年环鄱阳湖城市群的省道网络密度较高。

此后，江西省依次出台了多项路网规划，如 2012 年发布了《江西省综合交通运输体系“十二五”发展规划》，2013 年出台了《江西省省道网规划（2013—2030 年）》等。经过十几年的规划发展，环鄱阳湖城市群省道网络密度进一步加大，网状结构密度进一步提升，但同时区域之间的发展差异也进一步拉大。相比 2000 年而言，2015 年环鄱阳湖城市群西部的公路网络密度发展迅速，并与东部拉开较大差距；东部地区发展较为迟缓，并逐渐落后于城市群西部地区。

与 2000 年相比，2015 年环鄱阳湖城市群内部的国道网络变化不大，基本上以维修和小规模连接为主。高速网络方面，2000 年环鄱阳湖城市群的高速网络化尚未成型，仍主要以昌九高速和沪昆高速江西段为核心的“人”字形结构。高速途经城市主要为地级市，许多县域无高速通过，县城距高速远、上高速难，高速网络主体结构单薄，发展层级较低，在这样的高速体系下资本、劳动力和原料等资源的流入与流出困难较大，不利于区域一体化发展。2015 年，高速路网获得极大的发展，城市群高速路网密集，已经达到国内领先水平，实现了县县通高速，县城半小时上高速的目标。从路网的空间结构上看，已经形成了三横三纵的“田”字形结构，城市群内依托高速公路，各个城市的可达性大大提升，极大地促进了区域的劳动分工和资源要素在区域之间的流动。从整体的公路网络上看，相比于 2000 年，环鄱阳湖城市群在 2015 年的路网通达度得到极大提升，公路网络和高速公路网络发展迅速，依托高速、国道和省道已经基本形成了网格状路网体系。

二、铁路网络空间结构

环鄱阳湖城市群铁路网络发展相对较慢，城市群境内主要以京九线和沪昆线为核心骨架。2000 年环鄱阳湖城市群铁路主要为沪昆线（江西段），京九线（昌九段）以及皖赣铁路（景德镇至鹰潭）的倒“π”形结构。其中核心城市南昌位于京九线和沪昆线的交汇处，可达性最优；鹰潭、九江和景德镇等地级城市的铁路网络也相对较好。同时城市群内许多县域没有铁路网络经过，距离铁路站点较远，城市群内铁路网络发展等级较低。

2015 年，环鄱阳湖城市群铁路空间结构有了明显的变化。首先，在普通铁路方面进一步加密，连接支线的铁路增多，铁路结构逐渐由倒“π”形结构向倒“丰”字形结构转变；其次，高速铁路网络发展迅速，环鄱阳湖城市群境内出现了京九高铁、沪昆高铁、合福高铁穿境而过的变化，高铁结构呈现出“一横两纵”的空间结构；第三，环鄱阳湖城市群主要城市对外可达性大大增强，城市获得极佳的发展机遇；在 2000 年，南昌去往北京、上海和广州均至少需要 13 个小时以上，2015 年开通高铁之后，分别只需约 6 小时、3 小时和 4 小时，最大节约时间在10小时以上；同时，在上饶境内形成高速铁路十字交汇的沪昆高铁和合福高铁，上饶全面进入了高铁时代，并在2015年8月设立了上饶高铁经济试验区，发展前景十分喜人。

从铁路整体网络上看，环鄱阳湖城市群已经形成了“丰”字形网络结构，15年来网络结构有所优化，高速铁路发展较快。

三、航空网络空间结构

南昌昌北机场是环鄱阳湖城市群内规模最大的国际级机场。昌北机场的发展变化可以代表环鄱阳湖城市群航空网络结构的发展变化。从南昌市航空对外联系来看，2000年昌北机场对外联系的城市群主要是京津冀城市群、长三角城市群、珠三角城市群、海峡西岸城市群、成渝城市群。联系的城市主要是北京、上海、广州、深圳、福州、成都，联系量较小，客运联系量总和仅为707488人次。

到了2015年，联系的城市增加到35个，为2000年的5倍多。联系城市增加了西安、重庆、昆明和海口等城市，南昌航空得到了较为明显的发展，客运联系总量达到749万人次，为2000年的近10.6倍。在2015年南昌新增联系城市当中，西部地区增加最为明显，与全国次级中心均有航班联系。

2000年，南昌的航空网络总体发育等级较低，联系密度较小，航班密度较低；从联系方向上看，南昌的航空联系主要分布在东部沿海地区，包括广东、上海和福建三地，与北部及西部地区联系均较为松散，与二者的联系城市仅为北京和成都；从航空飞行班次上看，航空联系频率较低，与南昌航空班次联系最为紧密的是北京，为2089次，其次与广州的为1996次；与西部地区成都的联系班次较少，居倒数第二，仅高于福州；从航空运输量方面看，2000年南昌的航空客运处于起步阶段，总客运量在70万人次左右，与各主要联系城市的客流并不密切，此外，各航班的正班客座率和正班载运率均在50%左右，发育程度较低，提升潜力巨大。

2015年南昌航空网络发生了较为明显的变化，主要联系航段由东南沿海向西部地区转变，除了成都之外，与昆明、西安和重庆的联系均较为密切；航班联系数量方面，北京和广州依旧处于前二，但联系班次由2000年的2000次左右增加到6130次和4888次，增幅巨大，客运量也分别增加到85.9万人次和52.2万人次，总客运量增加了6.3倍达到446万人次；正班客座率和正班载运率也由50%增长到80%。总体而言，南昌的航空网络发育等级有所提升。

第三节 交通网络耦合互补关系

一、不同交通网络的可达性分析

（一）公路网络

在各城市公路可达性成本基础上利用栅格计算得到区域平均可达性。2000年和2015年环鄱阳湖城市群城市平均可达性值域区间分别为（0，4.972）和（0，2.471），区域平均可达性改善显著。由于地理区位的居中性，环鄱阳湖城市群的可达性值最小的是南昌县，其平均可达性时间减少2.7小时，提升约52%；而平均可达性值最大的位于边缘地区的莲花县，其平均可达性提升3.8小时。相比2000年，2015年平均可达性提升50.3%，表明在15年间公路发展较快，公路建设取得较大成就，区域公路可达性整体水平得到明显提升。

从区域可达性改善的空间分布来看，以南昌为中心的“人”字形结构可达性改善成都较高，15年来江西的公路交通建设取得了巨大的成就，对区域城市可达性改善有极大的提升，环鄱阳湖城市群西部地区由于路网的加密和高速公路的建设，其可达性提升较大，东部地区受鄱阳湖的阻隔，其周边地区可达性提升值相对较低。从城市来看，可达性提升值最高的可分为两类：一类是南昌市等居中性较好的城市，由于路网的加密，其可达性提升值较大；另一类主要是莲花、婺源等居于边界的城镇，由于道路稀少且处于边缘区域，路网的改善和不同等级道路的增加，其可达性提升往往也较大。

（二）铁路网络

以环鄱阳湖城市群的铁路网络为基础，对2000年和2015年的可达性进行计算得到区域平均可达性。2000年和2015年环鄱阳湖城市群城市平均可达性值域区间分别为（0，6.252）和（0，5.242），区域平均可达性改善并不显著，相较公路网络而言提升较低。由于受到铁路干线和站点分布的影响，环鄱阳湖城市群的可达性低值区沿铁路线路分布较为明显，铁路网络可达性提升较高的城市可分为两类：一是南昌市及南昌县等居于京九和浙赣铁路干线交汇处的城镇，由于居中心和处于网络重要节点处，其可达性提升较为显著。二是在萍乡、上饶等开通高铁的城市，由于高铁速度快，加上与普铁网络的交互作用，其可达性提升值也较为显著，其平均可达性时间提升约40%。而平均可达性值最大的城镇如武宁、修水等城镇，15 年来虽然铁路交通有所发展，高铁近年来也如火如荼地展开，但这些城镇仍未开通火车站，并且远离铁路交通网络，因此，在铁路网络中的可达性值依旧较高。从总体上看，相比 2000 年，2015 年平均可达性提升 16.2%，表明在 15 年间铁路网络虽发展较快，但区域铁路可达性整体水平得到提升并不明显，公路交通网络依旧在环鄱阳湖城市群中占据主体地位。

（三）航空网络

环鄱阳湖城市群航空网络发展层级较低，城市群内仅南昌一个国际机场。在 2000 年正在使用的机场主要为南昌昌北机场、九江庐山机场和景德镇罗家机场，三者的客运货运量规模均较低，尤其是九江的庐山机场，由于其选址较为靠近昌北机场，受其影响较大，因此 2000 年九江庐山机场的旅客吞吐量仅为 479 人，货运量仅 3 吨。到了 2015 年南昌昌北机场的旅客吞吐量达到 7487930 人，增长近 9.6 倍；景德镇罗家机场和九江庐山机场的客运量也从 31137 人和 479 人分别增长到 490392 人和 25960 人。同时，井冈山机场和宜春明月山机场的通航使城市群的航空网络有了进一步的发展；相比 2000 年，2015 年的客运量和货运量都取得了较为明显的提升（见表 7－6）。从全国范围来看，南昌的客运量在全国 140 个通航城市中排全国第 22 位，而货运量排名居于全国第 27 位，两者的排名较好；但客运量和货运量在中部六省中均排第 4 位，发展程度较低。总体来说，环鄱阳湖城市群的航空网络逐渐加密，但区域辐射范围还较低，发展潜力还有待提升。

表 7－6　2000～2015 年环鄱阳湖城市群机场客货吞吐量统计

机场	旅客吞吐量（人）		货邮吞吐量（吨）	
	2000 年	2015 年	2000 年	2015 年
南昌/昌北机场	783419	7487930	9463	51081
景德镇/罗家机场	31137	490392	234	2033
井冈山机场	—	514175	—	3006
九江/庐山机场	479	25960	3	112
宜春/明月山机场	—	407148	—	232

注：“—”表明数据缺失。
资料来源：《中国城市统计年鉴》。

二、耦合关系分析

根据表7-6可以发现，江西省2000年航空网络十分薄弱，仅南昌发展较好；2015年江西航空网络虽有一定的进步，但仍然发展层级较低，仍以南昌为主。因此，该部分主要对铁路网络和公路网络进行耦合分析。

以各城镇不同交通网络的可达性指数，构建了铁路交通网络与公路交通网络耦合特征的测度指标体系，通过耦合发展函数测度了不同交通网络的耦合性关系。

发展度： $$T=\alpha a_i+\beta b_i; \quad (7-1)$$

耦合度： $$C=(a_i^k\times b_i^k)\div(\alpha a_i+\beta b_i)^{2k} \quad (7-2)$$

其中，a_i 为铁路网络得分；b_i 为公路网络得分；α、β 均为待定权重系数，一般情况下，α、β 取值均为0.5；T 为公路网络与铁路网络发展度，$0\leqslant a_i\leqslant 1$，$0\leqslant b_i\leqslant 1$，$0\leqslant T\leqslant 1$；C 为公路网络与铁路网络耦合度，$0\leqslant C\leqslant 1$，当 C 趋向于0，表示二者趋于无序，处于失调状态，当 C 趋向于1，表示二者趋于有序，处于协调状态；k 为调节系数，一般为4。

耦合发展度函数。耦合度函数只能表现出二者间的耦合程度，不能真实反映出二者耦合的高低程度，故而引入耦合发展度函数。具体公式如下：

$$D=(C\times T)^{1/2} \quad (7-3)$$

其中，D 为公路网络与铁路网络耦合发展度，取值范围在0到1之间。

2000年，所有的城镇公路网络与铁路网络均处在协调状态，其中优质协调城镇3个，良好协调城镇35个，中级协调城镇19个（见表7-7），这表明环鄱阳湖城市群所有城镇的公路与铁路发展等级均处在相对协调状态；从空间分布上看，优质协调城镇处于环鄱阳湖城市群中部地区，而中级协调城镇多数位于环鄱阳湖城市群的边缘区域，总体上，城市群边缘区的城镇协调度低于中部地区。

表7-7 2000年铁路网络与公路网络协调等级

协调等级	城镇
优质协调	新建、南昌县、德安
良好协调	安义、进贤、高安、丰城、共青城、奉新、星子、九江、九江县、樟树、靖安、新余、鹰潭、东乡、新干、永修、峡江、上高、抚州、分宜、宜丰、余江、宜春、万载、金溪、瑞昌、武宁、崇仁、都昌、湖口、弋阳、萍乡、芦溪、浮梁、横峰
中级协调	万年、南昌市、贵溪、余干、乐平、彭泽、景德镇、修水、铅山、上饶县、铜鼓、上饶、德兴、上栗、玉山、鄱阳、广丰、莲花、婺源

2015 年环鄱阳湖城市群整体协调等级有所提升，区域城镇之间的交通网络发展差距有所缩小。其中，优质协调城镇由 3 个增加到 23 个，增幅最大；良好协调由 35 个减少到 32 个；而中级协调城市 19 个减少到 2 个（见表 7－8）。总体上环鄱阳湖城市群公路网络与铁路网络协调等级进一步提升，并由高度耦合阶段进入了系统优化阶段。

表 7－8　　2015 年铁路网络与公路网络协调等级

协调等级	城镇
优质协调	新建、南昌县、靖安、共青城、高安、安义、永修、德安、奉新、新干、金溪、进贤、新余、丰城、抚州、樟树、分宜、崇仁、武宁、南昌市、九江县、九江、宜春
良好协调	东乡、峡江、余江、万载、乐平、瑞昌、贵溪、鹰潭、横峰、弋阳、芦溪、铅山、萍乡、万年、上高、上饶县、上栗、景德镇、宜丰、上饶、浮梁、都昌、修水、湖口、鄱阳、广丰、铜鼓、德兴、婺源、彭泽、玉山、莲花
中级协调	星子、余干

通过可达性指数发现，环鄱阳湖城市群城镇的公路网络和铁路网络可达性均有所提升，根据提升时间构建耦合性模型，对城镇公路和铁路可达性耦合发展关系进行评价。将协调等级分为四个阶段：拮抗阶段（$0 \leqslant D < 0.4$）、一般耦合阶段（$0.4 \leqslant D < 0.5$）、高度耦合阶段（$0.5 \leqslant D < 0.8$）、系统优化阶段（$0.8 \leqslant D \leqslant 1$），并细化分为十个等级（见表 7－9）。结果显示，环鄱阳湖城市群城镇公路和铁路网络总体可达性提升处于协调状态，高度耦合阶段及系统优化阶段城市达到 49 个，其中系统优化阶段城市达到 33 个，高度耦合阶段城镇 16 个；有 8 个城市的耦合度较低，其中分宜处于极度失调阶段，进一步探讨发现分宜的公路网络与铁路发展极不均衡，公路可达性提升时间为铁路的 8.75 倍，总体上处于拮抗阶段的城镇均为公路网络与铁路网络发展不均衡的城镇，公路与铁路网络都是环鄱阳湖城市群一体化的重要组成部分，应当着力推进公路网络与铁路网络的协调发展。

表 7－9　　2000～2015 年公路网络与铁路网络可达性提升协调耦合性

协调等级	城镇	协调等级	城镇
优质协调	金溪	濒临失调	丰城、都昌
良好协调	广丰、武宁、铅山、上饶县、上饶、乐平、崇仁、横峰、鄱阳、靖安、万年抚州、贵溪、弋阳	轻度失调	瑞昌、彭泽、鹰潭

续表

协调等级	城镇	协调等级	城镇
中级协调	余江、永修、万载、铜鼓、奉新、新余、玉山、东乡、德兴、浮梁、萍乡、芦溪、共青城、景德镇、宜春、婺源、上栗、宜丰	中度失调	高安
初级协调	德安、修水、九江、九江县、进贤、星子、新干、安义、峡江、南昌县、樟树	严重失调	上高
勉强失调	湖口、余干、新建、南昌市、莲花	极度失调	分宜

第八章

环鄱阳湖城市群的经济联系

经济联系网络是以区域为载体、以经济活动为基础，通过要素流动网络和交通扩散通道连接不同等级、规模城市及其影响范围，形成的点、线、面紧密联系的有机系统；是空间联系网络的核心组成部分，通过其负载能力和扩展能力的强化，可以提升要素流通的广度和密度、加强与其他经济网络的联系，为区域经济协调发展提供动力。

随着社会经济的发展以及新型城镇化的不断深入，城市空间联系更为活跃，呈现出网络化联系特征，并以前所未有的方式、速度、规模向前发展，推动着城市空间结构的演变。加强对空间联系网络演变研究有助于认识和把握区域发展阶段以便及时调整区域发展策略；有助于从整体上把握经济系统的发展规律，促使其网络结构向更高等级、更加有序的方向演进。同时，建设环鄱阳湖城市群对于城市群内各类型城镇如何实现协同、共赢发展也提出了现实性考验。

本章通过构建相互作用关系模型借鉴社会网络分析理论及方法对环鄱阳湖城市群经济网络发展状况进行了相关梳理，并进一步分析了流空间视角下的城市群发展主要问题。

第一节　城市群网络结构特征

一、经济联系网络模型构建

经济联系是经济实体间在区域空间内相互作用和关联的客观体现。定量分析区域间经济联系的主要方法有两种：经验法及理论模型法。经验法主要是通过大量的实际调查来确定经济联系量，数据相对翔实、准确也更符合实际，其不足主要是工作量大；理论模型法是从众多实践中抽象出来的模型，虽有与实际情况存在一定出入的缺陷，但也拥有工作量相对较小、运用简单、可进行综合分析等优点。在众多模型中，由引力定律启示并广泛运用于距离递减效应及空间相互作用研究的引力模型最为经典，是测算区域经济联系最为常用的模型方法，基本引力模型为：

$$F_{ij} = K\frac{M_i \times M_j}{D_{ij}^b} \quad (8-1)$$

式（8-1）中：F_{ij}是区域 i、j 之间的引力，M_i、M_j 是区域 i、j 的“质量”，D_{ij}为区域 i、j 之间的交通距离，b 为距离衰减系数，K 为经验常数。

研究从经济联系量的角度进行分析，因此区域“质量”主要侧重于经济发展水平，经济总量是质量测度的首要指标，而人作为经济活动的主体及客观载体，对区域发展“质量”存在明显的相关关系，因此人口规模也是评价经济联系的重要指标；由于区域空间相互作用具有明显的非对称性特征，同时为突出经济联系网络的有向性，研究以区域“质量”占两者联系区域质量之和的比重来修正经验常数 K；距离衰减系数依据塔菲（Taaffe）的实证研究确定为 2。综上，修正引力模型为：

$$F_{ij} = K_{ij}\frac{\sqrt{E_i} \times \sqrt{E_j}}{D_{ij}^2}\left(K_{ij} = \frac{E_i}{E_i + E_j},\ E_i = P_iG_i\right) \quad (8-2)$$

式（8-2）中：F_{ij}是区域 i 对区域 j 的经济联系强度，E_i、E_j 分别为 i、j 区域的经济质量，D_{ij} 为 i、j 两城市间的直线距离，P_i 为 i 区域的年末总人口，G_i 是 i 区域的国内生产总值。

利用修正引力模型计算 2000 年及 2015 年两个时间断面下区域间的经济引力；为保证区域基本研究单元的一致性，考虑到行政区变化，剔除共青城市（2000 年未设立、数据缺乏）、广丰及新建（撤县设区）等县区后，得到两个 54×54 的初始矩阵 X_{ij}。为更好地体现县域经济网络的演变，以剔除异常值后的 2000 年及 2015 年引力均值的平均值为切分点（当经济联系值达到 5660 时，记为 1；反之则记为 0），得到两个时间断面下的二值化矩阵 X'_{ij}，由此表示县域之间是否具有经济联系关系的 1-mode 有向网络，最终构建两个时间断面下的环鄱阳湖城市群经济联系网络数据集。

二、经济联系网络特征分析

社会网络分析是一种结构主义视角下的量化分析，主要涉及社会学、政治学、经济学及管理学等学科，并在社会科学领域逐渐发展起来。近年来，社会网络分析方法逐步引入地理学研究中，且在旅游网络、人口迁移网络、经济网络、产业创新及产业生态化网络、企业网络等方面都得到广泛运用。本章采用社会网络分析方法，在 UCINET 6.0 软件支持下对县域经济网络结构进行定量分析。

网络密度。该指标反映网络中各县域间经济联系的紧密程度；经济网络密度越大，县域间经济联系越紧密。计算公式为：

$$D = \sum_{i=1}^{k} \sum_{j=1}^{k} d(i, j)/k(k-1) \tag{8-3}$$

式（8－3）中：D 为网络密度，k 为县域个数，d(i, j) 为县域 i 与县域 j 间的经济联系量。

网络中心性。中心性反映各县域在经济网络中所处的位置，中心性有三种表现形式：度中心性、介中心性及亲近中心性。而亲近中心性分析对网络的完备性要求十分严格，且与度中心性呈现高度相关性，因此用途相对较少。为了比较各节点县域在不同网络规模中的中心性，研究均采用标准化后的中心性值。

度中心性可以测量网络中县域自身的交往能力；度中心性越高，县域核心竞争力越强。计算公式为：

$$C_D(i) = \sum_{j=1}^{n} X_{ij} \tag{8-4}$$

式（8－4）中：$C_D(i)$ 为 i 县域度中心性，X_{ij} 为县域 i、j 间的经济联系量。

介中心性表示两个非邻接县域间的经济联系依赖于其他县域的程度，反映一县域对其他县域间经济联系控制的程度。计算公式如下：

$$C_B(i) = \sum_{j}^{n} \sum_{k}^{n} \frac{g_{jk}(i)}{g_{jk}} \tag{8-5}$$

式（8－5）中：$C_B(i)$ 为县域介中心性，g_{jk} 为县域 j 和县域 k 间存在的捷径数目；$\frac{g_{jk}(i)}{g_{jk}}$ 表示县域 i 处于县域 j 和县域 k 间捷径上的概率。

网络中心势。中心势反映网络的整体中心性，高数值表示经济联系网络结构趋于不均衡化。基于度中心性及介中心性计算方法分别得到测度经济网络中心化程度的度中心势及介中心势，计算公式分别为：

$$C_D = \frac{\sum_{i=1}^{k} [\max C_D(i) - C_D(i)]}{k^2 - 3k + 2}; C_B = \frac{\sum_{i=1}^{k} [\max C_B(i) - C_B(i)]}{k^3 - 4k^2 + 5k - 2} \tag{8-6}$$

式（8－6）中：$\max C_D(i)$、$\max C_B(i)$ 为经济网络中最大的度中心性值、介中心性值，分子表示被评价网络中所有其他节点度中心性（介中心性）与最大度中心性（介中心性）之间的差值之和，k 为经济网络中的县域节点数。

核心—边缘结构分析。核心—边缘结构是由县域相互联系构成的一种中心紧密相连、外围稀疏分散的特殊结构，可以用来反映某一县域在经济网络中的地位或重要程度，判断网络中的核心成员。核心度及核心—边缘结构在县域间经济联系矩阵的基础上通过 UCINET 6.0 软件中的“NETWORK/Core & Periphery”模块来进行计算。

三、网络空间特征

利用 UCINET 6.0 软件中的“Netdraw”模块构建2000 年和 2015 年环鄱阳湖城市群二值化网络拓扑结构图，得到图 8 - 1，图中显示 2000 ~ 2015 年环鄱阳湖城市群经济发展差异十分明显。2000 ~ 2015 年，环鄱阳湖城市群县域经济网络变化十分明显，网络结构趋于复杂。2000 年，城市群内大部分县域处于近距离的弱联系状态，大部分县域仍处于孤立状态，表明这一时期城市群内基本维持在低水平均衡发展状态；城市群内经济联系网络简单，仅在以南昌市为核心的城市群中部地区出现相对较强的经济联系，同时，以新余市、鹰潭市、上饶市、九江市和萍乡市为中心的城市群与周边县存在相对较弱的联系。2015 年，环鄱阳湖城市群内的经济联系网络开始完善。城市群内大部分县域之间都存在经济联系，仅铜鼓县仍为孤立城镇，早期的孤立县域由于交通等基础设施和政策的原因，与地级市和核心县域的联系日益密切；南昌市与城市群内联系城镇数量进一步增多，联系值进一步扩大；南昌市作为核心城市的集聚能力逐渐凸显，同时，由于南昌县和丰城市靠近核心城市，作为枢纽承转和接受南昌市的辐射能力也日益显露出来，也成了城市群内重要的城市，各地级市作为各地的经济增长极，其经济联系数量也都得到了大幅的提升；部分城镇由于交通和地理位置的缘故，其经济联系城镇数量也获得了巨大的增长，如丰城市 2000 年仅与南昌相互联系，同时与樟树和高安联系较密切，到了 2015 年，丰城市与大多地级市以及周围城镇存在相互联系，其联系城镇数量仅次于南昌市和南昌县。2000 ~ 2015 年这一时期，环鄱阳湖城市群发展开始步入加速时期，以南昌市为核心的中部地区经济发展速度显著加快；这一时期，区域经济联系网络较为完善，县域间经济联系交往活动频繁，但城市群内的联系仍以地级市和南昌周边部分县市为主，城市群四周边缘县域联系仍较弱。

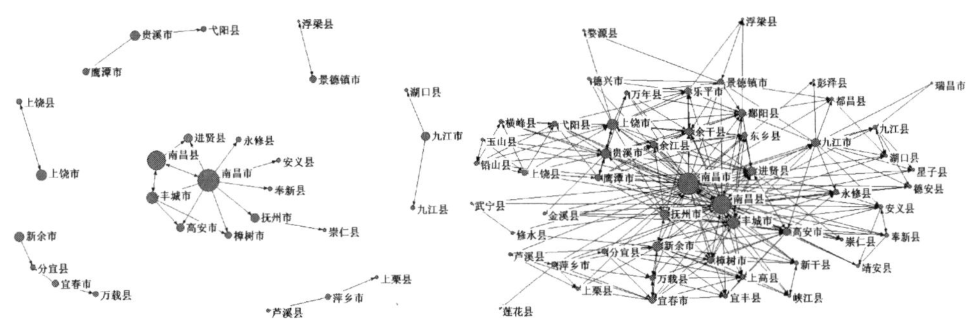

图 8 - 1　环鄱阳湖城市群 2000 年及 2015 年二值化网络拓扑图

四、网络密度特征

从网络密度来看，2000～2015年，环鄱阳湖城市群整体网络密度由0.010急剧增长至0.119，网络密度增长约12倍，县域经济联系网络呈迅速扩张趋势；但区域内经济联系网络结构仍较为松散，2015年网络密度仅为0.119，县域间经济联系仍处于一种弱连接状态。从环鄱阳湖城市群地级市间网络密度的城市等级分析可知：高密度的城市由2000年的南昌市和新余市双核转变为2015年的南昌市单核状态，但中密度城市有所增加而低密度城市有所下降；城市群地级市之间联系薄弱且很不均衡，经济联系的出现主要依赖地理距离临近和铁路交通的发展，未能与城市群的核心城市南昌市形成密集的联系网络，但城市群城市之间的相互联系得到了显著提升，县域间经济联系网络密度总体呈逐步上升的趋势。

2000年，城市群整体密度仅为0.010，县域间联系仍然较为薄弱；其中抚州、吉安、景德镇、九江、萍乡、上饶与城市群其他地级市之间的联系密度均极低，南昌与九江、抚州和宜春都存在联系密度，但除了宜春的密度联系为0.125之外，其他二者与南昌之间的联系均小于0.1，其中，南昌市与抚州市的联系密度为0.063，南昌市与九江市之间的联系密度为0.023；鹰潭市与上饶市存在联系密度，其联系密度值为0.030，这主要是受到铁路交通的影响。根据城市间联系密度总和对城市密度进行划分，结果显示：南昌市和新余市属于高密度的联系城市，尤其是南昌市与其他城市的联系相对较为紧密，中等密度主要包括景德镇市、萍乡市、宜春市、鹰潭市四个城市，其余为低密度城市，如表8-1所示。

表8-1　环鄱阳湖城市群地级市间密度等级

密度等级	2000年	2015年
高密度	南昌市、新余市	南昌市
中密度	景德镇市、萍乡市、宜春市、鹰潭市	新余市、吉安市、抚州市、景德镇市、宜春市、鹰潭市
低密度	上饶市、九江市、吉安市、抚州市	九江市、上饶市、萍乡市

2015年，城市群地级市之间的联系密度得到了很大的改善，整体密度上升至0.119，县域间的经济联系网络初步发育，局部之间网络发育较为成熟并形成了一定的高密度联系区域；从城市间联系密度的等级上看，南昌市成为城市群内唯一的高密度城市，新余相对而言联系密度等级下降，中密度联系的城市数量增加而低密度城市数量下降，这表明城市间的整体密度由所上升，区域间联系区域紧密；从县域间联系数量来看，仅南昌市与所有县域都存在较强联系，其次为宜春市，联系县域为8个，抚州、新余和上饶的县域联系较强也都超过了5个，而

作为城市群双核结构的九江，县域联系仅为4个，联系密度明显较为薄弱，城市群中联系数量最少的城市为吉安市，仅与宜春市存在较紧密联系密度。值得注意的是，南昌市域与抚州市域、鹰潭市域间的经济联系成为环鄱阳湖城市群内跨市域联系的两大主要联系，表明在区域战略（昌抚一体化）及交通基础设施建设（沪昆高铁）等因素影响下，南昌市域与其他区域间联系逐步密切，未来环鄱阳湖城市群核心区打造应着重考虑昌鹰一体化、昌抚同城化发展。一般来说，区域间最大联系方向可以在一定程度上反映区域内核心县域对其他县域的吸引力，通常区域内大多数县域的最大联系方向均为核心县域。环鄱阳湖城市群中，仅有九江市的最大联系方向为南昌，核心县域缺乏凝聚力和向心力，其他县域之间最大联系方向较为混乱。整体上2015年环鄱阳湖城市群网络密度虽有一定的提升，但县域之间联系数量较少，县域联系网络较为薄弱，核心城市缺乏集聚能力。

五、网络中心势特征

应用社会网络分析软件对环鄱阳湖城市群2000年和2015年的网络中心势进行计算，如表8－2所示。从计算结果来看，环鄱阳湖城市群经济联系网络2000年程度中心势的外向程度中心势为2.81%，内向程度中心势为16.27%，中介中心势为0.39%，总体的程度中心势为15.82%，无论是外向程度中心势还是内向程度中心势，其值都较低，但内向程度中心势远高于外向程度中心势，约为它的6倍，这说明环鄱阳湖城市群的经济网络集中趋势比较为明显，属于相对弱集聚的状况。这主要是由于环鄱阳湖城市群2000年经济联系相对较弱，南昌市仅与较少的县域存在联系，而其他县域之间的联系较弱；2015年，环鄱阳湖城市群的中心势的各个指标均有较大提升，内向程度中心势由16.27%增长到78.25%，增长约4.8倍；外向程度中心势从2.81%增长到10.97%，增长约3.9倍；内向程度中心势约为外向程度中心势的7.1倍，这相对于2000年有所增加。这表明环鄱阳湖城市群的集聚能力进一步提升，核心县域的集聚能力大幅提升，相对于2000年而言，2015年南昌市与所有县域都存在经济联系往来，使得核心区域的集聚能力得到了很大的提升，而其他县域的联系数量也大大提升；中介中心势从0.39%上升到22.10%，网络中介中心势的结果表明环鄱阳湖城市群以中间媒介所体现的中心程度逐渐升高，处于中介位置控制资源的县域相对较多，小群体内的中心县域都有可能处于中介位置，成为其他县域经济联系的枢纽地位，也就是说随着县域之间联系数量的上升，部分县域逐步处于城市群的枢纽地位。2000～2015年环鄱阳湖城市群的程度中心势从15.82%增加到72.79%，这表明环鄱阳湖城市群由相对均衡的状态转向强集聚状态，这主要是由于江西省基础设施日益完善，并推行了昌九一体化、昌抚一体化等战略，使得各地级市与核心城市之间的联系大大加强，使得南昌市的集聚和辐射能力得到了进一步的凸显。

表 8-2　2000 年及 2015 年环鄱阳湖城市群经济网络中心势　单位：%

年份	内向程度中心势	外向程度中心势	中介中心势	程度中心势
2000	16.27	2.81	0.39	15.82
2015	78.25	10.97	22.10	72.79

第二节　城市群节点发育特征

一、程度中心性特征

程度中心性刻画了网络中区域自身的交往能力，程度中心性越高则区域竞争力越强。程度中心性可以分解为内向程度中心性及外向程度中心性，借鉴旅游场相关研究，内向程度中心性可以用于刻画区域的集聚作用；而外向程度中心性则可以有效诠释区域扩散效应。本章基于社会网络分析计算得到各市县的内向及外向程度中心性并进行反距离权重插值（IDW），得到环鄱阳湖城市群内向及外向程度中心性空间分布，如图 8-2 所示。

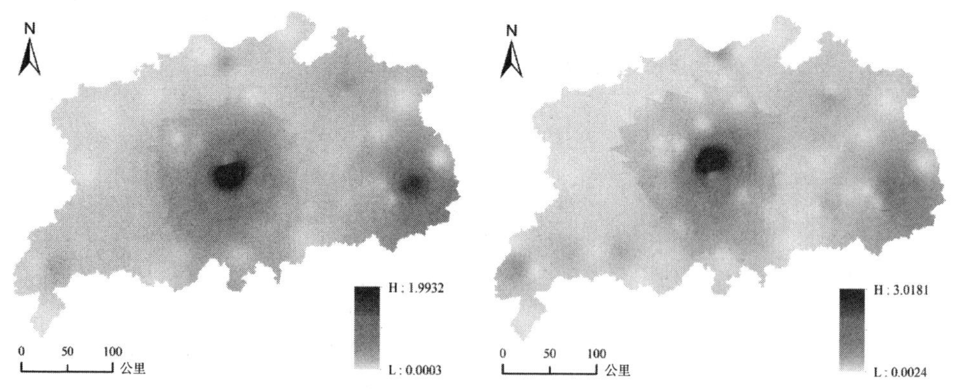

图 8-2　2000 年环鄱阳湖城市群内向及外向程度中心性空间分布

2000 年，环鄱阳湖城市群出现南昌、上饶两大集聚中心，其中南昌主要以南昌县、南昌市为主要成员，而上饶集聚中心则由上饶市、上饶县两市县组成；四者内向程度中心性总值达到 4.057、占区域总值的 44.71%，表明区域内资源配置并未得到优化配置，仅出现南昌、上饶两大资源汇集中心，众多地级市在区域内的资源集聚能力明显滞后。从区域扩散效应来看，南昌市外向程度中心性高达3.081，远高于第二位城市——上饶市，表明区域内仅形成南昌市这一扩散中心扩散作用不强，对整个环鄱阳湖城市群的“遮蔽”作用明显不足，各区域的扩散作用差异巨大，形成区域内“一极独大”的现象。

2015年，区域经济网络得到进一步发展、呈现出逐步完善的趋势，孤立城市虽逐步减少；但区域间集聚和扩散效应的相对差异仍进一步拉大，表明网络的完善并未对区域集聚和扩散均衡化发展具有显著作用，而是进一步加重了区域内核心城市的极化趋势。2015年，上饶县的集聚作用已超过南昌市、成为区域内的集聚中心；而南昌、上饶两大集聚中心汇集了区域内60.47%的资源；与此同时，上饶集聚中心的扩散作用在进一步增强、其空间“遮蔽”作用进一步扩大，将成为赣东北地区的经济增长极，如图8-3所示。

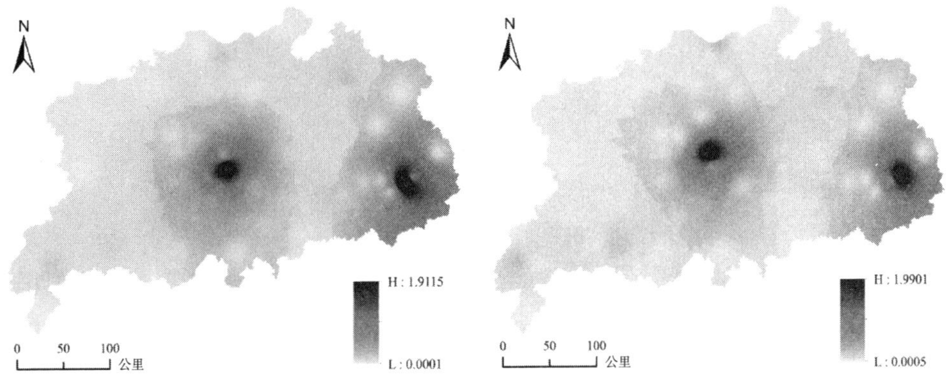

图8-3 2015年环鄱阳湖城市群内向及外向程度中心性空间分布

区域发展受集聚和扩散两种作用相互影响，当集聚作用占据主导地位时则表明区域处于集聚阶段，反之则为扩散阶段。本章充分借鉴旅游场概念，将代表区域集聚和扩散效应的内向、外向程度中心性进行栅格运算，探讨了经济网络视角下的区域集聚—扩散区域变化状况，如图8-4所示。环鄱阳湖城市群内形成相对稳固的扩散区，扩散区主要以片状及散点状分布为主。以南昌市为核心的片状扩散区呈现出逐步扩展现象，南昌市及扩散区内扩散效应得到显著提升；而散点状主要沿沪昆铁路周边的地级城市为主，交通基础设施对区域发展具有显著影响。从扩散及集聚区域演变状况来看，2000年的环鄱阳湖城市群出现以南昌、景德镇、九江三个地级城市为核心的“铁三角”扩散区，发展至2015年，“铁三角”扩散区逐步拓展至婺源、德安等地，表明在环鄱阳湖城市群发展进程中还应继续释放区内三大支点城市的扩散效应、提升支点城市的综合实力水平以更好地辐射整个城市群；同时，宜春、新余、抚州、鹰潭等地的扩散作用明显弱化，表明沿线地区资源得到较好配置、区域发展势头良好，提升沿线地区城镇集聚作用和地级城市扩散效应是打造沪昆高铁经济带的重要途径之一。值得注意的是，上饶扩散区域得到快速扩展，分析其原因在于上饶地区是环鄱阳湖城市群内又一“十”字高铁枢纽地区，受交通基础设施建设作用、综合实力均得到一定发展，可以预想的是上饶地区将成为环鄱阳湖城市群内又一稳固增长极，这为整个环鄱阳湖城市群对接长三角城市群提供了良好的“链接”作用。

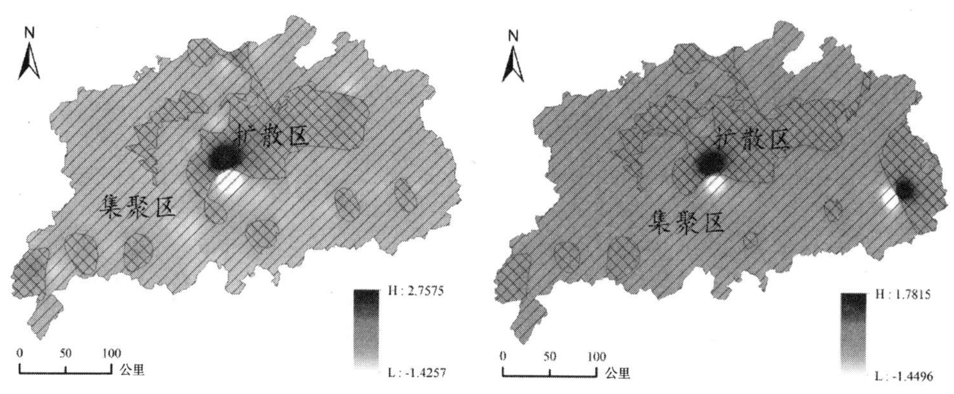

图 8－4　2000 年及 2015 年环鄱阳湖城市群集聚—扩散区域空间格局

2000 年及 2015 年区域程度中心性值域区间分别为［0.0197，3.0209］、［0.0078，2.0008］，其变异系数分别为 1.934 和 2.374；对比值域区间和变异系数综合可知环鄱阳湖城市群内区域中心性整体呈现出两极分化现象、相对差异逐步拉大，区域间经济联系逐步趋于多核心发展。区域程度中心性呈现出典型的幂律分布特征、拟合优度均在 0.93 以上，散点分布在不同时期均出现明显的断层和突变现象。在两个时间断面下，南昌市、南昌县、上饶市及上饶县均稳居前四位，四者占据程度中心性总值的比例由 50% 上升至 68%，表明区域内南昌、上饶两区域的核心地位得到进一步稳固，城市群内区域发展的极化作用明显，对整个城市群内的扩散效应有待进一步提升；而程度中心性位于前 10 位的市县主要为地级市及其周边县域，表明地级市在整个环鄱阳湖城市群经济网络中仍处于核心节点位置，其对周边县域均具有一定的辐射作用，如，南昌—进贤、南昌—丰城等；而后 20 位的县域程度中心性总值占比则由 7.4% 下降至 4.7%，进一步表明网络视角下的区域自身交往能力差异巨大、两极分化现象严重。通过对程度中心性进行反距离权重插值分析如图 8－5 所示，可知：2000～2015 年，程度中心性地理分布格局均由两大“高地”组成；这表明城市群内形成两大稳固的核心地区，但南昌核心区受网络完善影响、其空间遮蔽作用逐步减少；而随着上饶成为城市群内又一高铁枢纽，上饶核心区的空间影响力逐步增强，形成高铁时代环鄱阳湖城市群内的“双核”结构，即：南昌作为省会、是区域行政中心，也是城市群内经济、人口规模实力最强的中心；而上饶作为高铁枢纽城市，是对接长三角地区的重要门户城市；二者的连线—信江河谷城镇带将成为城市群内重要的高铁经济发展轴带。

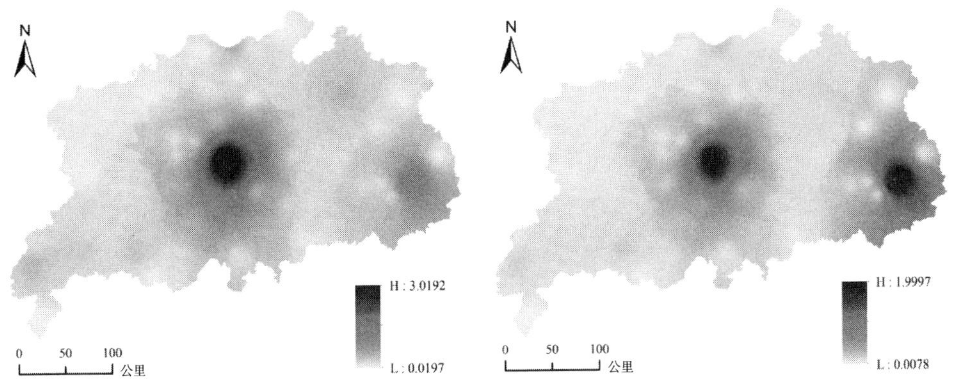

图 8-5 2000 年及 2015 年环鄱阳湖城市群程度中心性空间格局

总体来看，环鄱阳湖城市群总体处于集聚阶段，区域内核心节点城市仍有待进一步释放其扩散效应，区域交通方式的改善提升了区域间物流、资金流等“流体”的集聚和配置状况，但由于其具有明显的“虹吸效应”，使得核心区域发展得到进一步提升、而廊道地区则由于资源等流失形成城市群发展的相对滞缓区；造成环鄱阳湖城市群两极分化严重，而融合发展的格局远未形成。

二、中介中心性特征

中介中心性属于控制能力指数、主要用于描述非邻接节点对其他节点的依赖程度，也可反映区域对其他区域间空间联系控制力。

在 2000 年、2015 年两个时间断面下，环鄱阳湖城市群的城市中介中心性值的区间分别为［0，0.3991］、［0，24.3528］，其标准差分别为 0.065、4.282。综合中介中心性值和标准差计算结果，可以发现鄱阳湖城市群的城市中介中心性经历了由相对均衡发展为不均衡。对鄱阳湖城市群的中介中心性值进行反距离权重插值分析的结果显示（见图 8-6）：2000 年，中介中心的高值区主要是南昌市及其周边的抚州市、丰城市，其余地区的中介中心性值都为 0。到了 2015 年，环鄱阳湖城市群的中介中心性值发生了显著变化，高值区的范围明显扩大，同时在距离中心南昌较远的城市中介中心值也有了显著的提升，其中南昌县取代南昌市成为中介中心值最高的地区，而南昌市则下滑至第 3 位。借鉴世界银行的区域经济划分方法和分类标准，按照区域中介中心性值的50%、100%、150%将城市划分为低水平、中低水平、中高水平、高水平。其中，低水平的区域为弋阳县、鹰潭市、上饶县等28个县市；中低水平的区域为东乡县、分宜县、安义县等9个县市；中高水平县市包括宜春市、万载县、抚州市、奉新县、景德镇市；高水平的城镇为南昌县、新余市、南昌市等12个县市。

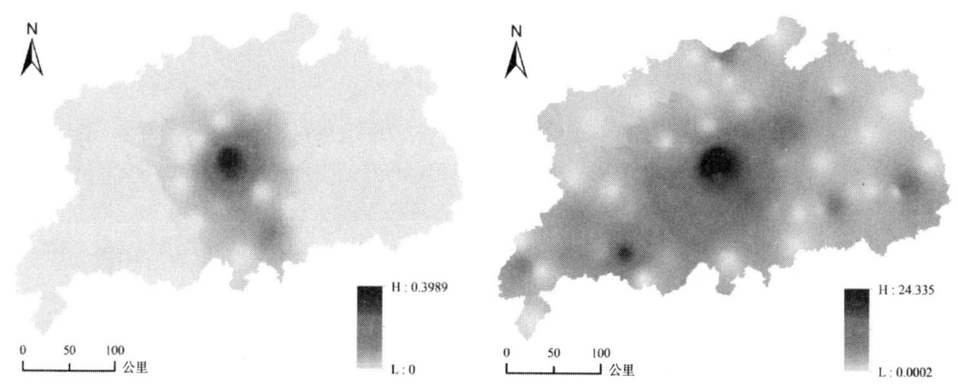

图8－6　2000年及2015年环鄱阳湖城市群中介中心性空间格局

总体来看，环鄱阳湖城市群的中介中心性逐渐区域不均衡发展，表明城市对区域的控制力出现两极分化，南昌县取代南昌市成为城市群内控制力最强的城市，高控制力城市基本以南昌为中心分布；中低水平和低水平控制力城市依旧占据主体地位。

三、综合中心性视角下的区域发育状况特征

程度中心性反映了区域自身交往能力，中介中心性则凸显区域链接能力，二者均只能从单一方面反映区域在网络中的地位与角色。为此，借鉴相关学者的系统中心性研究，基于网络中心性的理论方法及其表征意义，利用熵值法及专家打分法对区域程度中心性及中介中心性进行综合权重确定，得到二者的权重分别为0.4、0.6，最终构建区域综合中心性指数。

基于区域综合中心性指数，本节利用位序－规模法则及K型聚类对其进行分析，探讨流空间视角下的区域总体分布特征及其等级体系状况。2000年及2015年，位序－规模法则计算得到两个时间断面下的拟合优度 R^2 分别达到0.944和0.755，回归方程较好地拟合了原始数据，区域综合中心性位序及其规模吻合度较好、具备分形特征；而q值分别达到1.168和2.359，流空间视角下的区域综合中心性总体呈现出典型的首位分布特征，首位市县垄断性较强、中小市县在经

济网络中的发展明显不足；q 值的显著增大，进一步说明了区域内核心县市发展势头强劲而中小市县则不足，区域发展进程中出现“马太现象”。

从等级状况来看（见表 8－3），南昌市及南昌县二者组团成为区域内稳固的核心，分析其原因在于南昌市作为省会城市其经济、人口等综合实力较强，而作为毗邻的南昌县，受南昌市辐射作用明显，经济发展水平明显提升；2000 年，区域次级核心主要有上饶市、上饶县、丰城市及抚州市、九江市，上饶组团（上饶市及上饶县）远离区域核心城市，汇集了子区域内更多的资源，整体经济发展水平较高；而丰城紧邻南昌，成为南昌核心组团的一部分；抚州则在一定程度上受南昌带动作用，且行政等级相对较高；而九江主要受政策影响（昌九一体化）明显，成为环鄱阳湖城市群重要的北向门户城市。发展至 2015 年，区域核心中增加了新余市，分析其主要原因在于产业结构的优化调整为新余市经济发展提供了良好的基础条件、区域实力得到显著提升，同时作为沪昆铁路沿线城市其交通优势也相对明显；进贤县、高安市、樟树市等均毗邻南昌市，受经济辐射作用相对显著，同时也是打造南昌大都市区的重点区域；萍乡市作为沪昆高铁上的节点城市，是环鄱阳湖城市群西向开放开发的重要支点，也是环鄱阳湖城市群加强与长株潭城市群合作开发的支撑平台。总体来看，环鄱阳湖城市群内形成相对稳固的核心组团，次级核心区域数量虽得到明显增长但总体实力偏弱、对群内其他县市的扩散作用不强；因此，提升次级核心区域的综合实力水平并释放其扩散效应、增强低水平区域资源汇聚能力将是环鄱阳湖城市群融合发展的重要途径。

表 8－3　综合中心性视角下环鄱阳湖城市群等级体系演变

市县	2000 年	2015 年
区域核心	南昌市、南昌县	南昌市、南昌县、新余市
区域次级核心	上饶市、上饶县、丰城市、抚州市、九江市	上饶市、进贤县、九江市、鄱阳县、高安市、贵溪市、樟树市、丰城市、萍乡市
一般县市	景德镇市、安义县、崇仁县、德安县、德兴市、东乡县、都昌县、分宜县、奉新县、浮梁县、高安市、贵溪市、横峰县、湖口县、进贤县、九江县、芦溪县、萍乡市、瑞昌市、上栗县、万载县、新余市、宜春市、弋阳县、鹰潭市、永修县、樟树市、金溪县、靖安县、乐平市、莲花县、彭泽县、鄱阳县、铅山县、上高县、铜鼓县、万年县、武宁县、婺源县、峡江县、新干县、星子县、修水县、宜丰县、余干县、余江县、玉山县	安义县、崇仁县、德安县、德兴市、东乡县、都昌县、分宜县、奉新县、浮梁县、抚州市、横峰县、湖口县、景德镇市、九江县、芦溪县、瑞昌市、上栗县、上饶县、万载县、宜春市、弋阳县、鹰潭市、永修县、金溪县、靖安县、乐平市、莲花县、彭泽县、铅山县、上高县、铜鼓县、万年县、武宁县、婺源县、峡江县、新干县、星子县、修水县、宜丰县、余干县、余江县、玉山县

从空间格局来看，南昌市作为区域内核心城市、其地位十分稳固，其“遮蔽效应”十分明显、并得到显著拓展；而九江、萍乡、新余、上饶等地级市综合中心性指数也得到明显提升，这为打造上饶核心组团、宜新萍组团、九江核心组团奠定了良好基础，对于构建环鄱阳湖城市群“三足鼎立”支点格局具有一定作用如图8－7所示。加强核心组团间交通基础设施建设以压缩时空距离，推进南昌大都市区、高铁经济带建设进程将是推进环鄱阳湖城市群“一极多核”发展的有效途径。

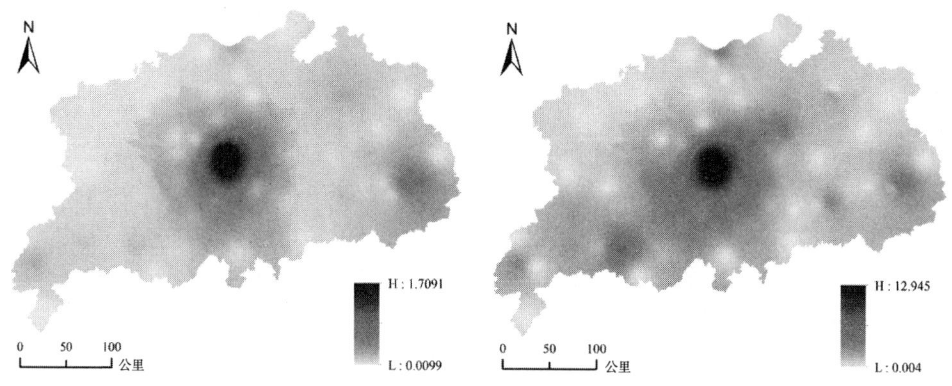

图8－7　2000年及2015年环鄱阳湖城市群综合中心性空间格局

第三节　城市群子群特征

一、网络“核心—边缘”结构特征

核心—边缘结构是由城市相互联系构成的一种中心紧密相连、外围稀疏分散的特殊结构，可以用来反映某一区域在经济网络中的地位或重要程度，借此判断网络中的核心成员。

区域经济网络中的核心和边缘地位不仅是自身区域经济发展规模所决定的，更重要的是各城镇间的相互关联及带动作用，需要区域经济网络联系强度来辨别。利用核心—边缘研究不仅能够辨别出整个网络的核心角色，还可以量化出核心度、核心对边缘的关联带动效应等，有助于明确各区域在环鄱阳湖城市群经济网络中的地位。通过核心—边缘缺失模型及关联模型可知，2000年核心区域共37个，多分布于环鄱阳湖城市群中部及东南、西北部地区，空间上呈倒“T”形分布格局；边缘地区共20个，多分布于环鄱阳湖城市群西北、东北部地区，空间上呈零散分布态势。2015年环鄱阳湖城市群核心—边缘结构较2000年变化显著，核心区大面积广布，增加至53个区域；边缘区仅剩莲花县、瑞昌市、铜鼓县及婺源县4个区域，如图8-8所示。综合表明，环鄱阳湖城市群2000~2015年变化迅速，区域内部联系、辐射作用明显加强，西北、东北地区“低谷现象”得到明显改善，均衡发展态势显现，但环鄱阳湖城市群外围区域发展受区域的极化效应弱小、聚集能力不足，区域经济实力较弱；区域周边缺乏大中城市的辐射、扩散作用，与外界经济联系较弱；城市地理区位处于边缘地带，交通条件欠佳等因素制约发展的现象依旧存在。此外，计算得出2000年核心—边缘密度值几乎为0，而到2015年核心—边缘密度值上升至0.015，由此表明核心区市县数量在增多的同时，其密度也得到显著提升，核心区具有较好的经济辐射作用，因此发展环鄱阳湖城市群需重视发挥核心区对边缘地区的辐射带动作用。

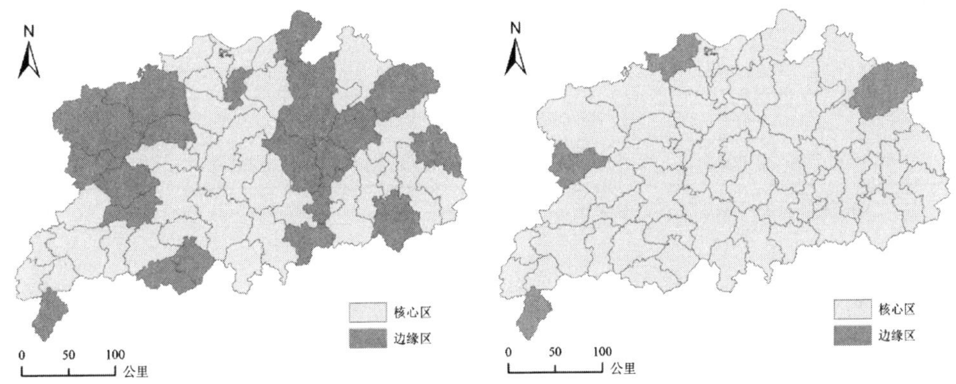

图8-8 2000年及2015年环鄱阳湖城市群“核心—边缘”结构

二、凝聚子群特征

凝聚子群是一种含义广泛的子群概念，其目的在于揭示群体内部的子结构，属于社会结构研究。当网络中某些节点间联系紧密并形成一个次级团体时，这种团体在社会网络分析中被称为“小团体”，也即：凝聚子群。本章的凝聚子群分析以区域间经济联系强度为依据，探讨环鄱阳湖城市群内小团体集聚现象，以体现区域间联系的亲疏关系。在UCINET软件支持下，利用Concor算法进行联系网络的凝聚子群分析，得到凝聚子群具体组成变化状况及密度值演变，并进行标准化，结果如图8-9、表8-4所示。

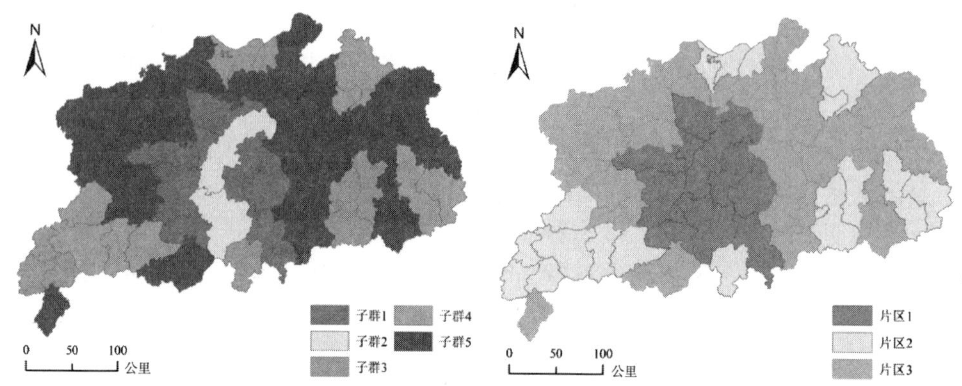

图 8－9　2000 年环鄱阳湖城市群凝聚子群

表 8－4　2000 年环鄱阳湖城市群凝聚子群密度

子群密度	子群 1	子群 2	子群 3	子群 4	子群 5
子群 1	0.0411	0.1226	0.0092	0.0069	0.0095
子群 2	1.0000	0.6829	0.0353	0.0325	0.0292
子群 3	0.0050	0.0035	0.0372	0.0076	0.0053
子群 4	0.0061	0.0052	0.0078	0.2237	0.0076
子群 5	0.0030	0.0011	0.0032	0.0044	0.0043

注：对角线数值表示该子群内部联系度。下同。

2000 年，环鄱阳湖城市群在三级层面上形成五个子群、二级层面上形成三大片区，南昌—丰城子群相对集聚，子群 1 则围绕南昌—丰城子群，这表明南昌—丰城子群对南昌县、进贤县、高安市等县市组成的子群具有很强的经济辐射作用；而其他 3 个子群在空间分布上相对凌乱；从片区来看，以南昌为核心形成的片区形成紧密集聚状况，九江组团、上饶—鹰潭组团、宜新萍组团、景浮组团则构成第二大片区，而片区 3 受其他片区的分割作用，在空间上基本呈现出“m”状分布。其密度值显示，子群 5 内部县市联系密度极低且与城市群内其他子群之间的联系均很弱，仅与子群 2 的联系为 0.0292；而子群 2 只有南昌、丰城 2 个县市，其空间相互联系单元较少，因此其子群密度相对远高于其他子群；子群间密度显示子群 1 及子群 2 之间密度较高，这是环鄱阳湖城市群联系紧密地带，这一地带属于城市群核心地区；进一步加强这一片区内经济联系将有利于环鄱阳湖城市群内核集聚发展。

发展至 2015 年，环鄱阳湖城市群得到较好发展、各子群及片区基本实现空间集聚发展如图 8－10、表 8－5 所示。这一时期，环鄱阳湖城市群在三级层面上形成 8 个子群，而在二级层面上形成四大片区；具体来看：以南昌为核心包括进贤县、抚州市、南昌县、丰城市、高安市形成子群 2，其密度值为城市群内最高，表明这一区域内市县经济联系相对紧密、成为环鄱阳湖城市群经济网络的核心地带；子群 1 主要以九江市为核心，包括城市群西北部众多县市、子群密度为 0.0806，这一子群经济联系相对薄弱，子群内县市经济发展整体处于较低水平、缺乏次级核心的空间链接作用，加强次级核心城市培育将是完善这一子群经济联系的突出任务；子群 3 以新余市为核心，包括新干县、上高县、宜丰县等县市，这一子群与子群 2 联系相对紧密，这在一定程度上表明环鄱阳湖城市群经济网络核心地带具有较强的经济辐射作用，这一子群将成为南昌大都市区构建的外围地带；子群 4、子群 6、子群 7 及子群 8 分别以萍乡—宜春、景德镇、鹰潭、上饶为核心形成子群内相对紧密的联系；而子群 5 密度值为子群最低，该子群主要包含了婺源、浮梁、德兴及都昌等县市，在整个城市群内处于相对弱势地位且被行政分割，相对来说，调整行政区划或密切与九江的联系是这一子群发展的较好途径。值得注意的是，子群 1 中包含了崇仁、金溪两县域，远离九江子群核心区，因此依托向莆铁路经济带加强抚州与二者经济联系将使得崇仁、金溪更好地融入城市群核心区。从片区来看，昌九—昌抚在二级层面上形成整体；宜新萍组团、鹰潭—上饶组团、景德镇组团将是对接长株潭、长三角地区的重点区域，也是高铁经济轴带发展的突出区域。

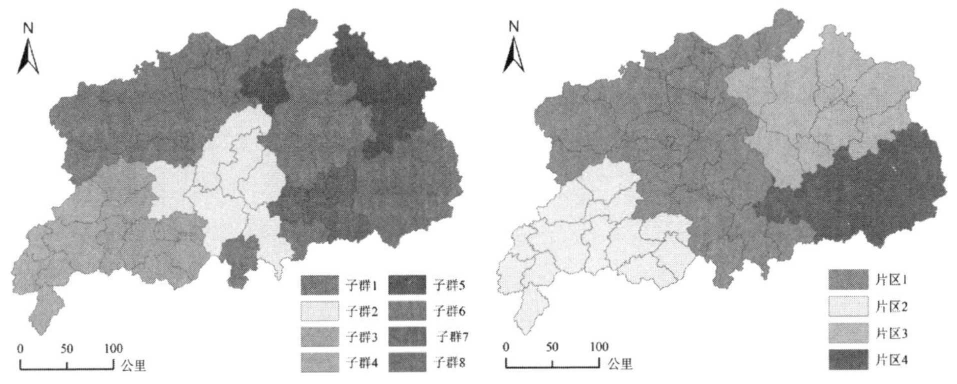

图 8-10 2015 年环鄱阳湖城市群凝聚子群

表 8-5 2015 年环鄱阳湖城市群凝聚子群密度

子群密度	子群 1	子群 2	子群 3	子群 4	子群 5	子群 6	子群 7	子群 8
子群 1	0.0806	0.0171	0.0103	0.0052	0.0064	0.0150	0.0083	0.0051
子群 2	0.1124	1.0000	0.0833	0.0626	0.0112	0.0599	0.1247	0.0478
子群 3	0.0150	0.0345	0.4864	0.0805	0.0108	0.0072	0.0091	0.0059

续表

子群密度	子群 1	子群 2	子群 3	子群 4	子群 5	子群 6	子群 7	子群 8
子群 4	0. 0171	0. 0634	0. 1267	0. 3548	0. 0089	0. 0119	0. 0161	0. 0096
子群 5	0. 0338	0. 0049	0. 0035	0. 0020	0. 0017	0. 0111	0. 0038	0. 0044
子群 6	0. 0234	0. 0255	0. 0084	0. 0066	0. 0208	0. 3231	0. 0595	0. 0420
子群 7	0. 0171	0. 0648	0. 0095	0. 0079	0. 0065	0. 0539	0. 4231	0. 2766
子群 8	0. 0090	0. 0217	0. 0067	0. 0062	0. 0132	0. 0463	0. 1552	0. 5665

2000～2015 年环鄱阳湖城市群经济网络的凝聚子群由空间紊乱逐步趋于空间集聚发展，二级层面上的片区由三个变为四个，凝聚子群的空间联系日益加强；城市群内形成了三级层次相对分明、对接区域明显、区域分工合理的核心区、外围区以及四大板块区，发展势头良好。为推动环鄱阳湖城市群经济空间更好发展，要继续推进大南昌都市区战略，加大力度推进区域一体化发展，继续推进昌九一体化、昌抚一体化等战略；宜春、新余和萍乡等联系密切的城市要促进其组团发展，加强各城市与核心城市的联系，发挥南昌市的集聚和扩散能力，带动城市群发展。

第九章

环鄱阳湖城市群空间治理与跨区域合作

环鄱阳湖城市群的建设过程中以空间治理为主的多种治理手段和跨区域合作发展形势发挥了重要作用，有效推动了城市群相关地区区域一体化与同城化进程。本章以《环鄱阳湖生态城市群规划（2015—2030）》（下称《规划》）的内容为主要依据，回顾环鄱阳湖城市群形成历史过程中的空间治理手段，分析城市群总体与各个内部区块的一体化（同城化）发展历史与现状，介绍各地区如何明确定位，及以各种方式融入城市群建设。

环鄱阳湖城市群的空间治理与跨区域合作首先是从其部分城市与地区开始，具体是以 1992 年昌九工业走廊建设为开端，包括南昌大都市区、九江都市区、昌九一体化、昌抚一体化、赣西新宜萍城镇群、赣东北对外开放、信江河谷城镇群等。这些区域性空间治理案例不断产生并在环鄱阳湖城市群的形成中起重要作用。《规划》以区域性治理空间为基础，将城市群划分为南昌大都市区、九江都市区、信江河谷城镇群、新宜萍城镇群、景德镇国际陶瓷文化与生态景观游憩地、幕阜山—九岭山风景游憩地六大区块，目的是促进城市群内部各区域协调发展。

在城市群的发展过程中，政府与市场共同推动了区域间的跨区域合作，城市群区域一体化发展得以推进。为探索环鄱阳湖城市群的区域一体化发展情况，本章以地级市为主要研究单元，以价格法测度了环鄱阳城市群市场一体化水平，并以此为基础评价了城市群总体及昌九、昌抚、赣西、赣东北各大区块与区域性一体化建设于 2000 ~ 2015 年的发展情况，从交通、空间、产业、政策等方面分析跨区域合作的驱动力，并从各县（市、区）层面介绍相关地区为融入区域性合作战略及促进环鄱阳湖城市群发展在交通、产业、旅游等方面所作出的相关措施。

第一节 总体空间治理与区域一体化发展

一、空间治理历史进程

（一）空间治理的阶段划分

环鄱阳湖地区的空间治理最早可以追溯到昌九一体化建设，即1992年昌九工业走廊建设开始，鄱阳湖环湖地区开始出现以交通线为轴的以工业合作为主线的经济交流，环鄱阳湖地区为孕育城市群进行了长时间的“原始积累”。从2006年环鄱阳湖地区一体化发展出现了第一个政府规划文件，至2016年城市群本位规划的出台，环鄱阳湖地区的空间治理经历了一个调整与完善的阶段，基于环鄱阳湖地区各个发展阶段的特征。本章将环鄱阳湖城市群空间治理划分为三个阶段，分别为“空间治理计划期（1992年至2006年）”“空间治理调整期（2006年末至2015年）”“空间治理战略期（2016年至今）”。

1. 空间治理计划期（1992年至2006年）

环鄱阳湖城市群发展自江西省、沿京九线城市带和沿浙赣线城市带建设基础上，在交通线的带动下拥有一定的经济基础，并形成了相当规模的城镇群。该时期以城市群核心昌九互动发展为开端，昌九工业走廊始建于1992年，是以昌九公路为轴的工业布局带，沿途包含南昌、九江市辖区及部分县（市），尽管发展不佳，但客观来说增强了沿线地区，特别是昌九城际的联系。2006年，江西又出台了新的昌九工业走廊的规划文件，昌九地区建设转向城镇群发展。京九线自1996年通车以来有效带动了沿线地区发展，途径环鄱阳地区南昌、九江、江西中部吉安市等地区，京九线有效增强了昌九地区自身交通联系，并有效拓宽了对外联系的陆路通道，扩大了昌九地区对周边地区的辐射能力。而浙赣线历史悠久，2007年始并入沪昆线，浙赣线沿线包括江西省大部分城市，包括南昌、上饶、鹰潭、抚州、丰城、樟树、新余、宜春、萍乡、吉安等，集中了江西县市经济十强的六个城市，并且沿浙赣线已形成一定规模的城市带。

有关鄱阳湖城市群的构想，最早源自2004年江西财经大学李林茂先生与邹永军先生对于构筑环鄱阳湖经济圈的构想，其范围划定实际上较为模糊，实际上仅包括环湖城市南昌市、九江市、景德镇市全域、鹰潭市大部（或全部）以及上饶市鄱阳、余干等城镇（共30个县（市、区）左右），认为构筑环鄱阳湖经济圈有着巨大的现实意义，同时也有着足够的发展动力，“环鄱阳湖”这一特定的区域性名词正式进入公众视野。

而在2006年3月，时任江西省社会科学院经济研究所所长的麻智辉研究员提出了环鄱阳湖城市群的战略构想，初步提出构建以南昌为核心，包括九江、景德镇、鹰潭全域及上饶（鄱阳县、余干县、万年县）、抚州（东乡县）共22个县市（32个县（市、区））组成环鄱阳湖城市群，并对如何促进城市群一体化建设提出了对策建议。以上经济圈与城市群的构想在空间范围上相差并不大，相关地区表现出明显的环湖特征与良好的经济基础。至此，环鄱阳湖城市群建设开始更多地出现在报纸期刊上，江西省各界逐渐认识到了构建以南昌为核心的环湖城市群的重要性和江西崛起的紧迫感。至2005年末，环鄱阳湖的南昌、九江、景德镇、鹰潭、上饶五市占全省53.8%的国土面积，42.6%的人口，49.2%的生产总值，52.3%的财政收入，是全省产业城市、人才最为密集的地区，在各城市规模、人口数量、产业结构、交通条件等方面均已初步具备了建设城市群的基础。

政府层面正式提出“环鄱阳湖城市群”这一命题则是在2006年末的江西省第十二届党代会上，会议报告提出“在发展沿京九线城市带和沿浙赣线城市带的基础上，进一步打破行政区划，建立城际间协调发展的机制，大力促进城市间的合作与联系，积极创造条件，构建以南昌为核心的环鄱阳湖城市群。逐步建立比较完善的城市网络体系，形成人流、物流、信息流的通道，对外发挥连接东西、贯通南北的作用，将我省经济更好地融入全国经济之中，对内促进区域经济分工，有效整合资源，带动全省经济繁荣。”

2. 空间治理调整期（2006年末至2015年）

这一时期的最大特点是环鄱阳湖地区总体性规划不断出台，同时包括地处非环湖地区内的多个区域性城镇群逐步形成，与南昌的联系不断加强，这些规划在不断深入推进环鄱阳湖地区空间治理并加速有关区域一体化进程的同时，环鄱阳湖地区经济发展对外辐射不断加强，为环鄱阳湖地区扩容发展提供了广阔空间，为环鄱阳湖城市群向更大范围拓展奠定了基础。

2006年末，江西省于省第十二届党代会同期出台了环鄱阳湖地区历史上第一个政府规划文件——《环鄱阳湖经济圈规划（2006—2010）》（也称《环鄱阳湖地区经济发展规划》），正式拉开了环鄱阳湖地区整体规划建设与空间治理的序幕，其规划范围与上面的两份设想方案相比略有扩张，包括南昌、九江、上饶、鹰潭、抚州和景德镇6市共42个县（市、区），土地面积5.32万平方公里，占全省31.86%。

而在环鄱阳湖地区的发展过程中又迎来了“鄱阳湖生态经济区”，该战略于2008年初由江西省政府确立并在2009年上升为国家战略，由于该战略实际上是我国国土功能分区的一部分，鄱阳湖作为我国最大的淡水湖发挥了巨大的生态效益，为了保护这一重要生态屏障，该战略更多地在发展地区经济的情况下考虑了鄱阳湖的生态保护与治理，因此该生态经济区并不“环”鄱阳湖，其规划范围相比《环鄱阳湖经济圈规划（2006—2010）》也略有缩小，包括南昌、景德镇、鹰潭3市，以及九江、新余、抚州、宜春、上饶、吉安的部分县（市、区），共38个县（市、区）。2008年，江西省提出“昌九一体化”战略推动昌九沿线地区发展，推动两大城市全面融合。另外这一时期内昌抚一体化、信江河谷城镇群等区域性发展战略与规划陆续出台，为相关地区区域性一体化发展提供了行动指南。

3. 空间治理战略期（2016年至今）

这一时期是城市群本位规划与相关区域性规划大范围出台的时期，形成了环鄱阳湖城市群相对完善的规划体系。其中环鄱阳湖城市群本位规划的出台意义重大，通过规划协调能够进一步打破区域间的行政壁垒，能够统筹城市群总体与各规划区域的协调发展、城镇体系规划与布局、基础设施建设、产业建设等，有效促进城市群一体化发展，避免城市间重复建设与恶性竞争，使城市群发展进入历史战略期。

在江西与环鄱阳湖地区经济历经多年发展后，相关地区如昌九、新宜萍、九江都市区等地区经济快速发展，经济联系不断增强，国家级新区赣江新区于2016年6月落户昌九地区，对于做大昌九，促进昌九一体化意义重大。环鄱阳湖城市群本位规划《环鄱阳湖生态城市群规划（2015—2030）》于2016年8月正式公示，其规划范围再一次扩大，包括南昌、九江、景德镇、上饶、鹰潭、宜春、新余、萍乡等地级市全部行政辖区和抚州市辖区、东乡县、金溪县、崇仁县，吉安的新干县、峡江县，共64个县（市、区），区域面积达9.23万平方公里。

（二）环鄱阳湖地区治理的演变特征

1. 区域治理主体：由单一政府推动向多元主体共同推动

在新中国成立后的很长一段时间内，也就是计划经济时代，政府扮演了资源调配的主角，在区域发展的调控上更是作为规划者、实施者和管理者，企业则相对被动，仅以作为实施规划的项目承担者的角色存在。自改革开放以后，企业自主能力在市场经济逐步形成的过程中逐步放大，在政府引导和市场利益驱使的双重作用力下，企业成为区域合作发展的重要主体，在一些区域性经济合作，如昌九工业走廊建设中发挥了重要作用。随后，多个区域性规划与鄱阳湖生态经济区、赣江新区等国家战略不断出台，在特色工业化与鄱阳湖生态保护并重的政策支持下，以环湖地区一体化为发展目标的治理手段不断丰富，各类治理主体不断加入，在政府和市场推动下形成以政府、市场和社会共同参与治理的主体结构。

2. 区域治理客体：由工业为主导的经济治理扩大为全面合作治理

环鄱阳湖地区一体化过程伊始工业合作与基础设施建设是主题，由于环鄱阳湖地区地处中部落后地区，工业化是各地区最迫切的发展任务，各地区依托交通线以发挥比较优势与工业合作打开了区域合作的窗口。其中，京九线、浙赣线（沪昆线）和昌九沿线是重点，省政府对昌九工业走廊进行了长时间的建设投入，尽管在一定时期内未能获得显著成果，但不可否认的是工业合作开启了昌九地区的全面经济合作，为昌九地区从点线开发向一体化发展奠定了基础。另外，国家级新区赣江新区、赣西产业转型升级示范区、信江河谷产业集群建设等也是推动地区工业化建设的代表战略。随着经济合作的不断扩大，环鄱阳湖地区在合作治理的领域也不断扩大，在生态、交通、旅游、医疗等方面均形成合作的体制机制，环鄱阳湖地区治理向全面合作治理转变。由于《规划》所确定的城市群范围较大，一体化治理难度较大，涵盖城市群整体的合作模式难以形成，更多的合作机制出现在昌九、昌抚、新宜萍、赣东北、信江河谷等内部区域上，更大范围的合作治理仍有待完善。

3. 区域治理过程：从无序区块化向有机整体治理转变

城市群治理过程中，由于环鄱阳湖地区乃至当前环鄱阳湖城市群规划区域面积过大，并没有在治理伊始便制定整体性空间治理方案，也未能出台相关的总体性规划方案。城市群的形成是一个历史过程，正是在无序的区块化的治理过程中，各区块与各地区间经济、人文等要素联系不断加强，最终形成了城市群建设的条件。环鄱阳湖城市群相关地区出现过昌九地区、昌抚地区、上饶“1+5”地区，新宜萍（赣西）地区、赣东北地区、环鄱阳湖地区等的区域性治理形式，其特点是大多受到市级层面的行政区划影响，更多注重区域内的治理研究，而随着向整体城市群的治理转变中，尽管这些区块化并未消失，甚至在《规划》中得以“合法化”，但各个区块更加重视突破行政边界的划分，多以县一级尺度为地理边界，更在治理体系中承担了各自不同功能，对城市群内部发挥各自比较优势，避免重复建设与恶性竞争极为有利。

（三）环鄱阳湖城市群空间治理现状分析

1. 空间规划体系逐步完善

政府层面空间规划引导不断加强，所谓空间规划指公共部门通过设定空间发展框架和原则来影响未来活动空间布局的管理方案，从空间形态、规模、结构三方面对整个城市群地区的发展起到了合理的引导作用，具有强制性和预见性。

如表9-1所示，截至2017年末，环鄱阳湖城市群区域规划包含统筹性规划《鄱阳湖生态经济区规划》和《环鄱阳湖生态城市群规划（2015—2030）》（下称

《规划》)，首先为加强内部的区域分工与统筹，加强负面清单管理，推进新型工业化、新型城镇化、生态化与农业现代化的协调发展，《规划》确定城市群城镇空间格局为“一核、一脊、两翼、两区”，“一核”为南昌大都市区，“一脊”为南昌大都市区、九江都市区组成的昌九一体化发展区，“两翼”分别为东部的信江河谷城镇群、西部的新宜萍城镇群，“两区”分别为赣东北以景德镇为核心的景婺鄱城镇协调发展地区与赣西北的幕阜山—九岭山风景游憩地。

表 9－1　　环鄱阳湖城市群空间规划概况一览

规划名称	通过日期	规划范围	编制部门	规划内容概要
《鄱阳湖生态经济区规划》	2009 年 12 月	南昌、景德镇、鹰潭，以及九江、新余、抚州、宜春、上饶、吉安的部分县（市、区），共 38 个县	国家发展改革委	建设全国生态文明与经济社会发展协调统一、人与自然和谐相处的生态经济示范区
《上饶市“1＋5”信江河谷城镇群规划》	2013 年 9 月	信州区、上饶县、广丰县、玉山县、铅山县、横峰县和弋阳县	上饶市有关部门	具有示范意义的森林城镇簇群；四省通衢通江达海的战略枢纽门户；具备竞争力与辐射力的区域营运中心；国际知名的旅游休闲胜地
《昌九一体化发展规划（2013—2020 年）》	2014 年 9 月	南昌市、九江市	江西省发展改革委	全省发展升级引领区 中部地区崛起重要增长极 长江经济带开放开发重要支点 体制机制改革创新先行区
《江西赣江新区总体方案》	2016 年 6 月	南昌市青山湖区、新建区和共青城市、永修县的部分区域	国家发展改革委与江西省有关部门	长江中游新型城镇化示范区 中部地区先进制造业基地内陆地区重要开放高地 美丽中国“江西样板”先行区

续表

规划名称	通过日期	规划范围	编制部门	规划内容概要
《南昌大都市区规划（2015—2030）》	2016年8月	南昌市域，抚州市临川区、东乡县，宜春市高安市、丰城市、樟树市、奉新县、靖安县，上饶市余干县和九江市永修县	江西省住房和城乡建设厅 南昌市人民政府	江西省核心增长极 长江中游区域中心 中部地区开放发展新高地 具有国际知名度的生态人文都市
《环鄱阳湖生态城市群规划（2015—2030）》	2016年8月	南昌、九江、景德镇、上饶、鹰潭、宜春、新余、萍乡等地级市全部行政辖区和抚州市辖区、东乡县、金溪县、崇仁县，吉安的新干县、峡江县	江西省住房和城乡建设厅 中国城市规划设计研究院 江西省城乡规划设计研究院	联动“一带一路”的内陆开放高地；长江经济带绿色产业聚集区 国家绿色城镇化先行示范区；具有国际影响力的山水文化旅游区
《赣东北扩大开放合作“十三五”发展规划》	2016年10月	景德镇、鹰潭、上饶市	江西省发展和改革委员会	对接长江经济带和“一带一路”的双向开放示范区；中部地区重要的中高端产业转移承接基地 沿海地区绿色农产品供应基地；世界知名的文化生态旅游和健康养生基地
《新宜萍城镇群战略规划（2015—2030）》	2016年12月	新余、宜春、萍乡三个中心城区即渝水、袁州、安源、湘东四区，以及分宜、万载、上高、芦溪、上栗、莲花六县	江西省城乡规划设计研究院与萍乡、宜春三市有关部门新余	打造为环鄱阳湖生态城市群与长株潭城市群之间的新兴城镇成长地带
《九江都市区总体规（2016—2030）》	2017年6月	浔阳区、濂溪区、九江经济技术开发区、八里湖新区、九江县、瑞昌市、庐山市、湖口县、彭泽县、德安县、共青城市、都昌县全域	中国城市规划设计研究院	江西省通江达海的省域副中心和绿色崛起的核心城市，长江中游城市群重要的区域中心和综合交通枢纽，世界知名的山水文化名城和旅游度假胜

资料来源：《江西省统计年鉴2001—2016》。

此外，针对城市群不同治理空间的空间治理，政府部门又相继编制出台了《上饶市“1+5”信江河谷城镇群规划》《昌九一体化发展规划（2013—2020年）》《江西赣江新区总体方案》《南昌大都市区规划（2015—2030）》《新宜萍城镇群战略规划（2015—2030）》《九江都市区总体规（2016—2030）》《赣东北扩大开放合作“十三五”发展规划》等规划方案，以上规划方案有效促进了环鄱阳湖地区资源的有效分配，有助于规范指导区域性空间治理，并促进了相关规划地区的一体化发展，另外，城市群区域规划体系表现出明显的区块化，如昌九、信江河谷、新宜萍等的区块，未免会刺激产生区块间的规划与行政割裂，对环鄱阳湖城市群整体性的一体化治理产生一定的负面影响。

2. 基础设施建设不断完善

城市基础设施是为城市生产和人民生活提供一般条件的公共设施，是城市赖以生存和发展的基础，城市基础设施建设在城市群发展进程中可以起到“催化剂”的效应，它能够代表区域经济发展的水平，对于加速区域经济一体化可以起到直接的推动作用。环鄱阳湖城市群基础设施建设有较大发展，城市群内部已形成连接所有县城的省道交通网络，拥有高速里程约4400公里，形成以京九线和沪昆线为骨架，以皖赣铁路、鹰厦铁路、武九铁路、向蒲铁路、九景衢铁路为补充的铁路网络，航空网络以昌北国际机场为核心，对外联系城市超过30个。

3. 产业发展取得一定进展

环鄱阳湖城市群自2000年以来产业发展迅速，工业化进程不断加快，同时城市群内各市的产业结构差异较小，且由“二、三、一”向“三、二、一”的结构转型的趋势较为普遍且显著，产业总体发展向好。从各行业看，城市群建筑业、制造业、教育行业、公共管理和社会组织行业等行业具有一定的行业优势，但总体上看城市群优势产业尚不明显，规模也不够大，高新技术产业还很弱小。尤其是城市群总体上产业结构同构性较为显著，甚至出现了随时间不断加深的状况，产业布局不合理的问题亟待解决。

4. 区域合作体制机制仍有待完善

经过20多年的发展，环鄱阳湖城市群区域各类官方与非官方区域合作组织不断出现，这些组织的存在有效调动了相关区域的互动发展。以区域性合作机制为例，包括昌九《昌九战略合作协议》、昌抚《加快推进昌抚一体化战略合作框架协议》，确立赣东北扩大开放合作加快发展联席会议机制，已签署的《上饶、景德镇、鹰潭三市重大合作事项框架协议》和《赣东北扩大开放合作加快发展共同宣言》等协议，赣西（新宜萍）则构建三市政府联席会议制度，建立了统一招商引资平台实现赣西片区招商合力，赣西旅游合作联盟等合作机制。尽管区域性合作体制机制不少，但涵盖城市群全域的治理机制却极少。鄱阳湖生态经济区建设（昌九一体化发展）领导小组会议机制是由省长主持的高级别例行会议，但该会议机制更多考虑昌九地区与环湖地区，环鄱阳湖设区市人才服务合作组织则并不包含所有城市群区域，而相关市长联席会议制度、相关区域合作与发展论坛均尚未建立，城市群合作体制机制亟待完善。

二、环鄱阳湖城市群区域一体化总体评价

当今世界，随着交通的快速发展与信息交流的日益便捷，使得以往阻碍区域交流的壁垒不断崩塌，全球化力量正在打破传统的空间秩序，原有人类社会的空间结构与组织形式经历动荡并不断重组，当今世界上几乎所有地域空间都覆盖了遍及世界的网络关系，区域一体化正成为区际关系发展的主流。

（一）区域一体化评价

区域一体化（regional integration）是当前世界经济发展的重要特征与趋势之一，是一种空间协同、自组织、自优化的空间现象。20 世纪初，经济学界将区域一体化简单地解释为“将各个独立的经济结合成一个更大的区域”，至 20 世纪 50 年代和 60 年代，以经济学界为主的学者以欧洲国家的集团化——即欧共体为实证基础提出进一步优化区域一体化的相关概念，当时主要针对国家层面的区域发展合作提出。而最早提出区域一体化有关定义的是诺贝尔经济学奖获得者荷兰经济学家丁伯根（Tinbergen），他于 1954 年提出区域一体化是资本主义剩余产品谋求倾销地的一种手段，认为区域一体化就是将有关阻碍经济有效运行的人为因素加以清除，通过协调与统一实现最适宜最高效的国际经济结构。之后，美国学者巴拉萨（Balassa）于 1961 年提出了区域经济一体化既是“过程”又是“状态”的定义，认为区域经济一体化既是指采取旨在消除各国之间经济歧视的过程，又是上述各种经济歧视消失后的一种静态性质。

上述两种观点也是最具有代表性并被广为接受的观点，这一时期学术界单纯从经济学视角对区域一体化进行研究，因此区域一体化与区域经济一体化（Regional Economic Integration）也被视为同一范畴而时常相互替换，但随着冷战结束后，世界经济的一体化、区域化与集团化快速发展，其发展规模、形式、范围等都突破了原先研究的范式，区域一体化出现了国际关系，建立起点从国际政治关系向国际经济关系转变，伙伴国家从均质性向异质性转变，主体由政府为主向以跨国公司为首的企业为主转变，国际经济组织扮演了越发重要的角色等转向，区域经济一体化显然已经无法解释区域一体化的丰富内涵了。到了 20 世纪 80 年代后期，经济学界逐渐重视到两者的不同，并将区域经济一体化视作区域一体化经济层面的一部分。吕典玮等认为区域一体化与经济一体化是互动、互促的过程。一方面，区域化是全球经济一体化的一个阶梯；另一方面，区域化是应对全球经

济一体化挑战的表现。

随着国际和区域合作的不断发展与深化，区域一体化的内容不断丰富并提在线诸多领域。区域一体化表现在五个方面，即区域市场一体化、产业分工一体化、空间发展一体化、基础设施建设一体化与环境资源开发和保护一体化。其中市场一体化是区域一体化的基础，其本质就是使资源的配置不断优化和重组；产业发展一体化是市场一体化的实现形式；空间发展一体化是经济发展一体化的空间载体；而基础设施建设与环境资源开发和保护一体化是城市与区域高效率运转的条件和可持续发展的保障。这五个方面相辅相成，共同组成区域一体化发展的主要内容和目标。

（二）同城化评价

同城化是城市化与区域一体化深入发展的结果，通常发生在人文历史相近、产业关联密切的相邻城市之间，是城市地域逐渐扩张，相互间社会经济联系达到一定程度后呈现的空间一体化现象，是相邻城市产业发展相互协调、商品和要素跨区流动的额外成本逐渐接近于零的经济一体化现象，最后是相邻城市为提升综合竞争力而主动打破城市间行政壁垒和地方保护主义的一种制度一体化现象。同城化发展前景是城市间紧密联系的都市区，进而是都市连绵区。

我国最早的同城化始于深（圳）（香）港同城化，随后不断出现诸如“沈（阳）抚（顺）同城化”“合（肥）淮（南）同城化”“长（沙）株（洲）（湘）潭同城化”等战略与发展趋势，成为各自区域性发展的核心动力，成为区域合作发展的新模式。

（三）市场一体化评价

目前，对中国市场分割程度的测算方法主要分为产出结构法、贸易流量分析法、经济周期法、技术效率法和价格法 5 类方法（赵奇伟和熊性美，2009）。在这里考虑数据易得性和所得市场分割指标的完整性，运用价格法，从商品价格的角度来衡量市场的整合程度对环鄱阳湖地区市场一体化进行测度。其原理是一般而言，市场上要素或者商品若能够自由流动，则商品价格会趋同，因此，用价格信息构造指标衡量市场的一体化程度可以认为是一种有效的方法。价格法的理论基础是“冰川成本”模型（Samuelson，1954），商品价值在贸易过程中会像冰川一样被融化掉一部分，所以两地价格最终不可能完全相等，而在一个区间内上下波动，只要波动的幅度不超过一定的范畴，可以认为两地之间的市场是整合的。

具体地说，以 i 和 j 两地为例，假设某种商品的售价在 i 地为 P_i，在 j 地为 P_j，完成交易的非生产性成本为每单位价格的一个比例 C，$0 < C < 1$，此时，只有当为 $P_i(1-C) > P_j$，或者 $P_j(1-C) > P_i$ 时，也就是两地贸易有套利的可能时，才会诱发两地贸易。通常情况下，两地同一商品的相对价格 P_i/P_j 会在无套利区间［1－C，1/1－C］徘徊。如果方差 $Var(P_{ij})$ 随时间变化而趋于收窄，则反映出相对价格波动的范围在缩小，表明两地该商品的无套利区间正在收窄，两地间贸易壁垒正在减弱，从而市场一体化程度有望提高（Parsley and Wei，2001b），“冰川”成本 C 降低，无套利区间［1－C，1/1－C］在缩窄，两地间的贸易壁垒有所削弱、阻碍市场整合的因素减少。

本章参考桂琦寒等（2006）、陆铭和陈钊（2009）、李琳和彭宇光（2017）、孙元元和张建清（2017）等的研究，采用相对价格指数的分析方法，以 3 维（$t\times m\times k$）的面板数据测度市场一体化，其中 t 为时间，m 为地区，k 为商品类别时间选取 2000～2015 年，研究对象则选取南昌、九江、景德镇、上饶、鹰潭、宜春、新余、萍乡、吉安、抚州 10 个地级市作为研究对象，选取城市对是考虑到作为一省内城市群内部城市，即便是不相邻也能够产生较为紧密的经济联系，因此共有 $C_{10}^2=45$ 个城市对。商品种类则选取食品、饮料烟酒、服装鞋帽、中西药品及医疗保健用品、书报杂志及电子出版物、金银珠宝、日用品、燃料、纺织品、化妆品、家用电器及音像器材、建筑材料及五金电料 12 类零售商品的相对零售价格指数，鉴于 2003 年前后部分商品价格指数的统计方式发生变化，因此 2000～2002 年的中西医药及医疗保健用品类价格指数用中、西药品类价格指数代替，书报杂志及电子出版物类价格指数用书报、杂志类价格指数代替，家用电器及音像器材类价格指数用家用电器类价格指数代替，金银珠宝类价格指数用首饰类价格指数代替，建筑材料及五金电料类价格指数用建筑装潢材料类价格指数代替。

假定有 i，j 两个地区，$P_{i,k,t}$ 为 i 地区 k 商品在 t 时期的价格，同理 $P_{j,k,t}$ 为 j 地区 k 商品在 t 时期的价格，首先计算两地间相对价格的一阶差分形式的绝对值，取绝对值可以去除方向性变化而单纯考虑变化大小，计算公式为：

$$|\Delta Q_{ij,k,t}| = |\ln P_{i,k,t}/\ln P_{i,k,t-1} - \ln P_{j,k,t}/\ln P_{j,k,t-1}| \tag{9-1}$$

但 $|\Delta Q_{ij,k,t}|$ 显然既与商品种类有关，记为 a^k，也与两地间市场环境差异有关，记为 $\varepsilon_{ij,t}^k$，即：

$$|\Delta Q_{ij,k,t}| = a_k + \varepsilon_{ij,k,t} \tag{9-2}$$

但这里我们经考虑市场环境的差异，因此要消除 a_k，因此采用去均值法，即对给定年份的 t，给定商品种类 k 的 $|\Delta Q_{k,t}|$ 求均值 $\overline{|\Delta Q_{k,t}|}$，并分别用 C_{10}^2 个城市对的相对价格 $|\Delta Q_{ij,k,t}|$ 与该均值做差，即：

$$|\Delta Q_{ij,k,t}| - \overline{|\Delta Q_{k,t}|} = a_k - \overline{a_k} + \varepsilon_{ij,k,t} - \overline{\varepsilon_{ij,k,t}} = q_{ij,t} \tag{9-3}$$

那么最后用于计算方差相对价格的部分为仅与地区市场环境及一些随机因素相关的 $q_{ij,t}$，$q_{ij,t}$ 即为各城市对年份 t 的市场分割指数，为便于观察其变化趋势，在这里将其数值扩大 1000 倍并做后期处理，其方差为 $Var(q_{ij,t})$，那么若 $Var(q_{ij,t})$ 随时间变化而减小，那么可以认为两地间市场一体化程度在加深，反之则减弱，而环鄱阳湖城市群所有 C_{10}^2 个城市对的 $Var(q_{ij,t})$ 的逐年合并便可得该城市群市场分割总体指数 $Var(q_t)$，其反映历年城市群内部市场分割程度，其值越小，市场一体化程度越高：

$$Var(q_t) = \sum_{ij} Var(q_{ij,t})/C_{10}^2 \tag{9-4}$$

显然，市场分割与市场一体化存在明显的反向关系，借鉴盛斌和毛其淋（2011）的做法，取 $Var(q_t)$ 平方根的倒数值构造城市群市场一体化数值 MI_t：

$$MI_t = 1/\sqrt{Var(q_t)} \tag{9-5}$$

2000 年及 2015 年环鄱阳湖城市群地级市对市场分割指数，如表 9-2 所示。

表 9-2　2000 年及 2015 年环鄱阳湖城市群地级市对市场分割指数（*1000）

2000 年				2015 年			
南昌—景德镇	0.535	萍乡—抚州	0.351	南昌—景德镇	0.151	萍乡—抚州	0.164
南昌—萍乡	0.862	九江—新余	0.675	南昌—萍乡	0.116	九江—新余	0.340
南昌—九江	1.140	九江—鹰潭	1.800	南昌—九江	0.552	九江—鹰潭	0.163
南昌—新余	1.079	九江—宜春	0.448	南昌—新余	0.111	九江—宜春	0.124
南昌—鹰潭	2.127	九江—上饶	1.327	南昌—鹰潭	0.190	九江—上饶	0.500
南昌—宜春	1.887	九江—吉安	1.343	南昌—宜春	0.240	九江—吉安	0.654
南昌—上饶	0.835	九江—抚州	0.708	南昌—上饶	0.305	九江—抚州	0.559
南昌—吉安	1.148	新余—鹰潭	1.824	南昌—吉安	0.417	新余—鹰潭	0.246
南昌—抚州	1.233	宜春—新余	0.357	南昌—抚州	0.228	宜春—新余	0.184
景德镇—萍乡	0.582	新余—上饶	1.320	景德镇—萍乡	0.657	新余—上饶	0.308
景德镇—九江	1.227	吉安—新余	2.942	景德镇—九江	0.312	吉安—新余	0.358
景德镇—新余	0.921	新余—抚州	0.484	景德镇—新余	1.059	新余—抚州	0.222
景德镇—鹰潭	0.687	鹰潭—抚州	1.381	景德镇—鹰潭	0.675	鹰潭—抚州	0.218
景德镇—宜春	0.281	鹰潭—上饶	1.499	景德镇—宜春	0.593	鹰潭—上饶	0.414
景德镇—上饶	0.682	鹰潭—宜春	1.751	景德镇—上饶	0.131	鹰潭—宜春	0.372
景德镇—吉安	2.570	鹰潭—吉安	1.166	景德镇—吉安	0.123	鹰潭—吉安	0.203
景德镇—抚州	0.297	宜春—吉安	0.796	景德镇—抚州	0.134	宜春—吉安	0.123

续表

2000 年				2015 年			
萍乡—九江	0.735	宜春—抚州	0.528	萍乡—九江	0.280	宜春—抚州	0.185
萍乡—新余	0.318	宜春—上饶	0.632	萍乡—新余	0.154	宜春—上饶	0.120
萍乡—鹰潭	1.665	吉安—抚州	0.993	萍乡—鹰潭	0.337	吉安—抚州	0.529
萍乡—宜春	0.464	上饶—吉安	3.082	萍乡—宜春	0.323	上饶—吉安	0.442
萍乡—上饶	0.459	抚州—上饶	0.558	萍乡—上饶	0.288	抚州—上饶	0.628
萍乡—吉安	0.454	城市群总体	1.070	萍乡—吉安	0.065	城市群总体	0.322

资料来源：《江西省统计年鉴 2000—2015》。

我们发现 2002 年新余市多种商品零售价格数据出现大幅度的异常变动，如该年饮料、烟酒商品零售环比价格指数竟高达 230.2，更有多种商品价格变动达到 20% 左右，但在去除新余市相关城市对数据后该年度 MI 值仅由 0.341 上升至 0.507，依旧大幅度低于相邻年份，说明 2002 年城市群各市零售价格波动较大，市场分割指数扩大，考虑到我们更多考虑 MI 指数的变化趋势与研究区域完整性，因此仍将新余市纳入该年份计算。

以历年数据绘出图 9－1，并以 2000 年为第一年对数据方程拟合出趋势线。图中一体化指数在 2000 年、2001 年基本保持不变，但在 2002 年下降到该时间段的最低点，随后快速上升并在 2006 年达到一个峰值，但在 2008 年又出现大幅下降，随后波动上升，并在 2015 年达到 2000 年以来的最高值。可以明显看出，在该时间段内，环鄱阳湖城市群一体化指数呈现显著的波动上升趋势，这在指数拟

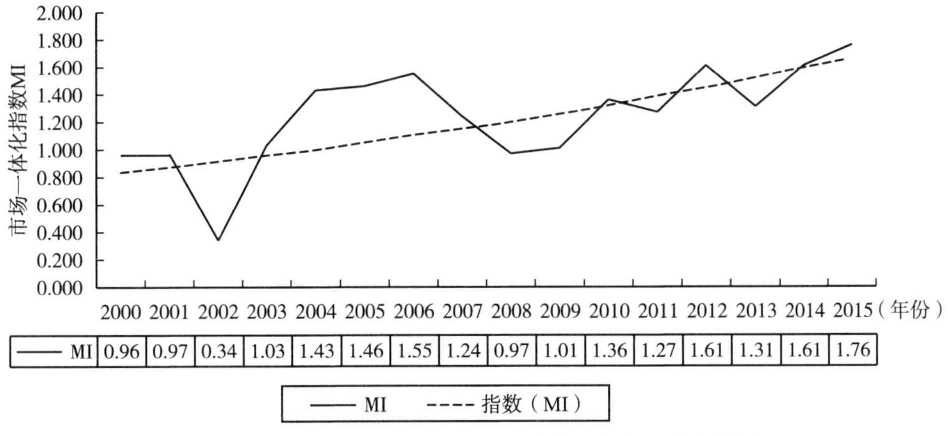

图 9－1　2000～2015 年环鄱阳湖城市群市场一体化指数

合趋势线也有直观的体现，这说明环鄱阳湖城市群市场一体化尽管处于快速发展阶段，但整体水平不高，波动性较大，也容易受到外部市场的影响，如2008年国际金融危机爆发就对城市群市场产生了极大影响。

第二节　区块化空间治理与一体化发展

为深入探索环鄱阳湖城市群空间治理的历史与现状，从不同层次分析城市群内部跨区域合作变化，本节以相关《规划》为主要依据，分别探讨“一核（南昌大都市区）、一脊（昌九一体化发展区）、两翼（东部的信江河谷城镇群、西部的新宜萍城镇群）、两区（赣东北景婺鄱城镇协调发展地区、赣西北的幕阜山—九岭山风景游憩地）”六大区块的治理与发展，并介绍各区块内各地级市、县（市、区）为融入各自区域性战略所做出的各项措施，为城市群整体空间治理提供依据。

一、南昌大都市区

大都市区的形成是大城市在空间上不断扩张，影响范围不断扩大的结果。大城市由于具有相对区位优势条件，交通便捷，经济发达，社会资源相对丰富等优势，对人口与要素的吸引力巨大，同时也对周边地区的经济发展产生巨大的涓滴与推动作用，有效打破行政壁垒，推动大城市与周边城市不断强化经济联系并推动周边地区不断发展，逐渐催生出具有极强聚集—扩散效应的城市群、大都市区、都市圈、都市带等城镇发展趋势。综合而言，都市区实则是由一个具有相当规模和经济实力的中心城市以及与其有着紧密社会经济联系的外围县（市）组成。根据谢守红的相关研究，都市区在人口规模、空间尺度、经济社会特征等方面均有别于都市圈、都市带等，具体体征表现为：

（1）人口规模：中心城市人口大于50万人；

（2）空间尺度：空间范围较小，无特别规定；

（3）社会经济特征：中心城市与外围县市形成紧密联系的有机整体；外围县市非农化水平较高（非农业增加值占GDP的比重在75%以上，非农业就业人口占就业总人口比重的50%以上，城镇人口比重占40%以上）；

（4）空间结构特点：处于大城市地域空间组织的初级阶段；边界清晰，内部联系紧密，明显的二元结构；呈块状、带状、组团式等多种形态。

《规划》指出南昌大都市区是全省人口与区域性服务功能的核心聚集区，目标“加快建设南昌核心增长极，建成长江中游城市群‘中三角’的重要一极”。

南昌大都市区在空间上体现出明显的块状与中心—外围结构，以江西省会城市南昌市全域为中心，向北囊括九江市修水县，向西辐射宜春市高安市、丰城市、樟树市、奉新县、靖安县，向南则是抚州市临川区、东乡县，向北则将上饶市余干县纳入都市区版图。

从大都市区整体发展看，至2015年南昌大都市区集聚了全省25.29%的人口，城镇化率达到54.34%，明显高于江西省的51.62%，三次产业结构为7.5∶54.4∶38.2，相比江西省的10.6∶50.3∶39.1的结构体现出明显的偏工业化倾向，各项指标特征均符合大都市圈标准。2000~2015年都市区保持高速增长，GDP总量由692.48亿元增长至5756.22亿元，年均增速达到15.16%，但GDP占江西省的比例地略有下降，2000年为34.57%，2015年为34.42%，可见南昌大都市区的核心地位没有体现出明显的提升趋势，甚至略有下降，如表9-3所示。

表9-3　2015年南昌大都市区主要经济指标

项目	南昌大都市区	江西省	占全省比重（%）
年末总人口（万人）	1154.62	4565.63	25.29
GDP（亿元）	5756.22	16723.78	34.42
三产比重	7.5∶54.4∶38.2	10.6∶50.3∶39.1	—
城镇化率（%）	54.34	51.62	—

资料来源：《江西省统计年鉴2016》《江西省县域社会经济统计年鉴2016》。

（一）交通设施基础

截至2017年末，南昌大都市区以沪昆线和京九线为主线，已形成京九廊道（昌九段），京九廊道（昌赣段），向莆廊道（昌抚），沪昆廊道，德铜廊道，南昌地铁一、二号线，市郊铁路和地铁三大轨道网络圈层作为支撑的交通网络。

（二）空间体系基础

南昌大都市区实质上是建立在以南昌中心城区为核心，以丰城城区、抚州城区为副中心，以昌九一体化、昌抚一体化为重要战略组成的区域性发展战略，以扩大南昌辐射带动作用，真正实现江西省“龙头昂起”的战略目标。

这里以与《规划》同期出台的《南昌大都市区规划（2015—2030）》为规划基准作讨论，南昌大都市区空间治理体系为“中心城市—副中心城市—县级中心—重点镇—一般镇”，从县级尺度看，其空间治理体系可看作“核心区”中心城市即南昌中心城区，副中心城市两座，为抚州城区和丰城城区，县级中心9座，分别为高安城区、樟树城区、余干县城、进贤县城、东乡县城、永修县城、奉新县城、安义县城、靖安县城，副县级中心3座，分别为云山镇、大城镇和温圳镇，另外还包括重点镇21座，一般镇84座。但南昌大都市区城镇体系发展仍然不完善，等级规模差异巨大，如2013年南昌市区常住人口达223.74万人，而副中心抚州市区却仅有50.69万人，副中心城市群职能严重缺失；城镇体系发展不均衡，2013年人口低于5万人的城镇多达130个，占到75%以上，重点城镇发展薄弱；另外，总体上各等级中心分布体现出不均衡与松散状态，昌抚连线地区分布较为密集，而东北部则严重缺乏区域中心。

（三）产业结构基础

从各地区三产产值与比例看，除南昌市辖区由第三产业主导，所有县市均体现出第二产业主导状态，大多数县市三产发展水平差距较大，仅余干县体现出三产均衡状态。各县市三产结构差异巨大，南昌市第一产业占比仅4.28%，第三产业占比最高占41.22%，而其余各县市第一产业占比均在10%以上，第三产业均不超过35%，可见南昌市产业水平远远高于周边县市，与周边各县市三产结构水平差异明显，这容易导致核心城市与周边县市之间经济关联性减弱，更是南昌市在都市区显著的极化现象，城镇体系空间结构松散，城际结构联系不强的重要原因。南昌大都市区各县市三产产值与比例如表9－4所示。

表9－4　2015年南昌大都市区各县市三产产值与比例　单位：亿元

城市	地区生产总值	第一产业增加值	第二产业增加值	第三产业增加值	三产比例
南昌大都市区	5756.22	429.64	3128.94	2197.64	7.46:54.36:38.18
南昌市	4000.01	171.26	2179.96	1648.79	4.28:54.50:41.22
南昌市辖区	2571.33	57.75	1227.16	1286.42	2.25:47.72:50.03
南昌县	1063.59	53.78	769.03	240.78	5.06:72.31:22.64
安义县	90.55	10.54	45.62	34.39	11.64:50.38:37.98
进贤县	274.54	49.19	138.15	87.20	17.92:50.32:31.76
临川区	341.62	39.35	189.71	112.57	11.52:55.53:32.95
东乡县	133.57	20.24	79.44	33.89	15.15:59.48:25.37
高安市	190.15	33.79	96.62	59.74	17.77:50.81:31.42

续表

城市	地区生产总值	第一产业增加值	第二产业增加值	第三产业增加值	三产比例
丰城市	391.45	60.35	205.85	125.24	15.41∶52.59∶32.00
樟树市	309.28	31.00	177.16	101.11	10.03∶57.28∶32.69
奉新县	112.51	17.10	61.39	34.02	15.20∶54.57∶30.23
靖安县	36.32	6.18	17.78	12.36	17.02∶48.96∶34.02
余干县	120.05	36.02	42.95	41.08	30.01∶35.78∶34.21
永修县	121.25	14.34	78.07	28.84	11.83∶64.38∶23.79

资料来源：《江西省统计年鉴2016》《江西省县域社会经济统计年鉴2016》。

而从各地区主导产业类型看，以2015年为例，南昌市全域产业发展以汽车及零部件、光电光伏、大飞机及零部件、软件和服务外包、生物和新医药等为战略性支柱产业并以食品、纺织服装、材料制造、机电制造等传统优势产业为主。从大都市区整体看，产业重复建设较为明显，医药制造、食品工程、服装纺织业以及机电机械、新能源等均在除南昌市以外的多个县市成为主导产业，各地区产业缺乏特色，产业协作未能有效形成。产业分工的不明确不仅降低了产业整体经济效益，不利于各县市乃至城镇间经济联系的增强，更将影响城镇体系结构的进一步优化。

（四）南昌大都市区（一体化）建设驱动机制

1. 各区域间经济社会空间的融合

近来南昌市在昌九一体化、赣江新区、昌抚一体化等战略引导下。与九江市、抚州市等地在工业、旅游、民生等方面的联系均不断扩大，昌九地区在工业、旅游、民生等方面推动同城化发展，昌抚一体化主要在交通设施建设、新区建设上推动，在产业方面以汽车产业为例，南昌侧重于整车生产及变速箱等，抚州金巢经济开发区是省级汽车配套产业基地，可为南昌的汽车产业提供配套服务。

2. 交通设施建设

交通设施完善是区域一体化建设的基础，未来大都市区将推动南昌港与九江港一体化建设，规划形成“一环两联八射”的高速公路网格局，包括中心城区外围高速成环；“两联”为西绕城高速外绕线和东乡—昌傅—奉新高速；“八放射”包括（南）昌九（江）高速G70、（南）昌铜（鼓）高速G60N、（南）昌上（栗）高速S38、沪昆高速G60西段、（南）昌宁（都）高速G6011、福银高速

G70 南段、沪昆高速 G60 东段、（南）昌德（兴）高速 S36。南昌大都市区水运、公路、高速和轨道交通的交通体系正逐步走向成熟，并在环鄱阳湖城市群中具有交通枢纽地位。

3. 空间体系优化

通过空间体系优化，能够引导都市区发展合理分工，避免重复建设引起的恶性竞争，并能充分利用各区域资源，促进各区域的经济合作。大都市区规划以主体功能区化的思路，将大都市区划分为都市化地区和生态特色发展区，形成 7 个次区域，实行差异化的发展引导。都市化地区主要包括大都市区核心区、昌北城镇发展区（昌北空港、桑海开发区和永修）、丰樟高城镇发展区（丰城、樟树、高安）和抚州城镇发展区（临川、东乡）。该区应促进土地集约化利用，优化土地利用空间格局，突出区域特色和建设优美环境，保障城镇化健康发展；生态特色发展区主要包括湖东特色发展区（进贤、余干）、九岭山生态人文特色发展区（奉新、靖安、安义）和阁皂山生态特色发展区（丰城及樟树南部）。应以生态保育和恢复为主，寻求经济发展诉求与区域功能要求的契合点，适度发展生态型产业，引导城镇相对集中、集约发展。

4. 产业空间布局优化

在南昌大都市区产业布局上，《南昌大都市区规划（2015—2030）》提出充分发挥南昌市核心优势，以“核心 + 廊道”的布局方式，即以大都市区核心区为核心，向外沿昌九、昌鹰、昌宜、昌赣、向莆形成五条产业廊道。以南昌市区、南昌县城、向塘、昌北等的核心地区拥有极佳的人才、交通、信息流通等的优势，重点发展金融商务、总部、服务外包、商贸物流、文化创意等服务经济和光电、航空、汽车、医药、材料等创新经济，实现产业动能转换，积极培育智能装备、互联网经济新业态、新型消费、创新创业等新经济增长点。通过充分发挥各地区的产业优势，有效分配产业资源，以合理的产业分工促进产业发展，推动产业体系与城镇体系的双重优化，具体规划方案为：

（1）昌九产业廊道依托桑海经济技术开发区、云山经济开发区，形成南昌北面产业发展廊道。发挥现有有机硅等产业基础，利用靠近机场的区位条件，积极开展有机硅创业基地、产品研发中心和行业协会建设，增强有机硅产业关联度和配套能力。积极培育机电和新型材料产业。

（2）昌鹰产业廊道依托进贤工业园、东乡经济开发区等，形成南昌东面产业发展廊道。进贤县主要发展壮大医疗器械、钢结构以及文化产业集群；东乡县以轻工纺织、汽摩配件产业集群为重点；余干县则重点发展食品、能源及建材产业集群。

（3）昌宜产业廊道依托高安新世纪工业园、奉新工业园等，形成南昌西面产业发展廊道。高安以建筑陶瓷及材料、光电及新兴产业为重点；奉新以生态休闲旅游为主，适度发展林竹木加工、旅游产品制造等绿色轻工产业。

（4）昌赣产业廊道依托丰城高新区、城北经济技术开区等，形成南昌西南面产业发展廊道。丰城以资源循环、机械电子、精品陶瓷、新能源及农产品加工业为重点，樟树以中药、盐化工、食品酒业为重点。另外，依托省级园区建设返乡务工人员创业园和中小微企业创业孵化园区。

（5）向莆产业廊道依托金巢经济技术开发区、昌抚合作示范区等，形成南昌东南面产业发展廊道。重点发展汽车及零部件、食品医药、金属加工新材料、新能源及纺织服装产业等工业以及商贸物流、电子商务、教育培训等服务业，积极打造成南昌及海西经济圈产业转移承接基地。

5. 各级政府的政策融入

为积极融入南昌大都市圈，各县（市、区）出台了各种区域规划、产业政策与区域合作等措施，其中明确产业定位，以产业融入的形式成为大多数县（市、区）的共同选择。

南昌县作为南昌大都市区“次中心城”，围绕“打造与南昌主城区基础设施一体化、功能定位错位化的现代化综合新城”，从各项规划入手从城市的交通、规模、品位等方面无缝对接南昌主城区。

安义县着力打造以三大途径融入南昌大都市区，其一为以新型建材产业为主导，纺织服装、新材料、新能源、医药化工为支撑的“多极化”特色产业集群；其二打造“一河两岸”核心区域，构建城市循环路网，推进特色“精品小镇”；其三以“南昌绿谷”重点项目建设为抓手，做大山水旅游。

进贤县以大批重大交通设施建设对接南昌大都市区建设，尤以进贤南站高铁列车通车最为重大。在产业方面，计划建设生物医药、新能源产业基地，推进“产业优强县”建设。

抚州市临川区打造三大特色板块，宗教文化养生养老板块、现代农业板块与先进制造业板块，以建设特色产业融入南昌大都市区。

抚州市东乡县抓住昌抚一体化机遇融入南昌大都市区建设，充分发挥区位、交通、产业、资源优势，培植特色产业，着力打造南昌工业协作配套、特色农产品供应、文化旅游基地。

高安市计划通过大力推进大城·昌西文化产业园的建设，立足宜春金三角、融入南昌大都市，主动承接南昌城市功能和产业辐射，着力打造文化教育、休闲娱乐、体育健身、会议会展等服务功能。

丰城市规划通过发挥资源和生态优势，打造全省重要的新兴能源与循环经济产业基地。

奉新县则规划依托丰富的竹木资源与优良环境发展特色旅游业，同时发展相关特色加工产业。

靖安县则以建设宜居区，做大旅游业，建设都市区有机农产品工业区与养生养老区为目标，加快“产城融合”步伐，把工贸新城打造成为南昌大都市区产业合作重要承接地。

余干县积极参与建设南昌大都市“一区四基地”（即南昌大都市的产业生态协作区和制造加工业的承接配套基地，农产品加工供应基地，商贸物流集散基地和旅游休闲服务基地）。

永修县素有“九江南大门、南昌后花园”之美誉，交通便利，区位独特。2011 年提出了“三个基地一个中心”发展战略，确定打造“以宜居宜业为主品牌的昌九走廊城市副中心”的工作目标，永修县更明确将打造成为昌九一体化的桥头堡和共青示范区的增长极。通过与南昌产业、旅游、交通等方面合作，以与桑海开发区和共青城等地合作为窗口，通过承接南昌产业转移，坚持城建主动融入昌九一体化，构建交通一体化与建设面向都市圈的旅游基地。

二、昌九一体化

（一）九江都市区

九江市是环鄱阳湖城市群重要发展引擎与先进制造业基地，也是昌九一体化双核之一，因此介绍昌九一体化不得不介绍昌九的另一核九江市及其发展战略——九江都市区建设。

九江市是江西省唯一的沿长江城市，作为京九铁路与长江航道的唯一交点城市，是长江中游航运枢纽，港口优势显著。2014 年出台的《江西省新型城镇化规划（2014—2020 年）》便提出建设九江都市区在内的三大都市区（南昌大都市区、赣州都市区、九江都市区）。九江都市区包含九江市全域，根据 2017 年 6 月出台的《九江都市区总体规划（2016—2030）》并以其划定的规划区域为讨论对象，九江都市区是以九江市中心城区、瑞昌市区、湖口县城、庐山市区为核心，以共青城—德安、彭泽县城、都昌县城为区域中心规划建设的。《规划》指出九江都市区建设定位立足沿江港口与临港产业区分工协作，引导昌九走廊城镇聚点开发，建成长江经济带上重要中心城市和综合交通枢纽，现代化工贸港口城市，世界知名的山水文化名城和旅游度假胜地。

1. 经济基础与产业结构现状

2015 年九江大都市区全域，即九江市全市实现地区国内生产总值（GDP）1902.68 亿元，占城市群的 14.88%，保持近 10% 的增速，三次产业结构为 7.40∶53.32∶39.28，三次产业对经济增长的贡献率分别为 2.9%、57.6% 和 39.5%，是典型的工业主导型城市，从各县（市、区）看，仅九江市辖区（浔阳区）第三产业占比超过 50%（62.87%），星子县第三产业占比超过了第二产业，庐山区第三产业占比也较高外，其他县市第三产业占比均不超过四成，都市区经济总体上体现出明显的工业主导现状，如表 9－5 所示。

表 9－5　　2015 年九江市及其各县地区生产总值和产业结构　　单位：亿元

县（市、区）	GDP	第一产业增加值	第二产业增加值	第三产业增加值	三产比例
九江市	1902.68	140.80	1014.51	747.37	7.40∶53.32∶39.28
浔阳区	373.07	0.34	138.18	234.56	0.09∶37.04∶62.87
庐山区	253.39	4.94	129.76	118.70	1.95∶51.21∶46.94
九江县	97.22	12.58	55.58	29.06	12.94∶57.17∶29.89
武宁县	97.01	14.47	48.51	34.03	14.91∶50.00∶35.08
修水县	130.17	17.39	63.66	49.12	13.36∶48.91∶37.73
永修县	121.25	14.39	78.07	28.80	11.87∶64.38∶23.75
德安县	83.54	5.52	57.47	20.56	6.61∶68.79∶24.61
星子县	67.56	6.28	29.58	31.70	9.29∶43.75∶46.92
都昌县	95.12	19.02	45.42	30.68	19.99∶47.75∶32.26
湖口县	109.00	11.30	77.60	20.10	10.36∶71.19∶18.44
彭泽县	84.50	16.34	46.51	21.66	19.33∶55.04∶25.63
瑞昌市	150.04	13.69	101.54	34.81	9.12∶67.68∶23.20
共青城市	78.87	2.47	60.20	16.20	3.13∶76.33∶20.54

资料来源：《江西省统计年鉴 2016》《江西省县域社会经济统计年鉴 2016》。

2. 交通基础现状与规划发展

九江市地区交通条件较为优越，江西省第一条高速公路——昌九高速，第一条城际铁路——昌九城际均诞生于九江，现已形成水、陆、空立体交通网络。截至 2017 年末，九江都市区域内有京九、合九、武九、铜九、昌九城际等铁路干线，大广、杭瑞、福银、澎湖、永武及 G105、G316 国道等 10 余条省道。水运方面，九江市作为江西省唯一沿江城市，港口条件优越，航运便利，境内航道历程近 900 公里，其中长江干线达 156 公里，九江港是江西省唯一通江达海对外开放的国家一类口岸，2015 年全年实现集装箱吞吐 25.23 万标箱。机场方面，九江庐山机场是能够起降大中型客机的民用机场。

3. 各县（市、区）政策融入

九江都市区自2014年始开始规划建设，九江各县（市、区）通过不同交通、产业、旅游等政策与规划手段融入九江都市区乃至昌九一体化建设发展。以“一区三点”的都市区空间结构规划方案看，“一区”即核心区，推动主城区与瑞昌市区、湖口县城、庐山市区一体化建设，突出创新发展和对外开放，强化商贸物流、金融、文化、科教、旅游等区域中心服务职能，形成区域重要先进制造业基地。其中湖口县地处鄱阳湖入长江之口，以“强工兴城”为引领，在城建上实施加快海山新区、台山新区、洋港新区“三点联动”，主动融入“大九江”都市区和昌九一体化，着力打造人口超20万，面积达20平方公里的沿江新型工业城市。“三点”即共青城—德安、彭泽县城、都昌县城。共青城—德安结合赣江新区建设，加强与永修联动，积极发展科教创新、文化旅游、现代服务职能，建设国际生态文明交流平台和高新技术产业基地。彭泽县城建设现代临港产业和生物医药产业基地，彭泽县域服务中心。都昌县城建设绿色食品、轻纺等特色产业基地和鄱阳湖旅游基地，都昌县域服务中心。德安县位于昌九一体化的中心点，处于九江沿江大开发的纵深腹地，和共青城都是鄱阳湖生态经济先导区的重要组成部分，独特的区位优势决定了德安在昌九一体化建设中要发挥战略支撑作用，德安提出要打造成为推进昌九一体化发展的先导示范区和重要支点，以共青城—德安相向发展为路径，按照“融合融入、借力借势、错位互补、以特取胜”的战略思路，以包容开放之势，积极融入赣江新区。共青城市既是鄱阳湖生态经济区建设的先导区，同时位于昌九一体化战略区域，因此定位为打造成昌九一体化的战略支点、绿色产业发展的示范区、新型城镇化的先行区、体制机制创新的试验区。

另外九江县将沙河县城、狮子镇、城门乡和港口街镇打造成“大沙河”的布局。快速强力推进城市基础设施建设，尤其是路网建设。将“一城两镇三区”纳入大沙河规划，与大九江规划全面对接。提出“对接主城区、融入大九江、决战新工业、做美沙河城”的发展方向；武宁县则主打绿色生态品牌，建设景区城市、旅游城市、养生城市，打造昌九地区后花园；修水县立足于新型工业强县战略打造区域中心，推动旅游业发展，促进城乡一体化；永修县作为九江市与南昌市实现昌九一体化的门户城市，通过对接南昌产业积极向南昌靠拢融入南昌大都市；星子县定位打造九江中心城市卫星城，作为庐山和鄱阳湖最佳的连接地，坚定以“旅游强县、强工兴城，建设中国旅游强县”发展思路，将旅游产业作为先导和支柱产业来发展。

（二）昌九一体化建设的演变

南昌与九江是环鄱阳湖城市群核心城市，南昌是江西省省会城市，是江西省政治、经济、文化中心，具有人才、资金、技术和产业等方面优势，而九江是江西省内唯一长江沿江城市，拥有152公里长江岸线的天然优势，具有极佳的港口与交通优势，是江西省沿江开放的门户城市。昌九联动发展有利于建设环鄱阳湖城市群核心，扩大省会南昌的辐射能力，发挥九江的交通优势。

20多年来，国家与江西省通过各种规划与政策措施，促进昌九一体化（同城化）发展。早在1992年，江西省委、省政府便以昌九公路为轴，在其两侧以工业为主展开布局，建设昌九工业走廊，以融入当时如火如荼的国家沿江开放战略。昌九工业走廊长161.4公里，沿途包括南昌、九江两个设区市的市区和南昌、新建、永修、德安、九江5个县，属于典型的单轴开发模式，尽管有政府财政和外资的支持与涌入，但受制于经济环境不佳，走廊建设陷入瓶颈。

进入21世纪后，为更充分利用九江港口优势，开发并利用长江岸线资源，昌九工业走廊从沿路发展拓展向沿路（昌九高速、京九铁路等）和沿江（长江）开发并重，空间治理模式从单轴模式向双轴模式（“T”形）转变。2006年《江西省昌九工业走廊“十一五”区域规划》出台，昌九两市整体被纳入了该规划，标志着昌九地区联动发展从工业走廊建设向城市群建设转变。2010年9月，昌九重要联系纽带昌九城际铁路正式通车，为昌九高速发展增添了新的动力。

2012年南昌、九江共同签署了《昌九战略合作协议》以实现抱团发展，并首推“昌九一体化”概念。2013年7月，省委书记强卫在省委十三届七次全体（扩大）会议的讲话中认为“江西省实现‘龙头昂起’，重中之重是集中力量加快推进昌九一体化。”2014年9月，江西省发展改革委印发《昌九一体化发展规划（2013—2020年）》，作为昌九同城化发展的指导性文件，确定其规划范围包括南昌市、九江市所辖全部县（市、区）、开发区，国土面积2.63万平方公里。

（三）昌九一体化发展现状

1. 经济基础

截至2015年末，昌九两市拥有江西省21.1%的人口，35%的GDP总量（占城市群的46.16%），34.2%的规模以上工业增加值，是环鄱阳湖城市群乃至江西省发展的“双核”，但两市发展总体上仍有较大差距，九江2015年的GDP还不足南昌市的一半如表9-6所示。以南昌大都市区与九江都市区建设为契机与重要基础，通过促进昌九一体化发展与同城化建设，建设为能够发挥两个城市各自优势，改变“各自为战”“不成合力”的状态，在保持南昌市竞争力的同时，进一步做大做强九江，真正实现城市群的“双核驱动”，提升对环鄱阳湖城市群发展的辐射驱动能力。

表 9-6　　2015 年昌九两市经济实力比较　　单位：亿元

城市	国内生产总值	第一产业增加值	第二产业增加值	第三产业增加值	人均生产总值
南昌	4000.01	171.26	2179.96	1648.79	75879
九江	1902.68	140.75	1014.59	747.34	39505
比例	2.10	1.22	2.15	2.21	1.92

资料来源：《江西省统计年鉴 2016》。

2. 交通基础

昌九空间上相邻近，两市中心相距约 138 公里，两市已形成较为便利的交通体系，水陆空立体交通体系比较完善。截至 2016 年末，南昌与九江主要通过昌九高速相联系，且该高速正处于“四改八”阶段，另外两市均建设了本市的环城高速公路；两市铁路联系除京九线、昌九城际铁路外，昌九客专城际铁路、昌九客运专线已列入江西铁路“十三五”规划，开通后南昌到九江需时将缩短至 30 分钟；航空方面，2015 年昌北机场旅客数量达 748.7 万人，占全省的 76%，依托昌北机场可直抵我国大部分主要城市并拥有南昌—大阪、南昌—曼谷、南昌—甲米在内的多条国际航线；航运方面，九江港和南昌港是江西省中心港口，九江港是联通长江水道与京九铁路，港口位置优越，并处于改建和扩建阶段，而南昌港则主要与全国铁路网和国道交汇，江西省正推动两港联动与一体化发展。

3. 产业基础

南昌、九江地区工业基础好、产业发展水平相对较高，是江西省传统工业基地，但两市在工业发展与产业建设上均以经济效益为主要选择标准，加之两市要素禀赋相近，导致两市产业与企业类型相近，且产业联系较弱，地区间也未能形成有效的专业化分工。从 2015 年南昌九江两市主要产业来看，2015 年南昌九江各十大产业中，电子信息、纺织服装、新能源及食品、汽车工业存在产业同构现象，如表 9-7 所示。

表 9-7　　2015 年南昌市、九江市十大工业产业类别

城市	主要产业
南昌	电子信息、汽车及零部件、农副食品加工业、新材料、航空制造、纺织服装、生物医药、机电、新能源、烟草制品
九江	石化、钢铁、有色冶金、纺织服装、汽车船舶、电子信息、新能源、非金属新材料、节能电器、绿色食品

4. 市场基础

利用评价城市群一体化数据中的南昌—九江城市对市场分割指数数据计算昌九地区一体化指数 MI - cj，以指数方法拟合出趋势线，并以此来评价昌九一体化发展状况，总体上看 2000 ~ 2015 年昌九地区市场一体化指数均值为 1. 399，略高于城市群总体 1. 246。如图 9 - 2 所示，昌九地区市场一体化发展与城市群总体发展趋势相近，整体处于上升趋势，一体化水平略高于城市群，昌九地区市场一体化指数也在 2002 年、2006 年、2008 年出现较为剧烈的下降，2008 年后处于波动上升状态。可见昌九一体化发展水平较高，但总体发展仍不够稳定，2000 年来的 16 年内有 8 年市场一体化指数出现下降，可见市场整合依旧不完善，由于昌九地区经济发达，经济对外联系度高，特别是九江沿江开发使九江与长江沿线城市经济联系增强，因此区域市场受外部影响极为显著。

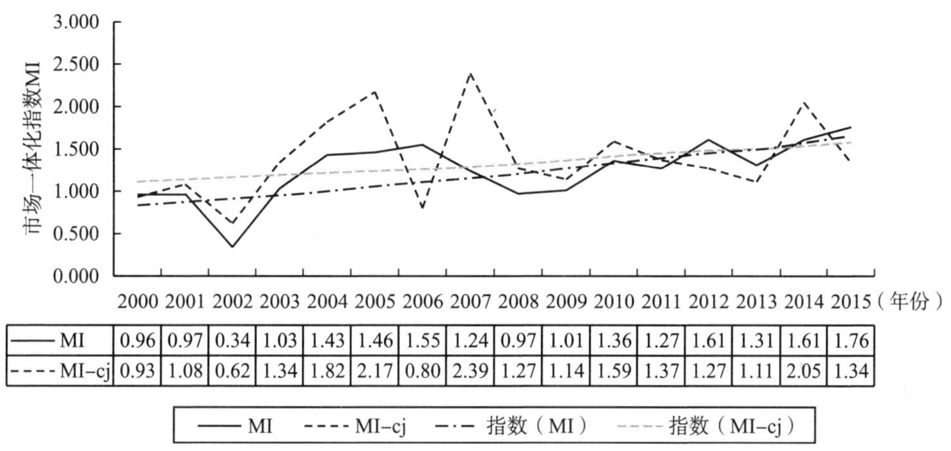

	2000	2001	2002	2003	2004	2005	2006	2007	2008	2009	2010	2011	2012	2013	2014	2015
—— MI	0.96	0.97	0.34	1.03	1.43	1.46	1.55	1.24	0.97	1.01	1.36	1.27	1.61	1.31	1.61	1.76
---- MI–cj	0.93	1.08	0.62	1.34	1.82	2.17	0.80	2.39	1.27	1.14	1.59	1.37	1.27	1.11	2.05	1.34

图 9 - 2　2000 ~ 2015 年昌九地区市场一体化指数

（四）昌九一体化驱动机制

1. 政府共识与合作机制

“昌九一体化”已经成为江西省政府实现江西发展的核心战略，以昌九两市为主牵头的各项协议与例行会议不断落成，如 2012 年《昌九战略合作协议》达成，自 2013 年昌九一体化市直部门对接联席会议逐年召开，另外有关卫生事业等的联席会议机制也逐步建立，政府层面的沟通逐步完善。

2. 做大南昌、九江“双核”

要实现昌九一体化建设，关键便是做大南昌、九江“双核”，只有“双核”强大，才能产生相向的辐射力和影响力。但当前“双核”特征并不明显，两市经济总量、人口规模、辐射能力仍远远不够，特别是九江，作为“双核”之一其

GDP 总量还不到南昌的一半，因此“做大九江”是当前江西发展的共识之一。

3. 交通基础设施建设

为建设昌九一体化，必须构筑综合交通运输体系，交通基础建设也同样是九江都市区规划建设的重中之重，为推动建设便捷高效、联江通海的现代化立体交通格局，《九江都市区总体规划（2016—2030)》提出规划建设“一环五射 两纵一联”的高速公路网格，建设九江绕城高速、庐山站高铁新区、庐山机场改造与远景规划的 5 条城市轨道交通，另外还有常岳九城际铁路、武九客专、合安九客专、九景婺高铁等将规划建设，航空方面将启动庐山机场改造计划，并建设一批通用机场。江西省于 2012 年 12 月发布《昌九一体化综合交通发展规划》，按照同城一体化发展要求，调控引导昌九区域内外部交通协调发展，目标形成完善的快速道路系统、多层次的轨道系统、高效畅通的水运通道、无缝衔接的综合交通枢纽。如 2014 年起江西省推动南昌港、九江港一体化进程，2015 年 8 月启动昌九高速四改八工程，2016 年 6 月 30 日昌九大道开通。

《昌九一体化发展规划（2013—2020 年)》则提出发挥南昌全国性综合交通枢纽和九江长江黄金水道重要节点的优势，积极融入长江经济带综合交通网。整合共享交通通道与枢纽，促进各种运输方式紧密衔接，形成“两港（空港、河港）四网（铁路网、轨道交通网、快速路网、高速公路网)”一体化综合交通运输体系。

4. 产业错位发展

实现产业错位发展有助于昌九发挥各自产业特色，加强产业合作，通过加强昌九产业统筹布局和分工协作，形成区域间产业合理分布和上下游联动机制，促进产业集群集约和创新驱动发展，构建具有国内比较优势的产业基地，加快形成现代产业体系。支持南昌优先培育发展高新技术产业和产业高端环节，推动九江优先集聚发展重化工业和优势制造业，加快形成以战略性新兴产业为主导的各具特色、各有侧重的新型产业体系。

5. 多领域同城化发展

昌九两市正积极推动社会公共服务等同城化发展，如积极推动创新资源合理流动，加快实现教育、医疗资源共享、社保互通，建设一批科技创新、公共服务领域合作平台。推动大气、水污染治理联防联控，共同开展生态功能重要区域保护与建设。构建一体化治安防控体系，加强防灾减灾和应急管理协作，建设“平安昌九”。

江西省在通信、医疗、旅游、户籍等方面均出台了相关政策以深入推进昌九（同城化）一体化发展。医疗上，九江和南昌分别在 2012 年和 2013 年开通了两地异地就医同步结算，实现昌九异地就医同城化服务。通信上，2014 年 4 月 1 日，昌九实现移动电话通信资费同城化，同年 7 月 1 日，固定电话通信资费也实现同城化。旅游方面，九江作为江西省旅游资源最丰富的地区之一，提出重点打造昌九山江湖城观光旅游线、昌九生态休闲度假旅游线、鄱阳湖水域休闲旅游线三条精品旅游线路。同时昌九两市就规范区域旅游标志、共建精品旅游线路、实行通票制度、旅游信息共享和无障碍旅游区建设达成共识。在户籍管理制度上，昌九户籍管理制度逐步实现“六统一”，如 2014 年昌九两市实现两地户口迁移“一站式”办理。2014 年 10 月，昌九公积金贷款购房实现享同城待遇，昌九两地新闻实现互播。

三、昌抚一体化

（一）昌抚一体化发展历史

昌抚一体化概念最早出现在 2011 年 2 月江西省发布的省“十二五”规划中，为提升南昌市中心城市辐射能力，带动抚州市发展，进而形成昌抚经济圈，带动周边小城镇发展，进而推动整个城市群建设，实施昌抚一体化是重要举措，同时昌抚一体化战略也是南昌一小时经济圈、南昌大都市区建设的重要组成。加快昌抚一体化建设，能够发挥南昌人才、科技、教育等方面的资源优势与抚州丰富资源的互补，抚州能够接受南昌的辐射和带动，南昌市作为江西省经济核心则能够通过抚州市联系闽台，也能通过抚州享受国家支持海西经济区建设政策的延伸效应，因此通过昌抚一体化能够实现两市优势互补、互动共赢发展。

2013 年 6 月，南昌、抚州两市签订《关于加快推进昌抚一体化战略合作框架协议》，明确了合作原则、合作机制等，正式开启了两市融合发展的步伐，年末《昌抚一体化战略规划纲要》编制完成；2014 年 9 月，江西省出台《关于支持抚州深化区域合作加快发展的若干意见》；2015 年 9 月，在昌抚一体化对接交流会上，南昌、抚州两地签下《关于进一步推进昌抚联动发展合作协议》；2017 年 7 月，江西省发改委又印发了《昌抚合作示范区（南昌）总体规划（2016—2025）》，规划于南昌市进贤县构建昌东南特色生态城镇群，建设生态文明创新试验区，以推动昌抚一体化发展。在一系列的合作协议、政策、规划的支撑下，昌抚地区在交通、产业、旅游、公共服务等方面向着实现一体化同城化快速发展。

（二）昌抚一体化发展现状

1. 经济基础

截至 2015 年末，南昌、抚州两市拥有江西省 18.7% 的人口，30.3% 的 GDP 总量（占城市群的 39.9%），34.2% 的规模以上工业增加值，是环鄱阳湖城市群的重要区域，抚州市是南昌市辐射发展的重要地区，但两市发展总体上差距极大，抚州市 2015 年 GDP 仅相当于南昌市的 1/4，人均 GDP 则略高于 1/3，除第一产业外，两市间第二、第三产业发展差距极大，抚州市经济发展亟待提速振兴如表 9－8 所示。

表 9－8　2015 年南昌、抚州两市经济实力比较　单位：亿元

城市	国内生产总值	第一产业增加值	第二产业增加值	第三产业增加值	人均生产总值
南昌	4000.01	171.26	2179.96	1648.79	75879
抚州	1105.14	181.81	549.30	449.90	27735
比例	3.62	0.94	3.97	3.66	2.74

资料来源：《江西省统计年鉴 2016》。

2. 交通基础

两市空间距离相近，南昌、抚州两市主城区仅相距 100 公里，截至 2017 年末，南昌、抚州两市已基本实现国省道全面高标准对接，县乡公路和城市道路贯通取得一定进展，另外昌抚城际公交、以 316 国道为基础的昌抚公路（大道）、昌抚轻轨（城际铁路）也均以即将开通阶段或已进入开工建设阶段，另贯通两市的浙赣铁路，两市间即将形成较为完善的陆路交通网络。

3. 产业基础

从抚州角度看，一方面六大支柱产业规模较小，同时 2015 年抚州市六大支柱产业中生物医药、食品加工、电子信息三大产业与南昌市主要产业存在同构现象，但实际上两市产业合作较为紧密，在生物医药、新能源、纺织服装等产业上均实现了较高的联动，实现南昌负责总部与研发，抚州负责生产制造的合作模式，但仍有部分产业布局并不合理，产业恶性竞争依旧存在。随着近年来两市产业合作不断加深，特别是以进贤县为支点的合作示范区建设，将推动两市产业进一步融合 2015 年南昌市十大、抚州市六大工业产业类别，如表 9－9 所示。

表 9－9　2015 年南昌市十大、抚州市六大工业产业类别

城市	主要产业
南昌	电子信息、汽车及零部件、农副食品加工业、新材料、航空制造、纺织服装、生物医药、机电、新能源、烟草制品
抚州	机电汽车、生物医药、食品加工、化工建材、有色金属加工、电子信息

4. 市场基础

利用评价城市群一体化数据中的南昌—抚州城市对市场分割指数数据计算昌抚地区一体化指数 MI - cf，以指数方法拟合出趋势线，并以此来评价昌抚一体化发展状况，总体上看 2000 ~ 2015 年昌抚地区市场一体化指数均值为 1.419，高于城市群总体 1.246。如图 9 - 3 所示，昌九地区市场一体化发展与城市群总体发展趋势相近，整体处于上升趋势，一体化水平略高于城市群，昌抚地区市场一体化指数波动较为剧烈，市场一体化峰值出现在 2004 年，而在 2002 年、2005 年、2006 年、2007 年、2013 年出现较为剧烈的下降。可见尽管昌抚市场一体化发展水平较高，但总体发展仍不够稳定。

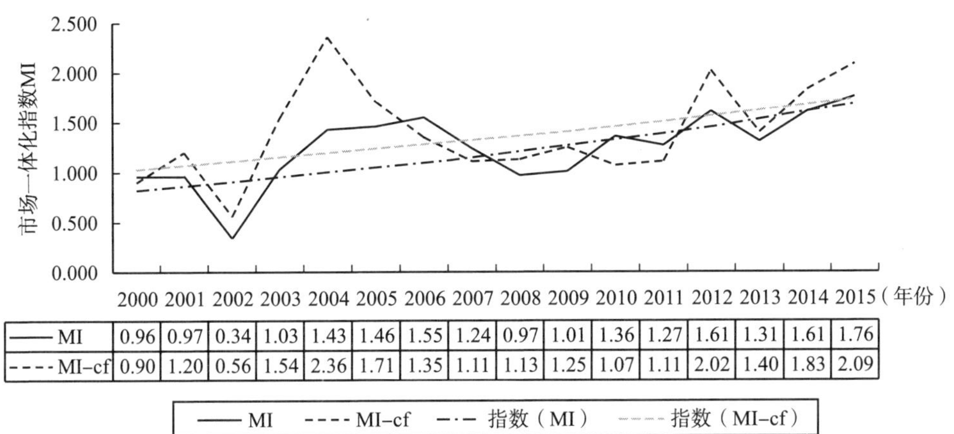

	2000	2001	2002	2003	2004	2005	2006	2007	2008	2009	2010	2011	2012	2013	2014	2015
MI	0.96	0.97	0.34	1.03	1.43	1.46	1.55	1.24	0.97	1.01	1.36	1.27	1.61	1.31	1.61	1.76
MI-cf	0.90	1.20	0.56	1.54	2.36	1.71	1.35	1.11	1.13	1.25	1.07	1.11	2.02	1.40	1.83	2.09

图 9 - 3　2000 ~ 2015 年昌抚地区市场一体化指数

（三）昌九一体化驱动机制

1. 政府层面政策沟通合作快速完善

自昌抚一体化提出以来，由于抚州联动南昌发展、南昌建设大都市区的迫切需求，自江西省至南昌、抚州两市，顶层设计与包括市长联席机制在内的各类合作政策、协议、机制在短短几年内便快速完善，上面提到的《关于加快推进昌抚一体化战略合作框架协议》便提出“建立昌抚两市市长联席会议制度，每年至少召开两次联席会议，由两地轮流承办。建立两市高层互访、日常工作会商和调度机制，加强对口部门及县（区）、开发区之间的衔接。”在政府层面有效沟通的前提下，顶层设计不断完善，昌抚一体化相关规划、合作示范区及“1 + 8”合作协议等合作方案迅速出台，昌抚一体化自一提出便进入快速发展时期。

2. 基础设施联通不断加强

除了逐步完善的交通设施外，两市为实现行政跨越，统筹规划建设，特别对两市接壤地区实施共同功能定位与规划同图，在水、电、路、气、热、通信等基础设施建设上实施同比建设对接，尤其在重大项目选址、水源地、公益设施、生态环境保护等城市建设上实现相互沟通，实现提前介入，预留建设用地等措施，通过统一的土地利用规划推动基础设施建设相互融合。

3. 合作示范区的桥梁与核心作用

昌抚合作示范区（南昌）是规划建设昌抚合作的战略支点，其选址于两市中间的进贤县，又具备优越的交通条件，较好的产业基础、深厚的历史底蕴，具备巨大的开发潜力。示范区将打造昌抚地区乃至江西省重要的新型工业基地、生态旅游目的地、商贸物流中心并打造一定规模的城镇群，在昌抚一体化中扮演重要作用，加强昌抚双向联系，推动昌抚一体化向更高层次发展。

四、赣西一体化（新宜萍城镇群）

新宜萍城镇群是环鄱阳湖城市群“西翼”，与赣东北互为犄角，新宜萍三市历史同源，文化同根，山水相连，唇齿相依，在地理区位上，山水相连；在产业结构上，优势互补；在发展模式上，各具特色。以三市城市间重点县城为节点，以沪昆铁路为纽带，构建新宜萍城镇群已经成为省市发展的基本共识。

（一）新宜萍城镇群发展历史

赣西地区交通优势明显，自然矿产资源丰富，历史文化悠久，总体经济实力和城市综合竞争力不断增强，在江西总体经济格局中占有举足轻重的地位，同时作为全省老工业基地，赣西正处于经济转型发展关键期。新余、宜春、萍乡三市单个中心城市规模有限，功能体系并不完善，均需借助南昌和长沙都市区（长株潭城市群）等周边地区资源整合发展才能融入核心或次区域格局以争取资源和发展机遇。赣西地区各县市地缘相邻、发展机遇与面临挑战相近，城市之间竞争难以避免，但血缘相亲、比较优势与阶段任务各不相同，城市组合发展融入区域竞争格局有其必然，具有竞争的相对性和合作的绝对性。

早在2014年3月，首届赣西经济转型加快发展区域合作会议便推出9项共同推进项目，包括推进袁河流域水资源保护与开发利用，建设碳排放权交易平台、赣西科技专家服务网络平台，推进赣西旅游合作联盟、医保异地就医即时结算、警务合作，推进赣西区域循环经济试点、赣湘开放合作试验区建设、三市间城市快速干道建设。宜春、新余、萍乡三市合作，不再是简单意义的“抱团”，而是三方的人才、技术、金融、管理等优质资源与良好生态、政策、区位、产业等后续优势的有效叠加。共推循环经济试点，加快新余高新区、宜春经开区、萍乡经开区循环化改造，努力形成企业小循环、产业中循环、区域大循环发展模式，充实赣西一体化概念。

为加快赣西地区城镇密集带建设，提高区域整体竞争力以及协调和促进三市城市发展，打造环鄱阳湖生态城市群与长株潭城市群之间的新兴城镇成长地带，需要突出新宜萍核心地区一体化协调发展，促进新宜萍城镇群有序发展和资源整合，建立生态型城镇群。为此，新宜萍三市从顶层设计出发，达成一系列交流机制，出台了一系列有关经济、产业、交通等方面的合作发展的协议，并且江西省住建厅组织、省城乡规划设计研究院编制了《新宜萍城镇群战略规划（2015—2030）》，并与2016年12月正式印发，规划区范围包括新余、宜春、萍乡三个中心城区即渝水、袁州、安源、湘东四区，以及周边联系密切的分宜、万载、上高、芦溪、上栗、莲花六县，而实际上该规划区为赣西核心地区，因而其实际规划范围涵盖新余、宜春、萍乡市域，即三市所辖的全部10县3市4区，辐射范围还包括吉安市的安福县、峡江县、新干县。实际上《规划》所确定的新宜萍城镇群仅包括萍乡市全域、宜春市市辖区、分宜县、万载县、上高县及新余市市辖区，鉴于《新宜萍城镇群战略规划（2015—2030）》是该城镇群本位规划且印发时间更晚，这里以《新宜萍城镇群战略规划（2015—2030）》所划定的规划范围，即新宜萍三市全域作为讨论对象。

（二）新宜萍城镇群发展基础

1. 经济基础

至2015年，新宜萍三市共辖17个县（市、区），土地面积25659平方公里，占江西省总面积的18.74%，三市占江西省18.8%的人口，20.7%的GDP总量（城市群的27.22%），22.3%的规模以上工业增加值，19.05%的第三产业增加值，三市总体三产比例为10.20∶54.42∶35.39，工业化水平较高，第一产业占比较小。三市总体经济发展上的差异对三市区域性合作造成阻碍，总体上新余市、萍乡市第二产业较为发达，三产产业结构较为合理，但宜春市产业结构发展明显滞后，第一产业占比较大，尤以第二产业发展不足，工业化滞后，如表9-10所示。

表9-10　新宜萍城镇群各地级市、县生产总值和三产结构　单位：亿元

城市	县市区	国内生产总值	第一产业增加值	第二产业增加值	第三产业增加值	三产比例
新余市	全市	946.80	55.95	527.93	362.92	5.91∶55.76∶38.33
	市辖区	739.77	34.05	417.26	288.46	4.60∶56.40∶38.99
	分宜县	207.03	21.90	110.67	74.46	10.58∶53.46∶35.97

续表

城市	县市区	国内生产总值	第一产业增加值	第二产业增加值	第三产业增加值	三产比例
宜春市	全市	1621. 02	236. 04	848. 6	536. 38	14. 56∶52. 35∶33. 09
	市辖区	208. 00	28. 53	93. 56	85. 92	13. 72∶44. 98∶41. 31
	万载县	110. 23	14. 21	62. 69	33. 33	12. 90∶56. 87∶30. 24
	上高县	131. 38	19. 58	70. 40	41. 40	14. 91∶53. 58∶31. 51
	宜丰县	95. 65	19. 68	47. 77	28. 21	20. 57∶49. 94∶29. 49
	靖安县	36. 32	6. 18	17. 78	12. 36	17. 01∶48. 96∶34. 02
	铜鼓县	36. 05	5. 62	15. 38	15. 05	15. 58∶42. 67∶41. 75
	奉新县	112. 51	17. 10	61. 39	34. 02	15. 20∶54. 57∶30. 24
	高安市	190. 15	33. 79	96. 62	59. 74	17. 77∶50. 81∶31. 42
	丰城市	391. 45	60. 35	205. 85	125. 24	15. 41∶52. 59∶32. 00
	樟树市	309. 28	31. 00	177. 16	101. 11	10. 03∶57. 28∶32. 69
萍乡市	全市	912. 39	62. 83	517. 29	332. 27	6. 89∶56. 70∶36. 42
	市辖区	562. 13	22. 61	320. 16	219. 35	4. 02∶56. 95∶39. 02
	莲花县	54. 44	8. 42	24. 85	21. 17	15. 46∶45. 65∶38. 89
	上栗县	170. 19	16. 18	102. 08	51. 93	9. 51∶59. 98∶30. 51
	芦溪县	125. 63	15. 62	70. 20	39. 82	12. 43∶55. 88∶31. 69
三市总体		3480. 21	354. 82	1893. 82	1231. 57	10. 20∶54. 42∶35. 39

资料来源：《江西省统计年鉴 2016》《江西省县域社会经济统计年鉴 2016》。

2. 交通基础

赣西地区城镇群位于沪昆发展轴带上赣湘的结合部，具有“承东启西、连接南北”的交通区位优势。铁路有沪昆高铁、沪昆铁路以及分文铁路、上新铁路；公路有沪昆高速、大广高速、樟吉高速、萍浏高速、昌栗高速、铜万宜高速、319 国道、320 国道等多条高等级公路贯穿全境，交通区位优势日益明显，交通网络立体化，三市主城区基本形成“1 小时经济圈”。

3. 产业基础

赣西三市是江西重要的工业基地和粮食主产区，县域经济发展较快，产城融合水平较高，但部分传统特色产业发展滞后。新余市是江西省的工业重镇，形成了以钢铁、新能源、新材料为支柱的工业体系。萍乡市自然资源丰富，形成了煤炭、冶金、陶瓷、水泥等优势产业。宜春市钽铌、煤炭储量丰富，建材、机电、食品、电力能源、医药、化工和纺织服装七大支柱产业发展良好。三市能源资源丰富，产业互补性强，合作潜力巨大，通过对2015年城镇群各主要产业在江西省的区位熵进行分析表明（见表9-11），新余、宜春、萍乡三市产业发展特色各异，产业间协作、互补性较强。而新余、宜春之间的产业结构相似度为0.47，新余、萍乡之间的产业结构相似度为0.59，宜春、萍乡之间的产业结构相似度为0.78，随着产业转型升级的深入，产业结构相似度呈现明显的下降趋势，城镇群内部产业结构互补性进一步增强。

表9-11　　　　2015年新宜萍城镇群三市主要产业及区位熵

城市	产业及区位熵
新余市	橡胶和塑料制品业（2.7）、酒、饮料和精制茶业（2.5）、煤炭开采和洗选业（2.3）、食品制造业（2.3）、医药制造业（1.9）、金属制品业（1.9）、纺织业（1.8）
宜春市	黑色金属冶炼和压延业（7.3）、黑色金属矿采选业（5.9）、化学原料和化学制品业（3.5）
萍乡市	煤炭开采和洗选业（6.7）、非金属矿物制品业（3.3）、黑色金属冶炼和压延业（2.4）、化学原料和化学制品（2.3）

资料来源：《新宜萍城镇群战略规划（2015—2030）》。

4. 市场基础

利用评价城市群一体化数据中的新余—宜春、新余—萍乡和宜春—萍乡三个城市对市场分割指数数据计算昌九地区一体化指数MI-xyp，以指数方法拟合出趋势线，并以此来评价新宜萍城镇群发展状况。总体上看，2000~2015年新宜萍三市地区市场一体化指数均值为1.486，明显高于城市群总体1.246，甚至高于昌九地区1.399。如图9-4所示，新宜萍地区市场一体化发展同样与城市群总体发展趋势相近，整体处于上升趋势，但一体化水平则要明显高于城市群。

赣西三市的市场一体化水平高，甚至高于经济更为发达的昌九地区，主要是因为历史上新宜萍三市本为一体，新余、萍乡都是从宜春地区划分而出的，这为新宜萍三市合作奠定了良好的人文交流与产业合作等的基础，因此新宜萍在产业结构与发展模式上均有良好协同与互补，三市抱团发展成为共识。同时赣西三市经济规模有限，产业发展水平也较低，经济对外联系较弱，其发展更注重通过自身协同发展。

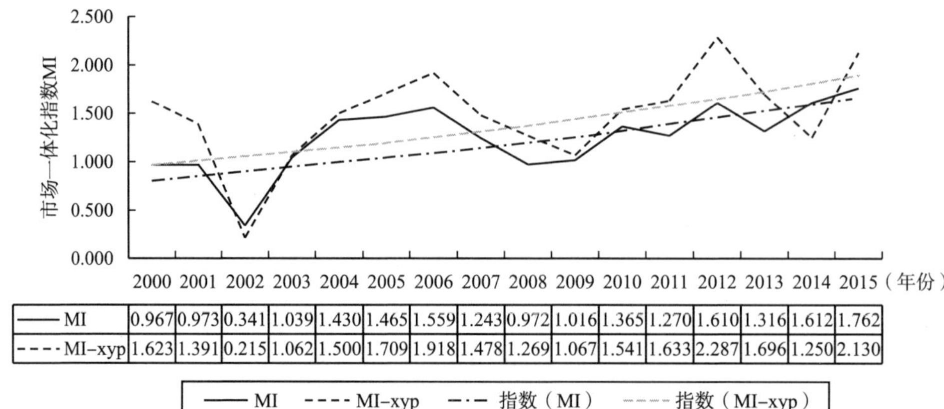

	2000	2001	2002	2003	2004	2005	2006	2007	2008	2009	2010	2011	2012	2013	2014	2015
—— MI	0.967	0.973	0.341	1.039	1.430	1.465	1.559	1.243	0.972	1.016	1.365	1.270	1.610	1.316	1.612	1.762
- - - - MI-xyp	1.623	1.391	0.215	1.062	1.500	1.709	1.918	1.478	1.269	1.067	1.541	1.633	2.287	1.696	1.250	2.130

图9-4　2000~2015年新宜萍三市市场一体化指数

（三）新宜萍城镇群一体化驱动机制

1. 三市合作机制完善

赣西已建立相应的合作机制，形成了三市政府联席会议制度，由三市轮流担任联席会议轮值主席，协商解决重大合作事项和问题；初步建立了统一招商引资平台，形成了赣西片区招商合力；建立了赣西旅游合作联盟，萍乡武功山风景区、宜春明月山风景区、新余仙女湖风景区在整体推介、客源互送、信息互通等方面开展深度合作，极大地整合了赣西三市旅游资源；赣西三市高校战略合作平台已经建立，萍乡学院、宜春学院、新余学院出台了《赣西三校战略合作“两共两互”实施意见》，三校在资源共享、平台共建、学分互认、人才互用等领域展开合作，推进赣西片区高校的发展等。

2. 城镇群空间结构优化

城镇空间结构规划形成“一轴三心、四廊多点”的城镇空间格局，将有利于优化城镇群人口、产业、服务的布局，促进城镇群良性发展。加快形成城镇组团聚集发展格局，建设城镇群中心城市、重要节点作为新宜萍城镇群内集聚城镇人口、产业、服务的重点地区。其中“一轴”为横向的沪昆城镇发展轴，“三心”为新余、宜春和萍乡三个城镇群中心城市，“四廊”分别为大广交通廊道、昌栗交通廊道、铜万宜交通廊道、萍浏交通廊道，“多点”为分宜、上高、万载、芦溪、上栗、莲花等县城及部分重点镇。

3. 交通基础设施完善

在综合交通走廊建设的基础上，以铁路为主体，高速公路、水运为支撑，构筑服务于500公里及以上的区域性快速交通通道，规划建设萍乡—株洲城际铁路、渝长厦高铁、咸宜井铁路、宜遂高速、南昌—长沙城际铁路、昌景黄高铁等，规划扩建一个支线机场、两个通勤机场、四个通用机场的全域机场体系。

4. 产业升级与空间布局优化

新宜萍地区已实现较好的产业合作，但面临传统产业发展滞后、产业结构加速重型化、投资型路径依赖严重等问题。《新宜萍城镇群战略规划（2015—2030）》提出：以“赣西转型”重大战略实施为契机，立足资源、区位和生态条件，积极调整产业结构，加快制造业集聚区和重大服务平台建设，推动以产业集群培育、服务业提升、现代农业为核心的“产业转型”近期行动计划，构建“集群发展、三产联动”的现代产业体系。

空间布局上，第一产业布局根据城镇群自然环境条件、农业资源发展基础与优势，构建四大农产品生产与加工产业集聚区，共同建设长江中游城镇群重要的有机农业生产加工基地；第二产业布局则围绕新余高新区、萍乡经开区、宜春经开区三个国家级工业园；服务业则构建新余中心城区、宜春中心城区、萍乡中心城区三大一级综合生产性/生活性服务基地。

（四）幕阜山—九岭山风景游憩地

幕阜山—九岭山风景游憩地尽管是《规划》首次提出规划建设的，但其规划范围的大部分实际上是《新宜萍城镇群战略规划（2015—2030）》新宜萍城镇群规划中的规划研究范围，或者可以理解为幕阜山—九岭山风景游憩地是《新宜萍城镇群战略规划（2015—2030）》划定的新宜萍城镇群的一部分或非核心区域，在这里仅介绍幕阜山—九岭山风景游憩地的相关情况。其规划定位为发挥区域独特的生态资源优势，建成长江中游城市群的“绿肺”和休闲后花园，特色农林产品加工基地。其规划范围包括九江市修水县、武宁县、宜春市铜鼓县、宜丰县全域和靖安县、奉新县大部分地区，城镇化空间组织目标为以生态保育、生态农林业、生态旅游功能为主，建设昌铜高速公路生态经济带和修水沿线生态经济带，串联沿线的生态小城镇、风景旅游区及生态农林经济区。

规划地区经济基础水平不高，2015 年六县总 GDP 仅 507.71 亿元，仅占城市群的不足 4%（3.97%），三产比例 15.84∶50.13∶34.03，体现出第二产业主导，同时第一产业比重较大，各县均体现有旅游业及农业特色，森林覆盖面积均极大，其中宜丰县竹产业发达，第一产业比重超过 20%；武宁县为全国“中华猕猴桃之乡”，同时旅游资源极为丰富；修水县是著名的革命老区，有丰富的红色旅游资源，又是江西省商品粮生产基地县，也是中国江南著名的茶区之一；铜鼓县森林覆盖率高达 87.4%，客家文化与红色文化较为繁荣；靖安县是全国生态建设示范县，绿化良好，拥有江西省唯一的国家级森林公园；奉新县在棉纺织、竹产业、粮食生产上均有一定规模，也有一定的中小企业发展环境，是工业较为发达的县，如表 9－12 所示。

表 9－12　2015 年幕阜山—九岭山风景游憩地各县生产总值和三产结构　单位：亿元

规划地区	国内生产总值	第一产业增加值	第二产业增加值	第三产业增加值	三产比例
武宁县	97.01	14.47	48.51	34.03	14.91∶50.00∶35.08
修水县	130.17	17.39	63.66	49.12	13.36∶48.91∶37.73
铜鼓县	36.05	5.62	15.38	15.05	15.58∶42.67∶41.75
宜丰县	95.65	19.68	47.77	28.21	20.57∶49.94∶29.49
靖安县	36.32	6.18	17.78	12.36	17.02∶48.96∶34.02
奉新县	112.51	17.10	61.39	34.02	15.20∶54.57∶30.24
总体	507.71	80.44	254.49	172.79	15.84∶50.13∶34.03

资料来源：《江西省县域社会经济统计年鉴 2016》。

《规划》提出该区域以省级工业园区为主，重点发展绿色、低碳、环保产业。其中，铜鼓县以木竹加工、家纺制品为主，宜丰县以绿色农副产品加工、木竹工艺品、陶瓷生产为主，武宁县以光电机械、矿产加工为主，修水县以服装纺织、食品加工为主，是很大程度上符合各地区现有优势产业，是有利于各地区进一步扬长避短，推动优势产业升级的。

五、赣东北一体化与对外开放

（一）赣东北一体化简介及其发展历史

赣东北即指江西省东北部的三个地级市：上饶、景德镇、鹰潭。赣东北有着特殊的地理与人文特点，与皖南、浙西、闽北接壤，是江西省与环鄱阳湖城市群联系皖江城市带、长三角城市群与海西经济区的重要窗口与交通枢纽，其中鹰潭市与上饶市被纳入海西经济区的规划范围；赣东北是江西省文化多样性最集中的地区，除了赣文化外，吴越文化与徽文化也是本土文化的重要组成，并有着悠久的历史。

因为拥有独特的人文环境与优越的区位交通优势，所以赣东北有着对外开放合作的深厚传统，2015 年，赣东北利用省外资金 1119.9 亿元、实际利用外资 13.35 亿美元、出口总额 54.56 亿美元，分别占全省的 21.4%、14.1%、16.5%，长三角及海西经济区是赣东北主要游客客源地。在不断扩大对外开放合作的同时赣东北逐步促进自身发展的协调，以形成对外开放发展的合力，2016年10月，江西省发展改革委印发《赣东北扩大开放合作“十三五”发展规划》，便是要在扩大对外开放的同时，坚持分工合作与统筹协调，推动区域一体化发展。

（二）赣东北一体化与合作对外开放发展基础

1. 经济基础

至2015年，赣东北三市共辖19个县（市、区），土地面积31601平方公里，占江西省总面积18.9%，三市占江西省21.7%的人口，18.17%的GDP总量（城市群的23.95%），18.15%的规模以上工业增加值，17.01%的第三产业增加值，三市总体三产比例为10.76∶52.92∶36.32，可见三市工业化水平较高，但第三产业发展总体上较为滞后，第一产业占比还较大。鹰潭市、景德镇市第二产业较为发达，三产产业结构较为合理，但上饶市产业结构发展明显滞后，第一产业占比较大，尤以第二产业发展不足，工业化滞后。从各县（市、区）看，各县（市、区）发展差异巨大，铅山县、婺源县、弋阳县、横峰县等县区2015年GDP总量极低，甚至不足百亿元，鄱阳县作为“大县”发展也严重滞后，部分县区如余江县、鄱阳县、浮梁县一产占比极高，均超过15%，而昌江区、贵溪市、横峰县、上饶县则是典型的工业县，而第三产业主导的区县则集中在市辖区中，除月湖区、珠山区、信州区外，仅上饶市婺源县的特色的旅游业较为发达，如表9-13所示。

表9-13　　赣东北三市各地级市、县生产总值和三产结构　　单位：亿元

城市	县市区	国内生产总值	第一产业增加值	第二产业增加值	第三产业增加值	三产比例
景德镇市	全市	772.05	57.22	437.58	277.25	7.41∶53.68∶35.91
	昌江区	206.87	6.25	149.4	51.22	3.02∶72.22∶24.76
	珠山区	200.00	0.52	85.49	114.00	0.26∶42.75∶57.00
	浮梁县	100.10	16.14	53.87	30.09	16.12∶53.82∶30.06
	乐平市	265.08	34.31	148.82	81.94	12.94∶56.14∶30.91

续表

城市	县市区	国内生产总值	第一产业增加值	第二产业增加值	第三产业增加值	三产比例
上饶市	全市	1650.81	222.80	803.38	624.62	13.50∶48.67∶37.84
	信州区	191.30	6.64	43.28	141.39	3.47∶22.62∶73.91
	广丰区	290.18	20.89	163.05	106.24	7.20∶56.19∶36.61
	上饶县	172.92	16.03	130.95	25.95	9.27∶75.73∶15.01
	玉山县	134.59	14.83	69.04	50.72	11.02∶51.29∶37.68
	铅山县	97.26	16.46	45.05	35.76	16.93∶46.31∶36.76
	横峰县	70.00	6.74	42.20	21.06	9.63∶60.28∶30.09
	万年县	111.52	12.96	63.30	35.27	11.62∶56.76∶31.62
	弋阳县	84.99	14.20	40.09	30.71	16.70∶47.17∶36.13
	鄱阳县	180.28	56.44	77.02	46.82	31.31∶42.72∶25.97
	婺源县	83.03	11.34	26.98	44.71	13.65∶32.50∶53.85
	德兴市	115.03	10.25	47.16	57.62	8.91∶51.00∶50.09
	余干县	120.05	36.02	42.95	41.08	30.01∶35.78∶34.21
鹰潭市	全市	639.26	49.4	379.57	210.29	7.73∶59.38∶32.90
	月湖区	188.16	1.24	83.98	102.94	0.66∶44.63∶54.71
	余江县	104.08	29.54	52.36	22.18	28.38∶50.31∶21.31
	贵溪市	347.02	18.63	243.23	85.17	5.37∶70.09∶24.54
三市总体		3062.12	329.42	1620.53	1112.16	10.76∶52.92∶36.32

资料来源：《江西省统计年鉴2016》《江西省县域社会经济统计年鉴2016》。

2. 交通基础

赣东北具备优良的区位与交通基础设施条件，对外开放条件优越，地处赣浙闽皖四省结合处，是长三角地区的直接腹地，是海西经济区的重要组成部分，区内有沪昆、京福客专，浙赣、鹰厦、峰福、九景衢、皖赣铁路和沪昆、杭瑞、济广、德昌、德上高速公路等交通主干道，形成了沪昆、杭瑞、京福、济广“井”字形的四条通往东部沿海的综合交通廊道。

3. 产业基础

赣东北三市产业基础较为雄厚，且产业特色鲜明。上饶形成了以光伏新能源、机电光学、有色金属、新型建材为主导的优势产业体系，鹰潭形成了以有色金属铜冶炼加工、水工产品、节能照明、生物医药为主导的优势产业体系，景德镇形成了陶瓷及文化创意、航空制造、汽车制造为主导的优势产业体系，三市产业特色突出，相似程度不高，与长三角、厦漳泉地区产业同质性不强，互补程度较高，为扩大开放合作提供了广阔空间。

4. 开放基础

赣东北有着对外开放交流的良好基础，并在开放发展中有效促进了自身协调与一体化发展。赣东北三市历来是江西省接受长三角、闽三角经济辐射、承接产业转移的重心地区，再生铜加工、五金水暖、水泥等行业基本为浙商投资，仅上饶市就有6万浙商，上饶连续多年成为浙商、闽商最佳投资城市。景德镇吸引了全国各地约3万陶瓷创作者或爱好者在域发展，形成了内地独有的“景飘”现象。赣东北每年有大量优质稻米、生猪、水产品、水果、蔬菜和特色农产品进入沪杭厦漳等中心城市。上饶、鹰潭与宁波共建的无水港，铁海联运、陆海联运、“五定班列”、“海铁联运天天班”等作业项目开通运营多年。

5. 市场基础

利用评价城市群一体化数据中的鹰潭—景德镇、鹰潭—上饶和上饶—景德镇三个城市对市场分割指数数据计算赣东北三市一体化指数MI-gdb，以指数方法拟合出趋势线，并以此来评价赣东北市场一体化发展状况。总体上看，2000~2015年赣东北三市地区市场一体化指数均值为1.410，明显高于城市群总体1.246。如图9-5显示，赣东北地区市场一体化发展同样与城市群总体发展趋势相近，整体处于上升趋势，但一体化水平上升趋势要明显高于城市群。

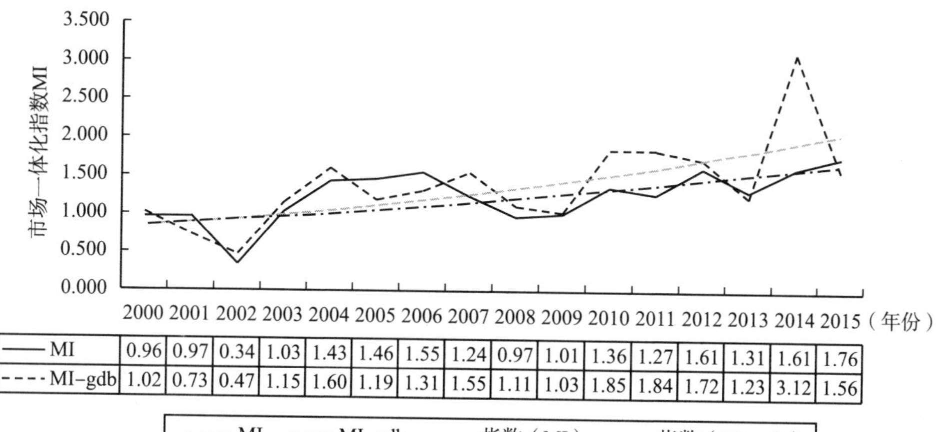

	2000	2001	2002	2003	2004	2005	2006	2007	2008	2009	2010	2011	2012	2013	2014	2015
—— MI	0.96	0.97	0.34	1.03	1.43	1.46	1.55	1.24	0.97	1.01	1.36	1.27	1.61	1.31	1.61	1.76
---- MI-gdb	1.02	0.73	0.47	1.15	1.60	1.19	1.31	1.55	1.11	1.03	1.85	1.84	1.72	1.23	3.12	1.56

图9-5　2000~2015年赣东北三市市场一体化指数

（三）赣东北一体化治理驱动机制

1. 以一体化促开放的顶层设计不断完善

赣东北对外开放是发展主线，为更好扩大对外开放，通过一系列机制、交通、产业、旅游、规划等方面的措施，包括《赣东北扩大开放合作加快发展联席会议工作机制》、赣东北扩大开放合作加快发展联席会议机制、《上饶、景德镇、鹰潭三市重大合作事项框架协议》《赣东北扩大开放合作加快发展共同宣言》《赣东北扩大开放合作“十三五”发展规划》等，旅游一体化相关的《支持赣东北扩大开放加快推进旅游一体化三年行动计划（2018—2020）》、《2018 年支持赣东北扩大开放加快推进旅游一体化工作要点》也已出台。

2. 交通网络完善

赣东北三市将推动区域交通设施完善，构建公路、铁路、水运与航空一体化的高效交通网络。《赣东北扩大开放合作“十三五”发展规划》提出以下途径：

（1）完善安全高效的陆路通道。围绕健全“井”字形的陆路对外开放合作综合通道，加密、升级铁路和高速公路网络。加速国省道干线公路升级改造，重点推进信江河谷城镇群快速通道，进一步完善城区、园区、景区快速通道网络，构建 G320、G353、G351、G206、G236、G237“三横三纵”国道路网。

（2）构筑通达便捷的航空通道。着力提升支线机场的通达性，建成运营上饶三清山机场，推进景德镇机场迁建工程，建设鹰潭支线机场，完善机场快速集疏运通道，优化扩展国内航班航线。适应国家低空空域开放趋势，大力发展通用航空，建设一批通用机场。

（3）提升通江达海的水运通道。推进航道治理和港口建设，重点推进信江高等级航道建设，实施信江八字嘴航电枢纽、双港航运枢纽、界牌至双溪渠化航道配套整治工程、双溪至褚溪河口湖区航道整治工程，加快信江及鄱阳湖区域性港口建设，发展多式联运，开展水水中转，畅通对接海上丝绸之路的水上通道。

（4）建设有机衔接的交通枢纽。加强铁路、公路、机场和客货站场设施相互衔接，建设上饶四省交界区域综合交通枢纽，科学布局建设一批客货运枢纽，完善一批火车站及货场建设。

3. 空间结构优化

赣西三市着力推动区域内部联动，实现错位发展，打造“一极两都、一带三廊”。“一极”为上饶市，要求发挥向东开放的桥头堡和高铁枢纽的集散作用，打造江西省东部的重要增长极。“两都”即为景德镇市发挥千年古镇、老工业基地的优势，打造“世界瓷都”；鹰潭市发挥产业独特和区位交通优势，打造“世界铜都”。另外“一带三廊”分别为信江河谷开放合作带、景婺鄱、景万鹰、京福沿线三大开放合作廊。

4. 完善产业对接协作

在制造业发展商进一步吸引沿海地区资本、技术、人才、品牌等要素，承接产业转移，充分发挥各地区自身产业优势，构建特色优势制造业集群，在区域内布局有色金属新材料、光伏新能源、航空制造、汽车及新能源汽车、陶瓷及陶瓷文化、精密仪器仪表制造等产业集群，进一步实现优势集聚与错位发展。

赣东北拥有三清山、龙虎山、婺源等世界级旅游品牌，在赣东北扩大开放的大环境下，作为浙闽皖三省的重要旅游目的地，推动赣东北旅游一体化是重要抓手。旅游业一体化从整合旅游资源、丰富旅游业态、塑造旅游品牌、推进旅游便利化、加强区域合作等方面入手。2017 年 12 月，江西召开支持赣东北扩大开放加快推进旅游一体化座谈会，包含旅游一体化实施方案、赣东北旅游一体化联络协调机制、建设精品旅游线路、旅游营销推广联盟等均提上日程。

（四）信江河谷城镇群简介及其发展历史

信江，鄱阳湖水系五大河流之一，由东向西流经江西省上饶、铅山、弋阳、贵溪、鹰潭等市县，在余干县瑞洪镇入鄱阳湖，沿信江河谷两岸形成的城镇群便是信江河谷城镇群。早在 2007 年，上饶市就提出建设“1 +5”信江河谷城镇群，2012 年以来在科学规划的引领下加快了建设步伐。为促进经济发展方式的转变，顺应城市发展规律，加快区域升级步伐，2013 年又出台《关于加快“1 +5”信江河谷城镇群建设的若干意见》，以 16 条措施全力推进城镇群建设，打造对外开放合作的重要平台和最具潜力的经济增长板块，同年“1 +5”信江河谷城镇群建设被江西省委、省政府确定为推进赣东北扩大开放合作的八大关键举措之一。

信江河谷城镇群有两种规划方案，上饶市于 2013 年编制的《上饶市“1 +5”信江河谷城镇群规划》规划范围以信江上游地区为主，包括信州区、上饶县、广丰县、玉山县、铅山县、横峰县和弋阳县，自 2015 年广丰县撤县设区，核心区建设进一步完善，信江河谷城镇群已基本形成“一主（信州、广丰、上饶)、四副（玉山、铅山、横峰、弋阳)、多点”的城镇体系结构，总面积为 10062 平方公里。而《规划》中，信江河谷城镇群则除包含上饶（含上饶县)、玉山县、横峰县、铅山县、弋阳县外，还囊括了鹰潭城区、贵溪市、余江县等地区。鉴于《规划》出台时间较短，上饶市编制的信江河谷城镇群建设已历史较长，总体空间治理与一体化发展程度较为良好。鉴于已系统介绍了赣东北具体情况与一体化驱动机制，因此这里仅讨论上饶市“1 +5”信江河谷城镇群的发展基础。

（五）信江河谷城镇群发展基础

1. 经济基础

2015 年，上饶市“1 +5”信江河谷城镇群实现国内生产总值 1041. 25 亿元，占上饶市全市63.1%（占城市群的8%），信江河谷城镇群七个区县除信州区第三产业主导外，其余六个区县均呈现第二产业主导（见表9-14），2015年规模以上工业增加值481.25亿元，占全市69.7%，财政总收入占全市67.6%，外贸进出口总额更是占到全市的81.4%。

表9-14　　2015年信江河谷城镇群主要县区生产总值和三产结构　　单位：亿元

县、区	国内生产总值	第一产业增加值	第二产业增加值	第三产业增加值	三产比例
信州区	191.30	6.64	43.28	141.39	3.47:22.62:73.91
广丰区	290.18	20.89	163.05	106.24	7.20:56.19:36.61
上饶县	172.92	16.03	130.95	25.95	9.27:75.73:15.01
玉山县	134.59	14.83	69.04	50.72	11.02:51.29:37.68
铅山县	97.26	16.46	45.05	35.76	16.93:46.31:36.76
横峰县	70.00	6.74	42.20	21.06	9.63:60.28:30.09
弋阳县	84.99	14.20	40.09	30.71	16.70:47.17:36.13
信江河谷城镇群	1041.25	95.79	533.64	411.82	9.20:51.25:39.55

资料来源：《江西省县域社会经济统计年鉴2016》。

2. 交通基础

信江河谷城镇群依托已建成的上武高速、德昌高速、上德高速、沪昆高速、上饶之宁波北仑港海铁联运出海通道，随着沪昆高铁和京福高铁两条纵横交错的高铁上饶段建设与2014年末竣工，上饶成为全国唯一一个两条高铁交汇的地级市，上饶到南昌只需1小时，到杭州、福州1.5小时，到上海仅2小时，到北京需5小时，另外还有福州港上饶码头、上饶三清山机场于2015年竣工，城镇群已建设成为以一个机场、两条高铁、两个出海通道、四条高速公路为主骨架的华东地区重要的现代化综合交通枢纽城市。

3. 产业基础与发展规划

城镇群拥有上饶市唯一国家级经济技术开发区——上饶经济技术开发区，结合各县的省级开发区实现产业布局，以此为依托已基本形成中心城市形成综合性产业集群，铅山、弋阳、横峰形成特色轻工、有色金属、机械制造特色产业集群，广丰、玉山构建以新能源、新材料、电子信息等的高新技术产业集群。

依托四省通衢、通江达海的门户地位，大力发展现代服务业，城镇群逐步打造综合性区域商贸物流中心和创新型区域科技、文化、商务、金融中心，形成集结和运营四省交界区域人流、物流、资金流和资讯流的高端服务职能，建设影响四省交界腹地的现代服务区域中心。依托三清山、龟峰、灵山、铜钹山等王牌景区为依托，串联婺源、武夷山、龙虎山、黄山、景德镇等周边知名旅游品牌，加强旅游基础配套设施建设，打造黄金旅游线路，城镇群旅游业初具规模并有着广阔发展空间。

（六）景德镇国际陶瓷文化与生态景观游憩地简介及其发展历史

景德镇国际陶瓷文化与生态景观游憩地是《规划》首次提出建设的，建设定位为世界知名的陶瓷文化名城和艺术博览之都，国际知名的美丽乡村旅游区，电商产业聚集区。以景德镇为核心，联合婺源县、乐平市、鄱阳县共同构成撬动区域文化旅游发展的战略支点，建设面向国际的旅游集散中心。其规划范围包括景德镇市辖区（昌江区）、鄱阳县、浮梁县、婺源县、乐平市。《规划》以景德镇城区为中心（含浮梁县城），紧密联动乐平，带动婺源、鄱阳县及其城市周边的传统村落，融合赣东北风景游憩地、三清山—灵山风景游憩地，共同构建“城景一体”城镇群。这里也仅介绍该区域发展的基本情况：

1. 经济基础

2015 年，景德镇国际陶瓷文化与生态景观游憩地规划区实现国内生产总值 1035.36 亿元，占城市群的 8.10%，第一产业增加值 124.99 亿元，第二产业增加值 541.59 亿元，第三产业增加值 368.78 亿元，三产结构为 12.07∶52.31∶35.62，景德镇陶瓷享誉全球，该城镇群也体现出以陶瓷工业为主导的现象，体现出第一产业占比较大，工业化较为发达，第三产业发展严重不足的现状。其中景德镇市辖区昌江区、乐平市、浮梁县体现出极强的工业化集聚倾向，而鄱阳县作为人口、土地面积最大的县反而发展相对滞后，婺源县作为区域内乃至江西省内著名的旅游强县则体现出三产主导特征，如表 9－15 所示。

表 9－15 2015 年景德镇国际陶瓷文化与生态景观游憩地生产总值和产业结构

单位：亿元

县（市、区）	国内生产总值	第一产业增加值	第二产业增加值	第三产业增加值	三产比例
昌江区	206.87	6.25	149.40	51.22	3.02∶72.22∶24.76
珠山区	200.00	0.52	85.49	114.00	0.26∶42.75∶57.00
鄱阳县	180.28	56.44	77.02	46.82	31.31∶42.72∶25.97

续表

县（市、区）	国内生产总值	第一产业增加值	第二产业增加值	第三产业增加值	三产比例
浮梁县	100.10	16.14	53.87	30.09	16.12∶53.82∶30.06
婺源县	83.03	11.34	26.98	44.71	13.65∶32.50∶53.85
乐平市	265.08	34.31	148.82	81.94	12.94∶56.14∶30.91
总体	1035.36	124.99	541.59	368.78	12.07∶52.31∶35.62

资料来源：《江西省县域社会经济统计年鉴2016》。

2. 交通基础

城镇群以景德镇市为核心，已形成拥有皖赣铁路、九景衢铁路、安景铁路，杭瑞、景鹰、德昌、景婺黄四条高速公路，景德镇机场的立体交通网络。其中G56杭瑞高速公路东西向横贯景德镇市全境，景婺黄（常）高速公路是重要的生态和旅游线路。

3. 产业基础与发展规划

景德镇国际陶瓷文化与生态景观游憩地以陶瓷工业与旅游业为主要产业，2015年景德镇全市陶瓷生产单位4089家共实现工业总产值336.5亿元，占全部工业总产值的比重为22.7%。城镇群规划以景德镇高新区、景德镇陶瓷工业区（浮梁）为主，发展陶瓷新材料、航空制造、新能源汽车及汽车零部件、家电制造、有机食品加工产业，积极发展文化创意产业，培育特色电子商务、商贸物流业。乐平发展塑料装饰建材板块、食品饮料加工、绿色农副产品加工等产业，培育戏曲文化产业；婺源适度发展木竹深加工、服装家纺、旅游商品制造等产业；鄱阳发展纺织服装、五金机械、清洁能源等产业。

城镇群旅游业发展则依托赣东北风景游憩地的建设，以景德镇市和婺源县为中心组织区域绿道网，向西对接九江市和南昌市，向东对接黄山市，向南对接上饶市。依托景德镇市与婺源县丰富的自然与特色人文旅游资源，打造区域绿道，有机串联鄱阳县、浮梁县、乐平市等地的旅游资源，实现旅游资源联动发展。

第十章

环鄱阳湖城市群资源环境评价与可持续发展

城市作为人类活动的主要场所，具有强大的资源调动力和影响力，然而，城市的发展会不可避免地带来对资源和环境的损耗。自进入工业社会阶段以来，全球经济的快速发展建立在对资源的消耗以及生态环境的破坏之上，在意识到这一问题的严重性并提出可持续发展的理念之后，寻求资源环境保护与社会经济发展之间的平衡已经成为未来社会发展的必然趋势。目前，随着我国社会经济的快速发展，城镇化发展迅速，人口、资源与环境之间的矛盾日趋加剧，城市的资源环境承载力问题日益受到人们的关注，许多城市已将低碳城市作为发展目标，研究资源环境承载力问题，这对提高城市的资源环境承载力，促进城市可持续发展有着重要的理论和现实意义。

根据《环鄱阳湖生态城市群规划（2015—2030 年）》，环鄱阳湖城市群范围与国务院批复的《长江中游城市群发展规划》确定的江西省相应辖区范围一致，涉及南昌、九江、景德镇、上饶、鹰潭、宜春、新余、萍乡等地级市全部行政辖区和抚州市辖区、东乡县、金溪县、崇仁县，吉安的新干县、峡江县，区域面积 9.23 万平方公里。首先本章从资源利用条件、生态安全格局两方面对环鄱阳湖城市群资源环境利用现状进行分析，准确找到鄱阳湖城市群资源环境利用过程中存在的主要问题；其次，分类单项重点选取土地资源、水资源、生态环境质量进行分类评价，总结各类资源环境利用的基本态势；再次，在分类单项评价的基础上，从消耗类与支撑交流类两大方面选取多个评价因子，构建资源环境承载力综合评价指标体系并科学合理地确定参评指标权重，以鄱阳湖城市群所涉及的 10 个地级市为单元进行评价；最后，在单项评价、综合评价的基础，根据研究结论并结合环鄱阳湖城市群资源环境本底条件，提出具有针对性的环鄱阳湖城市群可持续发展之路。

第一节 资源开发利用现状

一、资源利用条件

（一）水资源

鄱阳湖流域水系发达，其中集水面积大于1000平方千米的河流43条，大于3000平方千米的8条。入湖水量主要来自赣江、抚河、信江、饶河、修河这五条河流，由外洲、李家渡、梅港、虎山、渡峰坑、虫津和万家禅七个水文站控制，俗称“五河七口”，占总入湖水量的近87%，湖区周边直接入湖水量约占13%。五大河7个控制性水文站以下，还有博阳河、漳田河、潼津河等直接入湖的中小河流，属鄱阳湖周边集水区，鄱阳湖湖盆面积达4463平方千米。鄱阳湖及内湖的水质都在二级以上，工业污染源少，自然景观独特，是世界著名候鸟保护区。自然开放的水文生态环境具有较强排污净化能力，对于吸引高科技产业和现代服务业具有极大的优势。近年鄱阳湖已连续出现低枯水位，湖区部分水文站甚至出现历史同期最枯水位，且低水位出现时间较正常年提前，持续时间也有增加，水资源供需状况将是制约环鄱阳湖城市群城镇化的一大障碍性因素。

（二）土地资源

环鄱阳湖城市群土地利用结构类型多样，农用地比重高，农用地中林地比重大，耕地资源分布在北部鄱阳湖平原、五大水系的中下游河谷盆地地带海拔300米以下且小于15度的地域。土地利用呈一定的地域分布规律，耕地、城镇工矿用地等主要分布在平原、盆地、河谷地带及周边岗地与丘陵地区，林地、牧草地等主要分布在山地丘陵区域；土地利用程度和利用效益相对较高，土地利用效益的区域差异明显。随着城镇化的进程，土地利用结构被迫调整，建成区面积不断扩大，有限的耕地面积进一步减少，呈现逐年下降趋势。另外，水土流失不断加剧，洪涝灾害日益频繁，土地荒漠化渐趋严重，再加上人们过度开垦土地，使得耕地面积遭到了很大的挑战。在此背景下，各地都积极、主动落实国家耕地保护政策，制定并实施土地利用总体规划，划定基本农田永久保护区，得益于近年耕地保护政策的强制施行，耕地面积的下降趋势得到减缓。

（三）森林及生物资源

鄱阳湖流域资源丰富，森林覆盖率60.05%，竹林资源丰富，生物多样性明显，工业原料植物资源丰富，列为国家一级保护动物的种类有 20 多种，二级保护动物有 68 种。鄱阳湖流域植物资源丰富，尤其是水生植物种类繁多，分布广泛，现已记录的浮游藻类植物有 8 门 54 科 154 属。鄱阳湖湿地保护区内的近水浅滩、草滩沼泽和浅水域是最适合珍禽生存的湿地生态环境，是鄱阳湖生态系统的重要组成部分。近 50 年来湖泊水面及湿地面积的持续减少，在很大程度上影响着生物资源多样性的保护，单位面积生物量不断下降，经济价值较高的湿地植物如芦苇、蒌蒿、水芹等，也正在逐渐退化甚至消失，经济价值较高的银鱼、白鳍豚、江豚在鄱阳湖已成罕见鱼种。城镇化使生物环境的组成和结构发生改变，造成生物多样性逐渐减少，生产与消费有机体的比例不协调，进而导致生态系统失调，并影响到碳、氧等物质的循环，影响区域的生态环境。

（四）旅游资源状况

环鄱阳湖城市群旅游资源丰富，具有发展旅游服务业的良好基础，目前重点打造六片自然与人文交融的风景游憩地，分别为庐山—鄱阳湖片区、大云居山—柘林湖片区、龙虎山—龟峰片区、武功山（明月山）—仙女湖片区、三清山—灵山片区、赣东北片区。世界知名国内一流的旅游景区包括庐山、三清山、龙虎山、婺源、景德镇古窑等；国内知名的精品旅游区有武功山、明月山、高岭—瑶里、龟峰、共青城、庐山西海、仙女湖、鄱阳湖国家湿地公园、星子温泉等；特色旅游资源有南矶山湿地、灵山、梅岭、樟树、江西武夷山、大芋山、三爪仑等。境内旅游资源还包括生态休闲型郊野公园、农业观光型郊野公园和环城市郊野公园。其中，生态休闲型郊野公园，以森林、水系、湿地等自然资源为主，结合环鄱阳湖城市群“一湖五河”水网格局和鄱阳湖区外围的低山丘陵地貌建设；农业观光型郊野公园，依托环鄱阳湖城市群西南部和南部及环湖地区密集分布的耕地和基本农田、农田生态林、农业生产基地构建；环城市郊野公园资源则主要包括南昌昌北城市湿地公园、上饶云碧峰城市绿心、九江赛湖环城绿地公园、景德镇环城郊野公园、鹰潭西湖郊野公园等。

（五）生态红线保护

生态红线指为维护区域生态安全和可持续发展，根据生态系统完整性和连通性的保护需求，划定的需实施特殊保护的区域。环鄱阳湖城市群全省总体生态质量良好，但呈出波动退化趋势，为更好地保护境内的土地、水、生物等资源，《环鄱阳湖生态城市群规划（2015—2030 年）》根据生态保护需求的实际划定生态红线，实行严格的管控措施，严禁开发建设活动，划定后生态红线保护面积占区域总面积的33%左右，如图 10 -1 所示。具体包括国家级、省级、市县级自然保护区和森林公园，省级以上风景名胜区、地质公园和国际、国家和省级重要湿地公园，鄱阳湖最高水位线外1公里区域，江河、湖泊、水库、地下水源地等集中式饮用水水源保护区，重要蓄滞洪区和具有洪水调蓄功能的区域性河道，省级以上生态公益林，历史文化遗址保护区和地下文物保护区等。

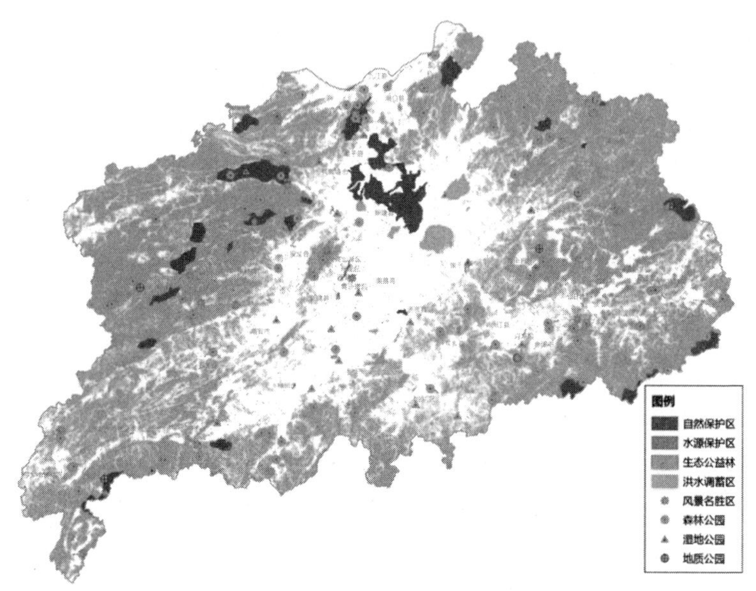

图10－1 环鄱阳湖城市群生态红线保护范围

二、生态保护格局

环鄱阳湖城市群可分为六大功能区，依次为南昌大都市区、九江都市区、信江河谷城镇群、新宜萍城镇群、景德镇陶瓷文化与生态经济区、幕阜山—九岭山风景游憩地。南昌都市区的定位为江西省核心增长极，是长江中游区域性中心之一和开放发展新高地，区内自然、人文资源丰富。自然风景资源包括众多省级以上风景名胜区、自然保护区，如梅岭—滕王阁国家级风景名胜区、麻姑山省级风景名胜区、鄱阳湖自然保护区等；人文景观资源则涵盖历史文化街区、重点风貌地段、国家历史文化名镇名村等。在生态环境保护方面南昌都市区主要注重区域间的协同治理，共同保护境内的自然风景资源和人文景观资源。

九江都市区，立足沿江港口与临港产业区分工协作，引导昌九走廊城镇聚点开发。在生态环境保护方面，主要注重临港产业园区的环境污染监控，强化入江、入湖排污口监督管理，严格限制庐山以东工业区无序发展，严格控制环庐山地带、赣江口两侧地区的高污染产业发展。

信江河谷城镇群，立足建设江西省东部重要门户，是重要的产业转移承接基地。在生态环境保护方面，结合信江环境容量，提高项目准入门槛、限制高污染行业规模；加强对铜产业的重金属污染监测控制，开展水和土壤生态修复；做好上饶与鹰潭的信江流域、景德镇与上饶东部的乐安河流域的生态环保工作，与景德镇协调饶河水系的开发与保护；严格控制城市信江上游、云碧峰森林公园地区的工业无序发展。

新宜萍城镇群，立足沪昆走廊加强与长株潭城市群的紧密合作，建设先进装备制造业走廊，工贸一体、创业宜居示范区，具有全国示范的森林环绕的城镇群地区。生态环境区域协调：严格保护城市周边低缓丘陵山区，加强生态公益林建设；保护好袁河、温汤河、南庙河、新坊河流域整体生态环境，做好水污染的联合监控与突发事件应急机制。

景德镇陶瓷文化与生态经济区，深入挖掘景德镇的历史文化，定位建成世界知名的陶瓷文化名城和艺术博览之都，国际知名的美丽乡村旅游区，电商产业聚集区。在生态保护方面，加强周边山体林地保护，借力景德镇申请世界文化遗产，与周边50~100公里范围风景旅游区加强联动与协同；严格控制重金属超标排放，建立重大污染事件责任人处理制度，抓好乐安河的重金属污染和昌江河的水污染综合治理；严格控制昌江南侧山体的开发建设，做好昌江的污染监控工作。

幕阜山—九岭山风景游憩地，定位建成长江中游城市群的“绿肺”和休闲后花园，特色农林产品加工基地。发展节水农业，同时严格企业准入制度，杜绝“先污染后治理”的情况，加快推进农村自来水工程建设和灌区续建配套节水改造工程。严格产业准入标准，对规模小、效率低、排污重的企业加强整治。

三、资源开发利用态势

（一）资源利用基本态势

第一，生态资源地位突出。习近平总书记指出：“既要绿水青山，也要金山银山”，鄱阳湖城市群山清水秀，森林覆盖率达到60%以上，是长江中下游生态安全的重要保障区及南方丘陵山地的重要生态屏障。在新型城镇化进程中，生态是鄱阳湖城市群最好的名片，良好的生态环境为环鄱阳湖城市群打好生态品牌，发展大健康产业，打造绿色产业体系，实现绿色崛起奠定了坚实基础。

第二，土地资源丰富多样。山地丘陵多、平原盆地少；土地利用结构类型多样，农用地比重高，农用地中林地比重大；土地利用呈一定的地域分布规律，耕地、城镇工矿用地等主要分布在平原、盆地、河谷地带及周边岗地与丘陵地区，林地、牧草地等主要分布在山地丘陵区域；土地利用程度相对较高，土地利用效益的区域差异明显。

第三，人口资源优势显著。在人口老龄化及区域发展差异缩小的双重背景下，劳动力资源的供给出现转折性变化，发达地区“人口红利”逐渐丧失，大量农民工出现返乡务工潮流。环鄱阳湖城市群良好的人口、土地等要素成本优势仍然是江西承接东部地区产业转移可以依赖的基础和竞争力。

第四，文化资源底蕴深厚。环鄱阳湖城市群涉及除赣州外的 10 个地市，从地域角度包含了浔阳文化、豫章文化、临川文化、庐陵文化、袁州文化等，为发展文化产业提供了坚实基础。深厚的文化底蕴孕育了本地民众坚强自立、坚持梦想、勇往直前的精神，有助于加快培育和建设众创文化，激发大众创业、万众创新热情，为江西努力实现进位赶超提供不竭的动力。

（二）资源利用面临挑战

第一，生态优势并未有效转化为经济优势。良好的生态环境是最稀缺的资源、最重要的生产力，但依托生态优势挖潜力度还不够，绿色低碳工业体系尚未成型，绿色农产品、生态旅游产业品牌还不够响亮、市场占有率还不高，生态资源资本化还需进一步探索。深入贯彻“绿水青山就是金山银山”发展理念，以新型工业化为核心，协同推进现代农业和现代服务业发展，努力构建绿色产业体系，探索生态文明建设体制机制，率先走出一条绿色循环低碳发展的新路，将生态优势转化为经济优势，是环鄱阳湖城市群面临的重大挑战。

第二，成本优势并未有效转化为发展优势。在发达地区劳动力成本上升和土地等要素日益紧缺的形势下，环鄱阳湖城市群具有人力资源和土地资源的低成本优势，面临着承接产业转移的重大战略机遇。如何发挥人口、土地等要素成本优势，紧抓产业转型升级机遇，提升创新创造能力，围绕战略性新兴产业，重构经济发展优势是环鄱阳湖城市群面临的重大挑战。

第三，土地利用相对粗放，节约集约水平有待提升。总体而言，环鄱阳湖城市群土地利用存在以下方面的问题：其一，人地矛盾突出，农用地特别是耕地保护的压力较大，建设用地供给与需求的矛盾非常突出；其二，耕地后备资源开发利用的有效供给潜力有限，土地生态环境局部遭到污染和破坏；其三，低效用地、粗放用地现象仍有发生，节约集约用地的总体水平不高，转变土地利用和管理方式的要求较为迫切。

第二节　资源开发利用评价

一、土地资源开发评价

本节利用城市用地增长弹性系数指标对环鄱阳湖城市群土地资源开发速度进行评价，该指标是国内常用的一项衡量城市用地扩展及变化趋势情况的指标，众多学者的研究认为，城市用地增长弹性系数为 1.12 时较为合理。城市用地增长弹性系数是城市用地增长率与城市人口增长率的比值，公式如下：

$$K = (dA(t)/A(t))/(dP(t)/p(t)) \tag{10-1}$$

式（10-1）中，K 为城市用地增长弹性系数，A 为城市用地面积，P 为城市人口。

环鄱阳湖城市群范围涉及南昌、九江、景德镇、上饶、鹰潭、宜春、新余、萍乡等地级市全部行政辖区和抚州市、吉安市的部分区域，本章以这 10 个地市为评价单元分析环鄱阳湖城市群人口—土地城镇化协调度，进而对土地资源开发进行评价。市域层面的城镇人口、建成区面积数据来源于《江西省城市（县城）建设统计年鉴（2010—2016 年）》。2010～2016 年，环鄱阳湖城市群涉及的 10 个地市用地增长弹性系数为 1.09，人口城镇化稍快于土地城镇化，与公认的城市用地增长弹性系数适宜值（1.12）接近，人口—土地城镇化较为协调。

所涉及的 10 个地市城镇人口增长比例、建成区面积增长比例、用地增长弹性系数如图 10-2 所示。景德镇市的城镇人口增长比例、建成区面积增长比例都要显著高于其余各市，其城镇人口由 2010 年的 65.38 万人增长至 2016 年的 131.04 万人，数量增长了 1 倍；建成区面积由 2010 年的 97.14 万人增长至 2016 年的 187.22 万人，面积扩大了 0.93 倍。然而，景德镇市的用地增长弹性系数仅为 0.96，人口城镇化快于土地城镇化，位于江西省 11 个地市的最末位。新余、南昌、吉安、3 市的用地增长弹性系数位于前列，其值依次为 1.19、1.15、1.14，略大于公认的城市用地增长弹性系数适宜值（1.12），土地资源开发相对较快。

县级层面人口—土地城镇化协调度研究仅针对环鄱阳湖城市群所涉及的 8 个完整行政区划的地级市，如表 10-1 所示。这 8 个地级市内部城市用地增长弹性系数如表 10-2 所示。市区层面上，南昌市区、新余市区城市用地增长弹性系数排在前列，其系数对应为 1.20、1.16，表明 2010～2016 年其土地城镇化速率要高于人口城镇化速率。以南昌市区为例，2010 年其建成区面积为 201.5 平方公里，至2016年其建成区面积达到307.3平方公里，是2010年的1.53倍。萍乡市区、上饶市区用地增长弹性系数在各市区中最低，其值为0.99，表明这两个市区的人口城镇化速率略高于土地城镇化速率。县域层面上，新余、鹰潭各县域的城市用地增长弹性系数排在前列，其值分别达到1.26、1.22，且都要大于对应新余市区、鹰潭市区的系数值，县域土地城镇化速度要大于市区，表现出一种离心发展趋势。

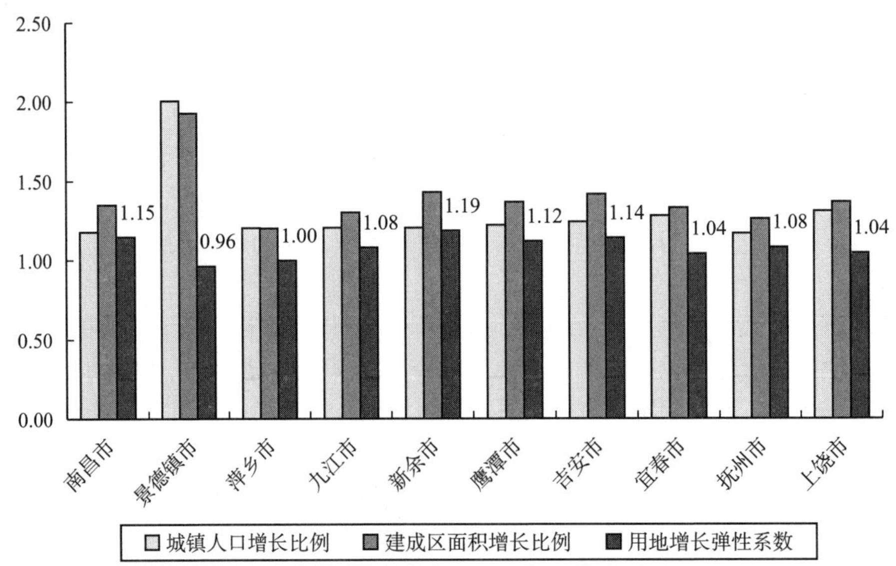

图10-2　2010~2016年江西省各地市城镇人口与建成区面积增长比例

表10-1　江西省行政区划情况

地级市	市区	县域		数量
		县级市	县	
南昌市	南昌市区	—	南昌县、安义县、进贤县	4
景德镇市	景德镇市区	乐平市	浮梁县	3
萍乡市	萍乡市区	—	莲花县、上栗县、芦溪县	4
九江市	九江市区	瑞昌市、共青城市	九江县、武宁县、修水县、永修县、德安县、星子县、都昌县、湖口县、彭泽县、庐山风景区	12
新余市	新余市区	—	分宜县	2

续表

地级市	市区	县域		数量
		县级市	县	
鹰潭市	鹰潭市区	贵溪市	余江县	3
宜春市	宜春市区	丰城市、樟树市、高安市	奉新县、万载县、上高县、宜丰县、靖安县、铜鼓县	10
上饶市	上饶市区	德兴市	上饶县、广丰县、玉山县、铅山县、横峰县、弋阳县、余干县、鄱阳县、万年县、婺源县	12

表 10-2 2010~2016 年江西省各地级市内部城市用地增长弹性系数区域差异

市区	用地增长系数	县域	用地增长系数	发展类型
南昌市区	1.20	南昌县域	1.09	向心发展型
景德镇市区	1.07	景德镇县域	1.03	向心发展型
萍乡市区	0.99	萍乡县域	1.01	平衡发展型
九江市区	1.12	九江县域	1.07	向心发展型
新余市区	1.16	新余县域	1.26	离心发展型
鹰潭市区	1.03	鹰潭县域	1.22	离心发展型
宜春市区	1.04	宜春县域	1.04	平衡发展型
上饶市区	0.99	上饶县域	1.06	离心发展型

通过对比环鄱阳湖城市群各地级市内部的市区、县域城市用地增长弹性系数值，利用聚类分析方法可将上述 8 个地级市的人口—土地城市化耦合过程划分为向心发展型、离心发展型、平衡发展型 3 种类型。向心发展型包括南昌市、九江市、景德镇市，这 3 市内部市区的用地增长弹性系数值要显著高于县域，中心凝聚力较强；离心发展型包括新余、鹰潭、上饶 3 市，市区的用地增长弹性系数值要显著低于县域，县域发展相对活跃；萍乡、宜春则属于平衡发展型，市区和县域的用地增长弹性系数值相差不大。

二、水资源承载力评价

环鄱阳湖城市群水资源丰富，据2015年统计，所涉及的10个地市水资源总量1633.45亿立方米，地表水年径流量总计为1615.2亿立方米，年径流深1187.9毫米。上饶市、吉安市、抚州市、宜春市、九江市的水资源总量、地下水总量排在前列，分别占环鄱阳湖城市群的81.17%、81.91%如表10－3所示。在空间分布上，水资源存在时空分布不均、季节性变化大、区域性缺水、水污染、用水效率不高等问题。如赣江流域的县（市、区）大于其他流域县（市、区），而人口密度较高的赣北地区人均水资源量偏低，南昌市人均水资源量略高于1000立方米缺水线，萍乡人均水资源量相对较低。

表10－3　　2015年环鄱阳湖城市群所涉及各地级市水资源现状

地区	水资源总量（亿立方米）	年降水量		地表水资源量		地下水总量（亿立方米）
		年降水深（毫米）	年降水量（亿立方米）	年径流深（毫米）	年径流量（亿立方米）	
南昌市	92.28	1996.8	147.82	1196.4	88.57	17.16
景德镇	81.67	2438.9	127.99	1556.2	81.67	17.09
萍乡市	42.12	1886.1	72.18	1100.6	42.12	10.56
九江市	188.69	1853.6	348.9	978.7	184.22	39.4
新余市	35.39	1937.7	61.31	1118.5	35.39	8.76
鹰潭市	56.15	2334.6	82.97	1576.8	56.04	10.8
吉安市	281.39	1956	494.29	1113.5	281.39	64.76
宜春市	224.35	1995.1	372.48	1184.8	221.21	55.39
抚州市	265.92	2381.8	448.18	1413.1	265.9	65.8
上饶市	365.49	2357.9	537.39	1573.8	358.69	66.19

资料来源：《江西省统计年鉴2016》。

在水质方面，据《2016年江西省环境状态公报》，环鄱阳湖城市群所涉及各地级市的地表水水质良好，与上年相比水质有所改善，Ⅰ～Ⅲ类水质断面（点位）比例为81.4%。主要河流Ⅰ～Ⅲ类水质断面（点位）比例为88.6%，如图10－3所示。总体而言，环鄱阳湖城市群所涉及各地级市水质总体良好，但局部污染严重，部分区域水质呈现恶化趋势，水生态安全风险日益加大。随着城镇化建设进程的加快，废污水排放量不断加大，部分区域水体污染加剧，水质呈现恶化趋势，部分河湖连通性较差，水域面积萎缩、生态多样性下降，水环境水生态威胁日益加大。城市工业或周边地区的农业生产未进行有效的规范而造成化学制品、金属元素、有毒物质进入水体内进而扩散至整个水系对生态造成危害。

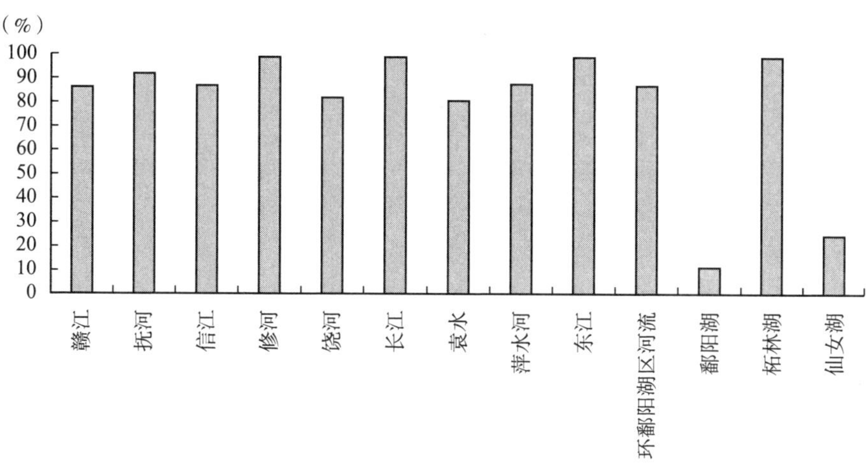

图 10-3 2016 年江西省主要地表水体 I ~ III 类水质断面比例

在供水能力方面，鄱阳湖流域内大约 96% 的供水依靠地表径流，其余靠地下水供水。地表水资源时空分布不均问题、季节性水质问题影响到鄱阳湖生态城市群的供水安全保障。目前，近 60% 的城镇地表水供水直接从鄱阳湖及其支流河道中取水，在年际和季节性干旱时期湖泊和河流水位低于取水水位，因此对于鄱阳湖环湖地区城镇的供水安全威胁较为突出。在缺水问题方面，该规划区主要为工程性缺水，中上游高岗丘陵局部地区也存在资源性缺水问题，沿江部分河段存在水质性缺水情况，工程现状供水能力与设计供水能力差距较大。

在人口承载力方面，影响水资源对人口承载力分析的关键因素有两个：可用水资源量和用水定额。水资源的人口承载规模按下式计算：

$$C = \frac{W_0 - W_A}{\eta \times \alpha} \tag{10-2}$$

式（10-2）中：C 为水资源人口承载力；W_0 为可利用水资源量；W_A 为农业用水量；η 为规划城镇化率；α 为城市人均综合用水指标。根据《环鄱阳湖城市群规划（2015—2030 年）》对水资源人口承载力的测算，在提高农业节水力度，合理控制城镇用水指标的前提下，环鄱阳湖城市群水资源可承载的人口不超过 7000 万人。

三、生态环境质量评价

省域生态环境本底较好。鄱阳湖地区生态基底较好，本地区林草地面积较大，占区域土地总面积的57.6%，比例最高；其次是耕地，占33.9%；再次是水域，占6.3%；城乡建设用地仅占2.1%。森林等林地主要分布在规划区西北部、东北部和东南部，耕地则大部分分布在西南部和环湖地区。

大气环境质量优良。环鄱阳湖城市群生态环境质量整体水平较高，大气环境质量总体达到国家二级标准，工业废气排放低于全国水平，生态质量环境状况指数较高，生态状况等级为优，设区市城区空气质量优良率86.2%，均远高于全国平均水平。以2013年的数据为例，仅南昌市城市环境空气质量为超二级（执行GB 3095－2012标准），其余九江、景德镇、鹰潭、新余、抚州等设区城市均为二级（执行GB 3095－1996标准），城市环境空气质量总体稳定，该年南昌、九江、景德镇、鹰潭、新余、抚州空气质量优良天数比例分别为60.82%、93.7%、99.7%、100%、100%、98.6%。

生态文明体制健全。河长制、全流域生态补偿等制度取得重要突破，走在全国前列。2015年，江西省环保厅率先按照《生态保护红线划定技术指南》将全省生态空间保护红线划分为生物多样性生态空间保护红线、水源涵养生态空间保护红线、土壤保持生态空间保护红线和洪水调蓄生态空间保护红线四个类型。根据《江西省人民政府关于印发江西省生态空间保护红线区划的通知》文件，截至2016年环鄱阳湖城市群所涉及的10个地市共划定生态红线总面积约40343平方公里。其中，按照一级管控原则必须核心保护的区域面积约4572平方公里，占比11%，如表10－4所示。红线区域划定为江西省生态环境空间保护奠定了更为坚实的基础。

表10－4　2016年环鄱阳湖所涉及各地级市生态空间保护红线情况汇总

序号	设区市	红线总面积（平方公里）	红线总面积占国土面积的比例（%）	一级管控区面积（平方公里）	二级管控区面积（平方公里）
1	南昌市	1603	22.27	416.3	1186.7
2	景德镇市	2382.2	45.3	659.5	1722.7
3	萍乡市	1208.4	31.43	67.0	1141.4
4	九江市	7901.9	41.39	554.1	7347.8

续表

序号	设区市	红线总面积（平方公里）	红线总面积占国土面积的比例（%）	一级管控区面积（平方公里）	二级管控区面积（平方公里）
5	新余市	531.50	16.79	80.0	451.5
6	鹰潭市	1040.2	29.21	133.1	907.1
7	吉安市	7222.3	28.54	248.7	6973.6
8	宜春市	4910.5	26.30	642.0	4268.5
9	抚州市	5732.0	30.52	713.6	5018.4
10	上饶市	7810.6	34.43	1057.3	6753.3

第三节　资源环境承载力综合评价

一、评价原则与指标体系构建

（一）评价原则

第一，数据可靠原则。以相关业务部门调查和统计提供的数据和资料为基础，坚持所用数据的可靠性原则，对收集的资料进行分析检验，对资料的统计指标口径，统计时间，指标核算方法，价格的计算，计算单位等逐项进行复查，并做出必要的调整和统一，对于历史资料残缺不全之处，以重点调查，典型调查和抽样调查等方法加以弥补，以保护预测数据的可靠性。

第二，评价方法适中原则。目前评价方法很多，不同评价目的可选用不同的评价方法。采用多方法评价和多方案选择，多中取优，即通过对不同方法，方案的比较和权衡，选择紧密结合当地自然和社会经济条件特点的评价方法为最优方法。

第三，定性分析与定量分析相结合原则。坚持定性分析和定量分析相结合的原则，目的是通过定性分析找出事物的本质及其内在的必然联系，揭示事物的发展规律。定性分析与定量分析相辅相成，相互补充，是进行资源环境承载力评价的重要原则。

（二）评价指标体系

参考国内外现有的相关研究，本章选取了 22 项指标对环鄱阳湖城市群资源环境承载力综合评价，如表10－5所示，评价单元为环鄱阳湖城市群所涉及的10个地级市。本章在指标选取时，尽可能从统计指标中选取合适指标以满足研究的需要，一方面可以减少构建新指标所耗费的工作量；另一方面也为指标数据的收集带来很大的方便。一般而言，社会经济指标间往往存在相关性，需对所选指标进行多重共线性分析，尽量减少由于指标间信息重叠所导致的不良作用。

表10－5　　环鄱阳湖城市群资源环境承载力综合评价指标体系

选取指标	指标代码	选取指标	指标代码
GDP增长率	X1	第三产业占GDP比重	X12
第一产业增长率	X2	企事业单位专业技术人员（人）	X13
第二产业增长率	X3	科研与发展费用占GDP比重	X14
第三产业增长率	X4	城镇居民人均可支配收入（元）	X15
万元工业产值废气排放量（亿立方米）	X5	农民人均可支配收入（元）	X16
万元工业产值废水排放量（万吨）	X6	万元GDP能耗（万吨标准煤/亿元）	X17
万元工业产值固定废物排放（万吨）	X7	万元GDP水耗（亿立方米/亿元）	X18
外贸出口额（万美元）	X8	人均水资源量（万立方米）	X19
人口总量（万人）	X9	人均耕地面积（公顷）	X20
人口自然增长率	X10	工业废水排放量（万吨）	X21
人均GDP（万元/人）	X11	废水处理设施处理能力（万吨/日）	X22

二、评价方法与指标权重的确定

（一）主成分分析法

在多指标综合评价中，确定指标权重的方法主要有主观赋权法和客观赋权法。主观赋权法是一类根据评价者主观上对各指标的重视程度来决定权重的方法。客观赋权法所依据的赋权原始信息来源于客观环境，它根据各指标的联系程度或各指标所提供的信息量来决定指标的权重。客观赋权法有熵值法、主成分分析法、因子分析法、复相关系数法等。本章拟采用主成分分析法实现两大目标：第一，确定指标权重；第二，消除或降低变量之间多重共线性的影响。

（二）指标权重的确定

首先，对评价指标进行标准化处理。根据前面建立的评价指标，选用2016

年江西省官方统计数据进行分析，并对数据进行标准化处理，如表 10－6 所示。

表 10－6　2016 年环鄱阳湖城市群资源环境承载力综合评价指标标准化处理

地区	GDP 增长率	第一产业增长率	第二产业增长率	第三产业增长率	万元工业产值废气排放量（亿立方米）	万元工业产值废水排放量（万吨）	万元工业产值固定废物排放（万吨）	外贸出口额（万美元）	人口总量（万人）	人口自然增长率	人均 GDP	第三产业占 GDP 比重
南昌市	0.96	0.91	0.91	0.87	0.60	0.34	0.02	1.00	0.80	0.88	0.93	1.00
景德镇市	0.91	0.98	0.87	0.88	0.29	0.11	0.03	0.11	0.25	1.00	0.58	0.91
萍乡市	0.97	0.88	0.87	1.00	0.73	1.00	0.04	0.24	0.28	0.91	0.59	0.95
九江市	1.00	0.95	0.95	0.97	1.00	0.29	0.15	0.74	0.72	0.90	0.49	0.97
新余市	0.91	0.95	0.91	0.81	0.59	0.11	0.18	0.22	0.17	0.96	1.00	0.96
鹰潭市	0.94	0.98	0.88	0.95	0.19	0.06	0.05	0.14	0.17	0.90	0.70	0.85
吉安市	0.98	1.00	1.00	0.97	0.34	0.12	0.04	0.73	0.73	0.96	0.34	0.91
宜春市	0.96	1.00	0.96	0.98	0.65	0.18	0.11	0.41	0.82	0.92	0.36	0.91
抚州市	0.94	0.93	0.98	0.94	0.23	0.11	0.02	0.31	0.59	0.94	0.34	0.91
上饶市	0.96	0.91	0.96	0.93	0.59	0.20	1.00	0.66	1.00	0.93	0.30	0.92

地区	企事业单位专业技术人员（人）	科研与发展费用占 GDP 比重	城镇居民人均可支配收入（元）	农民人均可支配收入（元）	万元 GDP 能耗（万吨标准煤/亿元）	万元 GDP 水耗（亿立方米/亿元）	人均水资源量（万立方米）	人均耕地面积（公顷）	工业废水排放量（万吨）	废水处理设施处理能力（万吨/日）
南昌市	1.00	0.73	1.00	0.98	0.36	0.34	0.20	0.55	0.34	0.43
景德镇市	0.04	1.00	0.91	0.91	0.53	0.46	0.63	0.51	0.11	0.09
萍乡市	0.03	0.34	0.88	1.00	0.98	0.33	0.36	0.35	1.00	0.27
九江市	0.07	0.35	0.87	0.80	0.65	0.47	0.61	0.51	0.29	0.86
新余市	0.03	0.64	0.93	1.00	1.00	0.34	0.43	0.73	0.11	1.00
鹰潭市	0.00	2.49	0.84	0.89	0.39	0.50	0.64	0.91	0.06	0.04
吉安市	0.03	0.36	0.85	0.75	0.36	0.99	0.92	0.14	0.12	0.24
宜春市	0.03	0.60	0.79	0.83	0.68	0.95	0.56	1.00	0.18	0.50
抚州市	0.03	0.32	0.79	0.81	0.42	1.00	1.00	0.90	0.11	0.06
上饶市	0.02	0.36	0.84	0.73	0.44	0.85	0.66	0.77	0.20	0.95

其次，提取特征根值大于1的主成分。利用SPSS统计分析软件的主成分分析模块，对标准化的评价指标体系进行主成分分析，得出全部指标的解释方差，并根据主成分特征根值，提取到前6个主成分。由表10-7可知，前6个主成分的累计贡献率达到93.67%（也即可解释上述22项指标93.67%的信息量），达到了指标降维的目的，且这6个主成分互相独立，有效地避免了指标体系的多重共线性问题。

表10-7　　主成分分析提取的6个主成分

主成分	特征根	贡献率（%）	累计贡献率（%）
第一主成分	7.110	32.319	32.319
第二主成分	5.369	24.361	56.681
第三主成分	3.055	13.884	70.565
第四主成分	2.286	10.391	80.956
第五主成分	1.704	7.744	88.700
第六主成分	1.092	4.965	93.665

再次，采用特征根值对各主成分进行赋权。采用比例法的具体赋权过程为：第一主成分权重：$W1 = \lambda1/(\lambda1 + \lambda2 + \lambda3 + \lambda4 + \lambda5 + \lambda6) = 7.110/20.616 = 0.344878$。同理：

$$W2 = \lambda2/(\lambda1 + \lambda2 + \lambda3 + \lambda4 + \lambda5 + \lambda6) = 0.260429;$$
$$W3 = \lambda3/(\lambda1 + \lambda2 + \lambda3 + \lambda4 + \lambda5 + \lambda6) = 0.148186;$$
$$W4 = \lambda4/(\lambda1 + \lambda2 + \lambda3 + \lambda4 + \lambda5 + \lambda6) = 0.110885;$$
$$W5 = \lambda5/(\lambda1 + \lambda2 + \lambda3 + \lambda4 + \lambda5 + \lambda6) = 0.082654;$$
$$W6 = \lambda6/(\lambda1 + \lambda2 + \lambda3 + \lambda4 + \lambda5 + \lambda6) = 0.052969。$$

最后，根据旋转成分荷载矩阵对各评价指标进行赋权。各主成分的旋转成分荷载矩阵如表10-8所示，从旋转后载荷矩阵可以看出人均GDP、城镇居民人均可支配收入（元）、农民人均可支配收入（元）、万元GDP水耗（亿立方米/亿元）、人均水资源量（万立方米）、第三产业增长率、第二产业增长率、第三产业占GDP比重在第一主成分上占有较大比重；工业废水排放量（万吨）、万元工业产值废水排放量（万吨）、第一产业增长率在第二主成分上占有较大比重；外贸出口额（万美元）、人口总量（万人）、企事业单位专业技术人员（人）、GDP增长率、人口自然增长率在第三主成分上占有较大比重；万元工业产值废气排放量（亿立方米）、废水处理设施处理能力（万吨/日）、万元GDP能耗（万吨标准煤/亿元）在第四主成分上占有较大比重；人均耕地面积（公顷）、科研与发展费用占 GDP 比重在第五主成分上占有较大比重；万元工业产值固定废物排放（万吨）在第六主成分上占有较大比重。根据各主成分的旋转成分荷载矩阵，利用归一法可得各主成分对应评价指标的权重，如表 10－9 所示。

表 10－8　　各主成分的旋转成分荷载矩阵

评价指标	主成分					
	1	2	3	4	5	6
人均 GDP	0.956	－0.076	－0.064	0.09	－0.103	－0.105
城镇居民人均可支配收入（元）	0.905	0.025	0.249	0.036	0.283	－0.013
农民人均可支配收入（元）	0.861	0.299	－0.291	0.002	－0.036	－0.165
万元 GDP 水耗（亿立方米/亿元）	－0.858	－0.294	0.142	－0.177	0.079	0.145
人均水资源量（万立方米）	－0.787	－0.357	－0.15	－0.321	0.173	－0.027
第三产业增长率	－0.736	0.531	0.13	－0.012	－0.189	－0.338
第二产业增长率	－0.701	－0.338	0.425	0.157	0.257	0.107
第三产业占 GDP 比重	0.517	0.246	0.437	0.478	0.43	0.106
工业废水排放量（万吨）	0.149	0.961	－0.019	0.15	0.137	－0.069
万元工业产值废水排放量（万吨）	0.149	0.961	－0.019	0.15	0.137	－0.069
第一产业增长率	－0.303	－0.719	－0.147	－0.017	－0.094	－0.527
外贸出口额（万美元）	－0.014	－0.014	0.947	0.198	0.218	0.07
人口总量（万人）	－0.454	－0.052	0.765	0.185	0.097	0.327
企事业单位专业技术人员（人）	0.622	0.054	0.73	－0.164	0.042	0.027
GDP 增长率	－0.449	0.414	0.64	0.328	0.022	－0.267
人口自然增长率	－0.119	－0.442	－0.606	－0.169	0.582	0.075
万元工业产值废气排放量（亿立方米）	0.088	0.385	0.283	0.852	0.051	0.007
废水处理设施处理能力（万吨/日）	0.115	－0.137	0.141	0.843	0.047	0.45
万元 GDP 能耗（万吨标准煤/亿元）	0.266	0.365	－0.577	0.639	0.104	－0.041
人均耕地面积（公顷）	－0.083	－0.291	－0.176	0.02	－0.731	0.373
科研与发展费用占 GDP 比重	0.265	－0.234	－0.204	－0.405	－0.71	－0.267
万元工业产值固定废物排放（万吨）	－0.261	－0.026	0.103	0.241	－0.089	0.825

表 10-9 各主成分对应评价指标的权重

主因子	F1								F2		
权重	0.35								0.26		
指标	X11	X15	X16	X18	X19	X4	X3	X12	X21	X6	X2
权重	0.15	0.14	0.14	0.14	0.12	0.12	0.11	0.08	0.36	0.36	0.28

三、评价结果与分析

在前面确定各主成分及其对应评价指标的权重基础上，可采取如下公式对环鄱阳湖城市群资源环境承载力进行综合评价。

$$F = W_1F_1 + W_2F_2 + W_3F_3 + W_4F_4 + W_5F_5 + W_6F_6 \quad (10-3)$$

其中 F 为主成分值，W_i 为各主成分权重，F_i 为主成分值，i 取值 1－6。根据各评价指标的标准化值，以及各主分对应权重，通过计算可得到环鄱阳湖城市群所涉及 10 个地级市的资源环境承载力分值，如表 10－10 所示。总体而言，环鄱阳湖城市群所涉及的 10 个地级市中，资源环境承载力在空间上呈现西北面较高，东南面较低的特征，萍乡市、南昌市、九江市的资源环境承载力分值较高，位于前列，其值依次为 0.67、0.64、0.62；资源环境承载力较低的分别为吉安市、抚州市、景德镇市，其值依次为 0.54、0.53、0.51。

表 10-10 环鄱阳湖城市群所涉及各地级市综合评价值及排名

地区	得分	排名
南昌市	0.64	2
景德镇市	0.51	9
萍乡市	0.67	1
九江市	0.62	3
新余市	0.59	5
鹰潭市	0.57	6
吉安市	0.54	7
宜春市	0.60	4
抚州市	0.53	8
上饶市	0.64	2

第四节　可持续发展之路

党的十九大报告指出："建设生态文明是中华民族永续发展的千年大计，必须树立和践行'绿水青山就是金山银山'的理念；坚定走生产发展、生活富裕、生态良好的文明发展道路，建设美丽中国，为人民创造良好生产生活环境，为全球生态安全做出贡献"。城镇化和生态环境协调的可持续发展之路是从环鄱阳湖城市群长远利益考虑的发展思路，未来需要重视三方面的理念：第一，尊重自然规律，坚持"绿水青山就是金山银山"的基本理念。在环鄱阳湖城市群城镇化建设中把城市生态环境保护与修复摆在城市建设的主要位置，发展经济的同时推进水体、大气、土壤污染监测与防治，实现区域经济发展与资源环境相适应。第二，提升城市资源利用效率的理念。在环鄱阳湖城市群城镇化建设中树立自然资本意识，关注公共利益，通过对资源需求的管理，扩展区域生态环境容量，全面统筹发展，促进城乡一体化发展。第三，重视观念、制度、技术创新的驱动作用。在生态系统承载能力范围内，通过观念更新、体制革新和技术创新挖掘可以利用的资源潜力，通过技术引领可再生能源的发展，提高城镇化的质量。

一、促进土地资源节约集约利用

第一，加强耕地和基本农田保护，确保耕地数量不减少和质量不降低。实行严格的占用耕地补偿制度，坚持开发复垦，保证占耕平衡。非农业建设经批准占用耕地的，按照"占多少、垦多少"的原则，由占用耕地的单位或个人负责开垦与所占用耕地数量和质量相当的耕地。建立异地开发、补充耕地制度，推行较大范围内保证耕地总量动态平衡的土地置换政策，形成一个既保持全省耕地总量平衡，又能保证城镇建设用地的土地供应体系。

第二，严格控制建设用地规模，有序安排新增建设用地。协调土地利用与生态环境建设，扎实推进绿色生态江西建设；大力开展对田、水、路、林、村的综合整治；进一步发掘浅山丘陵区土地资源的潜力，促进浅山丘陵区土地资源开发与利用；适度开发未利用地，促进土地资源节约集约利用和优化配置，努力实现土地利用和管理方式的根本转变，为继续推进江西崛起进程提供土地保障。

第三，注重滩涂生态湿地保护与利用。合理保护湖岸带湿地，充分利用浅山丘陵区土地资源，鄱阳湖流域发展应优先考虑生态建设，在社会经济发展及城市化进程中，应尤其注重滩涂生态湿地保护与合理利用，促进土地资源的集约利用。

第四，推进人口城镇化和土地城镇化协调发展。农村人口由农村向城镇转移的人口城镇化，与土地由农村向城镇转移的土地城镇化协调同步。地方政府要转变“以地生财”的观念，加大城镇化进程中城镇外延扩张的用地成本，鼓励政府走以“内部挖潜”为主的新型城镇化用地之路。要想彻底杜绝地方政府为生存而征收集体土地出让的行为，就必须对现行的财政制度进行改革，以保证为维持县、乡（镇）地方政府正常运行必要的财政开支，从而达到财权与事权的统一，同时可以尝试引进新增土地资源消耗这个指标来衡量城市的发展成本，并制定旧城区改造的优惠政策，引导城市发展从“平面扩张”向“内部挖潜”转变。加强工业用地的供地管理，严格工业用地的投资强度、吸纳劳动力等各项利用指标控制，而且在产业发展上应坚持因地制宜，立足于自身的资源条件，避免城市间的雷同竞争，还要适当鼓励发展劳动密集型产业，提高工业园区对农村人口的吸纳能力。加强房地产的利用调控手段，适时征收“房地产税”“遗产税”，还房地产居住的功能，真正发挥新建住房对转移农村人口的吸纳能力。在确保农民利益的前提下，把农村用地结构优化与农村人口的转移统筹在一起，努力在农村区域内实现人口与土地的重构。

二、加强水资源与水环境保护

第一，合理开发和优化配置水资源。坚持开源与节流并重、节流优先、治污为本、科学开源、综合利用的原则，立足现有水源条件，充分挖掘节水和供水潜力，合理配置“生产、生活、生态”用水，提高农业灌溉用水利用率、工业用水重复利用率和城市节水生活用水器具普及率，积极建设节水型社会。

第二，加强水资源保护，严格划定饮用水水源地保护区。在城镇集中供水区依法科学划定饮用水水源一级和二级保护区，实行严格保护，取缔污水排放口，实现保护区污水零排放。重点针对电镀、化工、皮革加工等可能对集中式污水处理设施正常运行产生影响的行业（企业），必须建设独立的废水处理设施。加强“五河一湖”水环境保护，保障水质，同时修复河湖周边生态功能，保护生物多样性；加强重点饮用水水源的保护，加强大中型供水水库的水源保护与涵养；加强地下水保护，提高水源涵养能力；加快主要江河、重要水源地和湖泊水域水环境治理，加强重要生态保护区、水源涵养区、江河源头、湿地保护。

第三，加强水环境保护。严格控制水资源管理的“三条红线”，加强饮用水水源保护，对于划定的水源保护区严格按照国家标准落实各项保护措施；制定工业、生活污水处理收费制度，推进城市污水处理和再生利用产业化，实现污水处理和再生利用设施建设和运营管理的良性循环；认真贯彻《水污染防治法》和有关条例规定，强化监督管理，杜绝企业偷排滥排废水的现象；加强对农业污染的治理，减少农业污染源；大力推广生态农业建设，加强对集体化畜禽养殖的环境管理和污水处理。

第四，多层次深挖节水潜力。随着城镇化进程的加速，尽管水资源利用效率在改善，但用水总量增加却成为刚性要求。面对红线控制要求，应该从技术节水、结构节水和生活节水这三方面继续努力。技术节水是指通过更新设备，采用先进技术和工艺，改善用水管理制度等方式方法来挖掘节水潜力。尤其需指出的是，技术节水不单单是指采用新材料等技术手段，也包含了再造水资源管理流程和集成管理制度等方式，而后者也往往是人们容易忽视的地方。结构节水主要指转变经济增长方式，发挥结构节水效应。工业要从粗放式、外延式增长向集约式、内涵式增长转变，另外上述分析显示，农业生产耗水量和水资源利用效率改善缓慢，因此在保证粮食安全的前提下，积极进行产业结构调整，大力发展高附加值和耗水较低的农业产品。生活节水主要指倡导节水型消费方式，促进生活节水。通过合理的政策引导和理念宣传增强全民节水意识，建立一个以循环用水为核心，以控制水资源总量、有效提高水资源利用效率为目标，对水资源消费群体施行约束为导向和正向激励的生活管理过程。

第五，全方位加强水资源供应。节流开源，在努力节约水资源需求的同时，还必须提高水资源供应能力，这样能为未来城镇化和经济的发展提供充足、持续、安全的水资源供应保障。

三、统筹区域生态环境安全

第一，以生态环境整体保护为前提实施区域空间管控。落实各类生态红线划定禁止与限制开发区域边界，并提出管控要求和负面清单；明确城市开发边界，明确城镇开发建设前置条件；在研究土地综合开发绩效基础上，进一步明确开发建设地区的开发强度管控要求。加大临港产业园区的环境污染监控，强化入江、入湖排污口监督管理，严格控制修水源头地区、庐山、都昌、共青城等地区的水污染排放总量，严格控制湖口—彭泽区域大气污染排放总量。严格限制庐山以东工业区无序发展，严格控制环庐山地带、赣江口两侧地区的高污染产业发展；加强湖区的水环境治理，保护好水产种质资源和珍稀濒危水生野生动物；处理好防洪蓄水与城市生态绿地发展的关系。

第二，发展循环经济，推动“生态产业”发展。在工业领域全面推行循环型生产方式，实施清洁生产，促进源头减量，依托丰樟高地区、新余、鹰潭、萍乡和湖口—彭泽五大循环经济产业基地，进一步强化产业链的延伸和废弃资源的循环利用。鼓励发展清洁能源产业，在稳步推进彭泽核电基础上，大力发展太阳能和生物质能发电等清洁能源。规划到 2020 年各类清洁能源的发电量占全部地区的8%以上，到2030年达到20%以上。建设风电200万千瓦、太阳能发电200万千瓦、生物质能发电30万千瓦基地。在南昌、九江、新余等工业区建设区域性热电联产工程，推广机动车节能省油技术。支持鄱阳湖东岸的农业大县，丰樟高地区、新干和峡江等县（市）推广生物质能电厂建设及并网发电。推动绿色循环低碳产业发展，形成节约能源资源和保护生态环境的产业结构、增长方式、消费模式，积极推动战略性新兴产业、现代服务业、文化创意产业发展和传统产业绿色升级等领域发展。

第三，体现出宜居城镇空间建设。有条件的城市新建设社区以邻里单元为基础，结合公交枢纽、配套完善的公共服务设施中心，公共绿地相结合的绿色社区。优化社区土地使用空间、功能布局和社区生活圈。在城市老旧社区推广透水地面、雨水回收、绿色屋顶等绿色低碳技术，改善风、热微环境；推广垃圾分类收集系统，减少社区资源能源消耗。

第四，探索跨行政区划管理，建立资源、环境奖惩机制。建立环鄱阳湖生态城市群一体化领导小组及联席会议制度，负责制定省级以上生态环境保护地区监管、流域性城乡空间协调管理，区域负面清单，重大建设项目选址管理等事项。合理确定城镇群内各市县生态考核项目与评分比重，将生态文明建设工作纳入县领导干部绩效考核内容，建立生态环境损害责任终身追究制度。

第十一章

环鄱阳湖城市群发展约束、挑战与存在的问题

梳理城市群的发展约束、认清其发展挑战、识别其存在的问题，是判断城市群发展前景及制定合理建议的前提。本章分三节内容，分别分析了环鄱阳湖城市群的发展约束、面临的挑战以及存在的问题。其中第一节主要从相对封闭的地理环境、缺乏较强竞争力的社会文化体系、较为薄弱的区域发展基础、高端人才培养条件欠缺、跨区域合作难以突破制度体系束缚、发展差距过大制约与沿海深度对接六个方面展开。第二节主要从国际贸易摩擦日趋剧烈、产业发展成本日趋升高、与外部城市群的竞争日趋激烈、信息化和高铁化带来的挑战不容忽视四个角度进行分析。第三节主要从城市群的外界认可度仍然不高、城市群发展战略不清晰、城市群集聚度不高、城市群联系度不高、城市群城市整体竞争力不足、城市群缺乏实力突出的核心板块、在全国国土开发中的地位不够突出、城市群在全国层面交通的地位仍然不足等八个方面进行总结。

第一节　发展约束

一、相对封闭的地理环境

城市的发展与其地理环境条件密切相关，地理环境特质在最基本的层面影响着城市群的形成和发育。环鄱阳湖城市群作为江西省最具代表性的发展区域，其无法脱离全省地理环境的宏观格局。

江西省东、西、南三面均为山脉，最北端为长江天堑，中部丘陵和河谷平原交错分布，北部为鄱阳湖平原，形成天然的群山环绕盆地的地理环境。其中，东部以怀玉山脉、武夷山脉与安徽、浙江、福建等省份为界，南部与广东之间以大

庾岭和九连山脉（南岭支脉）为边界，西部以罗霄山脉与湖南进行分界，西北部以幕阜山脉和九岭山脉与湖南、湖北为界。北部则有庐山分布，且以长江为界与湖北、安徽毗邻。全省共有大小河流 2400 多条，除边缘部分分属珠江、湘江流域及直接注入长江外，其余均分别发源于省境山地，汇聚成赣江、抚河、信江、饶河、修河五大河系，最后注入鄱阳湖，经湖口县汇入长江，构成以鄱阳湖为中心的向心水系，其流域面积达 16.22 万平方公里。正是基于以上特殊的盆地地形，江西省是流域与行政区高度吻合的省份，两者重合度高达 97.2%。

中国古代区域发展的空间结构具有典型的核心—边缘特征。国家政权的核心区长期位于关中、中原、北京等区域，国家经济中心区长期位于关中、中原、太湖流域等地区。江西封闭的地理环境为与国家核心地带之间的交流造成了显著的空间阻隔。近代以前江西主要通过水路实现与外界进行长距离运输。陆路上，则通过一些特定的关口与省外实现连通。尽管存在地形上的阻隔，但在各种交通运输方式效率都比较低的时期，江西凭借发达的水运交通弥补了其陆运劣势，甚至成为国家南北方水运大动脉的过路区域。但进入近代之后，以铁路为代表的快速陆运崛起，江西封闭的地理环境所带来的弊端逐步显露。这一时期，江西的铁路建设已经显著落后于周边多数省份。其表现为：第一，受长江天堑的阻隔，南浔铁路在南北方向上均没有延伸，南昌至九江线路成为孤立路段，无法跨江接入江北铁路网络。第二，受地形条件影响，广大的赣南地区沦为铁路盲区。直至 1996 年京九铁路开通，江西才实现南北铁路贯通，比湖北、湖南、安徽等周边省份滞后了半个多世纪。第三，从空间距离看，福建沿海为江西大部分地区的最近出海口，然而受地形影响，福建长期沦为对外铁路盲区，这对江西向沿海方向进行铁路扩展，提升江西的交通区位产生了制约。

随着科技水平的提高，交通工具对地理环境的适应性不断增强，地形等因素所导致的交通成本也趋向减小，但封闭的地形所带来的空间摩擦始终无法去除，其对江西的对外经济联系及对外开放水平等方面仍持续产生影响。

二、缺乏较强竞争力的社会文化体系

实际上，封闭的地理环境所带来的空间阻隔其对区域的影响是多方面的，除了交通、经济外，对当地居民的保守心理及文化体系的形成，均产生极大的作用。一般而言，盆地地区由于地形封闭，对外联系相对不便，区内联系占据绝对主导，封闭的地形环境逐步导致封闭的社会环境，造成当地居民在心理构造上偏于保守、缺乏冒险精神、安于现状、淡于开放。著名散文作家刘上洋曾专门从历史文化的角度全面分析江西人文化性格的内涵特征，指出了其部分缺点：温和守矩但缺乏敢为天下先的精神，缺乏大视野，缺乏凝聚力，缺乏市场经济观念等。

居民群体的特质不仅影响到对区域的开发方式和发展环境，对当地社会文化体系的形成也起到了极大的支撑作用。文化是内核，独立的文化体系是区域影响力的关键支撑，影响力较强区域往往有鲜明的地域文化特点与独立完整的文化体系。而江西在长期的发展过程中，一直未能形成独立且特色鲜明的文化体系。就毗邻地区比较而言，湖北一直是影响较大的楚文化的源地与核心区，这也是湖北长期以来在国家层面具有一定地位的深层次原因之一。在楚国形成过程中，楚文化体系逐步建立，群体内部的认同感逐步形成。湖南在近代之前一直是楚文化的一部分，近代之后，湖南人才辈出，逐步形成自己的人才梯队与文化个性，在全国产生了较大影响，湖湘文化得到认同与推广，并逐步成型。在外界看来，江西群体与周边省份对比，缺乏群体个性。湖北是楚文化特质，湖南为湘文化特质，福建拥有显著的闽南特色，江浙文化自身特点也比较显著，而江西群体无法给人一个统一而鲜明的印象。江西内部南北文化差异也比较明显，虽然赣南的客家文化颇有特色，但客家文化核心区还分布于福建、广东地区，不是赣州所独有。

群体的文化性格和社会文化体系作为柔性因素，对区域发展的多方面具有较强的渗透性，往往通过隐性的方式作用于社会经济发展。由于缺乏较强竞争力的社会文化体系，城市与区域在发展上所拥有的社会环境未能达到最优，在此基础上形成的城市群亦难以拥有最优的外部社会环境支撑。

三、较为薄弱的区域发展基础

当前城市群的发展水平，一般与其所在区域的发展基础拥有密切关系。尤其是位于内陆地区的鄱阳湖城市群，江西省近代以来的发展基础很大程度上奠定了其当前的发展格局。

近代之前，江西省优越的水运条件为本地货物的集散与外销创造了极大便利，同时带来了转运贸易的繁荣，交通沿线节点城镇快速发展。该阶段江西形成了以鄱阳湖平原为中心的粮食主产区，以赣北、赣东山区为中心的茶叶出产核心区，以景德镇为中心的陶瓷制造区。粮食、茶叶、陶瓷等货物外运以及广州港进口货物的北运都为江西的转运业提供了充足的货源，一大批水陆中转市镇、商品集散中心与造船基地发展起来，宋元时期已形成九江、南昌、赣州三大城镇，景德镇、樟树镇、河口镇、吴城镇、玉山、吉州、大庾等都成为知名的商贸市镇。江西的区域发展繁荣局面持续至清代前期，其社会经济水平领先于周边的福建、广东和湖南等周边地区。

近代是江西区域发展的转折期，其工业化进程的滞后与区域衰落局面的出现是多方面因素作用的结果，而边缘化的交通区位是一重要驱动因素。近代开始，轮船逐步取代木船成为长江航线上的重要运输方式，洋货大量输往九江商埠。洋货的倾销使江西的本土商品受到严重冲击，造成近代工业化资本积累十分薄弱。而水运交通区位的下降与铁路建设的落后又在一定程度上阻碍了江西近代工业企业的集聚与外界资本的进入。从江西近代工业化的特点来看，一方面，近代工业落后于同时期全国的工业发展水平。江西在 1904 ~ 1907 年全国近代工业兴办的第二次高潮中才开始启动，与全国相比晚了 30 多年。至 1911 年，江西资本万元以上的企业数量不到全国的 2%，资本所占比例不到 1.4%。另一方面，从周边地区看，极具交通区位优势的武汉成为近代工业企业与外国资本的集聚地，并成长为大区域经济中心，对周边的“虹吸效应”趋向明显，虽然省内对外交通相对较好的南昌、九江、萍乡有部分企业集聚，但仍难以摆脱这一境况。加之东南沿海省份依托地处对外贸易前沿地带的优势，加快近代工业化进程的步伐，使得江西的近代工业化进程明显滞后于周边地区，而进入区域发展的衰落期。基于近代以来的衰落局面与薄弱基础，新中国成立后江西的发展依旧落后，直至当前仍然落后于周边的浙江、福建、广东、湖北、湖南，改革开放后其发展势头甚至不如安徽。在城市群层面，除东南沿海外，鄱阳湖城市群均难以和周边的武汉城市圈、长株潭城市群相提并论。

四、高端人才培养条件欠缺

人力资源尤其是高端人才规模越来越成为城市群竞争力的关键指标。鄱阳湖城市群地处内陆欠发达区域，其对省外高端人才群体的吸引力本身不强，因此，高端人才的自身培养能力显得更加重要。目前，环鄱阳湖城市群仅有南昌大学一所“双一流”工程高校，拥有核工业江西矿冶局等少数国家级科研院所，以及 17 家国家地方联合工程研究中心（工程实验室），高端人才培养能力仍然较弱。而对比周边城市群，除沿海城市外，武汉、长沙、合肥均有较强的高层次教育资源与科研实力，三者分别拥有 7 个、4 个、3 个“双一流”工程高校，同时其科研院所数量远多于环鄱阳湖城市群。高端人才培养条件的欠缺，使得难以通过本土培养的方式为鄱阳湖城市群源源不断地提供高端智力资源，不利于形成良好的人才环境。

五、跨区域合作难以突破制度体系束缚

跨区域合作是指若干地方政府基于共同面临的公共事务和发展需求，依据一定的协议章程或合同，将公共资源在地区之间重新分配组合，获得最大的经济效益和社会效益的活动。随着经济全球化以及我国市场化与分权化改革的不断推

进，区域一体化向纵深发展，同时大量的区域公共问题也不断涌现。在此背景下，诸多的社会经济活动已经超越体制性的地理界限，对特定地区或邻近地区产生外部效应，单一的行政区划政府对提供跨区域的公共服务、城乡治理与经济合作已经力不从心，需要多个地方政府联合起来进行处理。近年来，随着改革开放与经济发展水平的进一步提升，行政区划毗邻地区的跨区域合作需求日趋强烈。但长期以来，我国以行政区为单元的“诸侯经济”明显存在，自由统一的全国市场仍未形成，科学成熟的跨区域合作制度体系仍有待探索。具体而言，跨区域合作首先面临行政区划的束缚，而不同区域经济发展的不平衡客观上也造成了地方政府间合作障碍，区域政府间竞争的存在也加剧了跨区域合作的难度。在制度层面，制度实施中缺乏互信的承诺，制度运行中的信息不对称，监督制度的主体难以确定，监督中容易出现“搭便车”现象等都影响了跨区域合作的效果。

江西是全国唯一一个同时毗邻长珠闽发达地区的省份，周边的湖北、湖南等省份在经济发展上亦领先于江西，这为环鄱阳湖城市群通过跨区域合作提升社会经济与对外开放水平提供了良好的外部机会。而当前跨区域合作大环境以及制度体系的束缚，对环鄱阳湖城市群借助邻近发达省区的优势，最大化地发挥其空间邻近效应产生了较强的制约。

六、发展差距过大制约与沿海地区深度对接

改革开放40多年来，我国社会经济发展取得了巨大成就。沿海地区依托较好的经济基础和优越的区位条件率先成为国家层面的核心增长极，集聚了大量的现代企业，积累了规模巨大的金融资本。而中西部内陆地区也取得了社会经济的巨大进步。比较而言，中西部地区与沿海发达地区的差距仍然十分显著。虽然近年来内陆地区经济发展的相对速度已经加快，与沿海地区的相对差距有所缩小，但区域发展的绝对差距仍在拉大，特别是中西部地区基本公共服务水平差距明显。鄱阳湖城市群地处典型的中部欠发达地区，其与周边沿海城市群相比，在产业、技术、人才、环境等诸多方面差距明显。尽管在与沿海对接合作方面已取得了不少成果，但更多的集中在招商引资领域，合作层次上也更多处于加工、制造等较低层次，缺乏在高精尖科研、高层次管理、高层次服务、前沿经济业态等方面的深度协作。可见，显著的社会经济水平差距制约了鄱阳湖城市群与沿海发达地区的深度对接，其要实现区域经济与发展阶段上的弯道超车并不容易。

第二节 面临的挑战

一、国际贸易摩擦日趋剧烈

改革开放40多年来，我国经济迅猛发展，经济总量已位居世界第二，贸易总额则成为世界第一。随着对外贸易地位的不断提高和出口产品竞争力的不断增强，我国所面临的贸易摩擦正不断加剧。一方面，2008年金融危机以来，全球经济整体上仍未走出萎缩低迷的状态，我国的对外出口面临较大的下行压力。另一方面，部分国家内部抵制进口、保护国内产业和就业的呼声不断，欧美等一些发达国家甚至提出"再制造化""反经济全球化"策略。近年来，一些国家多次打着"两反两保"、保护知识产权、反倾销制裁等旗号采取变相的贸易保护主义。尤其是我国对美国等一些国家拥有明显的贸易顺差，进一步引致了"贸易战"的发生。

随着经济全球化的推进，我国大部分地区已纳入全球经济网络。而环鄱阳湖城市群作为经济网络的重要节点之一，其对外贸易受全球经济大势影响密切。环鄱阳湖城市群拥有大规模的纺织、汽车及零部件、钢铁、铜加工和光伏太阳能等出口型产业，而国际贸易摩擦的加剧，对鹰潭、南昌、新余、九江、景德镇等城市的外贸和产业发展均造成了较显著的影响。

二、产业发展成本日趋升高

随着经济发展阶段的不断推进，我国的生产要素整体成本不断上升。尽管中西部与东部沿海地区之间仍存在显著的经济"梯度"，但其背后的生产要素成本差距却在逐步减小。近年来，中西部地区农民工工资增长加快，与东部工资差距明显缩小。根据国家统计局的调查，2011年在东部地区务工的农民工月均收入2053元，中部地区为2006元，西部地区为1990元，西部与东部的平均工资差距由2005年的15%左右下降到3%左右。而随着中西部地区工业化的不断推进，其土地成本也不断攀升。受环境保护压力的影响，中西部对招商引资的筛选力度加大，企业的准入门槛也在不断提高。在此背景下，鄱阳湖城市群地区相对于周边发达地区的"梯度"优势趋向减小，其产业发展的成本也在不断提升。

三、与外部城市群的竞争日趋激烈

城市群作为参与国际竞争合作、支撑全国经济增长、促进区域协调发展的重要平台，在我国经济社会和城镇化发展过程中具有重要地位。党的十九大报告提出，要以城市群为主体构建大中小城市和小城镇协调发展的城镇格局，城市群在区域发展中的地位进一步提升。而进入城市群时代后，区域之间的竞争在一定程度上表现为城市群之间的竞争。环鄱阳湖城市群位于我国东南地区腹心位置，周边分布有长三角、珠三角、海峡西岸、武汉、长株潭、皖江等多个城市群，交通距离较近。同时，武汉、长株潭、皖江等同属于欠发达群体，具有较明显的同质性。因此，环鄱阳湖城市群所面临的外部城市群间的竞争日趋激烈。

四、信息化和高铁化带来的挑战不容忽视

近年来，我国已快速构建起成熟的4G通信网络和200公里以上时速的高速铁路网络，信息、客流的快速交流与通勤整体上得以实现。以此为基础，社会经济的要素流动更为快捷和频繁。然而，对于不同区域而言，信息化和高铁化所带来的社会经济效益并不完全一致。从区域竞争角度看，当前的既有研究表明，快速流通网络的建设对大城市或发达地区更为有利，对中小城市或相对落后区域在改善其整体条件的同时也带来显著的外部挑战。以高铁为例，高速铁路的开通首先会进一步强化已经拥有较强竞争力的大城市的核心地位，使得其直接受惠于高速铁路的“积极的和正向的”区域经济效应。而对经济实力相对薄弱的中小城市而言，有可能更容易处于边缘化位置，加速其人口、资源与产业等要素的外流，从而导致区域“核心”与“边缘”城镇等级差异突出，经济发展出现马太效应。对环鄱阳湖城市群而言，周边存在长三角、珠三角、武汉、长株潭等更为发达的城市群，信息化和高铁化时代其将所面对更为强大的外界虹吸效应，因此信息化和高铁化带来的挑战不容忽视。

第三节　存在的问题

一、外界认可度仍然不高

江西毗邻长三角、珠三角及海峡西岸经济区等多个发达的国家经济发展核心

区，使得江西省各地市逐步沦为周边地区的腹地，江西省内各子区域对外主导联系方向出现多元化及离散化。对接长珠闽、建设长江中游城市群等战略，导致江西区域发展战略的对接方向众多，也造成了江西在打造区域增长极的发展战略一直比较模糊。江西于2006年提出构建环鄱阳湖城市群的战略构想，但由于城市群经济联系较弱、核心城市辐射能力不强、城市群发育程度不足与组织结构松散等问题突出，外界对环鄱阳湖城市群一直缺乏认同感。在国家新型城镇化规划、城市群规划等国家顶层设计中，环鄱阳湖城市群均作为长江中游城市群的一部分被纳入国家宏观战略层面，但其在长江中游城市群中仍处于边缘和从属的尴尬地位难以从根本上提升其存在感。当前，环鄱阳湖城市群在我国国土空间开发和经济发展格局中的地位仍不够高，在国家层面未受到像武汉城市圈、长株潭城市群、中原城市群等同等重视程度。

二、城市群发展战略不清晰

城市群作为极具活力的面状经济体是大区域发展至关重要的增长极和动力源，也是重塑生产力空间格局的关键力量，成为国土空间开发集中化的关键着力点。近年来国内越来越多省份实施城市群发展战略，不同城市群之间的竞争趋向激烈，城市群的发展状况成为省际博弈的关键。由于江西省内各子区域对外主导联系方向出现离散化，环鄱阳湖城市群城市分布不够紧凑，城市群发展战略不够清晰。从省际城市群发展状况来看，武汉城市圈已经形成了“1+12”的发展模式，以一极进行爆破式的发展，着重突出武汉这一核心城市带动周边地区的发展，充分发挥武汉产业雄厚、要素集中的优势，并通过加强武汉与周边地市的基础设施建设、公共服务建设和产业规划布局等形成城市群的一体化发展，最终形成经济的扩散效应和规模效益。长株潭城市群则主要围绕长沙、株洲和湘潭一体化发展，由于三市工业基础雄厚，产业层次相对合理，集中优势形成抱团式发展模式，并以团带点，向外延伸扩散至岳阳等次级城市，初步构建了“3+5”的发展模式，层次鲜明，发展立体感强。而与武汉城市圈、长株潭城市群相比，环鄱阳湖城市群目前缺乏一个突出优势的核心城市，省会城市南昌仅仅在省内具有比较优势但并不具备强大的实力，同时次级城市核心竞争力不足，导致城市群整体竞争力偏弱。20世纪90年代，昌九走廊成为全省经济最发达地区和全省发展的龙头。从空间发展的角度看，昌九走廊建设虽然取得了巨大成绩，但其对全省的带动效应仍然有限。随着国家经济地理格局的重塑，江西随后提出了“三个基地一个后花园”战略，即发挥江西毗邻沿海发达地区的优势，从浙赣、京九、向莆三个方向对接长珠闽的外向型战略，将承接沿海产业转移作为区域发展的重点。梳理发现，江西省虽然先后提出了昌九一体化、打造南昌核心增长极、昌抚同城化、新宜萍城镇群等发展思路，但仍缺乏整体性和层次性，究竟是以极带点、多点发展，还是以点布轴、抱团带片发展，环鄱阳湖城市群发展模式一直不够明确，亟须进一步优化。

三、城市群集聚度不高

在中部崛起的大背景下，湖南、湖北、河南、安徽相继实施了清晰的城市群发展战略，并在国内产生了较大的影响力。长株潭城市群和武汉城市圈早在2007年已成为两型社会建设重要的试验区；河南的中原城市群以较高的城市密度和较大的规模总量进入全国前八大城市群行列，在城市群基础上规划的中原经济区建设已上升为国家战略；安徽以皖江城市带为依托，全力“东进”，成为受长三角北翼地区辐射带动的重要板块。相比之下，江西省虽然于2006年提出了环鄱阳湖城市群，城市群大部分区域发育程度过低，城市群集聚程度不高、未能形成较强的集聚带动作用和较大的影响力。

环鄱阳湖城市群空间位置偏居于全省北部，城市群内部不少区域远离全省经济重心和几何中心，这不仅增加了城市群与外界地区交流的时间与物流成本，同时也使全省的经济资源优势和人口资源优势未能得到充分发挥，影响了区域最优社会经济资源的中心集聚效应。环鄱阳湖城市群总体处于城镇群发育的初级阶段，城市发育规模和集聚度仍然不足。2016年，环鄱阳湖城市群拥有100万~300万人城区人口的大城市1座（南昌），50万~100万人左右规模中等城市4座（九江、抚州、景德镇、宜春），从六普县级单元人口的迁入情况来看，武汉都市圈、长株潭城市群都呈现出连片式、大规模的县外人口迁入态势，显示出城镇群整体聚集效能较强现象。相比而言，环鄱阳湖地区只有南昌、九江和景德镇城区吸引外来人口较多，其他城市对人口的吸纳能力有限，尚未形成人口较快增长的连片发展地区。昌九走廊地区、沪昆城镇走廊地带的发展水平较高，鄱阳湖东岸地区处于工业化加速发展阶段，经济发展水偏低，如鄱（阳）余（干）万（年）地区的人均GDP仅为全省平均水平的65%。

“十一五”以来，江西省虽加大了基础设施投资建设力度，但由于空间资源分散利用问题明显，导致区域发展的系统效应弱，要素投入与空间资源的协同度差，使得环鄱阳湖城市群的内聚能力严重不足。无论从高速公路、城市快速路网密度还是城际轨道网密度来看，都与武汉、长沙等省会城市差距明显。九江交通门户与枢纽地位在城市群内较高，但联动九江港区与城市群腹地城市、园区之间的快速通道不足。城市群内部分高铁、城际轨道站点距离其核心城区过远，部分县市新城区超前发展，产业园区选址距离核心城区过远等现象突出，影响了城市集聚效应和整体效能的发挥。

四、城市群联系度不高

城市群作为一个强有力的发展整体，在客观上要求内部经济活动的空间组织与资源要素的空间配置协调高效，并形成密切联系。当前，武汉城市圈构建了城市圈网，半小时城际交通圈加速推进，武汉至黄石、黄冈、咸宁、襄阳、宜昌等城市均实现高铁通车。2015 年武汉城市圈内实现了全域资费一体化，未来将会推进金融、人力等要素市场的一体化。长株潭城市群在的一体化进程开始更早，借助长株潭三市间较短的时空距离，不断推进交通、电信等公共服务的一体化发展，加快三市的经济、政治和社会的融合，在运行机制模式上形成了“省统筹、市为主、市场化”的一体化管理模式。相较于武汉城市圈及长株潭城市群，环鄱阳湖城市群受鄱阳湖天然阻隔，部分城市间交通距离相对较远时间成本相对较高，进而导致区域内物流、客流流通成本较高。具体从经济联系来看，环鄱阳湖城市群城市联系由孤立状态逐渐趋于网络化发展，但整体网络仍较为松散，仅以南昌为中心的核心区经济联系较为密切。环鄱阳湖城市群各城市外向功能流量较弱、城市间流强度不高，城市群边缘区域的“低谷效应”虽得到一定改善，但外围城镇间联系仍然较弱，尤其是南昌对城市群东、西两翼地区的辐射能力不强。

依托人口和 GDP 数据，利用引力模型测算 2000 年与 2015 年环鄱阳湖城市群各城市至周边中心城市的空间联系强度，并选取最大强度方向作为主导联系方向。如表 11 -1 所示，江西各地市的对外联系主导方向呈现显著的离散特征，赣西趋向长沙、赣东趋向上海、赣北则趋向武汉。可见，城市群不同方向上的门户区域大都沦为区外中心城市的经济影响区，这种格局造成了城市群中心城市南昌辐射能力的弱化，使其难以带动城市群乃至全省的发展，不利于其核心增长极的培育并难以凸显其在全国城镇体系中的地位。

表 11 -1　2000 年及 2015 年环鄱阳湖城市群各城市对外主导联系方向

2000 年	2015 年
新余→南昌	新余→南昌
抚州→南昌	抚州→南昌
鹰潭→南昌	鹰潭→南昌
九江→武汉	九江→南昌
景德镇→武汉	景德镇→南昌

续表

2000 年	2015 年
萍乡→长沙	萍乡→长沙
宜春→长沙	宜春→长沙
上饶→上海	上饶→上海

五、城市群城市整体竞争力不足

江西一直存在着核心增长极缺失现象，突出表现在省会南昌市综合实力不强，表现出“经济小省的弱省会”特征。在中部省会城市中，南昌在城区人口、建成区面积、城市经济规模上，都落后于武汉、郑州、长沙、合肥等城市，难以带动全省发展。90 年代以来，南昌在全国省会城市经济规模中的排名出现了下降，而长沙、合肥、郑州等城市进步明显。从省内来看，尽管近年来南昌经济增速明显，但其占全省的比例并未出现较大上升，甚至没有超越 2005 年的峰值 24.84%。而作为城市群次级增长极的九江、新余、上饶、抚州、宜春、萍乡等城市，2017 年其经济总量位于 1000 亿 ~2400 亿元之间，对地方经济发展的带动能力均有限。而相比其他城市群，2017 年武汉、长沙经济总量均位于“万亿俱乐部”，郑州已达 9000 亿元以上，合肥超过 7000 亿元，洛阳、襄阳、岳阳、常德、衡阳、芜湖等城市群次级城市均在 3000 亿元之上，差距十分明显。

由于环鄱阳湖城市群整体实力较弱，在对沿海发达地区对接上要面临周边城市群的强势竞争。与长三角对接上，由于安徽与苏南及浙北发达地区更为邻近，因而要面临皖江城市带的竞争；与珠三角对接上，要面临与湖南的直接竞争，而湖南处于京广大动脉，交通区位优势更为明显。因此，当前环鄱阳湖城市群整体竞争力不足的局面不仅影响了城市群内部发展，更影响到了城市群在国家空间开发以及省际竞争中的地位，使之长期处于边缘化的被动局面。

六、城市群缺乏实力突出的核心板块

环鄱阳湖城市群仅有南昌一个相对突出的增长极，缺乏其他高等级增长极城市的呼应。昌九走廊建设作为呼应浦东开发和沿江开发重大区域发展战略，20 世纪 90 年代开始成为全省空间开发的重心，昌九走廊地带也成为城市群内发展的龙头。然而在省际层面看，昌九走廊地区实力与外部影响力仍然不足，未能对城市群整体产生显著的带动作用。九江作为昌九地区的双核之一，在经济发展中应起巨大的带动作用。但九江在空间上偏于北端，远离城市群的几何中心和经济重心，制约了其带动作用。此外，交通方式的变革导致九江的城市地位出现下降。随着交通方式的演进，高速公路与铁路逐步成为大区域间交流最重要的通勤方式，水路运输的地位急剧下降，而九江作为赣江流域门户城市和长江沿江城市其城市地位受到了巨大冲击。尽管九江在全国铁路网络中是名副其实的“咽喉枢纽”，但由于目前汇入九江的铁路线路大多来自欠发达的京九沿线以及中部沿江地区，对九江发挥重要的门户作用造成一定的制约。

七、在全国国土开发中的地位不够突出

从国土开发和国家发展战略上看，环鄱阳湖城市群一直处于边缘地位，其地位不够突出。从早期的“T”字形发展战略上看，江西仅九江部分位于沿江开发轴上，城市群主体部位偏离了开发的主要区域。在《全国城镇体系规划（2006—2020 年）》中，环鄱阳湖城市群位于一级开发轴带沪昆城镇发展轴上，南北方向仅位于次级开发轴带。而周边的长沙、武汉都处于两条一级轴带的交汇处，合肥则于 2010 年作为正式成员被纳入长三角地区。而核心增长极南昌在国家城市体系中定位较低，加剧了环鄱阳湖城市群的边缘化局面。《国土规划纲要（2016—2030 年）》提出，“要进一步发挥京哈—京广轴带促进全国区域发展南北互动、东西交融的重要核心地带作用，建设京九轴带，打造成为促进中部崛起、产业梯度发展的重要经济带。”而京九轴带缺少大城市，沿线仅南昌一个省会城市，沿线地区优质社会经济要素较小，目前仍然是处于沿海经济带和京广经济带之间的低谷地带。整体上看，环鄱阳湖城市群在国土开发中地位不够突出，长期处于相对边缘化的局面。

八、城市群在全国层面交通地位仍然不足

近代以前，鄱阳湖周边地区城镇的发展得益于赣江与长江水系的交通大通道优势，但随着铁路、公路为主的陆路时代的到来，环鄱阳湖城市群的对外交通建设明显落后于周边城市群。虽然“十一五”以来城市群对外高速公路和内河航运条件有了明显改善，但除了沪昆线以外，其他国家级骨干高铁通道均未途径城市群核心地带。目前，南昌至深圳高铁仍未开通，环鄱阳湖城市群南北主轴快速通道尚未成型，而贯穿武汉城市圈与长株潭城市群的武广高铁在 2008 年已实现通车。高铁开通后，南昌的对外可达性得到提升，但由于其他城市高铁建设更快，以至于南昌在省会城市对外平均可达性的排名反而出现了下降。对比来看，武广、广深、武汉—上海等干线高铁的开通显著压缩了长沙、合肥、武汉至长三角与珠三角城市群的时间成本，并极大增强了其与沿海城市群的经济联系，而南昌

至珠三角与长三角北翼等南北方向上可达性的滞后制约了其与沿海城市群的经济联系强度。从航空网络上看，南昌昌北机场为城市群内唯一的 4E 级国际机场。2017 年，南昌机场年旅客吞吐量突破 1000 万人次，成为全国第 31 家“千万级机场”，全年旅客吞吐量达到 1093 万人次，航班起降 8.9 万架次，货邮吞吐量 5.2 万吨。但对比周边城市群的武汉、长沙、厦门、福州等机场，无论是航线数量还是客货运输量，都与之存在较大差距。

第十二章

环鄱阳湖城市群的发展前景和政策建议

认识发展前景有利于把握城市群的宏观发展趋势，发展政策建议是对城市群问题的更深层次剖析和应对方案。本章第一节内容从整体上分析判断了环鄱阳湖城市群的发展前景，第二节从九个方面提出了发展政策建议，并进行了深入分析。九方面建议分别为：将环鄱阳湖城市群打造成“一带一路”建设内陆腹地的重要支撑点；将环鄱阳湖城市群构筑为长江经济带的重要板块；完善提升现代化运输体系；加强战略性支撑产业的打造和城市群创新网络的培育；大力探索城市群跨省经济合作；塑造“中心城市—核心板块—对外门户”空间结构；创新城市群治理模式；推动城市群行政区划调整、坚守生态红线；突出生态名片、优化旅游资源开发，打造旅游经济高地。

第一节　发展前景

建设环鄱阳湖城市群是新时期江西落实国家“一带一路”建设、长江经济带战略、长江中游城市群战略的重要载体。尽管城市群受到诸多发展约束，面临诸多挑战以及存在诸多问题，但其仍拥有较为突出的发展优势与特色，并将在新时期国家战略的实施中予以释放。展望未来，环鄱阳湖城市群将是对接“一带一路”建设的重要区域，是参与长江经济带建设的重要板块。环鄱阳湖城市群拥有优越的自然环境基础，良好的生态环境将持续成为城市群的重要特色。由于同时毗邻长珠闽等发达地区，环鄱阳湖城市群获得产业转移与合作的外部机会仍然较大。伴随着基础设施的进一步完善，城市群将构建发达的水陆空交通体系，实现国际化大联通。通过大力培育战略性与支撑性产业，城市群的产业优势将逐步释放。

通过自身的建设，借助国家战略的支持以及比较优势的发挥，环鄱阳湖城市群将建设成为联动“一带一路”的内陆开放高地，长江经济带绿色产业聚集区，国家绿色城镇化先行示范区，以及具有国际影响力的山水文化旅游区。

第二节 发展政策建议

一、将环鄱阳湖城市群打造成“一带一路”建设内陆腹地的重要支撑点

“一带一路”建设是我国探索国际合作新途径与全球治理新模式的尝试。“一带一路”使原来的内陆腹地变为开放前沿，为中西部地区进一步提高对外开放水平、促进经济平稳发展提供了契机。环鄱阳湖城市群应以“一带一路”建设为契机，完善全方位开放格局，以本地区要素资源禀赋为基础，利用与“一带一路”沿线国家及省市产业的互补性，依托区域互联互动的发展机遇在开放的竞争市场中形成比较优势，并进而转化为竞争优势，实现产业结构的转型和对外开放水平的提升。

从历史文脉看，江西是古丝绸之路的重要货源地和重要起点之一，“China”一词也从江西景德镇走向世界。通过古丝绸之路，江西的瓷器、茶叶、茧丝、夏布等产品较早地传播至西方世界。环鄱阳湖城市群对接和参与“一带一路”建设，有利于弘扬中华文明，彰显中国制造的历史魅力，增强世界各国对新丝绸之路的文化认同。

从贸易投资基础看，2014 年江西省与“一带一路”沿线国家有贸易往来企业有 2000 多家，进出口贸易额达 120 亿美元以上，占全省的比重近 30%。江西已经在沿线国家直接投资累计 15 亿美元以上，设立了 340 多家企业与机构，对外承包工程营业额累计 100 亿美元以上，参与了一批重大基础设施建设。双方已经具备良好的合作基础，并呈现扩大合作的趋势。

从区位上看，环鄱阳湖城市群是“一带一路”的结合部，是东南沿海省份“西进”和中西部省份“东扩”的必经通道，可发挥承东启西、联络南北的重要作用。尤其是国家已经确定了新疆与福建是“一带一路”的核心区，环鄱阳湖城市群可通过与相关省份合力打造新疆—西安—武汉—南昌—福州—台北“一带一路”核心区经济走廊（闽新轴带），实现环鄱阳湖城市群在西北—东南方向上的深度双向开放。从城市群轴线上看，以沪昆轴线可以实现环鄱阳湖城市群在东西方向上的连通，向东对接长三角城市群，向西通过陆路联通东南亚等地。西北方向上，可依托中欧班列深化与中亚、欧洲地区的贸易合作。东南方向上通过向莆

铁路进一步加强与海峡两岸发达地区的协作，逐步成为福建自贸区的经济腹地和后方基地。通过对接和融入“一带一路”，进一步发挥环鄱阳湖城市群的比较优势，实现资源要素的全球配置，进一步拉动和促进开放型经济发展，通过推动本土企业“走出去”，进一步推动区域合作和产业集聚发展，实现人流、物流、商贸的互联互通。

从政策支持上看，2015 年江西省商务厅出台了《关于积极参与“一带一路”战略的措施和意见》（以下简称《意见》），围绕战略布局、加快对外通道建设、加强开放平台建设、深化多元贸易往来、加强对外投资合作、加强对外交流合作等方面，提出了积极参与“一带一路”建设的 33 条具体措施和意见。《意见》明确指出，要拓宽陆上、海上、空中、数字四大通道，将江西打造成为“丝绸之路经济带”和“21 世纪海上丝绸之路”的战略连接点和内陆开放型经济战略高地。《环鄱阳湖生态城市群规划（2015—2030）》提出，积极对接国家“一带一路”建设，发挥联动长珠闽和中西部地区的传导作用，将环鄱阳湖城市群建成通江达海、联动陆桥的开放发展区域。基于以上优势，通过深度对接和参与“一带一路”建设，将环鄱阳湖城市群打造为“一带一路”建设的连接点与内陆开放型经济的新高地，最终成为“一带一路”内陆腹地的重要战略支撑点。

二、将环鄱阳湖城市群构筑为长江经济带的重要板块

建设长江经济带作为当前实施的重大国家战略，对引领新一轮区域发展方向和塑造区域发展新格局具有重要意义。2014 年，国务院印发《关于依托黄金水道推动长江经济带发展的指导意见》，部署将长江经济带建设成为具有全球影响力的内河经济带、东中西互动合作的协调发展带、沿海沿江沿边全面推进的对内对外开放带和生态文明建设的先行示范带。2016 年，《长江经济带发展规划纲要》正式印发，确立了长江经济带“一轴、两翼、三极、多点”的发展新格局：“一轴”即长江黄金水道，“两翼”为沪瑞和沪蓉两大运输通道，“三极”指的是长江三角洲、长江中游和成渝三个城市群，“多点”指三大城市群以外地级城市。2015 年，国家发改委也发布了《长江中游城市群发展规划》，明确了武汉城市圈、长株潭城市群、环鄱阳湖城市群为城市群主体区域，并给予中国经济新增长极、中西部新型城镇化先行区、内陆开放合作示范区、“两型”社会建设引领区的较高定位。

环鄱阳湖城市群地处长江中游，拥有长江沿江河段和港口体系，在长江经济带中发挥着承东启西、连南接北的重要纽带作用。当前，环鄱阳湖城市群应抓住建设长江经济带国家战略的历史机遇，把握国家支持长江中游城市群建设的宝贵机会，转变发展思路，加快推动区域发展的全方位升级。第一，由以城市群内部

经济发展为主导的内向型发展向“东融西进、北扩南展”的发散战略推进，提高开放的广度和深度。依托地理区位，与周边城市群区域构建新型竞合关系，打造和完善开放合作平台、渠道与协调机制，建设共同市场，实现交通互联互通、产业协调互补、旅游合作互动、生态环境联防共治、公共服务共享互认以及对外开放互利共赢，为加快发展提供更强大的动力。第二，进一步大力推动城市群内部联动发展，提高城市群的集聚度和联系度。第三，围绕“转型升级”主线，加快推动产业升级，发展层次由“承接转移”向“创新驱动”转变，发展特征由高速发展向提质增效转变。第四，城市群空间开发由“点轴开发”向“网络开发”转变，创新区域空间形态，多点支撑，协调共进。

三、完善提升现代化运输体系

（一）打造国际性运输体系

以拓宽陆上、海上、空中、数字四大通道为支撑，构建联通内外、安全通畅的对外开放通道。西向陆路运输上，可大力对接“汉新欧”“渝新欧”等中欧国际班列，扩大环鄱阳湖城市群至宁波、厦门、深圳铁海联运，拓展连接“一带一路”陆运和海运通道。同时，积极推进赣新欧国际铁路货运，将班列起点延伸至厦门等外贸货源集中的城市，建立南昌始发借道云南、广西连通东盟国家的货运通道。进一步推进九江港、南昌港两个主要港口建设，推进九江港—南昌港一体化，将九江港打造成为长江中下游集装箱内支线中转枢纽、水铁联运枢纽和超亿吨门户大港。加快完成“一干九支”机场布局，加快形成连接“一带一路”重点地区的高效便捷航空运输网络。大力提升南昌昌北国际机场枢纽地位，建立昌北国际机场口岸签证（注）点。加密南昌至西北、西南地区国内干线航班，巩固赣台、赣港航线，积极拓展东南亚航线，推进开通洲际航线。积极推动国外航空公司进入城市群区域发展客货业务。加快环鄱阳湖城市群电子口岸公共服务平台建设，主动参与长三角、珠三角、海西等周边城市群数字信息平台共建共享，实现城市群内口岸各单位系统和沿海、沿边、沿江省份电子口岸的互联互通，推进通关便利化。

（二）进一步完善铁路、公路网络

陆路交通运输上，构建“四横六纵”综合运输通道。“四横”为沿江通道、常德—岳阳—九江—景德镇—衢州通道、长沙—上栗—奉新—南昌—景德镇—黄山通道、沪昆通道，“六纵”为大广通道、京九通道、向莆通道、景鹰通道、京福通道、渝厦通道。

强化南昌与武汉、长沙之间的城际交通联系，促进长江中游城市群联动发展。建设新的武九快速通道，通过建设南昌—奉新—修水—咸宁城际接入武咸城际。在沪昆高铁基础上，通过修建南昌—奉新—上栗—浏阳城际接入长浏城际，形成南昌与武汉、长沙之间新增两条快速铁路通道的新格局。建立以南昌为中心的“一环八射两联通”城际轨道网。通过修建九江—庐山—都昌—鄱阳城际铁路，与昌九城际、昌景黄客专共同构成环湖城际铁路网络。“八射”分别为九江方向、奉新—修水方向、奉新—上栗方向、高安方向、丰城—樟树方向、抚州方向、鹰潭—上饶方向、景德镇方向的城际铁路。开通新余—吉安、景德镇—鹰潭城际列车，实现以上两组城市之间的密切联通。在此基础上，实现所有设区市和人口规模20万人以上城市的城际铁路联通。公路网络方面，进一步强化跨省高速公路对接。加快推进杭长高速德兴—衢州段、彭泽—东至高速、湖口—宿松跨长江公路、南昌—上栗—长沙高速、修水—平江高速、南昌—宁都—定南高速、上饶—万年高速公路、花山界—里木高速等公路，衔接武穴跨长江高速公路。加快昌九高速公路“四改八”工程，建设南昌大都市区西部半环高速，强化都市区外围城镇之间的连通性，缓解昌九、沪昆高速公路的过境交通压力。

（三）重视提升市内交通系统

着力提高城市群市内公共交通服务水平，使大城市公共交通分担率尽早达到30%以上，中小城市达到20%以上。改善步行与自行车交通出行环境，合理提升步行网络密度，人行道最小有效通行宽度保证3.5米的底线。政府管理部门牵头，协同不同共享单车的商家，规范城区单车秩序，提升共享单车的管理水平，彻底扭转共享单车无序、泛滥等局面。

四、加强战略性支撑产业的打造和城市群创新网络的培育

环鄱阳湖城市群可立足区域的生态资源与宜居环境优势，对接国家长江经济带“生态优先、绿色发展”的重大战略部署，推动绿色循环低碳发展，形成节约能源资源和保护生态环境的产业结构、增长方式、消费模式。在战略性新兴产业、高新技术产业、先进制造业、现代服务业、文化创意产业等方面加大建设力度，营造良好的创新环境，吸引高端人才落户，强化与北京、上海、武汉、杭州等国家级自主创新示范区的创新联动，建设国家重要的创新成果转化基地。在制造业技术方面，瞄准第四次科技革命浪潮，加强与全球发达经济体及周边长珠闽台地区进行合作。积极争取国家层面的高新技术产业优惠政策，围绕产业链部署创新链，围绕创新链配置资源链，重点在光伏新能源、生物医药、大飞机与直升机产业基地、铜产业精深加工与研发基地等方面寻求突破。

具体路径上，第一，争取国家政策的进一步支持。申请增设国家级出口加工区、保税区、开发区，加快融入全球生产网络和贸易网络，强化城市群的对外贸易职能和交流能力。积极争取中央资金的直接支持，加快引进世界500强企业、大中型国企及央企，通过龙头企业带动相关产业的发展，延长产业链，形成产业集群。第二，加快产业的结构调整与空间优化。核心城市要进一步加快国家战略性新兴产业、高科技产业、先进制造业和现代服务业的发展水平，率先推动产业结构转型与升级。外围区域要适当加快工业化进程，疏解核心区的产业功能，依托地方资源优势及发展基础，建成若干具有国际、国内影响力的特色产业集群。第三，完善区域创新系统。进一步集聚创新要素，健全创新体系，鼓励创新创业，加快高端人才引进步伐，强化“产学研”互动机制，提升产业孵化能力。第四，提高生产性服务业水平。构建多样化的生产性服务业发展模式，核心城市形成多样化发展模式，外围城市形成专业化发展模式，促进与制造业配套的生产性服务业的快速发展，提升制造业发展效率。第五，提升政务服务水平。改善政府管理服务制度，改革管理机制，简化企业审批程序，建立政企互信机制，提升政府管理效率。

值得注意的是，近年来，武汉、长沙、广州、宁波、海口、郑州、西安、南京、成都等城市为争夺人才出台一系列优惠政策，掀起“二线城市人才争夺战”。2018年5月，江西省主办“才聚江西　智荟赣鄱”人才政策集中发布会，江西“人才新政”也进行了发布。在人才争夺战背景下，全国城市群引进人才的竞争趋向激烈。由于环鄱阳湖城市群社会经济基础相对薄弱，对人才的吸引力不足够强，因此，应加大江西人才政策的落地实施力度，并将人才战略长期化、品牌化，以为城市群的发展提供良好的人才环境和智力支持。

五、大力探索城市群跨省经济合作

环鄱阳湖城市群同时毗邻长三角、珠三角、海西、武汉、长株潭等发育程度较高、经济条件较好的城市群，具有突出的地缘经济区位。通过探索和加强城市群之间的社会经济合作，实现自身城市群发展水平的提升，将既有的地缘优势转化为经济优势。

（一）全力支持上饶开放合作示范区建设

依托发达的港口体系、强大的制造能力和完备的电子商务平台，地处长三角南翼的浙江成为我国全球资源配置能力最强的区域之一，尤其大宗商品、小商品和电子商务优势极为突出，杭州和义乌已成为极为重要的全球商贸网络节点。福建沿海城市群地区具有毗邻台湾的地缘优势和发达的制造业基础，近年来经济呈现强劲的增长与发展活力。同时，福建沿海地区是距离南昌最近的出海口，拥有完备的港口体系和外贸条件。环鄱阳湖城市群东部与浙江、福建毗邻，尤其是上饶东部至衢州与金华仅为60公里与150公里左右，空间上极为邻近。因此，应高度重视上饶片区的门户作用，以上饶为空间载体大力推进赣浙合作、赣闽合作，为环鄱阳湖城市群跨省经济合作探索经验、打造样板、提升效益。

具体路径来看，可优化上饶中心城市空间结构，统筹周边县市一体化发展，推动形成以上饶市区为龙头的信江城镇群。以上饶的赣浙对接合作示范区（玉山、坑口铁路综合物流园区）为重点，积极建设面向长三角、福建省的承接产业发展平台。玉山、坑口铁路综合物流园区分别利用交通区位优势，强化交通枢纽与产业园区的联动发展，建设先进制造业产业基地和跨界物流集散基地。在此基础上，进一步增加赣浙、赣闽产业合作园区的数量和规模，形成良好的省际合作格局。

（二）加大长江中游城市群内部合作力度

2015年，国务院批复实施《长江中游城市群发展规划》，以武汉城市圈、长株潭城市群、环鄱阳湖城市群为主体的“中三角”受到国家层面的发展重视，成为中国经济发展的新增长极。长江中游城市群是跨区域的城市群，地域范围广大，内部发展水平差异明显，因此要积极探索协同发展的新模式、新机制、新途径。一方面，必须打破“诸侯经济”的束缚，摆脱政策差异、规划脱节、产业重叠、市场壁垒等多种因素的掣肘；另一方面，既要充分发挥市场在资源配置中的决定性作用，也要充分发挥政府在合理布局、科学规划、综合协调等方面的功能。在分工合作的过程中，要尽快建立协同发展机制，把推动长江中游城市群协同发展作为共同的重大利益诉求，立足自身的资源禀赋和特色优势来选择角色和功能定位。只有这样，才能处理好合作与竞争的关系，跳出“囚徒困境”的博弈。

对环鄱阳湖城市群而言，应从统筹城乡发展、基础设施互联互通、产业协调发展、共建生态文明、公共服务共享、深化对外开放六大方面进行发力，与武汉城市圈和长株潭城市群进行协作发展。从地理邻近性来看，萍乡片区极为靠近长株潭城市群核心区，萍乡境内距离长沙市区仅100公里左右，远小于至南昌的距离。因此，在长江中游城市群内部合作上，可优先选择长株潭城市群方向进行突破。当前，可大力推动湘赣开放合作试验区建设，将《共建湘赣开放合作试验区战略合作框架协议》所达成的成果认真实施，并取得示范性效果。具体途径上，以浏阳—上栗共建区（大瑶镇、金山镇）、醴陵—湘东共建区（老关镇、东富镇）为先导，发展先进装备制造、新材料、节能环保、生物医药、烟花鞭炮、商贸物流等产业。以浏阳—铜鼓大围山大沩山共建区为先导，发展文化创意、健康养生、休闲旅游等产业。依托长株潭科研实力雄厚的优势，加大长株潭科技成果在合作试验区内的转化落地，鼓励国家级重点实验室、国家级工程研究中心、国家级企业技术中心等在该区域设立创新联盟基地。建立区域性旅游城镇联盟，推动领袖故里—红色摇篮、温泉体验与生态休闲、禅宗文化等旅游线路与重点旅游小城镇建设。建立跨省的水资源、大气污染联防联控机制，探索跨界城镇的垃圾环卫设施、污水管网共建机制。

此外，依托长江天然纽带，推动赣鄂皖三地合作，构建赣鄂皖长江两岸合作发展试验区。积极推动签署《赣沪合作框架协议》，主动对接长三角融合发展机制。争取将城市群东部的上饶、景德镇、鹰潭三市加入长三角城市经济协调会，成为长三角地区的“准会员”。

六、塑造“中心城市—核心板块—对外门户”空间结构

随着我国经济开放和城镇化进程的不断推进，区域之间的竞争越来越表现为城市体系或城市群之间的竞争。针对环鄱阳湖城市群整体经济规模小、城市集聚度低、城市联系度低、中心城市实力欠缺、竞争力不足等问题，应从“中心城市—核心板块—对外门户”角度塑造和优化城市群空间结构，提升城市群的整体实力和地位。

（一）全力打造南昌核心增长级

中心城市在城市群中具有无可替代的核心地位，城市群之间的竞争首要表现为中心城市的竞争。对环鄱阳湖城市群而言，应集中最优资源强力打造南昌核心增长级，缩小其与其他城市群中心城市的实力差距，提升其对城市群内部的示范引领作用。

南昌的发展定位。着眼于区域竞争与合作，从不同空间尺度确定南昌的发展定位，可将其作为环鄱阳湖城市群中心城市、江西省核心增长极、长江中游区域中心、内陆地区开放发展新高地、“一带一路”建设内陆腹地的重要节点城市、具有国际知名度的生态人文都市来进行打造。

南昌大都市区核心区范围包括南昌市辖区和南昌县以及安义县的万埠、长埠、石鼻和长均等乡镇，总面积约 5090 平方公里。在人口集聚上，应提高城市承载能力，以产业发展引导人口集聚，以户籍制度改革和基本公共服务均等化为突破，有序推进进城农民工市民化进程。至 2020 年，大都市区常住人口规模力争达到 1200 万人以上，城镇人口达 800 万人以上。2020 年，南昌大都市区核心区城镇人口力争接近 400 万人。2030 年，其城镇人口力争达到 500 万人，使南昌接近或达到特大城市规模标准。在都市区内部城镇结构上，可按照“中心城市—

副中心城市—县级中心—重点镇——般镇”五级结构予以设计，以利于明晰发展目标并实现科学引导。

（二）重点培育城市群“心脏地带”

针对环鄱阳湖城市群外界认可度低、城市群存在感不强、城市群面积大而松散的问题，除打造南昌核心增长极外，应高度重视城市群“心脏地带”，并大力建设使之成为城市群的核心板块和支撑区域。

江西区域发展的复杂性根源在于封闭的地理环境以及对外联系方向的分散性。识别江西心脏地带，对进行全省战略布局尤为重要，心脏地带是江西能否培育出外界认同的城市群以及提升在国家城镇布局中地位的关键，也是城市群建设的重中之重。以南昌为中心，以昌九为两极，以新余市和抚州市为重要支撑点所构成的“人”字形区域就是江西的心脏地带和最具优势地区。20 世纪 90 年代以来，昌九走廊成为省级层面重点建设区域。但由于九江位置过于偏北且腹地狭小，昌九走廊偏离了江西省的经济重心与人口重心区域（丰城市附近），加之“长蛇阵”的线状工业布局，制约了昌九效益的发挥，未能达到带动城市群乃至全省的预期效果。以南昌为中心，九江、抚州、新余构成的“人”字形区域位于城市群范围的几何中心位置，拥有较为开阔的平原地形和较高的人口密度，也是距离中心城市南昌最近区域，覆盖丰城、樟树、高安、进贤、奉新、永修、共青城等发展基础较好的县市，是江西城市群最为发达的片区和潜力地带。目前，南昌—九江、南昌—抚州、南昌—新余均已实现高铁通勤，昌九、昌抚一体化加速推进，南昌对周边的辐射网络已基本成型。目前“心脏地带”的不足在于：丰城—樟树位于全省重心附近，区位优势极为突出，抚州则拥有较大的行政腹地与消费市场，但目前三个城市在东西方向上均不在高铁通道上，严重制约了其发展潜力的释放。因此，“心脏地带”可寻求以下发展路径：第一，修建新余—樟树（丰城）—抚州—鹰潭城际铁路，打通交通瓶颈，实现丰城—樟树、抚州在东西方向上接入全国高铁网络，从根本上扭转交通区位劣势；第二，支持丰城—樟树城区相向拓展，推动其一体化发展，将其作为南昌第一卫星城进行重点建设，力争达到 100 万人口规模；第三，做大抚州，使其中心城区人口增至 100 万人规模。最终，“心脏地带”上形成南昌 500 万人口规模，九江、抚州、丰城—樟树各 100 万人，城镇总人口 1000 万人左右的城市群核心板块。在此基础上，环鄱阳湖城市群有望突破中小城市数量多而规模小、100 万人口左右规模城市严重断层的现象，以南昌为塔尖城市形成金字塔结构比例关系，塑造出合理有序的城市规模体系。

（三）基于职能定位打造城市群特色门户

由于环鄱阳湖城市群面积较大且城市密度较小，中心城市南昌难以实现对城市群内所有区域的强力辐射与带动。因此，可选择毗邻省外且距离南昌较远的城市作为面向不同方向的门户城市，并依托自身区位优势和职能定位进行建设，以实现城市群的整体良性发展。

上饶可立足沪昆走廊与长三角无缝对接，加强与福建省的产业协作，提升上饶无水港功能，推进与宁波港、宁德港、福州港加强通关一体化，对接“一带一路”建设和沿海自贸区建设。在此基础上，将上饶打造为环鄱阳湖城市群东部重要门户，重要的产业转移承接基地，具有一定国际影响力的风光旅游区中心城市。在城市发展上，上饶可作为中心城市带动信江河谷城镇群发展，以上饶（含上饶县）为中心，联动玉山县、横峰县、铅山县、弋阳县。2016 年，上饶（含上饶县）城区人口已达 90 万人左右，近期应力争人口规模达到 100 万人，成为城市群东部的人口集聚中心。旅游经济上，可融合三清山—灵山、武夷山等风景游憩地，依托高铁枢纽优势进一步拓展周边旅游市场。

景德镇—婺源可依托邻近安徽、浙江的区位优势，以景德镇空港、景德镇和婺源高铁站建设为抓手，加强与上海、南京、杭州、温州、黄山等地的紧密互动，推动文化创意产业、旅游业的区域联动发展，适时推进景德镇综合保税区建设。在此基础上，将景德镇—婺源建设成为赣东北地区的重要门户。具体建设路径上，景德镇—婺源可整合赣东北地区丰富的历史人文资源，依托景德镇、乐平、浮梁、婺源等地区的历史文化名镇、名村和传统村落，共同建设融陶瓷文化、赣鄱戏曲、茶文化和徽文化建筑为一体的文化传承与创新示范区，积极申报国家级文化生态试验区。将景德镇建成世界知名的陶瓷文化名城和艺术博览之都，国际知名的美丽乡村旅游区，电商产业聚集区。立足景德镇、婺源县城、乐平城区和江湾镇—大畈镇、洪岩镇、鹅湖镇等共同构成撬动区域文化旅游发展的战略支点，建设更高层次的旅游集散基地。

萍乡依托与长株潭城市群核心区毗邻的区位优势，立足沪昆走廊建设面向长株潭的西部门户城市。具体建设路径上，萍乡可进一步提升其区域性交通枢纽功能，构建南北通达、东西畅通的交通运输体系。加强与长株潭城市群的紧密合作，建设先进装备制造业走廊，以及工贸一体、创业宜居示范区。城镇建设上，可以萍乡城区为中心，联动上栗县、芦溪县等小城镇，融合武功山（明月山）—仙女湖风景游憩地协同发展。

七、创新城市群治理模式，推动城市群行政区划调整

相对周边城市群，环鄱阳湖城市群存在显著的行政区划形态较为破碎、行政范围大小不一等特征。具体表现为：第一，新余市于 1983 年从宜春地区独立划出并升格为地级市，导致宜春市东南区域的丰城、樟树、高安等县域无法直接与

宜春市区相连接。鹰潭市于 1983 年从上饶地区独立划出并升格为地级市，导致上饶市鄱阳、余干、万年等县域“孤悬”于西部，在行政区划形态上与上饶东部的连接性大大减弱。新余与鹰潭升格地级市后，顺应了改革开放大潮流，其独特的经济优势得到释放，取得了较好的社会经济效益。然而，该行政区划的调整直接导致了其原属的宜春、上饶行政区划破碎。除此之外，景德镇除城区外仅下辖浮梁、乐平两个县域，而萍乡市仅下辖上栗、芦溪、莲花三个县，行政区划面积偏小，与其他地级市严重不对称。第二，部分地级中心城市严重偏离其所辖区的经济重心和几何中心位置，不利于中心城市与辖区内的社会经济联系，对发挥中心城市的辐射带动作用产生了极大挑战。宜春中心城区严重偏居于辖区的西南一隅，其与所辖的丰城市边界距离达 180 公里以上。上饶中心城区偏居辖区东部，其距离最远的鄱阳县边界高达 230 公里左右。九江市行政区划呈东西向条带状，而中心城区偏居东北，与距离最远的修水县边界高达 240 公里左右。第三，宜春、上饶等地市辖区大而中心城市不强，呈现典型的“小马拉大车”特征，鹰潭、景德镇、新余虽然具有突出的经济特色与优势，但受制于行政区划面积与人口规模过小等因素，城市规模长期较小，发展潜力仍然欠缺，严重制约了竞争力的提升。

城市群在运行过程中会引发大量区域公共治理问题，并且往往具有跨越组织性质、跨越地理空间、跨越行政边界的特征，导致治理难度较大。在当前的行政区划格局下，部分地级市所辖的偏远县域，其对外经济联系主导方向往往指向其他中心城市，而受制于行政区划归属，该类型县域在行政与社会事务上与所属地市仍须保持密切的事务往来。该情况直接导致了区域发展成本上升、部分区域联系不畅、地市辖区大而中心城市不强，甚至导致不同地市间发生利益冲突。如丰城、樟树、高安、余干、鄱阳等县域其对外经济往来更多发生在与南昌之间，而非宜春与上饶。因此，亟须创新城市群治理模式，提升城市群内部的协同治理，以降低区域经济成本，提升区域发展效益，降低不同行政区之间的利益冲突。

针对环鄱阳湖城市群行政区划的局限，提出“四分上饶”方案，该方案可解决城市群东部地区行政区划形态破碎的弊端，促使各地市行政区划面积差距缩小，助力鹰潭、景德镇、南昌等城市增大规模。余干县位于上饶辖区最西侧，边界处距离上饶市中心 180 公里左右，而与南昌城区距离仅 40 公里左右。而南昌作为城市群中心城市，在国家层面的竞争中也面临城市规模与实力的不足，可考虑将余干县归入南昌。一方面，余干与南昌的经济活动联系远高于上饶，归入南昌市顺应经济联系规律，可有效降低发展成本，助力大南昌都市区的建设；另一方面，余干县域人口达百万以上，南昌扩容后，更有利于城市群核心地带的崛起。可考虑将鄱阳县划入景德镇，万年县划入鹰潭。一方面，鄱阳、万年均偏居于上饶市西部，远离上饶核心区，社会经济交流成本较高；另一方面，二者距离景德镇和鹰潭较近，而景德镇与鹰潭的发展都受制于行政范围较小，扩容后可有效增加各自的人口规模。鄱阳县人口规模高达 160 万人左右，而当前景德镇市总人口也仅为 165 万人左右，可实现人口规模翻倍增长。万年县并入鹰潭市后，其人口规模可增长 37.5%。对上饶市而言，“四分上饶”后其辖区减少了西部三县，所辖人口的经济规模将出现显著下降。但从经济发展角度看，上饶仍具有较大的发展优势：第一，行政区划调整后的上饶拥有两个市辖区及 7 个县，仍拥有较大的行政面积和人口规模；第二，当前的上饶行政区划范围东西向跨度过大，形态上东、西部开阔而中间以狭小的走廊地带相连接，区域发展上须东西兼顾类似“双头鹰”结构。而行政区划调整后，上饶可集中精力全力东向发展，尤其与浙江全面深度对接，充分吸收浙江“业旺民富”的发展理念与道路，实现环鄱阳湖城市群东部门户的全面崛起。

八、坚守生态红线，突出生态名片

环鄱阳湖城市群区域地形丰富，降水丰沛，形成了典型的山—江—湖自然生态体系。区域四周群山环绕，赣江、抚河、信江、昌江、修水等河流向中央汇入鄱阳湖。同时，在河流沿线还形成了柘林湖、庐山西海、军山湖等大型湖泊。其中，鄱阳湖作为我国最大的内陆淡水湖，是我国五大淡水湖中唯一没有富营养化的湖泊，也是世界基金会所认定的全球重要的生态涵养区。鄱阳湖承担着调洪蓄水、调节气候、降解污染等多种特殊生态功能，被称为“大陆之肾”。因此，从国家乃至国际层面而言，环鄱阳湖城市群具有极为明显的生态优势和极高的生态价值特征。2009 年，国务院正式批复《鄱阳湖生态经济区规划》，鄱阳湖地区成为中国第一个上升为国家战略的生态经济区，奠定了鄱阳湖地区绿色发展的基本基调。

从发展战略上看，环鄱阳湖城市群其构成主体是国家层面的生态经济区，应以生态和发展协调发展为重点，目的在于打造成国家生态文明与经济发展协调统一、人与自然和谐相处的生态经济示范区，承担全球层面重要的生态服务功能。从定位上看，应着力把环鄱阳湖城市群建成全国大湖流域生态保护与科学开发典范区、全国生态文明制度创新先行区、全国优质生态产品供给的引领区、全国绿色崛起示范区。在城市群建设过程中，积极探索大湖流域综合开发的新模式，探索生态与经济协调发展的新路子，将国家生态文明试验区建设向纵深推进。要以绿色发展、低碳发展、循环发展为导向，以产业布局与产业结构优化、人居环境改善、生态文化培育为路径，全面落实主体功能区建设，坚守生态红线。同时，着力制定绿色规划、实施绿色工程、完善绿色制度、建设绿色国土、发展绿色产业、推广绿色消费、培育绿色文化，塑造国内有影响的城市群生态名片，树立城市群绿色发展和可持续发展的新形象。

九、优化旅游资源开发，打造旅游经济高地

环鄱阳湖城市群旅游资源不仅种类和数量多，而且特色突出、组合优良，集聚特征明显。城市群内拥有庐山、龙虎山、三清山、武功山等名山景观，拥有鄱阳湖、柘林湖、仙女湖、军山湖等名湖景观，拥有以景德镇为代表的千年瓷都历史文化与产业景观，以南昌为代表的红色文化景观，以滕王阁为代表的建筑景观，以陶渊明、汤显祖、八大山人等为代表的名人文化景观，以及广泛分布的宗教文化景观。综合来看，环鄱阳湖城市群已同时拥有旅游资源的质、量优势，为发展旅游产业、打造旅游高地奠定了重要基础。

（一）打造高铁时代环鄱阳湖城市群黄金旅游带

高铁时代的到来，在空间上产生了巨大的时空压缩效应，城市之间同城化和一体化效应逐渐显现，随着区域客流的往来的频繁，优质的旅游地域正逐步成为外部地区的后花园。当前，除景德镇市外，城市群其他地级城市已经实现高铁线路的畅通，高铁网络已覆盖大部分重点旅游景区。环鄱阳湖城市群拥有同时毗邻长珠闽等发达地区，以及武汉、长株潭、皖江等城市群的优越地理区位，可通过高铁网络实现旅游地与客源地的快速连通，更高效便捷地为国内外尤其是周边地区提供优质的旅游服务。

具体操作上：第一，全力打造“鄱阳湖—长三角黄金旅游带”。沪昆高铁、杭黄高铁、九景衢铁路、昌景城际铁路、安九高铁开通后，江西至长三角的黄金旅游走廊将逐步形成。上海—杭州—淳安—黄山—婺源—景德镇—九江/南昌沿线，通过高铁将庐山、三清山、婺源、鄱阳湖、滕王阁、景德镇古窑、庐山西海等优质景点高效串联。依托长三角庞大的旅游市场和高水平的消费能力，可重点将城市群中、东部地区打造为长三角的后花园。尤其要发挥上饶的旅游资源优势，立足上饶高铁枢纽优势，依托沪昆、合福高铁和九景衢铁路，将上饶打造长三角南翼和海西地区的后花园和休闲基地。第二，重点打造“台湾—福建沿海城市群—武夷山—抚州—南昌—九江高铁旅游带”“武汉—九江—南昌—抚州高铁旅游带”“长沙—上饶沪昆高铁旅游带”。依托向莆铁路、合福高铁，将海峡两岸地区与环鄱阳湖优质旅游景点进行高效联通。依托武九高铁、昌九城际、向莆铁路，将九江、南昌、抚州片区的优质旅游景点与武汉方向的旅游市场高效联通。依托沪昆高铁，将萍乡、宜春、新余、南昌、鹰潭、上饶等地区旅游资源与长沙方向旅游市场实现高效连通。而南昌—深圳高铁开通后，将大大强化环鄱阳湖城市群和珠三角旅游市场的快速通勤能力，对珠三角游客的引力将进一步加

大。第三，加强高铁沿线景区的对外市场营销。依托初步成网的高铁网络，加大对周边地区高铁沿线城市尤其是沿海地区的旅游宣传和营销业务，优化旅游活动的组织和服务，进一步增强环鄱阳湖城市群旅游景点的口碑和美誉度。

（二）优化旅游资源布局，推进城市群内协作

挖掘鄱阳湖及周边地区丰富的生态与人文资源，积极发展生态旅游、休闲旅游与文化创意产业，建成融生态旅游、文化体验、休闲娱乐和养生健康为一体，品质一流的国际知名旅游区。重点建设景德镇国际文化瓷都，庐山—柘林湖、三清山—婺源、龙虎山、武功山（明月山）等世界遗产旅游目的地，建设南昌休闲旅游城市，推动形成庐山—鄱阳湖片区、大云居山—柘林湖片区、龙虎山—龟峰片区、武功山（明月山）—仙女湖片区、三清山—灵山片区、赣东北片区等城市群六大旅游片区。按照政府引导、社会参与、市场运作的原则，加强旅游要素配套建设和管理与服务平台建设，全面提升旅游产业竞争力。突出“红色摇篮、绿色家园”整体形象，进一步做大红色旅游品牌，大力开发湿地生态游、珍禽观赏游、文化山水游、休闲度假游、科普科考游、陶瓷艺术游、乡风民俗游、健身养生游、宗教朝觐游等旅游产品，在南昌、九江、鹰潭、抚州等地建设环鄱阳湖生态旅游商品研发基地。推进旅游资源整合，强化区域协作，开发旅游精品线路，加强庐山、龙虎山、柘林湖等重点景区和南昌、景德镇、九江、鹰潭等重点城市旅游服务设施建设，构建以鄱阳湖为中心的大旅游网络，成为国内著名的红色旅游目的地、国际知名的生态旅游和观光休闲度假旅游目的地。

（三）加大旅游基础设施建设力度

加大鄱阳湖旅游基础设施建设力度，升级改造 4A 级以上精品景区旅游基础设施，建设一批鄱阳湖旅游码头和环湖生态旅游公路网。实施鄱阳湖生态旅游名村名镇建设工程，重点打造一批示范点、生态旅游名镇（名村）。避开蓄滞洪区，开发建设都昌亲水探秘体验游、永修湿地候鸟观赏游、星子金色沙滩风情游等基地，扩建南昌都市候鸟公园。筛选旅游条件突出的行政区域开展全域旅游，并进一步提升该类型县（市）的基础设施水平，加强其城乡风貌景观的整治。

参 考 文 献

[1]（宋）欧阳修、宋祁：《新唐书（第五十三卷）》，中华书局 1975 年版。

[2]（唐）李林甫，等：《唐六典》，中华书局 2014 年版。

[3] 安虎森、邹璇：《相邻城市竞争、合作与双赢机制研究》，载于《南开经济研究》2007 年第 5 期。

[4] 白永亮、党彦龙：《长江中游城市群空间作用机理与空间结构研究》，载于《宏观经济研究》2014 年第 11 期。

[5] 曾鹏、黄图毅、阙菲菲：《中国十大城市群空间结构特征比较研究》，载于《经济地理》2011 年第 4 期。

[6] 曾巧生：《江西深度融入“一带一路”建设的思考》，载于《江西日报》2017 年 8 月 28 日。

[7] 曾志文：《民国江西农村经济危机与政府应对（1927—1937）》，江西师范大学，2008.

[8] 蔡海生、肖复明：《基于生态足迹变化的鄱阳湖自然保护区生态补偿定量分析》，载于《长江流域资源与环境》2010 年第 19 卷第 6 期。

[9] 陈春、于立、张锐杰：《中国城镇化加速阶段中期土地城镇化与人口城镇化的协调程度》，载于《长江流域资源与环境》2016 年第 25 卷第 11 期。

[10] 陈富生：《江西人口城市化进程研究》，载于《人口研究》2003 年第 3 期。

[11] 陈国亮、陈建军：《产业关联、空间地理与二三产业共同集聚——来自中国 212 个城市的经验考察》，载于《管理世界》2012 年第 4 期。

[12] 陈群元、宋玉祥：《长株潭“3 +5”城市群产业结构效益与竞争力研究》，载于《地域研究与开发》2009 年第 2 期。

[13] 陈元：《环鄱阳湖产业和城镇群的历史及现状浅探》，载于《江西科技师范学院学报》2011 年第 3 期。

[14] 邓强、喻贵华：《环鄱阳湖城市群融入长江中游城市群的思考》，载于《当代经济》2017 年第 11 期。

[15] 董鸿彪：《鄱阳湖文化概说》，载于《鄱阳湖学刊》2011 年第 3 期。

[16] 范艳丽、张爱国、张贤付：《产业结构高度化水平的定量测定》，载于

《安徽师范大学学报（自然科学版)》2008 年第 1 期。

[17] 方创琳:《中国城市群形成发育的新格局及新趋向》，载于《地理科学》2011 年第 9 期。

[18] 甘江英、吴斌:《江西水产品牌营销现状及发展建议》，载于《中国水产》2014 年第 4 期。

[19] 龚汝富:《民国时期江西保甲制度引发的经济纠纷及其解决——以宜丰、万载两县保甲诉讼档案为中心》，载于《中国经济史研究》2007 年第 30 期。

[20] 顾朝林、庞海峰:《基于重力模型的中国城市体系空间联系与层域划分》，载于《地理研究》2008 年第 1 期。

[21] 顾朝林:《中国城镇体系等级规模分布模型及其结构预测》，载于《经济地理》1990 年第 3 期。

[22] 封志明、杨艳昭、游珍:《雄安新区的人口与水土资源承载力》，载于《科技支撑雄安新区规划建设发展》2017 年第 32 卷第 12 期。

[23] 封志明、杨艳昭:《百年来的资源环境承载力研究: 从理论到实践》，载于《资源科学》2017 年第 39 卷第 33 期。

[24] 冯兴华、钟业喜、吴巍:《新型城镇化背景下江西省城市人口增长与土地扩张协调性研究》，载于《地理与地理信息科学》2016 年第 32 卷第 3 期。

[25] 高春雷、陈栋:《生态鄱阳湖建设中存在的环境问题与对策》，载于《资源与环境科学》2011 年第 22 卷第 6 期。

[26] 桂琦寒、陈敏、陆铭、等:《中国国内商品市场趋于分割还是整合: 基于相对价格法的分析》，载于《世界经济》2006 年第 2 期。

[27] 郭付友、李诚固、陈才，等:《2003 年以来东北地区人口城镇化与土地城镇化时空耦合特征》，载于《经济地理》2015 年第 9 期。

[28] 郭荣朝、苗长虹:《基于特色产业簇群的城市群空间结构优化研究》，载于《人文地理》2010 年第 5 期。

[29] 国家发展改革委、外交部、商务部联合发布《推动共建丝绸之路经济带和 21 世纪海上丝绸之路的愿景与行动》，http: //www. mofcom. gov. cn/article/resume/n/201504/20150400929655. shtml。

[30] 国家发展改革委关于印发长江中游城市群发展规划的通知，http: //www. ndrc. gov. cn/zcfb/zcfbtz/201504/t20150416_688229. html。

[31] 国务院 12 日正式批复《鄱阳湖生态经济区规划》. http: //www. gov. cn/jrzg/2009 - 12/16/content_1488908. htm。

[32] 国务院关于依托黄金水道推动长江经济带发展的指导意见，http: //www. gov. cn/zhengce/content/2014 - 09/25/content_9092. htm。

[33] 韩玉刚、焦化富、李俊峰:《基于城市能级提升的安徽江淮城市群空

间结构优化研究》，载于《经济地理》2010 年第 7 期。

[34] 贺灿飞、刘作丽、王亮：《经济转型与中国省区产业结构趋同研究》，载于《地理学报》2008 年第 8 期。

[35] 何宜庆、翁异静：《鄱阳湖地区城市资源环境与经济协调发展评价》，载于《资源科学》2012 年第 34 卷第 3 期。

[36] 胡细英：《鄱阳湖湿地资源综合开发利用》，载于《经济地理》2007 年第 27 卷第 4 期。

[37] 黄爱华、黄敏：《论茶文化与江西旅游产业的发展》，载于《农业考古》2014 年第 2 期。

[38] 黄厚生、朱永跃：《江西历史名人时空分布的特点》，载于《江西科技师范学院学报》2002 年第 6 期。

[39] 黄金国、郭志永：《鄱阳湖湿地生物多样性及其保护对策》，载于《水土保持研究》2007 年第 14 卷第 1 期。

[40] 季凯文、孔凡斌：《区域土地低碳集约化利用效率评价研究——以鄱阳湖生态经济区为例》，载于《江西财经大学学报》2015 年第 3 期。

[41] 江西省人民政府：《环鄱阳湖生态城市群规划（2015—2030)》，江西省人民政府网 2016 年，http：//www. jiangxi. gov. cn/。

[42] 江西统计局：《江西统计年鉴》，中国统计出版社 2016 年版。

[43] 江西省地方志编纂委员会：《江西省交通志》，人民交通出版社 1994 年版。

[44] 江西省发改委办公室：《江西向莆铁路经济带“十三五”发展规划》，江西省发展和改革委员会网站 2016 年，http：//www. jxdpc. gov. cn/。

[45] 江西省发展改革委员会：《江西省新型城镇化规划（2014—2020 年)》，江西省人民政府网，http：//www. jxdpc. gov. cn/。

[46] 江西省气象志编纂委员会：《江西省气象志》，方志出版社 1997 年版。

[47] 江西省人民政府．省商务厅出台 33 条措施积极参与“一带一路”建设．http：//www. jiangxi. gov. cn/xzx/jxyw/tjyw/201502/t20150216_1125732. html。

[48] 江西省人民政府：《昌九一体化发展规划（2013—2020 年)》，江西省人民政府公报，2014 年。

[49] 江西省人民政府：《赣东北扩大开放合作十三五发展规划》，江西省发展和改革委员会网站，2016 年，http：//www. jxdpc. gov. cn/。

[50] 江西省人民政府：《江西省参与丝绸之路经济带和 21 世纪海上丝绸之路建设实施方案》，江西省发展和改革委员会网站，2015 年，http：//www. jxd-pc. gov. cn/。

[51] 江西省人民政府：《江西省人民政府关于进一步推进九江沿江开放开

发的若干意见》德安县人民政府网站，2012 年，http：//www. dean. gov. cn/。

[52] 江西省人民政府：《江西省人民政府关于全力支持南昌发展打造核心增长极的若干意见》，中国经济网，2012 年，http：//www. ce. cn/。

[53] 江西省人民政府：《江西省人民政府贯彻国务院关于依托黄金水道推动长江经济带发展指导意见的实施意见》，江西省人民政府公报，2015 年。

[54] 江西省人民政府：《江西向莆铁路经济带“十三五”发展规划》江西省发展和改革委员会网站，2016. http：//www. jxdpc. gov. cn/。

[55] 江西省人民政府：《南昌大都市区规划（2015—2030)》，江西省人民政府网，2016 年，http：//www. jiangxi. gov. cn/。

[56] 江西省人民政府网站：《江西省深化泛珠三角区域合作实施方案》，泛珠三角合作信息网，2016 年，http：//www. pprd. org. cn/。

[57] 江西省上饶市城乡规划局：《上饶市“1 +5”信江河谷城镇群规划（含中心城市发展战略规划）简要说明》，上饶市城乡规划局网站，2013 年，http：//www. srghj. gov. cn/。

[58] 江西省水利志编纂委员会：《江西省水利志》，中国水利水电出版社 2005 年版。

[59] 江西省土地志编纂委员会：《江西省土地志》，方志出版社 2003 年版。

[60] 江西省住房和城乡建设厅：关于《环鄱阳湖生态城市群规划（2015 - 2030)》和《南昌大都市区规划（2015 - 2030)》的公示，http：//xxgk. jiangxi. gov. cn/bmgkxx/sjst/gzdt/gggs/201608/t20160808_1282012. htm。

[61] 江西省自然地理志编纂委员会：《江西省自然地理志》，方志出版社 2003 年版。

[62] 江西师范大学区域发展与规划研究中心：《“一带一路”战略背景下南昌打造长江中游城市群中心城市的对策研究》，2015 年。

[63] 江西统计局：《江西统计年鉴》，中国统计出版社 2001 年版。

[64] 金斌松、聂明、李琴：《鄱阳湖流域基本特征、面临挑战和关键科学问题》，载于《长江流域资源与环境》2012 年第 21 卷第 3 期。

[65] 李德胜、王占岐、蓝希：《环鄱阳湖城市群人口城市化与土地城市化协调度评价》，载于《国土资源科技管理》2016 年第 33 卷第 1 期。

[66] 姜良芹：《成长在后续上的困境——刍议近代江西早期工业化的延误》，载于《江西社会科学》1999 年第 2 期。

[67] 雷朝阳、陈永秀：《环鄱阳湖城市群发展阶段的判定分析》，载于《城市发展研究》2009 年第 16 卷第 11 期。

[68] 廖慧璇、籍永丽：《资源环境承载力与区域可持续发展》，载于《生态环境学报》2016 年第 25 卷第 7 期。

[69] 李建新、钟业喜、蒋梅鑫：《鄱阳湖生态经济区城市用地扩张与城市人口增长时空协调性研究》，载于《江西师范大学学报（自然科学版）》2015 年第 39 期。

[70] 李科友：《文物、博物馆工作基本知识讲话　第十一讲　江西的封建社会考古（下）》，载于《江西历史文物》1983 年第 3 期。

[71] 李林茂、邹永军：《构筑环鄱阳湖经济圈的战略思考》，载于《价格月刊》2004 年第 4 期。

[72] 李晓晖、肖荣波、廖远涛、魏宗财：《同城化下广佛区域发展的问题与规划对策探讨》，载于《城市发展研究》2010 年第 17 卷第 12 期。

[73] 李雪松、孙博文：《长江中游城市群区域一体化的测度与比较》，载于《长江流域资源与环境》2013 年第 22 卷第 8 期。

[74] 李郇、吴翊朏、吴蕊彤：《同城化治理研究——以广佛地区为例》，载于《人文地理》2016 年第 31 卷第 5 期。

[75] 梁洪生：《江西的历史文化名镇（村）考察评选历程及其成效》，载于《江西师范大学学报（哲学社会科学版）》2014 年第 47 期。

[76] 梁永明：《萍乡、长沙携手建设赣湘开放合作试验区》，载于《萍乡日报》2015 年 8 月 5 日。

[77] 刘法建、张捷、章锦河，等：《中国入境旅游流网络省级旅游地角色研究》，载于《地理研究》2010 年第 6 期。

[78] 刘杰：《山东省西部产业结构趋同研究》，载于《经济地理》2013 年第 9 期。

[79] 刘军：《社会网络分析导论》，社会科学文献出版社 2004 年版。

[80] 刘立平、穆桂松：《中原城市群空间结构与空间关联研究》，载于《地域研究与开发》2011 年第 6 期。

[81] 刘上洋：《江西老表》，载于《百花洲》2011 年第 6 期。

[82] 刘耀彬、杨洋：《“昌九一体双核”模式与江西区域空间发展战略调整构想》，载于《九江学院学报（自然科学版）》2014 年第 1 期。

[83] 刘耀彬、李政通：《环鄱阳湖城市体系规模结构变动——基于距离、规模、创新扩散的解释》，载于《经济地理》2015 年第 35 卷第 4 期。

[84] 刘耀彬、王英：《环鄱阳湖城市群城市规模结构演变特征》，载于《经济地理》2013 年第 33 卷第 4 期。

[85] 吕典玮、张琦：《京津地区区域一体化程度分析》，载于《中国人口·资源与环境》2010 年第 20 卷第 3 期。

[86] 吕桦、钟业喜：《鄱阳湖生态经济区地域范围研究》，载于《江西师范大学学报（自然科学版）》2009 年第 33 卷第 2 期。

［87］麻智辉：《环鄱阳湖城市群发展战略构想》，载于《江西社会科学》2006 年第 3 期。

［88］麻智辉：《环鄱阳湖生态经济区产业布局基本构架》，载于《企业经济》2008 年第 8 期。

［89］麦婉华：《“中三角”之环鄱阳湖城市群——生态保护与发展经济兼顾》，载于《小康》2015 年第 10 期。

［90］孟德友、冯兴华、文玉钊：《铁路客运视角下东北地区城市网络结构演变及组织模式探讨》，载于《地理研究》2017 年第 7 期。

［91］马海良、徐佳：《中国城镇化进程中的水资源利用研究》，载于《资源科学》2014 年第 36 卷第 2 期。

［92］马华祥：《弋阳腔源流考》，载于《戏剧艺术》2006 年第 4 期。

［93］莫辉辉、金凤君、刘毅、王姣娥：《机场体系中心性的网络分析方法与实证》，载于《地理科学》2010 年第 2 期。

［94］庞效民：《区域一体化的理论概念及其发展》，载于《地理科学进展》1997 年第 2 期。

［95］彭迪云：江西是“一带一路”战略内陆腹地重要支撑点 . http: //jx. sina. com. cn/news/b/2015 – 03 – 15/detail-icczmvun6756418. shtml. 新浪江西 .

［96］彭迪云：《长江经济带国家战略创新价值与江西融入发展对策》，载于《企业经济》2015 年第 9 期。

［97］彭迪云：《打造美丽中国“江西样板”》，载于《中国经济报告》2016 年第 10 期。

［98］彭适凡：《江西先秦农业考古概述》，载于《农业考古》1985 年第 2 期。

［99］漆莉莉：《江西人口与经济的可持续发展》，载于《当代财经》1997 年第 7 期。

［100］桑秋、张平宇、罗永峰、高晓娜：《沈抚同城化的生成机制和对策研究》，载于《人文地理》2009 年第 24 卷第 3 期。

［101］沈惊宏、陆玉麒、兰小机，等：《区域综合交通可达性评价——以安徽省为例》，载于《地理研究》2012 年第 7 期。

［102］宋海峰：《开辟“一带一路”江西道》，载于《江西日报》2015 年 5 月 4 日。

［103］宋艳春、余敦：《鄱阳湖生态经济区资源环境综合承载力评价》，载于《应用生态学报》2014 年第 25 卷第 10 期。

［104］孙传谆、甄霖：《生态建设工程对鄱阳湖区域土地利用/覆被变化的影响》，载于《资源科学》2015 年第 37 卷第 10 期。

［105］谭其骧、张修桂：《鄱阳湖演变的历史过程》，载于《复旦学报（社会科学版）》1982 年第 2 期。

［106］汤放华、陈立立、曾志伟，等：《城市群空间结构演化趋势与空间重构——以长株潭城市群为例》，载于《城市发展研究》2010 年第 3 期。

［107］汤放华、汤慧、孙倩，等：《长江中游城市集群经济网络结构分析》，载于《地理学报》2013 年第 10 期。

［108］唐国华、胡振鹏：《明清时期鄱阳湖的扩展与形态演变研究》，载于《江西社会科学》2017 年第 37 期。

［109］涂小松、龙花楼：《2000—2010 年鄱阳湖地区生态系统服务价值空间格局及其动态演化》，载于《资源科学》2015 年第 12 期。

［110］王佃利、王玉龙、苟晓曼：《区域公共物品视角下的城市群合作治理机制研究》，载于《中国行政管理》2015 年第 9 期。

［111］王珏、陈雯：《全球化视角的区域主义与区域一体化理论阐释》，载于《地理科学进展》2013 年第 7 期。

［112］王磊、沈丹：《长江中游城市群产业结构演化研究》，载于《区域经济评论》2014 年第 4 期。

［113］王万山、杨盛标、刘文华，等：《长江经济带与江西融入长江中游城市群建设》，载于《九江学院学报（自然科学版）》2016 年第 31 卷第 1 期。

［114］文玉钊、陆玉麒，等：《江西省交通区位演变与区域发展效应》，载于《地理研究》2016 年第 3 期。

［115］文玉钊、钟业喜、蒋梅鑫：《鄱阳湖生态经济区城镇体系空间结构演变》，载于《地域研究与开发》2015 年第 34 卷第 2 期。

［116］吴平：《新区域主义视角下的长株潭一体化治理研究》，湖南师范大学 2016 年。

［117］夏少霞、于秀波、刘宇、贾亦飞：《鄱阳湖湿地现状问题与未来趋势》，载于《长江流域资源与环境》2016 年第 25 卷第 7 期。

［118］谢守红：《都市区、都市圈和都市带的概念界定与比较分析》，载于《城市问题》2008 年第 6 期。

［119］谢松：《环鄱阳湖城市群：南昌崛起广阔的发展空间》，载于《南昌日报》2006 年 12 月 13 日。

［120］徐羽、钟业喜：《江西省土地利用变化及其对人类活动的响应》，载于《水土保持研究》2017 年第 24 卷第 1 期。

［121］许飞进、扶名福：《历史移民对鄱阳湖地区赣语形成与分布的影响》，载于《南昌工程学院学报》2012 年第 31 期。

［122］许怀林：《“舟船之盛，尽于江西”——历史上江西的航运业》，载于

《江西师范大学学报》1988 年第 1 期。

[123] 许怀林:《江西城镇发展的历史特点和近百年来的演变态势》,载于《江西师范大学学报》2000 年第 4 期。

[124] 许怀林:《江西历史人口状况初探》,载于《江西社会科学》1984 年第 2 期。

[125] 许学强、周一星、宁越敏:《城市地理学》,高等教育出版社 2009 年版。

[126] 许智范:《鄱阳湖地区的考古收获》,载于《江汉考古》1986 年第 3 期。

[127] 杨赤宇:《鄱阳湖史家桥原始稻作农业遗存》,载于《农业考古》1998 年第 1 期。

[128] 余敦、高群:《鄱阳湖生态经济区土地生态安全警情研究》,载于《长江流域资源与环境》2012 年第 21 卷第 6 期。

[129] 姚伟奇、李潭峰:《环鄱阳湖生态城市群交通体系规划研究》,载于《综合运输》2017 年第 12 期。

[130] 姚作林、涂建军、牛慧敏,等:《成渝经济区城市群空间结构要素特征分析》,载于《经济地理》2017 年第 1 期。

[131] 尹世洪、麻智辉、孙育平:《江西参与"泛珠三角"区域经济合作的思考》,载于《企业经济》2004 年第 1 期。

[132] 余和生、郑莲香:《环鄱阳湖诗人群体及文学生态考论》,载于《鄱阳湖学刊》2014 年第 2 期。

[133] 张苗:《长江中游城市群中咸岳九"小三角"发展动力机制及路径研究》,湘潭大学 2016 年版。

[134] 章茹、蒋元勇、万金保:《城镇化过程对鄱阳湖流域生态系统的影响》,载于《长江流域资源与环境》2014 年第 23 卷第 3 期。

[135] 赵曦、司林杰:《城市群内部"积极竞争"与"消极合作"行为分析——基于晋升博弈模型的实证研究》,载于《经济评论》2013 年第 5 期。

[136] 赵志刚、韩成云:《2008~2016 年鄱阳湖生态经济区生态系统服务价值的时空变化研究》,载于《长江流域资源与环境》2017 年第 26 卷第 2 期。

[137] 中国政府网:《中共中央　国务院关于加快推进生态文明建设的意见》,国务院新闻办公室网站,2015 年,http://www.scio.gov.cn/。

[138] 中华人民共和国国家发展改革委　外交部　商务部:《推动共建丝绸之路经济带和 21 世纪海上丝绸之路的愿景与行动》,中华人民共和国国家发展和改革委员会政府网站,2015 年,http://www.ndrc.gov.cn/。

[139] 中华人民共和国国家发展和改革委员会:《促进中部地区崛起规划》

中华人民共和国国家发展和改革委员会政府网站，2014 年，http：//www. ndrc. gov. cn/。

［140］中华人民共和国国家发展和改革委员会：《国家新型城镇化规划（2014—2020 年）》新华社，2014 年。

［141］中华人民共和国国家发展和改革委员会：《促进中部地区崛起规划》，中华人民共和国国家发展和改革委员会政府网站，2014 年，http：//www. ndrc. gov. cn/。

［142］中华人民共和国国家发展和改革委员会：《赣闽粤原中央苏区振兴发展规划》，江西省人民政府公报，2009 年。

［143］中华人民共和国国家发展和改革委员会：《关于印发长江中游城市群发展规划的通知》，中华人民共和国国家发展和改革委员会政府网站，2015 年，http：//www. ndrc. gov. cn/。

［144］中华人民共和国国家发展和改革委员会：《国务院关于大力实施促进中部地区崛起战略的若干意见》，载于中华人民共和国国家发展和改革委员会政府网站，2014 年，http：//www. ndrc. gov. cn/。

［145］中华人民共和国国家发展和改革委员会：《国务院关于依托黄金水道推动长江经济带发展的指导意见》，载于中华人民共和国国家发展和改革委员会政府网站，2014 年，http：//www. ndrc. gov. cn/。

［146］中华人民共和国国家发展和改革委员会：《海峡西岸经济区发展规划》，中华人民共和国国家发展和改革委员会政府网站，2011 年，http：//www. ndrc. gov. cn/。

［147］中华人民共和国国家发展和改革委员会：《江西赣江新区总体方案》，中华人民共和国国家发展和改革委员会政府网站，2016 年，http：//www. ndrc. gov. cn/。

［148］中华人民共和国国家发展和改革委员会：《全国主体功能区规划》，中华人民共和国国家发展和改革委员会政府网站，2010 年，http：//www. ndrc. gov. cn/。

［149］中华人民共和国江西省人民政府：《鄱阳湖生态经济区规划》，中华人民共和国发展和改革委员会网站，2009 年，http：//www. ndrc. gov. cn/。

［150］钟业喜、李晓园：《江西推进新型城镇化建设研究》，经济管理出版社 2016 版。

［151］钟业喜、王晓静：《建设“闽新轴带”促进双向开放的构想》，载于《中国国情国力》2018 年第 6 期。

［152］钟业喜、冯兴华、文玉钊：《长江经济带经济网络结构演变及其驱动机制研究》，载于《地理科学》2016 年第 1 期。

［153］钟业喜、文玉钊：《城市群空间结构效益比较与优化研究——以江西省为例》，载于《地理科学》2013 年第 11 期。

［154］钟业喜：《重构鄱阳湖城市群》，载于《区域经济评论》2017 年第 5 期。

［155］钟业喜：《城市空间格局的可达性研究——以江苏省为案例》，东南大学出版社 2012 年版。

［156］钟业喜、陆玉麒：《鄱阳湖生态经济区人口与经济空间耦合研究》，载于《经济地理》2011 年第 31 期。

［157］朱虹：《抢抓“一带一路”新机遇，推动江西茶产业转型升级》，载于《江西社会科学》2015 年第 35 期。

［158］朱丽萌：《环鄱阳湖地区县域人口、城镇化与经济可持续发展的协同思考》，载于《当代财经》2006 年第 8 期。

［159］朱志民、黄兆祥、刘世平：《江西省动植物志》，中共中央党校出版社 1994 年版。

［160］邹付水、史琳燕：《“为乡邦顾此体面”：民国时期的江西绅士》，载于《江西社会科学》2009 年第 10 期。

［161］左振华、贺晓斌、陈义伟：《江西航空制造产业与区域经济发展研究》，载于《企业经济》2011 年第 6 期。

［162］Berry B. J. L.，City Size Distributions and Economic Development. Economic Development & Cultural Change，Vol. 9，No. 4，April 1961，pp. 573 – 588.

［163］Carroll G R，National city size distributions：What do we know after 67 years of research，Progress in Human Geography，Vol. 6，No 1，January 1982，pp. 1 – 43.

［164］Jefferson M.，The Law of the Primate City. Geographical Review，Vol. 29，No. 2，February 1939，pp. 226 – 232.

［165］Naughton，B. “How Much Can Regional Integration Do to Unify China's Markets？” Conference for Research on Economic Development and Policy Research，Stanford University，1999.

［166］Parsley，D. C. and Wei，ShangJin. （2001a）. Explaining the border effect：the role of exchange rate variability，shipping costs，and geography. Journal of International Economics，55（1），pp. 87 – 105.

［167］Parsley，D. C. and Wei，Shang-jin. “Convergence to Law of one Price without Trade Barriers or Currency Fluctuations.” Quarterly Journal of Economics，1996，111（4），pp. 1211 – 1236.

［168］Taaffe E. J. The urban hierarchy：An air passenger definition. Economic

Geography, Vol. 38, No. 1, April 1962, pp. 1 –14.

[169] Thomas I. , City-size distribution and the size of urban systems. Environment & Planning A, Vol. 17, No. 7, July 1985, pp. 905 – 13.

[170] Xu, Xinpeng, "Have the Chinese Provinces Become Integrated under Reform?" China Economic Review, 2002, 13 (2), pp. 116 – 133.

[171] Young, A. "The Razor's Edge: Distortions and Incremental Reform in China." Quarterly Journal of Economics, 2000, 115 (4), pp. 1091 – 1135.